国是智库高质量发展系列研究报告

中国高质量发展指数报告

Report on High-quality Development Index in China

易昌良 主编

中国出版集团
研究出版社

图书在版编目 (CIP) 数据

中国高质量发展指数报告 / 易昌良主编. -- 北京 :
研究出版社, 2020.5
ISBN 978-7-5199-0615-3

Ⅰ. ①中… Ⅱ. ①易… Ⅲ. ①中国经济 – 经济发展 –
研究报告 Ⅳ. ①F124

中国版本图书馆CIP数据核字(2019)第255178号

出 品 人：赵卜慧
责任编辑：胡亚丽
助理编辑：朱唯唯

中国高质量发展指数报告
Report on High-quality Development Index in China
易昌良 主编
研究出版社 出版发行
（100011 北京市朝阳区安华里504号A座）
河北赛文印刷有限公司 新华书店经销
2020年5月第1版 2020年5月北京第1次印刷
开本：710毫米 × 1000毫米 1/16 印张：27
字数：400千字
ISBN 978-7-5199-0615-3 定价：78.00元
邮购地址100011 北京市朝阳区安华里504号A座
电话（010）64217619 64217612（发行中心）

《中国高质量发展指数报告》
课 题 组

学术指导：（排名不分先后）

陈　骏　中科院院士，南京大学原校长、教授、博导

谢和平　中国工程院院士，四川大学原校长、教授、博导

袁占亭　兰州大学党委书记、教授、博导

于鸿君　北京大学党委常务副书记、马克思主义学院院长、习近平新时代中国特色社会主义思想研究院院长、教授、博导

王丕君　欧美同学会党组书记、秘书长

刘尚希　中国财政科学研究院党委书记、院长、研究员、博导

袁南生　外交学院党委书记、常务副院长、教授、博导

毕吉耀　国家发展改革委宏观经济研究院副院长、研究员、博导

吴思康　深圳市人民政府发展研究中心党组书记、主任

李十中　清华大学教授、博导，海南省政府科技顾问

王辉耀　国务院参事、欧美同学会副会长、全球化智库主任

唐任伍　北京师范大学政府管理研究院院长、教授、博导

沈坤荣　南京大学商学院院长，教育部长江学者特聘教授、博导

刘海燕　中国地质大学（北京）经济管理学院教授、博导

刘　刚　中国人民大学企业管理系主任、教授、博导

组　　长： 易昌良

副 组 长： 林　涛　张进财　孟宪东　刘赟平

成　　员：（排名不分先后）

宋　健　邵诗洋　李海龙　陈　军　李　林　郑彦哲

王大成　李寒湜　张荣东　杜小东　黄　建　黄艳军

毕媛媛　耿之倩　韩　迪　张伯伦　万新月　张为宏

《中国高质量发展指数报告》
研究机构

国是智库研究院

北京师范大学政府管理研究院

北京市博士爱心基金会

南粤基金集团有限公司

大同市锐龙房地产开发有限公司

永达理保险经纪有限公司

北京华文智赢科技有限公司

北京普祺医药科技有限公司

国湘控股有限公司

序

当前，世界正经历百年未有之大变局，新兴市场国家和发展中国家群体性崛起，和平与发展仍然是时代主题，经济全球化不可逆转。同时，单边主义、贸易保护主义和民粹主义势头很猛、相互交织，以至生成这样那样的异动和危局。面对严峻复杂的国际国内环境，以习近平同志为核心的党中央，从经济发展长周期和全球政治经济大背景出发，审时度势地作出了中国特色社会主义进入新时代，我国经济发展也进入了新时代，基本特征就是我国经济由高速增长阶段转向高质量发展阶段的重大判断。推动高质量发展，是保持经济持续健康发展的必然要求，是适应我国社会主要矛盾变化和全面建成小康社会的必然要求，是遵循经济规律发展，实现更高质量、更有效率、更加公平、更可持续发展的必然选择，也是我国实现社会主义现代化的必由之路。

发展过程中遇到的问题只有用发展的办法才能解决。坚持质量第一、效益优先，由高速增长转向高质量发展，这样才有利于经济可持续发展。只有通过推动高质量发展，实现要素充分流动和再配置，才能满足已经变化的市场需求，全面提升产业链和全要素生产率，才能有效对冲要素成本上升；实现投资边际产出的稳定增长，才能提升企业家预期和减缓资源环境压力，从而形成优质高效和多样化的供给体系；实现供给和需求在新水平上的动态均衡，带来国民经济整体效率和效益的提高，最终推动经济持续健康和长期稳定发展。

进入新时代，我国社会主要矛盾已经转化为人民日益增长的美好生活需要和不平衡不充分的发展之间的矛盾，不平衡不充分的发展就是发展质量不高的表现，要破解社会主要矛盾，满足人民日益增长的美好生活需要，必须推动高质量发展。实现“两个一百年”奋斗目标，需使物质文明、政治文明、精神文明、社会文明、生态文明等得到全面提升，这同样要求必须推动高质量发展。

党的十九大报告提出到2035年基本实现社会主义现代化的奋斗目标。实现这个目标，我国将进入高收入国家行列。国际经验表明，一个国家要从中等收入阶段进入高收入阶段，关键在于实现经济发展从量的扩张到质的提高这一根本性转变。当今世界，新一轮科技革命和产业变革正在蓬勃兴起，我们只有加快科技创新和产业转型升级步伐，才能在激烈的国际竞争中赢得主动，才能加快推进现代化事业。这也迫切要求加快推进我国经济高质量发展。

此外，推动高质量发展是提升我国整体竞争力、跨入世界强国之列的紧迫要求。目前我国经济总体规模位居世界主要经济体第二位，整体竞争力稳步提升，但突出特点是“大而不强”，在科技创新能力、产业和产品竞争力等方面仍有较大的差距。要使中国在竞争激烈的全球市场中立于不败之地，就必须进一步提升实力和竞争力，具备在全球新一轮产业转移中的产业接续能力，加快向中高端产业链迈进，形成更可持续的高质量发展的产业竞争力。

高质量在发展改革中贯彻得如何、落实得怎么样，这需要有一套设计合理、监测有效的指标体系。在充分研究与总结国内外发展相关理论与实践成果的基础上，易昌良博士领衔的《中国高质量发展指数报告》课题组围绕中国高质量发展怎么看、怎么办、怎么干，深入挖掘高质量发展的时代特征，以其核心理念及其内在逻辑为遵循，以中国发展现实为基础，对中国31个省、自治区、直辖市的创新发展驱动、结构优化、绿色发展、开放经济、民生保障等方面进行了全面的指数推算和比较分析，做深做细内涵界定、指标设定、权重赋值、体系构建、测算方法、比较分析、评价检验等方面功夫，相关数据形成了近100个图表，为中国各地区高质量发展绘制了一幅全景画卷，客观构建了中国高质量发展指标体系，力求以科学的评价体系来描述中国高质量发展状况，监测中国高质量发展进程，引导国内外经济社会发展，为国家制定经济政策、实施宏观调控提供决策参考。

中国高质量发展指标体系不仅是一个评价工具，更是对相关层面发展水平的检验工具。通过这一评价体系，各地区、各城市可以根据单项得分和综合得分找出自身的短板或优势，明确未来发展方向；依据其所处的发展阶段，研究制定适合自身发展的发展战略，以提升自身的发展质量与发展水平。推动我国经济高质量发展，最根本的是要用习近平新时代中国特色社会主义思想武装头脑、指导实践、推动工作，全面贯彻落实党的十九大精神，以新时代的高昂精神状态奋力推进各项工作。以新发展理念为指引的高质量发展综合指标体系，通过《中国高质量发展指数报告》的出版，期许引发更多的关注和思考。

是为序。

刘尚希

中国财政科学研究院党委书记、院长

2020年5月2日

前言

习近平总书记在党的十九大报告中指出："我国经济已由高速增长阶段转向高质量发展阶段。"这是根据国际国内环境变化，特别是我国发展条件和发展阶段变化作出的重大判断。党的十八大以来，以习近平同志为核心的党中央带领全党全国各族人民，直面经济社会发展的主要矛盾和挑战，明确提出了新常态下速度变化、结构优化、动能转换三大特征，强调提出要坚持创新、协调、绿色、开放、共享的新发展理念，并以此来认识把握引领新时代下经济发展新常态，实现中国经济高质量发展。党中央和国务院提出以供给侧结构性改革为主线、坚持稳中求进的工作总基调，积极主动开展工作，充分调动社会各方面积极性，实现我国经济发展"调速不减势、量增质更优"的目标，推动中国经济由高速增长阶段转向高质量发展阶段。

2018年是贯彻中共十九大精神的开局之年，是改革开放40周年，是决胜全面建成小康社会，实施"十三五"规划承上启下的关键一年。在这一年里，我们谱写出了辉煌耀眼的成绩单。坚持稳中求进工作总基调，坚持新发展理念，坚持以供给侧结构性改革为主线，大力推进改革开放，打好防范化解重大风险、精准脱贫、污染防治三大攻坚战，推动经济高质量发展取得新进展。方式的变革、产业的升级，最终来自于思想的转变。把握好中国经济迎来的新时代，在习近平新时代中国特色社会主义思想指引下，高质量发展不仅当下有为，而且未来可期。

2019年，我们迎来了中华人民共和国成立70周年。我们要坚决贯彻新发展理念，落实高质量发展，推动中国经济持续健康发展。继续落实好“十三五”规划确定的各项任务，并对未来发展作出新的规划，推动各项事业全面发展，把我们的国家建设得更加繁荣富强。

实现高质量发展，根本途径是加快转变经济发展方式，关键是推动经济发展质量变革、效率变革、动力变革。要认真落实中央推动高质量发展的明确具体部署，促进创新、协调、绿色、开放、共享的新发展理念在建设现代化经济体系的实践中落地生根。要以供给侧结构性改革为主线，把提高供给体系质量作为主攻方向，改造提升传统制造业，培育发展战略性新兴产业，加快发展现代服务业，实现实体经济、科技创新、现代金融、人力资源协同发展，强化实体经济在国民经济中的基础地位。通过改革上层建筑和调整生产关系，为生产力的进一步解放创造更好的制度环境和市场环境。切实筑牢推动高质量发展的支撑体系，以重点突破带动整体推进，在整体推进中实现重点突破。

经过改革开放后的快速发展，我国在20世纪90年代中后期告别了短缺经济，数量矛盾逐步缓解。随着收入水平提高和中等收入群体扩大，居民消费加快向多样化、个性化、服务化方向升级，而“数量追赶”时期迅猛扩张形成的传统产业生产能力跟不上市场需求变化，出现严重的产能过剩，质量矛盾上升到主导地位。如果说，填补“数量缺口”是过去一个时期经济发展的动力源泉，那么，填补“质量缺口”就是高质量发展阶段经济发展的潜力所在。高质量发展阶段的主要任务就是要转向“质量追赶”，以提高供给体系质量为主攻方向，提升产业价值链和产品附加值，提高劳动生产率、投资回报率和全要素生产率，显著增强我国经济质量优势。

随着近年来劳动年龄人口逐年减少，人口数量红利快速消失，土地、资源供需形势发生变化，生态环境硬约束强化，支撑经济发展的主要驱动力已由生产要素高强度投入转向提高生产效率。这个阶段，制约发展的瓶颈是创新能力不足，必须把发展基点放在创新上，依靠创新推动经济发展的质量变革、效率变革、动力变革，不断增强我国经济创新力和竞争力。

我国社会主要矛盾已经转化为人民日益增长的美好生活需要和不平衡不充分的发展之间的矛盾。“不平衡不充分的发展”本身就是发展质量不高的突出表现。因此，要针对社会生产力发展不平衡不充分的问题，推动经济发展从数量扩张为主转向质量提升为主，从主要解决“有没有”转向解决“好不好”。高质量发展既是一个社会历史发展过程，又是一项系统工程，不仅要有顶层设计，也离不开社会动员。新时代是全体中华儿女勠力同心、奋力实现中华民族伟大复兴中国梦的时代。

为此，我们必须高举中国特色社会主义伟大旗帜，全面贯彻党的十八大和十九大精神，学懂弄通做实习近平新时代中国特色社会主义思想，坚持全面建成小康社会、全面深化改革、全面依法治国、全面从严治党的战略布局，坚持发展是第一要务，牢固树立和贯彻落实创新、协调、绿色、开放、共享的新发展理念，以提高发展质量和效益为中心，以供给侧结构性改革为主线，扩大有效供给，满足有效需求，加快形成引领经济发展新常态的体制机制和发展方式，保持战略定力，坚持稳中求进，统筹推进经济建设、政治建设、文化建设、社会建设、生态文明建设和党的建设，确保如期全面建成小康社会，顺利实现“两个一百年”奋斗目标，在党的坚强领导下，通力合作，再创辉煌，造福百姓、造福社会、造福世界。

目　录

CONTENTS

第一章

高质量发展，新时代的国家战略导向

第一节　高质量发展战略的时代背景与内涵特征

一、高质量发展的缘起

党的十九大报告描绘了中国经济的未来发展蓝图，并作出了我国经济已由高速增长阶段转向高质量发展阶段的重大判断。实现高质量发展，是保持经济社会持续健康发展的必然要求，是适应我国社会主要矛盾变化和全面建设社会主义现代化国家的必然要求。

当前，大国之间的竞争与博弈日益激烈，中美之间的竞争与博弈就是其中一种典型的表现。从全球看，现在其他大国已不再采取跟随策略，而是力求把本国做大做强。各国都在做强国梦，强人政治正在兴起。自冷战结束之后，国际格局已从开始的两个超级大国，演变到现在的威权主义、强人政治和大国博弈日益激烈的合纵连横阶段。国际政治、经济、文化、外交、军事格局都发生着深刻变化和调整。尤其是中美之间的博弈，不仅中国人民关注、美国人民关注，全世界人民都在关注。因为它代表着两种不同的方向选择，代表了两条道路，是两种价值观和理念的激烈碰撞，也是人类道义和道德水平高下的较量。未来国家之间竞争博弈的核心是什么？是一个国家有没有硬实力、有没有硬科技、有没有软硬结合代表一个国家高质量发展的战略较量。

目前，美国已向 34 个国家发起了贸易战。欧盟、加拿大、墨西哥、印度等都对美国发起了反制措施，中国也进行了反制。虽说在此过程中中美双方进行了谈判，但是谈判过程很艰难。中美之间的博弈已进入常态化，其中不仅包含激烈的贸易摩擦，贸易摩擦只是揭开了中美之间竞争博弈常态化的序曲。未来中美之间的竞争一定是两国高质量发展的竞争、核心技术的竞争、制造业水平的竞争。高质量发展是中国从长周期看应对美国对华战略转向的根本之策。没有高质量的发展，只谈贸易顺差和逆差，最终解决不了中国的胜出问题。贸易在本质上是买卖问题，是商品交易问题，美国从中国进口是因为美国市场存在对中国商品的需求，这是跨国界市场行为即国际贸易行为。2018 年，中美之间的进出口贸易总额为 6000 多亿美元。从总体上看，中国对美国出口的大多是产业链中低端产品，所输出商品的价值与应该获得的价值是不对等的。

此外，我国源头创新不足，科技成果转化渠道不畅，不少关键技术依赖进口。当今世界，新一轮科技革命和产业变革正在蓬勃兴起，我们只有加快科技创新和产业转型升级步伐，才能在激烈的国际竞争中赢得主动，才能加快推进现代化事业。我国经济由高速增长阶段转向高质量发展阶段是中国未来在国际上立于不败之地的一个根本性转变。

改革开放以来，我国经济高速增长的重要条件，是劳动力、土地、环境的低成本吸引了发达国家跨国公司将制造业转移到我国。现在我国劳动力等要素成本持续上升，要素低成本的吸引力、驱动力明显减弱，正面临高中端制造业向发达国家回流、中低端制造业向成本更低的发展中国家转移的两头挤压。国内基础设施、房地产和制造业投资也处在调整减速期，大量低端产能又不适应国内消费结构升级的需求，因而许多生产能力无法在市场实现。同时，我国资源约束日益趋紧，环境承载能力接近上限，依靠要素低成本的粗放型、低效率增长模式已经不可能持续，现在必须也有条件转向高质量发展。推动经济高质量发展，形成优质高效多样化的供给体系，实现供给和需求在新水平上的动态均衡，才能使我国经济保持持续健康发展。

随着中国特色社会主义进入新时代，我国社会主要矛盾已经转化为人民日益增长的美好生活需要和不平衡不充分的发展之间的矛盾。这个矛盾在经济发展方面集中表现为供给结构不能适应需求结构的变化。由于居民收入的持续增长尤其是中等收入群体不断扩大，国内消费需求已经超过投资需求成为经济发展的主要引擎，消费结构也随之加快升级换代，消费需求已经从满足数量型转向追求质量型，对商品和服务质量的要求越来越高，但供给结构仍然主要重视量的扩张而忽视质的提高。因此，一方面有不少产能严重过剩，另一方面居民的高品质消费需求却得不到满足。解决新时代我国社会主要矛盾，必须推动经济高质量发展。潜力巨大的国内需求将成为经济高质量发展的强大动力。

为到 2035 年基本实现社会主义现代化的奋斗目标，我国将从中等收入国家进入高收入国家行列。国际经验表明，一个国家要从中等收入阶段进入高收入阶段，关键在于实现经济发展从量的扩张到质的提高这一根本性转变。据世界银行研究，1960 年全球 101 个中等收入经济体中，截至 2008 年，只有 13 个进入高收入行列，其余的都长期在中等收入阶段徘徊，基本原因就是没有实现上述根本性转变。现在，我国产业在全球产业链、价值链中的地位总体上处在中低端，科技对经济增长的贡献率还不高，与发达国家相差二三十个百分点，这也迫切要求加快推进我国经济高质量发展。

在当前非常关键的时期，研究中国高质量发展，毫无疑问具有重大战略价值和意义。新时代的基本特征就是我国经济已由高速增长阶段转向高质量发展阶段，而推动高质量发展是当前和今后一个时期确定发展思路、制定经济政策、实施宏观调控的根本要求。可以预见，高质量发展将成为未来若干年中国经济的核心。

二、高质量发展的内涵

高质量的发展需要高质量的指导思想，习近平新时代中国特色社会主义思想之所以具有强烈的时代气息和高质量，其中一个关键原因在于这一思想是完全基于中国发展实践的。推动高质量发展，是保持经济持续健康发展的必然要求，是适应我国社会主要矛盾变化和全面建成小康社会、全面建设社会主义现代化国家的必然要求，是遵循经济规律发展的必然要求，也是当前和今后一个时期确定发展思路、制定经济政策、实施宏观调控的根本要求。

经济发展要持续健康而无须追求过高速度是高质量发展的前提和基础。随着我国经济已由高速增长阶段转向高质量发展阶段，经济结构不断优化，新旧动能转换正在加快。新时代的中国经济，实现经济转型、结构调整、动力优化、风险可控、共同富裕及环境优化的目标要远重于 GDP 增速的快慢，“质量第一、效益优先”将成为中国经济未来高质量发展的核心内涵和基本路径。当然，强调高质量发展，不代表不要速度、完全放弃稳增长。要保持经济运行在合理区间，既是完成第一个一百年目标的需要，也是提升经济发展信心、避免经济失速陷入“硬着陆”风险的需要。“高质量发展”与“稳中求进”并不矛盾。“稳”本身就是对发展的基本要求，这是一切工作的基础和前提；“进”就要充分体现高质量发展。

社会民生要有持续明显的改善是高质量发展的内在要求。实现人民对日益增长的美好生活的向往，破解经济社会发展的不平衡不充分，高质量发展是根本手段。推动我国经济转向高质量发展，使经济体系能够提供更多质量上乘的产品和服务，更多先进适用、具有高附加值高效益的新技术新产业新业态，更多带动就业的新型劳动密集产业和服务业，更多环境友好的生产方式、生活方式、消费方式，更多提升人民生活品质、增强获得感的物质文化产品，等等，无疑是解决“人民日益增长的美好生活需要和不平衡不充分的发展之间的矛盾”的有效手段和行动指南。抓住主要矛盾，必须在继续推动发展的基础上，大力提升发展质量和效益，更好地满足人民在经济、政治、文化、社会、生态等方面日益增长的需要，更好地提升生活品质，推动人的全面发展、社会全面进步。

生态文明建设要提供更多优质生态产品以满足人民日益增长的优美生态环境需要是高质量发展的时代主题。十九大报告将建设生态文明提升为“千年大计”，把可持续发展战略作为全面建成小康社会决胜期重大战略之一，2019 年中央经济工作会议又提出要协同推动经济发展和环境保护，加强污染防治和生态建设。所有这一切，都将极大地助推美丽中国建设，使绿水青山变成金山银山，实现人与自然和谐共生的发展，实现中华民族永续发展。

宏观调控要更加强调政策的连续性、稳定性与协同性是高质量发展的实现手段。2019 年中央经济工作会议一方面强调宏观政策要强化逆周期调节，继续实施积极的财政政策和稳健的货币政策，适时预调微调，稳定总需求，表明保持政策的连续性、稳定性，一张蓝图绘到底。另一方面，更加强调政策的统筹和协同，政策的着力点也有所变化和侧重。如积极的财政政策要加力提效，实施更大规模的减税降费，较大幅度增加地方政府专项债券规模；稳健的货币政策要松紧适度，保持流动性合理充裕，改善货币政策传导机制，提高直接融资比重，解决好民营企业和小微企业融资难融资贵问题。结构性政策要强化体制机制建设，坚持向改革要动力，深化国资国企、财税金融、土地、市场准入、社会管理等领域改革，强化竞争政策的基础性地位，创造公平竞争的制度环境，鼓励中小企业加快成长；社会政策要强化兜底保障功能，实施就业优先政策，确保群众基本生活底线，寓管理于服务之中。

供给侧结构性改革要不断拓展和深化是高质量发展的动力支撑。新时代下继续深化供给侧结构性改革，重点应在“破”“立”“降”上下功夫。“破”是要大力破除无效供给，处置“僵尸企业”；“立”是要大力培育新动能，强化科技创新，推动传统产业优化升级，积极推进军民融合深度发展；“降”是要降低实体经济显性和隐性成本，包括制度性成本、要素成本、税费成本等。总之，改革开放亟须进一步深化和加大力度，特别是在国企、财税、金融、土地、住房等领域加快步伐，通过推进基础性关键领域改革取得新的突破，来释放和激发新一轮制度红利和微观主体活力，这将有助于实现高质量发展，创造条件推动解决新时代的基本矛盾。

防范化解重大金融风险要重点突出、内外并举是高质量发展必备的金融环境。打好防范化解重大风险攻坚战，重点是防控金融风险，要做好重点领域风险防范和处置，坚决打击违法违规金融活动，加强薄弱环节监管制度建设。促进形成金融和实体经济、金融和房地产、金融体系内部的良性循环，意味着必须重塑金融、实体经济、房地产之间的正常秩序。实现金融与实体经济良性循环，是防控金融风险的根本举措；实现金融与房地产良性循环，是防控金融风险的重要内容；实现金融体系内部的良性循环，是防控金融风险的必由之路。此外，还应重视有效防范国际风险的冲击。

高质量发展的本质是旨在解决不平衡不充分发展问题、提高人民生活品质、促进社会公平正义的发展，归根结底就是让百姓过上更好的日子，这同样离不开社会资本和社会力量的共同参与。一方面，面临教育、医疗、就业、养老、住房、污染防治、个人信息安全等诸多民生现实问题，要鼓励社会资本进入养老、医疗、教育等领域，有效扩大公共服务的供给渠道，推动公共服务均等化发展。另一方面，充分发挥社会组织、社会工作者、社会服务机构、社区的作用，通过政社合作、三社联动等机制，发挥社会组织的民间性、专业化、灵活性优势，既为广大民众提供专业化、高品质的社会服务，帮助有需求的普通百姓解决现实中遇到的各种矛盾和问题，又提高整个社会的组织化、民主化程度，满足民众对参与、公正、法治、安全的需求。总之，多层次、多样化、高质量的社会事业或社会服务体系，是促进经济高质量发展的重要内生因素。

三、高质量发展的特性

高质量发展具有针对性，是保持经济持续健康发展的必然要求，要高度重视并强力推进。进入新时代，我国社会主要矛盾已经转化为人民日益增长的美好生活需要和不平衡不充分的发展之间的矛盾，不平衡不充分的发展就是发展质量不高的表现，要破解社会主要矛盾，满足人民日益增长的美好生活需要，必须推动高质量发展。实现“两个一百年”奋斗目标、全面建成小康社会、全面建设社会主义现代化国家，需使物质文明、政治文明、精神文明、社会文明、生态文明等得到全面提升，同样需要推动高质量发展。目前我国经济总体规模位居世界主要经济体第二位，整体竞争力稳步提升，但突出特点是“大而不强”，在科技创新能力、产业和产品竞争力等方面仍有较大的差距。在工业化初期、中期以规模扩张为主来赶超发达国家的中国，在步入工业化中后期、经济规模很大的基础上，进一步提升实力和竞争力，将必须坚持质量第一、效益优先，由高速增长转向高质量发展。此外，推动高质量发展将助力我国顺利跨过“中等收入陷阱”[①]。拉美一些国家最为典型，像巴西、墨西哥、阿根廷、智利等国，在20世纪70年代均进入了中等收入国家行列，近半个世纪过去了，这些国家虽然人均GDP在提高，但整个社会仍然处于中等收入发展阶段。推动高质量发展，意味着要着力破解“有增长但无发展”的悖论，加快推动产业转型升级，转换增长动力，进而促进社会矛盾增多、收入差距拉大等问题的解决。

高质量发展具有综合性，是一个涉及多个层面、多个领域的复杂系统。从影响因素看，高质量发展涉及政治、经济、社会、文化、生态等方方面面。比如经济方面，包括了经济增长动力、产业结构优化、高新技术产业发展、企业做大做强等；社会方面，包括了就业、失业、居民消费行为、需求趋势等多个方面。高质量发展需要搞好顶层设计，坚持新发展理念，按照高质量发展的要求，强化研究、科学谋划、系统设计、有序推进；需要建立健全落实机制，建立推动高质量发展工作落实有效机制，形成包括政策制定、任务分解、协调推动、科学评估、反馈完善、整改提升在内的长效机制，确保中央和省委重大决策部署落地落实；需要建立考核体系，着力开展推动高质量发展的指标体系、政策体系、标准体系、统计体系、绩效评价、政绩考核的研究设计。

高质量发展具有突出的特色性，不同区域在推动我国高质量发展中有着不同的定位，承担着不同的责任。根据中央的总体部署，结合实际，根据本区域特色充分发挥比较优势，在高质量发展中用足用好自身优势、补齐短板，形成分工协作、整体优化的推动系统，形成有本区域特色的现代化经济体系，为推动我国经济高质量发展提供有力支撑。中央提出推进高质量发展，是从宏观上来考虑的，制定的目标、思路、任务、措施等是国家层面的，更侧重指导性。这就需要全国各区域分工协作，在国家框架下承担相应责任。推动高质量发展对每个区域的具

① “中等收入陷阱”，是指当一个国家的人均收入达到中等收入水平后，由于不能顺利实现经济发展方式的转变，导致经济增长动力不足，社会矛盾增多，最终出现经济停滞的一种状态。

体要求是不同的。因为不同区域的自然资源、产业基础、增长动力、人文环境等差异较大，推动高质量发展的具体目标、路径、重点任务、政策措施等也会有所差异，这是在推动高质量发展中要充分考虑的。

高质量发展具有动态性，要求我们要有国际视野，准确分析现实变化与研判未来发展趋势，及时跟进并有效应对。高质量发展在不同发展阶段也有不同的主题。仅从技术场景来看，如果说以蒸汽机和电气化为代表的工业 1.0 和工业 2.0 阶段，更多运用的是力学原理，解放的是体力、解决的是产能，那么以信息化为代表的工业 3.0 阶段运用的则是数字手段，主要解决的是生产效率和消费效率之间的矛盾。而在工业 4.0 阶段，互联网成为颠覆式创新的技术，已经形成一个物质、能量和信息互相交融的物联网，打破了先生产后消费的传统模式，这不仅仅是一场技术革命，还是一场社会革命。所以，不同的发展阶段，相应的高质量发展的内涵、重点也会发生重大变化。在推动高质量发展中，要对技术场景、体制机制、突出矛盾、国际趋势等进行综合研究预判，及时调整相应的思路、任务与政策，实现持续健康发展。要看到，目前我国正处于转变发展方式、优化经济结构、转换增长动力的攻关期，跨越关口的关键期，进一步发展面临的矛盾、障碍、问题很多，推动高质量发展必须立足大局、把握规律、系统设计、统筹推进。

高质量发展具有创新性，这是高质量发展的重要特性。创新既是实现高质量发展的第一动力，也是重要标志，要以更大的力度实施创新驱动发展战略。实现高质量发展关键是创新驱动，即要着力推进以科技创新为核心的全面创新。创新是引领发展的第一动力，之所以要把科技创新摆在这样突出的位置上，是因为这是加快转变经济发展方式、破解经济发展深层次矛盾和问题、增强经济发展内生动力和活力的根本措施。创新驱动实质上是一种经济发展方式，是经济增长动力由资源、投资等要素向知识、创新、人力资本等高级要素转换的过程，是不断提高发展质量的过程。在这个过程中，通过创新可以完全替代或部分替代资源、改变组合方式，提高资源利用效率；通过创新可以放大生产力各要素作用，大大提高经济发展的整体效益和效率；通过创新可以建立起以新技术、新产品、新服务等为核心内容的新优势，提高核心竞争力；通过创新可以在解决资源环境与发展的突出矛盾的同时，实现产业升级、经济的可持续发展。必须把创新摆在更重要的位置，进一步增强以创新破解矛盾、解决问题的意识，加大科技投入，培育创新型企业，聚集创新型人才，加快科技成果转化，不断提高科技进步贡献率，使创新成为驱动发展的主要动力。

高质量发展具有普惠性，发展成效最终体现在人民生活水平的提高上，要让改革发展成果更多更公平惠及全体人民的过程是复杂的，需要付出持久艰辛的努力。高质量发展意味着企业生产的产品或提供的服务更优，能够更好适应、满足消费者的需求，使人们能够享受高品质生活；意味着企业通过高质量的产品与服务能够更好地实现马克思在《资本论》中所说的从商品到货币的一次惊险的跳跃，能够获得丰厚、持续的回报；意味着用较少的投入可以得到较多的产出，对环境负面的影响越来越少；意味着人民获得感、幸福感、安全感更加充实、更有保障、更可持续；等等。人民对美好生活的向往是我们的奋斗目标，高质量发展就是坚持以人民为中心发展思想的具体体现，也是实现人的全面发展的重要手段与途径。将高质量发展贯穿于各项工作中，落实在一项项举措上，既要全面谋划、统筹推进，对目标、指标、政策、标准等进行细化、具体化，也要始终坚持以人民为中心的发展思想，始终把人民利益摆在至高无上的地位。认真贯彻党的十九大精神和 2019 年中央经济工作会议要求部署，统筹推进“五位一体”总体布局，协调推进“四个全面”战略布局，扎扎实实推动高质量发展，让改革发展成果更多更公平惠及全体人民。

第二节　推动高质量发展的战略路径

一、高质量发展是创新的根本目标

创新是人类的一种创造性活动，人类社会已进入空前密集创新时代，只有拥有强大创新能力，才能在激烈的竞争中把握先机、赢得主动。创新是高质量发展的决定力量。没有创新就没有真正意义的发展，就没有高质量高效益、可持续有活力的发展。能否实现高质量发展，直接关系到我国能否跨越“中等收入陷阱”以及我国现代化和中国梦的全局。

如何高质量发展？以习近平同志为核心的党中央给出了系统的答案。其中，很关键的一条就是创新驱动。只有矢志不移地谋创新抓创新，我国经济才能从根本上实现动力变革、效率变革、质量变革，开辟一个繁荣发展的新周期。创新在新发展理念中位居首位，是引领发展的第一动力。把发展基点放在创新上，就是要以创新培育发展动力、拓展发展空间、转变发展方式、优化产业结构、构建产业新体系，为“十三五”时期经济结构实现战略性调整，统筹推进“五位一体”总体布局和协调推进“四个全面”战略布局提供核心动力和根本支撑。

高质量发展意味着从数量扩张走向单产提高、从粗放增长走向效率提升。要在经济数量和规模增速放缓的前提下创造新的更大社会财富，必然要求我们为产业经济引入新要素，着力增加单产效益和价值，大幅提升全要素生产率；必然要求我们实现各类要素的更好配置更优组合，着力降低组织成本和交易成本，以更小投入实现更大产出。

（一）创新是经济转型升级的必由之路

改革开放以来，我国经历了经济高速增长，被誉为经济发展史上难得一见的增长奇观。但总体而言，我国过去的经济高速增长是建立在要素大量投入、粗放使用的基础之上，为此所付出的环境、资源、生态、社会代价十分沉重，可持续性堪忧。在我国总体进入工业化中后期的情况下，支撑实体经济快速发展的传统要素优势正逐步减弱，要素价格持续上升，对创新驱动经济发展提出了迫切需求。当前，人工智能、物联网、3D 打印、生物技术、新材料等诸多领域的新兴突破性技术集中出现，并与实体经济加速融合，共同推进第四次工业革命进程，对经济发展与产业变革产生一系列颠覆性影响。总的来看，数字、物理和生物技术将成为未来创新的重点领域，代表了未来科技创新的大趋势。在第四次工业革命大背景下，形成创新驱动新格局，使创新成为引领高质量发展的第一动力，就是要在补齐基础领域创新短板的同时，以数字、物理和生物科技创新为重点，以服务实体经济发展为目标，在更多领域实现由“跟跑”变为“并跑”，有的甚至争取“领跑”，以在新一轮全球创新竞争中赢得战略主动。

推动我国经济由高速增长转向高质量增长，就是要进一步树立“创新是引领发展的第一力量”的理念，深化科技教育体制改革，鼓励大众创业、万众创新，破除科技成果转化、科技人员流动的障碍，加强知识产权保护，在全社会形成“大众创业、万众创新”的良好氛围，努力提高全要素生产率。特别是要抓住未来二三十年间互联网对全社会生产生活方式进行全方位改造所带来的前所未有的爆发性增长可能性，推动我国经济再上一个新台阶。

创新是引领发展的第一动力，也是建设现代化经济体系，实现高质量发展的战略支撑和根本要求。只有深刻理解这个根本要求，才能牢牢把握这个根本要求，加快推进建设创新型国家，坚定不移地推动高质量发展。经过长期努力，我国科技发展成就显著，一些重大科技成果进入世界先进行列，但是，我国科技创新能力与经济实力还不相称，与经济建设主战场和人民美好生活的需求还不适应，与发达国家相比，在创新机制、创新实力和创新能力方面都还有一定的差距。推动高质量发展是当前和今后一个时期确定发展思路、制定经济政策和实施宏观调控的根本要求，而加快建设创新型国家，是深入实施创新驱动发展战略，不断增强经济创新力和竞争力，实现高质量发展的重大战略举措。

从全球范围看，世界经济持续发展的动力源自创新。体制机制变革释放出的活力和创造力，科技进步造就的新产品和新产业，是历次经济危机后世界经济走出困境、实现复苏的根本途径。当前，世界范围新一轮科技革命和产业变革蓄势待发，欧美等发达国家都在积极部署和推进科技创新并高起点推进“再工业化”，世界主要国家也争相寻找科技创新的突破口，抢占未来发展先机。显然，依靠创新驱动发展既是面对严峻经济形势的理性选择，也是推动经济持续健康发展的长久之计；企业也只有对技术革新进行投资，才能避免危机。

从我国经济来看，实施创新驱动发展战略，是应对发展环境变化、把握发展自主权、提高核心竞争力的必然选择，也是引领经济发展新常态、保持我国经济持续健康发展的必由之路。今天的中国比以往任何时候都更加需要创新驱动、创新引领。然而，我国科技发展水平总体不高，科技对经济社会发展的支撑能力不足，对经济增长的贡献率远低于发达国家水平。解决这些问题，只有依靠创新发展，以科技进步推动增长，把科技创新潜力充分释放出来，推动供给侧结构性改革，才能有效破解产能严重过剩、资源环境约束等制约经济社会发展的“瓶颈”，在新常态中再上一个新台阶。要牢固树立新发展理念，深入实施创新驱动发展战略，在推动发展的内生动力和活力上实现根本性转变，才能塑造更多依靠创新驱动、更多发挥先发优势的引领型发展。要把握世界科技发展趋势，构建全方位、多维度、系统性的创新体系，规划科技创新发展路径，紧紧抓住科技创新这个“牛鼻子”，真正用好科技这个有力杠杆，充分发挥科技创新的核心引领作用，加快各领域创新，推动新技术、新产业、新业态蓬勃发展。

从发展需求看，我国已形成世界上最大规模的中等收入群体，绿色发展和绿色消费、协调发展和共享消费、品质生活和中高端消费等加速兴起，消费结构加快创新升级。特别是随着我国逐步接近库兹涅茨曲线[①]拐点，中国的创新消费有望迎来一个大高峰。这为我国经济转向创新驱动、走向更高质量开辟了不可限量的广阔空间。

坚定不移实施创新驱动发展战略将为我国中长期发展注入强大的内生动力。创新已成为新时代获取竞争优势的关键。谁在创新上占据了优势，谁就将在新一轮发展“洗牌”中胜出；反之，以前的领先优势也可能一夜清零。这迫切要求各地方各行业真正把创新作为引领发展的第一动力，摆在更加重要的位置进行谋划推动。

加强国家创新体系建设，做好国家战略科技和创新链的整体布局优化，强化基础研究、应用基础研究和原始创新，推动创新成果加快转化应用。在新一轮的国际竞争格局重塑中，创新已成为国家竞争力的核心所在，必须牢牢抓住创新这个牵动经济社会发展全局的“牛鼻子”，塑造更多依靠创新驱动、更多发挥先发优势的引领性发展，依靠科技创新、体制创新和商业模式创新，挖掘发展内生动力。启动一批科技创新重大项目，高标准建设国家实验室。深化科技体制改革，建立以企业为主体、市场为导向、产学研深度融合的技术创新体系，重点培育一批掌握核心技术能力、善于集成创新资源的创新型领军企业，以最佳的比率和最快的速度实现技术创新的转化应用。推进科技创新，关键是调动科技人员的积极性。修改废止有悖于激励创新的陈规旧章，下决心去掉有碍于释放创新活力的繁文缛节。促进大众创业、万众创新上水平，把各类创新主体的潜能充分释放出来，跑出中国创新“加速度”。

企业作为社会财富的关键创造主体，必须紧扣科技经济新周期的脉搏，在创新型企业建设上狠下力气，始终在创新上保持忧患意识和领先态势，否则，被新时代淘汰将是极大概率事件。我国的国有企业应在创新发展上走在前列，民营企业应让创新发展更多地内化为企业基因，高校和科研机构应在夯实科研基础、强

① 美国经济学家西蒙·史密斯·库兹涅茨（Simon Smith Kuznets）于 1955 年提出的收入分配状况随经济发展过程而变化的倒 U 形曲线，是发展经济学中重要的概念。

化科技供给、服务创新发展上发挥更大作用，各级政府应进一步改革完善创新体制机制，着力破除创新要素市场化配置障碍，让中国大地更好地成为全世界创新创业的热土。

把人才作为支撑科技发展的第一资源，壮大科技创新人才队伍。人力资源是现代化产业体系和实现高质量发展最宝贵的资源。我国拥有世界上规模最大的人力人才资源，这是创新发展最大的“富矿”。要提供全方位创新创业服务，推进“双创”示范基地建设，鼓励大企业、高校和科研院所开放创新资源，发展平台经济、共享经济，形成线上线下结合、产学研用协同、大中小企业融合的创新创业格局，促进大众创业、万众创新上水平。要进一步落实和完善创新激励政策，倡导创新文化，强化知识产权创造、保护、运用，推进创新教育，进一步优化全社会创新创业的环境，加快推进高端科技创新人才的队伍建设，突出“高精尖缺”导向，加快培养造就一大批具有国际水平的战略科技人才、科技领军人才、青年科技人才和高水平创新团队。集众智汇众力，推动形成中国创新的蓬勃之势。

创新是引领发展的第一动力，是建设现代化经济体系的战略支撑。随着大数据、人工智能等新一轮技术革命的加快推进，创新在经济发展中的地位日益凸显。在新工业革命与我国高质量发展形成历史性交汇的大背景下，加快形成创新驱动新格局已成为动力变革的首要任务。由经济大国走向经济强国，全面提升综合国力，根本途径是让创新成为引领高质量发展的第一动力。

（二）创新是推动高质量发展的战略支点

创新是生产要素的重新组合，只要全要素生产率有较快提高，经济增速即使达不到以往的高速，企业盈利仍可达到或接近过去高速增长时期的水平，各级财政收入仍可实现较快增长，就业仍可保持稳定，民生仍可不断改善，以此实现高质量发展，这其中的关键是要选好创新发展的战略支点。

创新发展理念是根本点。创新发展理念是协调发展、绿色发展、开放发展、共享发展的前提。协调发展需要政策、体制及调控方式创新，产业协调需要技术创新、机制创新，城乡协调需要现代农业技术创新、资源配置方式创新、农业生产模式与营销方式创新。绿色发展需要环保技术，而技术的开发需要自主创新，技术的引进需要路径和方式创新。开放发展需要经济和社会管理体制创新、金融管控和贸易方式创新以及全球治理方式创新等。实现对资源、机会、收益、福利等的全社会共享需要社会管理机制、财富分配方式、劳动工资制度等诸多方面的创新。新发展理念就是要追求有质量有效益的发展，其中主线是发展、灵魂是创新。

坚持创新发展理念，必须把创新摆在国家发展全局的核心位置，不断推进理论创新、制度创新、科技创新、文化创新等各方面创新，让创新贯穿党和国家一切工作，让创新在全社会蔚然成风。必须把发展基点放在创新上，形成促进创新的体制架构，塑造更多依靠创新驱动、更多发挥先发优势的引领型发展。这意味着创新成为我国未来发展的基点、核心和第一动力，我国的发展将在创新驱动下更多地向引领型发展转变。

制度创新是支撑点。完善的制度是创新驱动发展的关键支撑。科技创新是多种创新的“集合”和“综合”，涉及创意、创意的技术化、技术的产品化、产品的市场化，技术创新和研发还包括创新服务的跟进、商业模式的创造以及与市场开发的对接等一系列环节和方面。这些都需要完善的制度来保障。例如，新技术的创新和应用最关键的是如何化解风险，这需要有序的市场、对知识产权的有效保护、稳定的经济政策、透明开放的产业政策与信息等。因而，构建创新发展体系，需要形成有利于创新驱动的制度，从而促进创新与产业相结合、科技与经济相融合。以制度优势促进创新进而形成发展优势，是创新驱动发展的客观要求。

建立以企业为主体、市场为导向、产学研深度融合的技术创新体系。科技创新要服务于国家战略需求、满足人民日益增长的美好生活需要，只有建立起深度融合的技术创新体系，才有利于实现科研与经济社会发展无缝对接。当前我国产学研离深度融合还存在很大差距，科研院所与企业的合作还有很多制度障碍，如科研人才的流动、科研成果的转移转化等。这有赖于通过进一步深化科技体制改革来解决。

近年来我国打击仿冒侵权的力度逐年加大，但由于相关制度和法律法规不合理、不完善，知识产权保护依然不完善，创新型企业的合法权益很难得到有效保护。针对这一情况，十九大报告中提出“强化知识产权创造、保护、运用”。只有通过保护知识产权，激发社会创新活力，让知识、技术、信息、数据等新生产要素合理流动、有效集聚，才能最大限度地发挥其提升社会生产力的“乘数效应”，实现我国经济转型升级。企业是国民经济的细胞，劳动者是企业的分子。呵护企业的知识产权就是呵护劳动者的劳动和创造。

让市场真正成为配置创新资源的决定性力量，让企业真正成为技术创新的主体，可建立起知识创新体系和技术创新体系更密切的联系。将生产实践中的科技创新需求及时反馈给大学和科研院所，有利于持续产出并迅速推广新的科研成果，在创新创业实践中培养和使用人才。支持有国际影响力的创新型行业领军企业强化应用基础研究，有效吸纳全球特别是国内高校、科研院所和企业的创新资源。

技术创新是立足点。打造经济增长新引擎，科技进步是最有效的动力源。科技是经济社会发展中最活跃、最具革命性的因素，是推动社会发展进步的决定性力量。以创新驱动发展，核心是以技术进步促进经济增长。摆脱传统的以要素投入为主的粗放型增长模式，根本出路在于创新，关键是广泛应用各种先进技术培育新动力，提升全要素生产率，使发展动力从主要依靠要素投入向主要依靠创新转变，在从中国制造向中国创造转变、从中国速度向中国质量转变、从中国产品向中国品牌转变的转型升级中，实现发展动力的转换。提升中国制造服务的附加值、竞争力和可持续发展能力，关键是以科技创新为核心，以科技政策、产业政策、财税政策的完善，促进各类技术要素和生产要素集聚融合，形成若干战略性技术和战略性产品，开辟新的产业发展领域，培育新的经济增长点。

近年来，我国创新型国家建设成果丰硕，形成了跟跑和并跑并存、一些领域领跑的新格局。但与世界科技强国相比，我国基础研究经费总量排在世界前列，但基础研究经费占研发经费的比例一直处于 5% 左右，远低于发达国家水平。我国科技基础仍然薄弱，科技创新能力特别是原创能力还有很大差距，关键领域核心技术受制于人的局面还没有根本改变。基础研究是创新的源头，中国正站在新一轮科技革命的风口上，要抓住这一战略机遇期，健全基础研究的支撑体系，瞄准世界科技前沿，扎根中国创新发展的战略需求，提出更多原创理论，做出更多原创发现，力争在重要科技领域实现跨越发展，实现从跟随到引领的转变。新一轮科技革命和产业变革的发生，以及新的生产方式、产业形态、商业模式和经济增长点的形成，都源于前沿、关键和颠覆性技术的创立。这些技术将催生出一系列战略性新兴产业，是国际科技发展的强劲动力和追求卓越的制高点，将有助于推动国家尖端科技水平的提高、全新工业体系的形成和发展。强化基础研究必须始终坚持以人才为核心。无论是国家实验室建设还是财政性科技投入，都必须服务人的需求、提高人的创新能力和素养，充分体现科研人员在基础研究中的决定性价值。

建设创新型国家，促进科技成果转化非常关键。近年来，我国出台了一系列促进科技成果转移转化的政策法规，大幅提高了科研人员在科技成果转移转化中的收益比例，但仍然有不少束之高阁，“锁”在实验室的科技成果难以转化。科技成果转化是一个打通“创新链”的过程，历经基础研究、应用研究到技术开发、工程化、产业化不同阶段，每个阶段和接续环节都存在不同的运行规律、制约协同创新的瓶颈和要素配置的障碍。通过支持大学和科研机构发展创新型衍生公司，加强技术转移及商业化能力建设。同时疏通金融进入实体经济特别是创新型中小微企业的管道。要以“一带一路”建设为契机，加强创新能力和技术转移的开放合作。科技体制改革和经济社会领域改革同步发力，消除“孤岛现象”[①]。

---

① “孤岛现象”，源自于物理学中的“孤岛效应”，主要指在科技创新体系中，某一环节或要素与整体的科技创新体系发生“隔离”，导致在科技创新体系中形成“闭路循环”，从而影响科技创新第一驱动力的实现。

万众创新是着力点。创新活动可以为社会创造新产品、新价值，从而推动社会经济的发展。每个人都是潜在的创新者或创新参与者，都有可能成为众创的一员，万众创新就是要释放全社会的创新潜能，让一切劳动、知识、技术、管理、资本的活力竞相迸发出来。万众创新蕴藏着无穷创意和无限财富，是取之不竭的资源；推动万众创新，既是保持经济健康发展的重要手段，更是创新驱动发展的主要途径。从实际发展态势来看，万众创新能在互联网、智能制造等新兴产业、服务业，以及传统产业与新兴产业跨界融合的领域培育出新的经济增长点，催生出新的产业形态，促进传统产业转型升级。如果把全社会每一个细胞都激活，就会使整个经济肌体充满生机，进而汇聚成巨大的推动力量。因而，要以万众创新促进创新驱动发展，以激发创新活力、创造新供给，推动新技术、新产业、新业态的兴起和发展，使其成为经济发展新的增长点。

我国的创新主体呈现系统性、多样性特征。既要支持“顶天立地”的大型创新领军企业加强基础前沿研究，也要鼓励“铺天盖地”的创新型中小微企业源源不断地探索创新创业，主动试错。当前许多科技型企业都是中小企业，具有很强的创新活力，但也在研发投入、知识产权保护等方面都面临风险，如融资难、创新能力不足等，需要全方位的引导和支持，在资金和政策上给予大力支持。加强对中小企业创新的支持，建立健全科技金融服务体系，让中小企业获得更多的金融支持。这将大大提升创新创业的总体成功概率，促进重大创新和颠覆性技术不断涌现。

持续推进创新驱动发展战略，突出科技创新对供给侧结构性改革和培育发展新动能的支撑引领作用。建设现代化经济体系，实现高质量发展必须把发展经济的着力点放在实体经济上，把提高供给体系质量作为主攻方向，显著增强我国经济质量优势。实体经济的重点难点都在于制造业，要实现中国制造的历史跨越，必须以科技创新引领中国制造向中国创造、中国速度向中国质量、中国产品向中国品牌、制造大国向制造强国的转型升级。要重视技术创新和管理创新的协同，顺应信息化大潮，推动互联网、大数据、人工智能和实体经济深度融合，通过新技术新业态改造提升传统制造业，争取向智能制造转型；加快发展先进制造业和装备制造业，培育世界级制造业集群等核心品牌力量，促使我国产品在全球价值链重塑过程中实现整体跃升。

（三）创新是推动高质量发展的政策选择

进入 21 世纪，我国科研创新成果取得重大进展，新技术成果丰硕，“天宫”“蛟龙”“天眼”“悟空”“墨子”、大飞机、超级计算机等重大科技成果相继问世。新产品不断涌现，新能源汽车、工业机器人、集成电路产量高速增长。新产业蓬勃发展，高技术产业、战略性新兴产业保持 10% 以上增长。新业态、新模式层出不穷，共享经济、平台经济、数字经济以及网购、快递、跨境电子商务规模迅速扩大。新动能、新主体加快成长，新登记企业平均每天达到 1.6 万—1.7 万家。

建设创新型国家要深入实施创新驱动发展战略，着力培育壮大经济发展新动能。瞄准世界前沿，强化基础研究，实现前瞻性基础研究、引领性原创成果重大突破，争取到 2020 年进入创新型国家行列，到 2035 年跻身创新型国家前列。

我国提出以提高自主创新能力为重点，厚植创新引领发展的根基。总体看，我国自主创新能力还比较薄弱，与发达国家仍存在较大差距。2016 年，我国国内专利申请授权数为 175.4 万件，其中技术含量较高的发明专利为 40.4 万件，占比仅为 23%。此外，关键核心技术受制于人的局面尚未实质性改变。我国在核心技术、关键技术上对外依存度高达 50%，与发达国家 30% 以下的水平差距巨大；虽然我国高技术产品出口总量世界第一，但自主品牌出口不足 10%。为此，要加大研发投入，争取到 2025 年，全社会研发经费（R&D）支出占 GDP 的比重提高到 3% 以上；加快推进重大科技决策制度化、科学化，着力改变简单套用行政管理方式管理创新活动；优化基础研究、战略高技术研究、社会公益类研究的支持方式，提高创新活动效率。

以提高科技成果转化率为重点，增强创新引领发展的技术支撑。2018 年，我国科技成果转化率不足 30%，而发达国家这一比例为 60% 至 70% 左右；从科技进步对经济增长的贡献率来看，2016年我国为56.2%，与发达国家70%左右的水平差距较大。提高科技成果转化率，一是建立科技成果转化协调机制；二是以移动互联网、云平台等新兴技术整合创新资源，降低创新学习沟通成本，提高产学研协同创新效率；三是强化科技转化过程中的金融支撑。

以激发企业创新活力为重点，发挥创新引领发展的主体作用。企业创新活力不足、创新质量不高，既有企业长期模仿跟进策略形成的“路径依赖”因素，更有现有体制不完善而导致企业创新效益不显著的影响。释放企业创新活力、提高企业创新质量，仍需要在知识产权保护、人才资金等要素支持以及优化产业创新的配套基础设施等方面破题发力。

推动创新驱动发展，要把科技创新摆在经济社会发展战略的核心位置，从建立健全长效机制着手，规划创新驱动发展的顶层设计，建立促进创新的体制架构，形成科学合理的管理体制和市场化的运作机制。坚持科技创新和体制机制创新双轮驱动，处理好政府和市场的关系，推动科技和经济社会发展深度融合，以改革释放创新活力，让一切创新源泉充分涌流，形成依靠创新驱动、发挥先发优势的引领型发展。

科技创新需要制度创新来保驾护航，以制度创新激发活力。制度创新要从深化体制改革入手，构建知识产权保护体系，提高法治化水平，完善研发投入机制和技术中介服务体系，建立科技创新利益补偿机制，推动科技创新与经济社会发展紧密结合。要完善政绩考核体系和激励政策，改进科研活动评价机制，强化政产学研合作，构建以企业为主体、市场为导向的创新机制，激发企业创新积极性，发挥创新型企业的优势，打通科技和经济社会发展之间的通道，加大科研投入和成果转化力度，让科技创新的价值充分发挥。要深化行政管理体制改革，进一步转变政府职能，持续推进简政放权、放管结合、优化服务，提高政府效能，构建促进创新的公共服务体系，加强对创新活动的宏观引导，鼓励创新资源向企业流动，引导创新要素向企业集聚，形成技术成果向企业转移的机制，推动企业创新发展。要统筹推进科技、管理、产品、品牌、组织、商业模式创新，统筹推进军民融合创新，统筹推进“引进来”与“走出去”合作创新，实现科技创新、制度创新的有机统一，依靠制度创新与科技创新协同发挥作用，为创新驱动发展提供有力保障。

创新是面向市场、受市场检验的一种创造性活动，市场竞争是创新的活力源泉。要强化市场意识，以市场为导向，尊重和顺应市场规律，发挥市场在资源配置中的决定性作用，让市场真正成为配置创新资源的决定性力量，推动资源配置依据市场规则、市场价格、市场竞争实现效益最大化和效率最优化。同时，又要根据创新发展各环节的特点和需求，处理好市场与政府的关系，优化市场环境，打破制约创新发展的市场分割和行业垄断，建立公平、开放、透明的市场规则，健全多层次市场体系，完善符合科技创新规律的资源配置方式，形成根据市场需求及其变化趋势进行创新发展的机制，为创新开拓广阔的市场空间。运用市场化手段来推动创新，敏锐把握市场的变化以及对创新的需求，准确把握创新发展的方向，促使创新满足市场需要，形成市场化要素价格倒逼机制，促使企业从依靠过度消耗资源能源、低性能低成本竞争，向依靠创新、实施差别化竞争转变，从而让企业真正成为创新的主体，激发市场活力和社会创造力，打通科技成果向现实生产力转化的通道，解决要素驱动、投资驱动向创新驱动转变的制约，让创新真正落实到推动发展上来。

随着信息技术与人工智能技术等高新技术的集成发展，互联网、大数据、云计算等正在成为新的基础设施，知识、信息和大数据等成为创新资源。从信息传输到销售、运营和制造等多个产业链环节连在一起，形成人与物、物与物的无缝对接，打破了信息不对称，减少了中间环节，突破了时空和语言界限，促进了产业链的开放融合，创造了电子商务、网络金融、网络教育、网络智造、云服务等一系列新业态，形成了新的产业生态系统，这些科技创新的成果反过来能为科技创新、管理创新、产业创新营造前所未有的有利环境。因此，要推进现代信息基础设施建设，搭建以“互联网 +”和大数据为平台的新型创新平台，加强互联网大数据等新技术应用以促进创新，更好满足以个性化和特色化为特征的现代生产和服务模式。

创新是“颠覆性”和“革命性”变化，要遵循科技研究与探索发现规律，形成有利于创新创造的社会环境。完善有利于创新发展的法治保护体系，加强创新成果的保护，让法治成为激励创新的根本保障。发挥金融创新对科技创新的推动作用，鼓励金融机构向科技企业开展知识产权质押融资，引入风险投资基金、天使投资基金等，以金融创新支撑科技创新。增强政策稳定性和透明度，建立公开透明、长期稳定的激励机制，大力营造勇于探索、鼓励创新、宽容失败的文化和社会氛围，为科学研究、发明创造、技术突破创造良好社会环境。重点加强研究开发、检验检测等公共服务平台建设，采取税收减免、政府采购服务等多种方式，引导和支持社会力量兴办各种创新服务和孵化平台，完善创新服务体系，降低创新成本，提高创新效率。

实施创新发展战略，关键是人才，创新驱动实质上是人才驱动，人才资源是第一资源。要深入实施科教兴国战略和人才强国战略，创新人才培养模式，形成有利于人才成长的育人环境，推进素质教育，提高人才培养质量，建设懂专业、会操作、能创新的人才队伍。实行更加开放的人才政策，积极引进海外优秀人才，围绕重点领域和创新方向，造就站在行业科技前沿、具有国际视野和创新能力的领军人才以及高水平创新团队。完善人才激励机制，提高科研人员成果转化收益分享比例，改革股权激励制度和评价奖励制度，赋予创新领军人才更大人财物支配权、技术路线决策权，实行以增加知识价值为导向的分配政策，给予科技人员更多的利益回报和精神鼓励。推进人才领域供给侧改革，构建市场化创新人才评价机制，充分发挥市场对人才发展的引导作用，真正让市场来决定人才的价值与配置。遵循创新人才成长规律，在创新实践中发现人才，在创新活动中培育人才，在创新事业中凝聚人才，用机制激励人才，用法治保障人才，充分发挥人才在创新发展中的核心作用。

创新是现代经济发展的首要动力，它立足于理念、制度、科技、管理，要深化体制改革、完善制度、健全市场机制营造良好环境，发挥好人才和“互联网+”

的作用，不断创新发展理念、发展方式和发展路径，落实创新驱动发展。

二、高质量发展是供给侧改革的行动指南

党的十九大报告强调，“必须坚持质量第一、效益优先，以供给侧结构性改革为主线，推动经济发展质量变革、效率变革、动力变革”。中国特色社会主义进入了新时代，我国经济发展也进入了新时代，基本特征就是我国经济已由高速增长阶段转向高质量发展阶段。供给侧结构性问题，是指供给没有根据需求变化与时俱进进行调整，老百姓更多元更高水平的新需求没有得到满足。供给侧结构性问题是新常态下经济发展的主要矛盾之一，这一矛盾的解决需要长期的努力。以习近平同志为核心的党中央适时提出“推进供给侧结构性改革”，目的就是要实现更高水平的供需平衡，以真正实现中国经济由高速增长阶段转向高质量发展阶段。

推动高质量发展，是保持经济持续健康发展的必然要求，是适应我国社会主要矛盾变化和全面建成小康社会、全面建设社会主义现代化国家的必然要求，是遵循经济规律发展的必然要求。因此，推动高质量发展就成为我国当前和今后一个时期确定发展思路、制定经济政策、实施宏观调控的根本要求。供给侧结构性改革这条贯穿经济工作全局的主线，也必然要体现高质量发展的根本要求。

（一）深化供给侧结构性改革推动高质量发展

以供给侧结构性改革引领中国经济高质量发展，既是抓好当前和未来一个时期我国经济工作、建设现代化经济体系的基本策略，也是贯彻习近平新时代中国特色社会主义经济思想的必然选择。解决供给需求结构性错位，需要推进供给侧结构性改革。中国经济面临一系列新的突出矛盾，表象上是速度问题，根本上则是结构问题。从整体上看，中国经济问题的“牛鼻子”已经不在需求侧，而是在供给侧。当前，中国供需关系正面临不可忽视的结构性失衡，“供需错位”已成为阻挡中国经济实现高质量发展的重要路障：一方面，过剩产能已成为制约中国经济转型的一大包袱；另一方面，中国的供给体系总体上是中低端产品过剩，高

端产品供给不足。因此，强调供给侧结构性改革，就是要从生产端、供给侧入手，调整供给结构，为真正启动内需、实现高质量的经济发展寻求新路径。

进入新时代，我国社会主要矛盾发生了深刻变化，不平衡不充分的发展集中体现在发展质量不高上，只有通过加大供给侧结构性改革力度，才能适应新时代对高质量发展提出的新要求，满足人民日益增长的美好生活需要。党的十八大以来，以习近平同志为核心的党中央提出一系列治国理政新理念新思想新战略，在高质量发展方面取得一系列成就：宏观经济成功企稳，经济运行稳定性增强；经济结构大为改善，经济韧性大幅提升；增长新动能成长迅猛，传统增长模式的制度基础和利益格局有效改变，经济发展的质量和效益显著提高。

资源配置方式的优化调整，需要推进供给侧结构性改革。实现高质量的经济发展，要处理好政府与市场的关系。供给侧结构性改革的主角不是政府和官员，而是企业和企业家。以往过多地从需求侧强调政府的宏观调控作用，“有形之手”伸得过长、干预过多。在推进供给侧结构性改革过程中，则要更多地发挥好企业和企业家的作用。政府的主要职责是制定好法律、法规、标准和政策，给企业和市场相对稳定的预期，提高其积极性和创造性。通过简政放权，把原来政府掌握的权力下放给市场和企业，让市场活起来，让企业愿意去生产。这种宏观调控的着力点在于激活微观活力，努力帮助企业降低成本。

供给侧改革转换传统经济发展理念，让政府及所有企业、全体民众树立了新经济发展理念。要确保经济高质量、高效率运行，必须在供给端进行有效调整。通过把住供给侧的“准入关”，才能为经济高质量增长、为社会资源最优化配置奠定坚实基础。经济发展再也不能追求大而全，搞摊大饼式低效、高能耗的粗放发展方式，而是应该追求精而尖，搞集约化、低能耗的科学发展方式，同时淘汰旧的生产方式、生产线、产品等与生产无关的东西，促进整个经济发展方式的生态优化。

经济增长新动力的培育，需要推进供给侧结构性改革。从强调需求侧管理到强调供给侧结构性改革，体现的是中央经济工作思路从注重短期经济增长向注重可持续发展以及提高经济增长质量与效益的转变。用更注重以中长期的高质量制度供给统领全局的创新模式，取代以短期需求调控为主的凯恩斯主义模式，在优化供给侧环境机制中，以高效的制度供给和开放的市场空间，激发微观主体创新、创业、创造的潜能，构建、塑造和强化我国经济长期稳定发展的新动力。我们常讲拉动经济增长的“三驾马车”（即消费、投资、出口），是从经济运行结果着眼的，便于宏观调控进行短期的逆周期调节，而供给侧结构性改革则从经济运行的源头入手，从产业、企业角度观察认识问题，更加突出长远的转型升级。

当前的中国经济正在经历一个速度变化、结构调整、动力转换的复杂转型过程。制约我国经济发展的突出矛盾和问题主要表现为经济增长速度下降、工业品价格下降、实体企业盈利下降、财政收入下降、经济风险发生概率上升。这些从表面上看是总量问题和周期性矛盾，实际是供给体系的创新能力无法适应消费需求变化，生产能力闲置和过剩并存，是结构性的有效供给不足。用扩张总需求的办法不仅不能真正解决问题，相反，过度依赖刺激性总量政策，有可能导致结构性问题进一步恶化。为此，我们必须坚定不移地推进供给侧改革，培育经济增长的新动力。

破解体制机制障碍与约束，需要推进供给侧结构性改革。深化经济结构性改革是实现高质量发展的重要方面。经济结构性改革是一项长期性任务，其难点和重点就在于如何进一步深化经济体制改革，真正建立起一套国家经济治理体系和治理能力现代化的制度体系。在我国，一个完善、健全、规范的市场经济体制尚未完全建成，政府与市场的关系仍没有厘清，还存在某些政府对市场的不当管制与干预，在影响经济长期增长的供给侧要素方面，存在严重的“供给约束”与“供给抑制”。

具体来看，受传统体制机制约束，供给侧的优化调整表现出明显的滞后效应，资源要素难以从无效需求领域向有效需求领域流动，新技术、新产品、新产业和新服务的供给潜力难以得到充分释放。通过简政放权的供给侧改革，完善现代市场经济体系，包括商品市场体系和要素市场体系，形成供求决定价格、价格调节供求的机制体制，降低企业的制度性交易成本，包括交易成本、各种税费、融资成本、社会保障成本等。只有这样才能增强企业的创新能力，提高供给质量与效率，改善供给结构、提高全要素生产率。

此外，高质量的人力资本是优化供给结构的重要着力点，也是实现高质量经济发展的有力支撑。发挥人力资本作用，更加注重调动和保护人的积极性。人是生产力中最活跃的因素。提高供给体系质量，两类人最为关键：一类是富于创新和敢闯敢为的企业家，另一类是工匠和劳模。激发和保护企业家精神，鼓励更多社会主体投身创新创业；建设知识型、技能型、创新型劳动者大军，弘扬劳模精神和工匠精神，营造劳动光荣的社会风尚和精益求精的敬业风气，这两方面是提高供给体系中人力资本的重要保障。

高质量发展在本质上是能够很好满足人民日益增长美好生活需要的发展，是能够从根本上解决发展不平衡不充分问题的发展，是能够全面体现和落实新发展理念的发展。它不仅要有实体经济、科技创新、现代金融、人力资源协同发展的现代产业体系，要有市场机制有效、微观主体有活力、宏观调控有度的经济体制，而且要满足在市场体系、收入分配体系、城乡区域发展体系、绿色发展体系以及全面开放体系等方面的更高要求。现阶段我国经济发展主要矛盾已转化成结构性问题，矛盾的主要方面在供给侧，主要表现在供给结构不能适应需求结构的变化。因此，我们必须牢牢把握经济工作的主线，坚定不移推进供给侧结构性改革。要通过供给侧结构性改革的持续发力，来满足人民对美好生活的需要，提高供给体系的质量和效益。要扎实推进实体经济发展，加快创新驱动发展，推动城乡区域协调发展，不断深化经济体制改革，建立健全多元平衡、安全高效的全面开放新体系，不断适应高质量发展提出的新要求。

（二）“三去一降一补”推进供给侧结构性改革

供给侧结构性改革五大任务，即去产能、去库存、去杠杆、降成本、补短板，其中去产能主要是去除一些工业领域的过剩产能，去库存主要是指去掉三四线城市的过多的房地产库存，去杠杆主要是指降低杠杆率，降成本主要是降低企业的负担，补短板主要是加快公共服务领域的短板建设。以习近平同志为核心的党中央对供给侧结构性改革的顶层设计、地方落实、战役实施与重点任务进行了全面部署，取得了明显成效，为高质量发展提供了良好的市场空间、效益基础、动力来源和制度环境。

钢铁、煤炭、煤电等行业化解过剩产能工作积极有序推进，2018 年 1 月至 7 月，退出煤炭产能约 8000 万吨，完成全年任务 1.5 亿吨的 50% 以上；压减粗钢产能 2470 万吨，完成全年任务 3000 万吨的 80% 以上。去产能推动钢铁、煤炭、煤电等行业供求关系显著改善，企业效率持续向好。落后产能的淘汰，不仅为优质产能和新兴产业提供了有效发展空间，更为市场良性运转打下了基础，确保市场机制充分发挥作用。推动能源行业化解过剩产能，其目的就是将宝贵的资源要素从那些产能严重过剩、增长空间有限的产业和“僵尸企业”中释放出来，理顺供给端，提高有效供给，创造新的生产力。当前，我国经济存在严重的供需不匹配的结构性矛盾，产品与服务的升级严重落后于消费结构和消费需求的升级，形成产能的结构性过剩。应通过技术进步和技术创新，不断提升产业链上产品和服务的附加值，从而替代高端进口产品消化部分产能。更加注重创新带动产业结构、产品结构、组织结构、制度结构和布局结构的优化，进而推动产业转型升级和经济发展方式转变。

在去库存方面，2018 年初商品房待售面积比上年末减少 10616 万平方米，大部分城市商品房库存回落至合理水平，为房地产市场进行长效机制建设和住房制度改革创造了良好环境。化解房地产“库存风险”的重要途径就是加快推进新型城镇化建设。按照加快提高户籍人口城镇化率和深化住房制度改革的要求，通过加快农民工市民化，扩大有效需求，打通供需通道，消化库存，稳定房地产市场。同时，加快落实户籍制度改革方案，允许农业转移人口等非户籍人口在就业地落户，使其形成在就业地买房或长期租房的预期和需求。

在去杠杆方面，我国宏观杠杆率的增速大幅度下降，企业资产负债率有效降低，为控制金融泡沫、服务实体经济创造了条件。尽管与发达国家相比，我国名义杠杆率并不高，但潜在风险也不小，存在较多隐性债务，债务增长偏快。当前金融监管的首要任务，是在保持经济长期稳定增长的同时，标本兼治，逐步并有效地重组和化解债务，切实防范和化解系统性金融风险。积极有效地化解地方政府债务风险，进一步做好地方政府存量债务置换工作，完善全口径政府债务管理，改进地方政府债券发行办法。加强全方位监管，规范各类融资行为，抓紧开展金融风险专项整治，坚决遏制非法集资蔓延势头，加强风险监测预警，妥善处理风险案件，坚决守住不发生系统性和区域性风险的底线。

在降成本方面，国家统计局数据显示：2018 年，规模以上工业企业每百元主营业务收入中的成本为 83.88 元，比上年减少 0.2 元；每百元主营业务收入中的费用为 8.7 元，增加 0.02 元；每百元资产实现的主营业务收入为 93.3 元，增加 1.6 元。持续减税降费，为企业利润的提升创造了条件，使我国经济发展的质量和效益得到大幅提升。当前的实体经济在利润和盈利能力下降、工业品出厂价格下降的同时成本上涨较快等问题进一步突显。通过“组合拳”的方式，帮助企业降低成本，一方面，要注重降低企业的各种制度性交易成本，转变政府职能、简政放权，进一步清理规范中介服务，进一步正税清费，清理各种不合理收费，营造公平的税负环境。另一方面，要帮助企业降低财务成本，提供优良的融资环境，降低电力价格，推进流通体制改革，推动企业降低物流成本。

在补短板方面，补短板的首要任务就是打好脱贫攻坚战，坚持精准扶贫、精准脱贫，提高扶贫质量。截至 2018 年，5 年来贫困人口减少 6600 万人以上，精准扶贫取得决定性进展，为进一步发展解除了后顾之忧。全党全国对精准脱贫工作高度重视，资金投入和工作力度不断加大，精准脱贫正在有规划按步骤、有力有序有效推进，农村贫困这个全面建成小康社会的最大短板将会如期补上。在这一过程中，不断研究新情况、解决新问题，特别是增强贫困群众和贫困地区的自我发展能力，把扶贫同扶智、扶志更好结合起来，加快改善贫困地区的生产生活条件，增强造血功能和脱贫意志，确保在 2020 年后脱贫地区持续发展进步、脱贫群众持续增收致富。

另一方面，补短板同样是供给侧结构性改革的“加法”。2018 年新动能对经济增长的贡献率超过 30%，对城镇新增就业的贡献率超过 70%，对经济的引领作用大为增强。要通过扩大要素供给，发展新兴产业，提高经济增长的质量与效益。还要支持企业技术改造和设备更新，降低企业债务负担，创新金融支持方式，提高企业技术改造投资能力，推动企业加快技术、产品、业态等的创新进程。

此外，在“放管服”改革方面，国务院部门行政审批事项大幅减少，中央政府核准的企业投资项目数量累计减少 90%，大大降低了各类制度性交易成本，为高质量发展营造了良好的政策环境。随着经济转入中高速增长、人口红利逐步消退、环境资源约束加重等，要素成本上升成为客观现实。对此，需要通过技术、模式的不断创新来降低其负面影响，或提高产品价值来抵消成本上升的影响。与此同时，降低制度性交易成本亟待进一步推进。在此过程中，政府职能与角色转型至关重要：在角色定位上，要建设法治政府和服务型政府，防止过度和不当干预市场；在制度建设上，要依法保护产权，让市场参与者形成稳定预期，增强其投资信心；在优化竞争环境上，要启动新一轮国企改革，推动垄断行业开放，拓展民间投资空间；在融资机制上，要建设多层次资本市场，同时深化金融监管体制改革，消除监管“真空”。

（三）供给侧结构性改革着力点在于实体经济

改革开放以来，我国经济持续高速增长，成功步入中等收入国家行列，国内生产总值位居世界第二位。但同时，随着人口红利的衰减，要素资源约束的加剧，过去发展实体经济主要依靠的需求侧管理，其所产生的副作用日渐明显。当前我国社会总需求与总供给之间的结构性错位，突出反映在实体经济供给侧的质量不高，主要表现为：有效供给不足，难以满足国内日益增长的消费升级需要；“僵尸企业”僵而不死致宏观杠杆率高位运行，产能过剩问题突出，房地产泡沫风险聚集，存在大量的无效供给；旧发展动能日益衰减，而新发展动能的形成和壮大尚需时日。因此，以实体经济为着力点深入推进供给侧结构性改革，是破解社会主要矛盾的重要途径。

提高供给体系质量，是一个系统工程。总体上来说，从企业角度来看，必须转变观念，适应新时代消费需求的新变化，与时俱进地创新技术与商业模式，从而提供更高质量的产品和服务；从政府角度来看，也要与时俱进地提高对行业、企业的生产和管理标准，尤其是质量标准、技术标准，同时加强质量监管。通过加强标准制定和监管，防止“劣币驱逐良币”的现象发生，保持市场公平竞争。同时，做大做强新兴产业集群，加快改造提升传统产业，使新动能更快更好发展壮大。加快制造强国建设，推动先进制造业发展，全面开展质量提升行动，来一场中国制造的品质革命。坚持用市场化法治化手段化解过剩产能、淘汰落后产能。围绕改善营商环境和解决群众办事难问题，深化“放管服”改革，进一步降低企业税费负担。

实体经济是一国经济的立身之本，是财富创造的根本源泉，是国家强盛的重要支柱。深化供给侧结构性改革，要以发展实体经济为着力点，以提高供给体系质量为主攻方向。要推进中国制造向中国创造转变，中国速度向中国质量转变，制造大国向制造强国转变。深化要素市场化配置改革，重点在“破”“立”“降”上下功夫。要大力破除无效供给，把处置“僵尸企业”作为重要抓手，推动化解过剩产能。值得注意的是，“破”不仅是针对某一种过剩产能、某一家“僵尸企业”，更是破除对旧模式、旧路径的依赖和侥幸心理。去产能战役号角吹响已有数年，尽管取得了一定成绩，但整体成效时进时退。其原因不在于市场信号不明，而在于各地、各行业、各企业或寄希望于他人率先去产能而坐享市场红利，或怀有政府兜底、向外输出等侥幸心理，或推脱于员工安置压力。一旦政策有所放松或市场价格有所回升，则容易出现反复。

对此，在深入推进供给侧改革的当下，对于企业而言，不能再寄希望于政府的补贴救助，不能坐等政策红利，而应当及早捕捉市场信号，发挥企业家精神，进行适应性调整。对于地方政府而言，则要敢于啃硬骨头，尽快打破此前“唯GDP论”下对规模、数据的迷恋，一方面坚决把处置“僵尸企业”作为重要抓手，推动化解过剩产能，让稀缺的优势资源得以流向新产业、新业态、新产品；另一方面积极设立就业和社会保障基金，通过为分流职工提供转岗培训等方式，守住民生和社会稳定的底线。

近年来，以大数据、云计算、人工智能、物联网为代表的第四次工业革命在全球范围内风起云涌，中国也掀起创新创业大潮，并依托市场规模优势，在数据积累、人才积累方面颇具竞争力，甚至在移动支付、电子商务等多个领域取得世界领先地位。不过，要想在上述基础上实现弯道超车，打造有全球竞争力的产业与公司，还需进一步推动改革，为企业营造鼓励创业创新的良好市场环境。事实上，中央已推出一系列减少行政审批、加快财税改革和国有企业改革的政策措施。就在党的十九大召开前，国务院发布了《关于营造企业家健康成长环境弘扬优秀企业家精神更好发挥企业家作用的意见》，强调依法保护企业家财产权、创新权益、自主经营权，旗帜鲜明地表明了态度——在一系列职能转变与优化服务政策之后，中央日益重视体制机制的建设与完善。

同时，加快发展先进制造业，推动互联网、大数据、人工智能和实体经济深度融合，推动资源要素向实体经济集聚、政策措施向实体经济倾斜、工作力量向实体经济加强，营造脚踏实地、勤劳创业、实业致富的发展环境和社会氛围。在中高端消费、创新引领、绿色低碳、共享经济、现代供应链、人力资本服务等领域培育新增长点、形成新动能。支持传统产业优化升级，加快发展现代服务业，瞄准国际标准提高水平。加大投入力度支持传统产业技术改造，集中力量突破一批关键共性技术和基础零部件、工艺和材料。要促进我国产业迈向全球价值链中高端，培育若干世界级先进制造业集群，主要是瞄准新一代信息通信技术、高档数控机床和机器人、先进轨道交通装备、节能与新能源汽车、新材料、生物医药等重点领域，形成世界级的先进制造业集群。

（四）提高供给体系质量增强我国经济质量优势

供给侧结构性改革在“十三五”乃至更长时间内，都是中国经济工作的主线。在结构性改革领域，要以构建现代化产业体系为导向，发挥经济增长质量提升的示范作用，抓住转方式、调结构这个关键，以解决重大结构性矛盾为突破口，加快构建结构优化、技术先进、清洁安全、附加值高、吸纳就业能力强的现代产业体系，推动经济发展质量迈上新台阶。一些地区应加快建设具有全球影响力的产业科技创新中心和具有国际竞争力的先进制造业基地，实现产业链向高端延伸，促进产业结构转型升级。

供给侧结构性改革的最终目的是要增进供给体系的质量和效益，提高区域、产业、制度、产品等多个方面的竞争力。深化国有企业改革，按照公益性、产业基础、国民经济控制力来实施全面的国有企业改革，将国有企业打造成为产业发展的“助推器”，优化国有资本的产业分布，创新国有资本的治理方式。深化财税体制改革，坚定不移地清理各种税收、财政返还等优惠政策，财政支出不应再面对具体企业，而是支持人才、信息、技术、资源等要素市场平台的建设，让所有市场主体实现“起点公平”。建立与供给侧结构性改革相适应的政绩考核体系，促进地方政府更加注重经济供给质量的提升，增强其为市场、为社会主体服务的能力。

加快简政放权改革，提高供给质量。加快推进供给侧结构性改革的前提是加快转变政府职能，理顺政府与市场的关系，减少政府对市场包括要素价格的直接管制，改革要素供给，形成由市场供求决定的价格体系。简政放权、放管结合、优化服务的本质正是厘清政府与市场的边界：一方面，发挥市场在配置资源中的决定性作用，避免政府的“有形之手”过长、乱伸；另一方面，要在宏观调控、市场监管、公共服务和环境保护等方面更好地发挥政府作用，把该管的管住、管好，把该服务的服务好。在简政放权、监管职能调整的同时，应考虑机构编制、经费投入、人力资源的同步调整，以便于基层政府能够承担得住下放的权力，在事中事后监管上有足够的力量。

提高产品和服务质量，提升供给水平。把提高供给体系质量作为主攻方向，显著增强我国经济质量优势。这就要树立质量第一的强烈意识，在农产品、工业制成品、装备制造、工程建设、服务业等领域提高标准，加强全面质量管理，强化知识产权保护和管理，提升竞争质量，提高劳动生产率，引导企业突出主业，发扬工匠精神，加强品牌建设，培育更多“百年老店”，增强核心竞争力。需要把标准化放在更加突出的位置，以标准的全面提升推动产业升级，形成新的竞争优势，促进经济中高速增长、迈向中高端水平。

以所有制结构调整为突破口，发挥经济增长质量提升的联动作用。围绕使市场在资源配置中起决定性作用和更好发挥政府作用，务实推进重要领域和关键环节改革，调整优化国资布局结构，积极发展混合所有制经济，激发民营经济活力，促进经济发展更有效率、更加公平、更可持续。而对于国有经济比重相对较高地区，要进一步发挥其国有经济布局和结构优势，积极打造具有影响力的企业，形成一批行业“排头兵”。

优化贸易结构，发挥经济增长质量提升的推动作用。在提升出口对经济增长质量带动作用的同时，进一步重视进口对一些地区经济发展的影响，尤其是抓住“一带一路”倡议和长江经济带的发展机遇，推动新一轮对外开放，倒逼深层次改革和结构调整，注重引进外资和对外投资两者之间的平衡，推进高水平的“引进来”和“走出去”战略。与此同时，加强品牌建设，提升国产产品质量。品牌是企业走向强大的必由之路，如果企业缺乏品牌意识，从长远来看，将会给企业带来一系列危机。在供过于求的市场上，以质量为依托的品牌成为消费者进行选择购买的关键因素，没有品牌就无法获得较高的附加值，无法与国外同类知名品牌竞争。

三、高质量发展是区域协调发展的必然选择

2019 年中央经济工作会议明确将区域协调发展战略作为推动中国经济高质量发展的重要工作之一，阐述了中国区域协调发展的基本目标和任务。区域协调作为落实新发展理念的重要方面，体现了高质量发展的重要内生特点。在区域经济发展领域中，我国并没有完全遵循西方经济理论重视区域发展效率而忽视区域间均衡的发展导向，而是始终遵循效率与均衡并重的发展指导思想。在追求区域

经济发展速度和效率的同时，中国同样高度重视区域间的均衡与协调发展，中央财政每年用于区域经济均衡发展的财政转移支付高达数万亿元。如财政部数据表明，2018 年中央对地方转移支付预算 6.22 万亿元，比上年增长 9%，增幅为 2013 年以来最高；对地方一般性转移支付预算 3.9 万亿元，比上年增长 10.9%。因此，区域协调发展作为习近平新时代中国特色社会主义思想的重要组成部分，能够对高质量发展目标的实现产生重要的积极作用。

高质量的发展模式要求建设现代化经济体系。现代化经济体系作为一个系统概念，经济体系内部的平衡与协调性是其要求之一，这种平衡与协调性不仅体现于不同产业间、政府与市场间，同样体现在不同区域间，过大的区域差距是高质量发展所不能允许的。因此，实施区域协调发展战略是建设现代化经济体系从而实现高质量发展的重要前提。

同时，区域协调发展的目标，是实现人民生活水平大体相当。中国东西部发展差距较大，部分地区特别是西部地区发展仍然较为落后。与此同时，中国历史形成的城乡二元分割体制没有得到根本消除，乡村发展有所滞后。区域发展不平衡的根本表现，是人民生活水平存在着显著的区域差距和城乡差距，这种不平衡必须通过协调发展来克服。

（一）统筹推进区域协调发展

我国社会主要矛盾已经转化为人民日益增长的美好生活需要和不平衡不充分发展之间的矛盾，实现高质量发展则必须解决这一主要矛盾。解决矛盾的有效措施之一即为“建立更加有效的区域协调发展新机制”。一方面，区域协调发展战略将直面区域间经济发展不平衡问题，实现区域经济的均衡发展；另一方面，在区域协调发展战略的作用下，区域间的密切和广泛合作也能够为不同区域的经济发展提供新的发展动力，从而最终实现区域经济的充分发展。

建立更加有效的区域协调发展机制。按照新发展理念构建区域协调发展的各类评价指标和体系，要注重发挥市场机制对创新的促进作用，促进各类要素流动，按照市场化的原则实现区域之间的产业分工和合作；要注重缩小区域差距，将城乡区域发展差距和居民生活水平差距显著缩小的目标放在重要位置；要加大生态环境在区域发展考核中的比重，实施好生态保护修复重大工程、大规模国土绿化行动等重大举措；要鼓励区域对内对外开放，完善产权制度和要素市场化配置，大幅放宽市场准入，加快形成全面开放新格局；要注重各个地区的民生问题，指标设置上积极主动回应本地群众关切，加强基本公共服务，加强基本民生保障，让人民群众共享区域协调发展的成果。

为促进区域协调发展，发挥好各地区比较优势，国务院出台了一系列针对性的指导文件，引导区域经济健康发展。建设自由贸易港，即《中共中央国务院关于支持海南全面深化改革开放的指导意见》，党中央决定支持海南全岛建设自由贸易试验区，支持海南逐步探索、稳步推进中国特色自由贸易港建设；新旧动能转换，如《国务院关于山东新旧动能转换综合试验区建设总体方案的批复》；国家可持续发展议程，如《国务院关于同意深圳市建设国家可持续发展议程创新示范区的批复》《国务院关于同意桂林市建设国家可持续发展议程创新示范区的批复》《国务院关于同意太原市建设国家可持续发展议程创新示范区的批复》；国家自主创新示范区，如《国务院关于同意宁波、温州高新技术产业开发区建设国家自主创新示范区的批复》《国务院关于同意兰州、白银高新技术产业开发区建设国家自主创新示范区的批复》；等等。

区域协调发展程度与水平会对整体经济体系的高质量发展产生重要影响。过去几年在这方面的探索已有一定基础，区域间流域间生态保护或水环境维护补偿机制、粮食主产区利益补偿机制等已取得积极成效。同时，各种形式的对口协作与帮扶深入拓展，相关机制不断完善。区域协调发展体系表现在多个维度，无论是引领区域发展的国家战略，还是东中西部协调发展，或者是城市群、特色小镇等具体区域发展形态，高质量发展都是放在首位的基本要求。

在党的十九大召开之前，“一带一路”建设，京津冀协同发展规化，疏解北京非首都功能，雄安新区、长江经济带、粤港澳大湾区等区域发展战略都已经有序展开。京津冀协同发展以疏解北京非首都功能为重点，要形成与首都功能定位相匹配的产业结构和职业结构，规划建设雄安新区是积极稳妥有序疏解北京非首都功能的一项重大决策部署，要高起点、高质量编制好雄安新区规划；推进长江经济带发展，要以生态优先、绿色发展为引领，以共抓大保护、不搞大开发为导向推动长江经济带发展；围绕“一带一路”建设，要创新对外投资方式，集中精力和资源加强创新能力开放合作，以投资带动贸易发展、产业发展。

东中西部协调发展要实施差异化战略，强化举措推进西部大开发形成新格局，深化改革加快东北等老工业基地振兴，发挥优势推动中部地区崛起。规划建设粤港澳大湾区等创新引领的示范区域，形成东部地区优化发展的制高点，支持东部地区率先推动高质量发展。通过一系列差异化战略，建立起更加有效的东中西部协调发展新机制。同时要补齐区域发展的短板，大力支持革命老区、民族地区、边疆地区、贫困地区改善基础设施，发展适合生态环境的优势产业和特色产业，提高基本公共服务能力。

区域协调发展要优化区域发展的形态，促进城市群的快速发展，成为区域协调发展的新方向、新模式。城市群是区域协调发展的重要平台和支撑，提高城市群质量，关键是形成大中小城市协调发展的城镇格局。推进大中小城市网络化的区域布局，利用轨道交通等实现城市群内部的互联互通。区分大中小城市的功能定位，将特色小镇发展放到城市群发展的格局中，增强城市群对农业转移人口的吸引力和承载力。学者普遍认为，城市群将成为未来我国区域协调经济发展的主流。对此，国家出台了又一批新的城市群规划，如《国务院关于兰州—西宁城市群发展规划的批复》《国务院关于呼包鄂榆城市群发展规划的批复》《国务院关于关中平原城市群发展规划的批复》等。

乡村振兴战略已得到广泛响应和高度的共识，有关部门已出台了许多鼓励、促进、优惠和落实的政策措施，以推进规模化、集约化和信息化的现代农村和现代农业的稳步发展。如《国务院办公厅关于印发跨省域补充耕地国家统筹管理办法和城乡建设用地增减挂钩节余指标跨省域调剂管理办法的通知》《国务院办公厅关于促进全域旅游发展的指导意见》《国务院办公厅关于推进农业高新技术产业示范区建设发展的指导意见》等。

同时，鼓励高新技术产业园区进一步创新发展。国务院批准升级了一批国家级高新技术产业园区，包括湖南怀化高新技术产业开发区、江西宜春丰城高新技术产业园区、江西九江共青城高新技术产业园区、重庆永川高新技术产业开发区、山东荣昌高新技术产业开发区、安徽淮南高新技术产业开发区、云南楚雄高新技术产业开发区、广东茂名高新技术产业开发区、广东湛江高新技术产业开发区、湖北潜江高新技术产业园区、湖北黄石大冶湖高新技术产业园区、湖北荆州高新技术产业园区共计 12 个。

党的十九大报告明确提出要实施区域协调发展战略，这为未来我国区域和地方经济的发展指明了方向，也是未来我国形成高质量区域协调发展格局的根本指导原则。区域协调发展作为习近平新时代中国特色社会主义思想的重要组成部分，能够对高质量发展目标的实现产生重要的积极作用。区域协调发展战略势在必行，实施区域协调发展战略与实现高质量发展目标具有内在的紧密联系，我国采取一系列重大战略与政策举措，着力缩小地区差距，取得了积极成效。当前区域发展总体态势良好，区域发展协调性不断增强。

（二）新时代背景下的城乡一体化

党的十八届五中全会把“协调”作为五大发展理念之一，提出要重点促进城乡区域协调发展，促进经济社会协调发展，促进新型工业化、信息化、城镇化、农业现代化同步发展。城乡二元结构是我国现代化进程的重要结构特征。改革开放以来尤其是进入新世纪之后，我国将实现城乡协调发展放在更突出的位置。城乡协调发展是一个历史的、动态的概念，在不同时期，城乡协调发展面临着不同的经济社会格局。与变动的格局相耦合，城乡协调发展的内涵和实现机制就需做出调整。近些年我国城乡协调发展整体开始步入新阶段，引致城乡协调发展内涵和实现举措的动态变化。

我国城乡关系是适应整体社会系统而动态变动的。整体国民经济的服务业化、城乡经济差距的持续缩减、城乡要素配置的双向流动，导致城乡协调发展的内涵在丰富和拓展。20 世纪 70 年代末至 21 世纪初，我国处在工业化加速推进时期，城乡收入差距在波动中渐趋走高。相应地，此阶段的城乡协调发展具有如下内涵：以抑制城乡收入差距扩大为核心目标，通过农民非农化以增强农民收入的多样化，并为大规模的工业化提供劳动力资源。同时，通过对农村的“少取”和“多予”，来矫正此前公共产品配置的城乡失衡。此时段的城乡协调发展更多是从“工具理性”角度出发，即城乡差距扩大会影响社会秩序、粮食安全、居民消费和经济增长，城乡协调发展主要是回应我国面临的急迫问题而倒逼出来的。

现阶段我国的宏观背景正发生深刻转变，这导致城乡协调发展的内涵走向升级。具体地说，在经济差距缩减的情形下，城乡协调发展应更强调城乡资源配置效率的提高，更强调城乡之间、城乡内部不同群体充分分享增长的成果。在新阶段，城乡协调发展包括但不限于收入差距缩减，要形成城乡之间、城乡内部不同产业融合度提高，要素流动性增强，以及公共产品相对均等化配置的新格局。在新阶段，城乡协调发展既有“工具理性”，也有“价值理性”，它是拓展国内需求、优化产业结构和提高全要素生产率的重要途径，也是对持续性、包容性发展以及共同富裕等更高目标的积极回应。

整体国民经济转向新格局，城乡协调发展开始进入新阶段。城乡协调发展是嵌入经济结构变动的大框架之中的。随着我国第三产业增加值占 GDP 的比重超过第二产业、消费结构变迁和产业融合增强，城乡居民对农业除食品需求之外，还增加了食品营养化以及生态、休闲、体验、创意等服务需求，对农业等产业的个性化、差别化、便捷化需求也渐趋提高。这就要在产业融合交叉、服务功能拓展的基础上回应新格局。

目前，我国的经济社会发展进入一个新的阶段，城镇化继工业化之后，成为发展的重要推动力量之一。在实施乡村振兴战略的背景下，促进农业全面升级、农村全面进步和农民全面发展成为全党工作的重中之重。实施乡村振兴战略并不与城镇化相矛盾，不是牺牲城市发展迁就乡村，而是要实现城乡协调发展。因此，破除城乡“中心—边缘”结构，走城乡一体化发展道路，增强全体人民的获得感和经济社会可持续发展成为我国今后城乡社会发展的重要主题。国内外实践证明，协调发展是有效推进城乡发展一体化的成功之路。推进城乡发展一体化，是工业化、城镇化、农业现代化发展到一定阶段的必然要求。

城乡经济差距呈现出持续缩减的新态势，城乡要素配置显露出双向流动的新动向。城乡收入比从 2008 年的 3.31 缩减至 2018 年的 2.7，城乡消费差距也呈现类似的变动态势。另外，城乡内部不同群体的经济差距却在扩大。改革开放后，农村劳动力等呈现出大规模的单向外流态势，农村要素非农化流动仍在进行。但近年来，农业的规模经济和要素回报率均有所提高，城镇要素基于收益率变动呈现流向农村的新动向。城镇部分劳动力带着技术、资本下乡从事农业经营，部分民营企业也以家庭农场、“公司 + 基地 + 农户”、现代农业产业园区等方式进入农业。引致上述变化的原因是：农业功能的拓展、产业链延长和“互联网 +”的应用，使农业可能成为新的经济增长点。

城市与乡村拥有诸多方面的互补性和共生性，农村的发展离不开城市的辐射和带动，城市的发展也离不开农村的促进和支持。推进城乡协调发展，应当把城市和农村紧密联系起来，坚持城市与农村错位发展，促进城乡之间各种要素的双向流动。在吸纳更多农村人口进城落户定居的同时，让留在农村的人口安居乐业，并吸引更多城市人口到农村休闲居住，增强农村活力，做到“进城”和“下乡”各得其所，形成优势互补、相互依存的城乡一体化生产生活格局。

从世界范围来看，城乡协调发展只是城乡关系演化到特定阶段后的可能状态。城乡关系能否最终指向城乡一体化发展取决于特定因果关联能否及时出现，城乡协调发展只是城乡关系演化的可能路径，但并不是必然结果。综观各国城乡关系的演化轨迹，其大致表现出两种不同的指向：一种是收敛于城乡协调发展，并耦合于经济社会的可持续性发展进程；另一种是演化出城乡“中心—边缘”结构。因此，在实施乡村振兴战略的背景下，必须厘清城乡关系演化的历史路径和内在逻辑并在此基础上探索实现城乡协调发展的基本路径、方法。

城乡关系失衡并非中国所独有，而是现代化过程中为大多数国家所普遍经历。纵观日本、韩国、法国、美国、德国等发达国家，无不经历了城乡尖锐对立的社会发展阶段，出现了城乡发展不协调所带来的种种问题，也都是在城乡发展极不均衡的情况下，采取各种不同措施，实现了城乡高度一体化。比如挪威，在20世纪60年代城乡发展严重失衡，城乡居民收入比差距一度超过3，大量农民流向城市，随后通过实施“地区发展计划”等系列政策，现已完成城乡一体化融合，农民享受与市民几乎相同的生活条件、收入水准和社会福利待遇。反观巴西等一些拉美国家，从20世纪50年代开始进入现代化起步阶段，到1980年已接近欧洲城市化水平，然而，由于没有及时采取政策措施，未能正确处理好城乡关系，目前很多拉美国家的农村基础设施非常落后，出现了很多的贫民窟。

国外城乡协调发展的成功案例，无一不是注重城乡一体化的顶层设计。比如，英国针对工业革命后城市化速度大大加快、乡村人口大量向城市转移、农村日益荒凉的实际，提出了将城市问题与乡村问题合并解决的“田园城市”构想，制定《城乡规划法案》，设立独立的城乡规划管理机构，成为世界上第一个建立城乡规划体系的国家。各级政府应当研究借鉴国外成功经验，把城市和乡村作为一个整体，通盘考虑、统筹谋划、一体设计，实行城乡总体规划、土地利用总体规划、产业布局总体规划等多规合一，切实解决规划上城乡脱节、重城市轻农村的问题。要按照主体功能区的不同，统筹规划工业与农业、城镇与农村的空间布局，有意识地把城市的居民生活区、工业区、商贸区、物流区、金融区、休闲区、大学区、公务区分开，有针对性地将一些商务区、工业区布局到城郊和农村，以此带动农村发展。比如在食品安全体系规划上，可考虑从原料基地到终端产品加工都布局在农村，实行农工贸一体，以此加快推进城乡统筹。

在强调整体推进的同时，还要突出差异性和互补性。城与乡作为两种不同经济社会空间形态，具有不同的自然属性、人口分布、社会功能。推动城乡协调发展，既要“求同”、突出一体化，也要“存异”、避免等同化，不能按建设城市的办法来改造农村、用城市的生活模式去占领农村，如法国有37万个村庄风貌200多年都未改变，但一样实现了农村现代化。要防止农业和工业这两个不同的产业形态同质化、农村和城市两个不同的景观趋同化，尤其是新农村建设更应保持地域特色、保留民俗风貌。

促进城乡发展一体化，不是以城市为中心，单纯地推进新型城镇化、把农民变市民，也不是以乡村为中心，单一地建设社会主义新农村、把农村变城市，而是要坚持城乡并重，把工业与农业、城市与乡村、城镇居民与农村居民作为一个有机整体统筹推进，促进城乡在发展理念、规划布局、要素配置、产业发展、公共服务、生态保护等方面相互融合、共同发展，在城市能品味到乡村的生活品质，在乡村能享受到城市的现代文明。国内的昆山、广州、苏州、上海、北京、成都等地区，创造了较为成熟的城乡一体化模式。

国内外的成功经验证明，坚持城乡协调发展，是增强一个国家和地区经济社会发展整体性的有效路径。只有增强城乡发展的整体性、协调性，体现两者差异性和互补性，方能行稳致远。

（三）推进城乡一体化发展

推进城乡发展一体化，必须夯实基础。基础设施、公共服务、社会治理，是除去产业之外城乡之间存在的差距所在。城乡发展的一体化，必须在夯实乡村基础的前提下，才能有效推进。中共中央、国务院印发了《乡村振兴战略规划（2018—2022年）》，推进农业供给侧结构性改革，加大农业结构调整力度，培育新型经营主体，促进农村一二三产业融合发展。全面深化农村改革，落实第二轮土地承包到期后再延长30年的政策，探索宅基地所有权、资格权、使用权分置改革。推动农村各项事业全面发展，健全乡村治理体系。城乡协调发展需要理念创新，也需要实现机制和操作方案的动态调整。近年来我国城乡协调发展的内涵升级，实现城乡协调发展的举措也具有新特征，并均是围绕政府与市场的良性互动这个主线展开的。

城乡协调发展，产业是关键，应通过借鉴国外经验制定符合实际的政策措施。缺乏产业支撑，城乡发展一体化就会成为无源之水、无本之木。从国外实践看，发达国家都十分重视城乡产业统筹发展，合理分工城乡产业。比如，日本曾一度出现农村人口急剧流向城市、城乡差异扩大的现象，后来通过制定《新全国综合开发计划》《农村地区引进工业促进法》等政策举措，鼓励城市工业向农村转移，强化企业对接乡村的能力，有力推动农村工业化，实现了均衡统筹发展。韩国在20世纪90年代实施“一村一社”计划，立法要求有实力的企业对接村庄、帮扶产业，包括农产品开发、观光农业、村庄整治等。

积极推进农业经营主体和生产方式的多样化。农业经营主体是实现城乡协调发展目标的微观载体。当前，我国农村除传统农户之外，已经出现了家庭农场、农业大户、农业专业合作社等多种经营主体，其经营也扩展至“从田间到餐桌”的整个环节。现阶段的农业经营主体和生产方式创新应契合各地现状，此外，经营主体和生产方式的多样化应更多引入“互联网+”等技术因素，以此推动对农业组织方式、流通方式和分配方式的持续改造。

各级政府应抓住产业这个关键，引导城市企业的资金、人才、技术等现代经济要素向农村流动，促进城市的现代物流、电商、农产品加工等产业在农村合理布局，促进工业与农业融合、企业与农民携手、城市与乡村联动，逐步缩小城乡在产业发展水平上的差距。应出台具体政策，鼓励引导工商资本到农村发展适合企业化经营的现代种养业，鼓励社会资本投向农村建设，允许企业和社会组织在农村兴办各类事业。对从城市转移到农村从事农业生产、参与脱贫攻坚的符合国家产业政策和环保要求的企业以及本身设在城郊或农村的小微企业，应在税费、金融、用地、用电、补贴等方面予以重点扶持，吸引更多的市场主体到农村投资、消费、经营，促使消费和发展机会向农村扩散，既缓解城市压力，又繁荣农村经济。

在新阶段，对农村的“少取”和“多予”依然是重要的。同时，城乡协调发展的内涵转变导致“放活”的作用在增强，将决策权更多交给城乡微观主体，增长成果也更多由城乡微观主体来分享。新时期我国城乡协调发展具有更丰富的内涵和更高远的目标，实现该目标需要“有效市场”和“有为政府”。增强产权制度完善对城乡协调发展的推动力。要素市场化程度提高与产权制度完善紧密相关，新时期我国必须通过产权制度变革，为城乡协调发展提供动力源泉，促使市场在城乡资源配置中起决定性作用。当前价格对要素稀缺程度的反映还不准确，市场对城乡要素配置的作用亟待增强。在城乡协调发展新阶段，我国必须促使市场在资源配置中起决定性作用。例如，在劳动力配置中，必须通过深化户籍制度改革和加快新型城镇化，促使劳动力形成城乡双向流动的格局。

城乡差距最直观的表现莫过于基础设施。纵观世界各国，城乡一体化程度高的国家，无一不高度重视基础设施建设，有的甚至把城市基础设施延伸到了乡村一级。我国人多地少、农民众多，受资源环境承载能力所限，城市化水平再高也难以在短时间内赶上发达国家。当前，应坚持“城乡共建、城乡联网、城乡共享”的原则，推进城市的道路、供水、污水管网、垃圾处理、电力、电信、环保、信息化等基础设施向农村延伸覆盖，做到“无缝对接”、互联互通，让农民享受现代文明的生活。合理划定城市发展边界，避免城市无限扩张、取代乡村，通过城乡基础设施一体化建设，在空间形态上使城市更像城市、农村更像农村。

长期以来，由于城乡二元体制未能同步深化变革，大量进城农民工住在城市却不能成为城市居民，服务城市却不能享受城市生活，尤其是新生代农民工向往城市却不被城市所接纳，根在农村却对农村日益疏离。同时，农村“空心化”不断加剧。破解城乡二元结构、推进城乡要素平等交换和公共资源均衡配置，加快户籍、土地、社保、就业、教育等一系列制度联动改革，让城乡居民人人享有均等化的基本公共服务。实现由城乡二元向城乡融合发展转变，破解城乡发展不平衡、推动农村发展不充分的矛盾，已成为推动我国高质量发展的重要动力。进入发展新阶段，乡村振兴与城乡融合互为条件、互相促进。“如果到 2020 年，在以人口城镇化带动城乡融合发展方面取得实质性突破，带来的新增消费与投资将为高质量发展注入巨大动能。这就需要以乡村振兴助力城乡融合进程，通过建立健全城乡融合发展体制机制和政策体系，重塑城乡关系。”同时，城乡要协调，治理须协同。随着城乡发展一体化进程的加快，农村社区进入了快速变迁与向现代社区转型的时期。要持续深入推进农村社区建设，把更多的城市郊区和城乡接合部的村庄规划建设为设施比较完善的农村社区，着力打造近距离的“社区服务圈”，让广大农村居民也能享受到优质高效的社区服务。

（四）东中西部协同发展

经过多年的调整，特别是进入新世纪以来一系列重要区域协调发展战略的实施，我国区域结构的协调性有了一定程度的提升。贫困地区与部分欠发达地区发展状况明显改观。全国确定了14个集中连片特困地区，扶贫开发工作涉及870个县。通过“六个精准”“五个一批”等有力举措加大脱贫攻坚力度，一些地区改变了落后状态，实现较快发展。尤其是这些地区民生大幅改善，一些困扰多年的民生问题得到解决。

东中西部发展相对差距逐渐缩小，区域增长速度格局发生历史性转变。近年来，西藏、新疆等少数民族集中居住地区明显发展，集中连片特殊困难地区扶贫攻坚成效明显，赣南等原中央苏区以及陕甘宁等革命老区自我发展能力明显增强，其他边疆欠发达地区人民生活水平也得到较大程度提高。广大中西部地区基础设施不断完善。高速和准高速铁路网络同步推进，民航事业加速起飞，电力供应极大改善，为经济进一步快速发展奠定了良好基础。在社会事业发展方面，广大中西部地区全部实现九年义务教育，人均预期寿命大幅提升等。

此外，城市群有力带动经济增长，推动形成一批经济增长极，区域一体化进程也不断加快。京津冀、长三角、珠三角三大传统引擎增长极作用依然显著。与此同时，武汉城市圈、长株潭城市群、皖江城市带、广西北部湾经济区、重庆两江新区等中西部地区快速成长，成为国家或区域经济发展的重要支撑。例如，长江中游城市群的武汉、长沙、合肥、南昌四省会城市建立了“决策—协调—执行”的紧密合作机制，取得了实行省际住房公积金异地互认互贷、基本医疗保险异地就医即时结算等一系列合作成果。

“加大力度”“深化改革”“加快建设”……党的十九大报告关于实施区域协调发展战略的部署中有不少这样程度递增的表述。从另一个侧面说明，在区域发展格局不断优化的同时，促进区域协调发展依然任重道远，一些不稳定、不协调问题有待解决。

虽然东中西地区经济增长速度格局的扭转，使差距扩大的势头得到一定程度遏制，但区域实质性差距还未明显缩小。2006 年全国人均 GDP 最高的上海市是最低的甘肃省的 6.7 倍，2018 年全国人均 GDP 最高的北京市是最低的甘肃省的 4.4 倍，差距依然明显。同时，区域发展分化现象逐渐显现。从“四大板块”之间来看，2013 年以来，东北地区经济增长与其他三个板块的分化愈加明显。中西部地区经济增速虽快于东部地区，但增速差距也在持续缩小。从板块内部来看，经济增长差距也在不断扩大，经济增长“南快北慢”、经济总量占比“南升北降”特征比较明显。少数地区甚至出现要素支撑“入不敷出”状态，吸引外部资源要素有限，而流出加速，出现人口净流出、民间投资下降较快等现象。

这些现象都表明，区域发展中有利条件与不利因素交织，积极态势与不良状况并存。深入分析这些情况，存在着一些困境，给下一步实施区域协调发展带来了挑战。比如，以资源为支撑的发展与加强生态环境保护之间存在矛盾。一段时期以来，一些地区以牺牲资源环境为代价发展经济，虽实现了较高的增长速度，但也带来了不少生态和社会问题。不能再走粗放发展的老路，一开始就必须把节能环保放在突出位置，但这势必会影响发展速度和水平，给加快缩小区域差距带来难度。

部分地区一方面与其他地方争资金、争资源，另一方面搞地区封锁和市场分割，对外形成了不正当竞争，进而无序开发，对内也容易导致盲目开发、低水平重复建设，这些都影响了发展的持续性。此外，加快重点地区发展需要给予必要的政策扶持，而优惠政策又容易导致地方滋生“等靠要”的思维和攀比心；地方政府制定实施区域规划的意识普遍增强，而地方政府主要负责人频繁更替又往往造成既定规划无法“一以贯之”……这些“两难”如何处理，也影响着区域协调发展的进程。

面对这些问题和困难，中央进一步调整、优化区域协调发展思路及方式，进入新的区域协调发展阶段。继实施西部大开发、中部崛起和振兴东北老工业基地等区域政策之后，中央政府近年又提出京津冀协同发展、长江经济带和“一带一路”建设三大国家区域发展战略。一方面，通过发挥“一带一路”建设、长江经济带建设引领作用，促进和带动中西部发展，明确到2020年引导1亿人口在中西部就近城镇化，以进一步缩小东中西部发展差距；另一方面，在大力振兴东北老工业基地的同时，通过实施京津冀协同发展战略，以及促进环渤海地区合作发展，以缩小南北区域发展差距。这表明，与传统的区域协调发展政策不同，新时期我国区域协调发展更加注重“协调东中西、平衡南北方”的整体协调发展思路，全方位缩小区域发展差距，全面推进区域协调发展。特别是通过“一带一路”建设，将国内区域协同与对外开放更紧密地结合起来，为加快推进区域协调发展注入新的巨大动力。

（五）优化区域发展格局

要切实实施好区域协调发展战略，善于克服区域发展过程中存在的各种问题，推动形成区域协调发展的新格局。根据我国区域协调发展的新形势和要求，我国进一步划分出某些特殊类型的落后地区，制定更加具体和有针对性的对策，促进这些地区发展。“十三五”规划增设了资源枯竭、产业衰退和生态严重退化等困难地区类型，在支持贫困地区加快发展的同时，提出实施革命老区振兴发展行动、民族地区奔小康行动、沿边地区开发开放行动、资源枯竭地区转型、产业衰退地区振兴发展和生态严重退化地区转型发展等特殊类型发展重大工程战略及规划，使促进区域协调发展的政策更加具体和有力。

区域总体战略与“三大战略”有机融合，促进生产要素在更广范围内自由流动，形成比较优势充分发挥、东中西南北方联动协调的发展态势，这是未来区域协调发展的“基本盘”。以“三大战略”为引领，核心在于促进一体联动、推进重点突破。在“一带一路”建设方面，要以落实“一带一路”国际合作高峰论坛成果为牵引，加快推进“五通”重大项目建设。在京津冀协同发展方面，要以疏解北京非首都功能为“牛鼻子”，继续以交通、生态、产业为重点，扎实推动一批重大规划政策、重点工程项目、重要改革事项落地见效。高起点规划、高标准建设雄安新区，在切实编制好总体规划和专项规划的同时，努力在交通基础设施、植树造林、生态治理修复、文化保护等领域先行启动一批重点项目，并深化相关体制机制创新研究和政策设计。在长江经济带发展方面，以共抓大保护、不搞大开发为导向，继续抓好重点问题整治和水环境治理等重大工程建设，稳步推进综合立体交通走廊建设。

深入实施区域发展总体战略核心是要实行分类指导。深入推进西部大开发，要进一步加强基础设施建设，提高市场化水平，提升基本公共服务水平和生态保障支持能力；加快东北等老工业基地振兴，重在创新体制机制，深化开放合作；推动中部地区崛起，要激活人才、科技、市场、资源等优势，重塑区位优势；率先实现东部地区优化发展，要进一步强化先行先试和创新引领潜能，在转型升级、体制创新和全面开放等方面继续走在全国前列。

立足于“治标”和“治本”两个基本点。两者结合能够将强化外部支持与激发内在活力融为一体，破解一味等靠要的问题。治标方面，要注重解决区域发展的当前困难和应急矛盾，特别是加快解决突出民生问题和薄弱环节；治本方面，要注重培育区域自身发展的造血功能，通过加强人才输送、技术转让等手段，构造可持续发展的产业体系和体制机制。

着眼塑造区域发展新格局，加强对老少边穷地区的支持，落实京津冀协同发展、长江经济带发展和西部开发、东北振兴、中部崛起、东部率先发展战略，出台实施粤港澳大湾区发展规划纲要。新型城镇化的核心在人，围绕人这一核心，十九大报告对提高新型城镇化质量作出部署，2018 年再进城落户 1300 万人。优先发展公共交通，健全菜市场、停车场等便民服务设施，有序推进“城中村”、老旧小区改造，加强精细化服务、人性化管理。

用好政府和市场两种力量。政府力量应集中到制定跨区域发展规划、缩小基本公共服务水平、协调推进区域合作等方面；市场力量则应体现在对资源的配置起决定性作用，冲破地区封锁和行政壁垒，促进各类生产要素自由流动、优化配置等方面。政府和市场两个轮子协同运转，有利于发挥各方面积极性，也有利于解决无序开发和不正当竞争问题。

努力提升基本公共服务均等化、基础设施通达程度均衡化，是实现区域协调发展的重要路径。一方面，当前人民群众对生活品质有新的期待，对婴幼儿照护、儿童早期教育、无歧视就业、养老保险制度等高质量公共服务供给提出了新的需求；另一方面，基础设施的互联互通，促进了大都市、大中小城市和小城镇的链接，提高了交通通达水平，降低了成本，促进了经济分工和提高经济效率，发挥了中心城市对周边城市和农村地区的辐射带动作用。

积极推动城乡区域协调发展，优化现代化经济体系的空间布局，实施好区域协调发展战略，推动京津冀协同发展和长江经济带发展，同时协调推进粤港澳大湾区发展。要建设彰显优势、协调联动的城乡区域发展体系，实现区域良性互动、城乡融合发展、陆海统筹整体优化，培育和发挥区域比较优势，加强区域优势互补，塑造区域协调发展新格局，首要是以“三大战略”为引领，以区域发展总体战略为基础。

在空间开发方面重点转向功能开发，即调整和优化在点、线、面、体发展状态下逐步形成的区域分工，以带动区域发展转型。如“十三五”规划纲要提出，超大城市和特大城市要加快提高国际化水平，适当疏解中心城区非核心功能，强化与周边城镇高效通勤和一体发展，促进形成都市圈。大中城市要加快产业转型升级，延伸面向腹地的产业和服务链，形成带动区域发展的增长节点。由此可见，我国在空间开发方面，更强调以“功能”开发为主导的方向。

四、高质量发展是转型升级的准则

全面小康，离不开环境优美、生态优良。党的十八届五中全会把“绿色发展”作为五大发展理念之一，注重的是解决人与自然和谐问题。高质量发展就是要满足人们对美好生活的需要，其中就包括对优美生态环境的需要，这要靠绿色发展去实现。十九大报告提出“建设生态文明是中华民族永续发展的千年大计”，并强调必须树立和践行绿水青山就是金山银山的理念，坚持节约资源和保护环境的基本国策，像对待生命一样对待生态环境。如今，中国经济发展模式正在由粗放型向集约型转变，各地在实践中也更加注重生态环境保护，努力让绿水青山成为金山银山。随着绿色发展理念的落实，绿水青山将日益与金山银山“合而为一”，成为新时代下中国经济实现更高质量发展的重要标尺和鲜明符号。

青山绿水，用之不觉，失之难存。绿色发展成果如何，最终需要用绿色绩效来检验。“十三五”时期，我们必须加强绿色发展目标考核，研究制定绿色发展指标体系，增加资源消耗、环境损害、生态效益等考核权重，形成推动绿色发展的正向激励，引导各地决不以牺牲生态环境为代价换取一时一地的经济增长。绿色发展指标是衡量高质量发展的重要维度，不仅承载着人民群众对美好生活的质朴期许，更蕴含着实现高质量、有效益、可持续发展的不竭动力。

（一）以高质量生态建设保障高质量发展

党的十九大报告提出，要把我国建设成为富强民主文明和谐美丽的社会主义现代化强国，要打好污染防治攻坚战。国家统计局等单位联合发布的《2016 年生态文明建设年度评价结果公报》，用绿色发展指数及公众生态环境满意度反映 2016 年度各地方绿色发展落实情况，从资源、环境、生态、经济等方面多维度、多层面地综合反映了中国各地生态文明建设的总体进展。这表明，各地都在用实际行动践行十九大精神。绿色已成为高质量发展的主色调，生态文明建设已成为未来的重点要务之一。

中国官方首次发布绿色发展指数的背后，是中国经济发展理念发生了深刻变化。在生产经营活动中，不仅要看到当前的利益，更要看到未来的利益；既要考虑企业的成本收益，又需关注企业的社会责任；不仅要看到政府对利税的热心，更要看到不重视生态文明建设将造成潜在且难以承受的环境成本。

从各地公布的《政府工作报告》来看，几年来，各地绿色发展成效显著，生态文明建设稳步推进。目前，绿色发展理念已成为指导地方发展的重要方针，不少地区已在相关领域开展了探索和实践，积累了一批具有借鉴意义的经验教训。未来，随着供给侧结构性改革的深入推进、“五位一体”总体布局的全面铺开，地方两会也透露了更多绿色发展的讯号。从各地的工作部署中可以看出，各省、自治区、直辖市在贯彻绿色发展理念的过程中各有侧重，生态文明建设亮点颇多，主要集中于构建绿色产业体系、打好污染防治攻坚战、生态文明制度性建设三方面。

推进生态文明建设，需要学会算大账、算长远账、算整体账、算综合账。践行绿色发展实质就是处理好绿水青山与金山银山的关系，让绿水青山成为追求更有质量、更有效率、更可持续发展的基石。绿色发展作为一种全新的生产、生活方式，并不仅仅是环境保护和生态修复，而是要将生态文明建设融入经济、政治、文化、社会建设的各方面和全过程。要树牢新发展理念特别是绿色发展理念，集中治理突出环境问题，从严把好新上项目、产业的生态环保关，加快产业结构调整和转型升级。

打好污染防治攻坚战，既要结合本地实际，提高针对性，又要脚踏实地，于大气污染、水污染、土壤污染三方面全面推进。京津冀地区将大气治理方面作为重点突破领域，提出坚决打好蓝天保卫战。北京表示大气污染防治工作将从“结构性减排”向“内涵型减排”转变。河北编制实施蓝天保卫战 3 年作战计划和冬季清洁取暖 3 年规划，全面推进传输通道城市“保底线、退后十”集中攻坚。在水污染防治方面，江苏进一步落实生态河湖行动计划，落实河长制、湖长制，推进长江、淮河、太湖流域和近岸海域污染治理。云南加强重点流域生态系统修复和环境综合治理，积极参与长江绿色生态廊道建设，推进洱海抢救性保护行动，强化滇池、抚仙湖等九大高原湖泊生态系统保护与治理。广西持续实施九洲江、南流江、下雷河流域治理，加强海洋环境保护，加强农业面源污染整治和城市黑臭水体治理。土壤污染防治方面，湖南实施 62 个土壤污染防治重点项目，开展长株潭耕地修复治理及农作物种植结构调整，加大长株潭城市群生态绿心保护力度。内蒙古加大土壤污染防治和重金属减排力度，整治工业园区环境，依法有序退出自然保护区内工矿企业。

按照“水十条”的目标要求，2020 年七大重点流域水质优良比例总体达到

70%，那么重点流域均需要加快治理，这将吸引大量社会资本，助力相关产业发展。在土壤修复方面，美国土壤修复行业占环保产业总产值的30%左右，我国土壤修复行业还有巨大的发展空间。而国家公园体制试点等方面工作，也对生态环保产业发展有一定需求。同时，传统产业通过与生态环保相结合，可实现产业升级。以农业为例，随着人们生活水平的提高，“认养农业”应运而生。“认养农业”采取消费者预付生产费用的模式，生产者在生产过程中坚持生态化原则，使用农家肥，采取防虫网、杀虫灯等物理防治技术，进而为消费者提供绿色有机食品。“认养农业”在生产者和消费者之间，建立了一种风险共担、收益共享的生产方式，实现了土地与餐桌的直接对接，农民的收益也有显著提高。

构建绿色产业体系，既包括对现有产业体系的绿色改造，又涉及推进新能源等绿色产业发展。针对东北森林覆盖率高、冰雪资源丰富、重型产业结构等特征，辽吉黑从优化三次产业结构入手，积极践行“绿水青山就是金山银山、冰天雪地也是金山银山”的理念，打造旅游等第三产业经济增长极，推进现有重工业结构优化升级。针对地区环境极具特色、生态承载力低、风能及太阳能等资源丰富等特征，新疆积极推动特色旅游及新能源产业发展。福建、广东等发展水平较高的省份，则力推地方能源消费结构调整，表示要提高清洁能源和可再生能源的消费比重。浙江更是提出“亩均产值论英雄”，强调提高资源产出率。

无论是河北塞罕坝的绿色奇迹，还是陕西榆林的治理黄沙，抑或是湖北鄂州的生态补偿，中国经济发展与生态文明建设都正在变得越来越有机统一。这种变化的背后，一方面源自经济自身发展与生产力水平提升之后带来的生产方式改变，另一方面则是越来越多人头脑中的理念发生了积极转变，从对大自然的一味索取到深刻意识到绿水青山关乎切身利益，明白绿水青山就是金山银山，甚至胜过金山银山。

当前，生态环保已经成为经济高质量发展的重要动力。从发展原则来看，高质量发展是体现创新、协调、绿色、开放、共享发展理念的发展；从发展目标来看，高质量发展是能够更好地满足人民日益增长的美好生活需要的发展。生态环保与经济高质量发展息息相关。

生态环保带来新的经济增长点。生态环保行业实际上是共生性很强的行业，近年来逐步得到发展。相关资料显示，2018 年，环保设备行业销售收入在 3559 亿元左右，同比增长了 3.5%。随着生态环保力度不断加大，生态环保产业将不断壮大，成为新的经济增长点。

生态环保助力供给侧结构性改革。供给侧结构性改革的首要任务是去产能。加大生态环境保护力度，提高环境准入门槛，有利于优化产业结构，推动产业转型升级。以钢铁行业为例，地条钢是我国政府明令禁止生产的劣质产品。从生态环境的角度看，地条钢企业设备往往十分简陋，并且缺乏环境治理措施，污染比较严重。从生产的角度看，每吨地条钢电耗达到 700—800 千瓦时，耗能较高，生产成本较高。一些地方通过加大监管力度，有力推进了钢铁行业转型升级。

保护优先方针可降低未来环境治理成本。发达国家工业化进程中都经历了“先污染后治理”的发展过程，付出了沉重的代价。为了解决污染问题，发达国家一方面投入巨额资本，一方面将重污染企业逐步转移到发展中国家。我国是人口大国，与发达国家相比，人口对自然资源和生态环境的影响更大。而低端产业的发展，进一步加大了对资源的损耗程度和对生态环境的破坏程度。坚持节约优先、保护优先、自然恢复为主，加大生态环境保护力度，可以避免对生态环境的肆意破坏，降低未来的环境治理成本。

生态环保要求倒逼企业提高生产效率。从短时间来看，加强生态环保会支出一些成本。但这部分成本是企业本应承担的，且从长远来看，企业为了满足监管要求，会加强内部管理，改变生产流程，提升产品性能，提高生产效率，有利于可持续发展。以露天煤场为例，如果露天堆放煤炭，不仅严重污染环境，而且会造成物料损失。相关数据显示，每吨煤炭存储、作业过程中，物料损失达到 1 公斤。为了满足生态环保要求，一些企业通过使用风幕式全封闭环保煤仓，降低了扬尘污染排放，也帮助企业减少了大风吹扬造成的物料损失。一些企业在创新过程中，还会带来新的就业，这就形成了一个良性的循环机制。

好的生态产品可以满足人民日益增长的生态需求。高质量发展的最终目标是满足人民日益增长的美好生活需要，而生态需求是美好生活需要的重要组成部分。打好污染防治攻坚战，推进大气、水、土壤污染防治，可以提供更多更好的生态产品，提高群众的获得感。值得注意的是，大多数贫困县处于生态环境脆弱地区，大部分贫困人口日常生计和收入直接依赖于当地自然资源，而无序利用、过度开发加剧了资源环境破坏和生物多样性丧失，反过来又加大了区域减贫难度。因此，要针对不同区域的主体功能和环境承载力，创新生态环保机制和考核机制，在生态环境脆弱、生态屏障功能重要的地区，要通过生态环保与脱贫攻坚一体化的方式，逐步实现高质量发展。

（二）以绿色转型助力高质量发展

新发展理念的确立，意味着以大数量增长指标为主的时代已过去，以高质量发展指标为主的新时代已然到来。新发展理念在理论上和实践中可以理解为——追求和实现中国特色社会主义现代化经济体系的高质量发展，绿色发展实乃这种高质量发展的本质内涵。

之所以如此，是因为绿色发展是高质量发展的核心价值追求之一，是衡量经济发展是否达到“高质量”的核心标准之一。经济发展说到底是为了确保民生，进而实现、增强人民生活的幸福，而绿水青山乃是人民幸福生活最重要的生态基础。“绿色”发展与“高质量”发展密不可分，共生共存，实乃高质量发展不可或缺的有机构成。换言之，经济发展的所谓“高质量”必须是“绿色”的，失去青山绿水的经济发展必然与“高质量”无涉。经济发展之“绿色”与“高质量”的这种共生共存关系，不仅证明绿色发展是高质量发展的本质内涵，还意味着绿色发展偏爱长期性、长远性，它追求的是中华民族的永续发展和“两个一百年”奋斗目标的实现。

在引导经济高质量发展的新发展理念群中，绿色发展居于该整体结构中的关键地位。譬如，中国现代化是绝无仅有、史无前例的，走欧美老路根本行不通，那样做再有几个地球也不够中国人消耗，因此，必须走自己的路，而开拓中国特色社会主义的绿色发展道路实乃价值不菲的路径创新。又如，生态环境保护具有整体性、综合性，不仅涉及国内各地区，还与周边各国乃至整个世界密切相关，绿色发展即意味着适当协调和系统把握。良好生态环境是最公平的公共产品，是最普惠的民生福祉。不言而喻，绿色发展的硕果必定是全民共享的典范。即便是就“开放”而言，正像中国游客乐于游历世界各地的青山绿水一样，国际友人也大多愿意来欣赏我们的名山大川，绿色发展无疑有助于开放发展。

绿色发展理念如此重要，还因为它具有坚实的理论与实践的支撑。绿色发展理念是深入把握规律的结果，习近平总书记曾对发展进行过深入思考，指出发展必须是遵循经济规律的科学发展，必须是遵循自然规律的可持续发展，必须是遵循社会规律的包容性发展。在这里，“创新”“协调”对应于经济规律，“绿色”对应于自然规律，“开放”“共享”则对应于社会规律。由于人生活于自然界中，人类社会离不开自然界，因此，经济规律和社会规律从根本上说都不能违背自然规律。

绿色发展事关中国特色社会主义之本质，为解放发展生产力之必要条件。保护生态环境就是保护生产力，改善生态环境就是发展生产力。在马克思主义看来，生产力的解放，是劳动者群众对生产资料关系的解放；生产力的发展，不单纯是生产效率的提高和物质财富的增加，最有价值的乃是劳动者群众素质的全面发展。绿色发展之所以能够保护和发展生产力，就是因为生态环境是人类生存最为基础的条件，是我国持续发展最为重要的基础。而对绿色发展的自觉践行，均有赖于人民群众素质的全面发展。

践行绿色发展理念具有强烈的现实针对性。一方面，生态环境问题不小，近年来严重污染问题集中暴露，这方面“欠账太多”，治理不到位，已经成为一个突出的民生问题。另一方面，生态环境问题既是重大经济问题，也是重大社会和政治问题。中国共产党人的历史担当，促使我们必须直面并解决此类问题。

绿色发展，就其要义来讲，是解决好人与自然和谐共生问题。而践行绿色发展理念，化解生态环境危机，实现人与自然和谐共生，必须确立的最根本的理念和举措不外乎两个字——节约。节约资源是保护生态环境的根本之策。扬汤止沸不如釜底抽薪，在保护生态环境问题上尤其要确立这个观点。显然，面对市场经济消费主义大潮的种种冲击，在这里，知易行难。全面反思从农业文明到工业文明再到生态文明的历史脉络，以及绿色发展理念涉及的方方面面，进而总结汲取其中的经验教训，或许能够使我们更加清醒和自信地走向未来。

当前，发展的质量和效益正在受到越来越多的关注，如何实现高质量发展，是我们面临的新任务和新挑战。笔者以为，实现高质量发展，必须毫不动摇地坚持绿色发展理念，走绿色发展道路，有效破解生态环境保护深层次、根本性问题，实现经济与生态环境保护工作协调发展。

说得再多、表态再好，如果不能实打实地落实到具体方案和行动上，终究是空谈。因此，要把绿色发展理念真正转化为具体的绿色行动措施。当前各地要想实现高质量发展，关键是要结合区域特点，制定出符合区域实际，能够把绿水青山转化为金山银山的有效办法和措施。否则，守着再好的绿水青山，人民群众生产生活没有实质性提高和改变，享受不到绿色发展的成果，就不能算是高质量的发展。

为推动绿色发展、改善环境质量，很多部门都出台了一系列政策措施。但在具体推进落实的过程中，有的拍脑袋决策，缺少周密严谨的论证和计划，搞“一刀切”，急于求成；有的抓不住主要矛盾，做不到统筹兼顾，容易出现顾此失彼的问题。推动绿色发展，搞好污染治理，是一个系统工程。各项举措之间，有的需要同步推进，有的需要前后衔接，有的需要密切配合。因此，各地推动绿色发展要学会“弹钢琴”，统筹兼顾各项工作。“一分部署，九分落实”，任何一项好的政策措施要想真正落地，需要政府部门在筹划之初周密研究论证，细致做好规划，形成切实有效、可操作性强的时间表、路线图、计划书。要综合考虑地区经济发展水平、产业布局结构、生态环境基础、污染治理能力等因素，科学合理地加以确定。既不能拔高也不能放水，而是精准设置目标，避免均等化。

链接

湖南省株洲市以绿色转型助力高质量发展实践

编者按： 近年来，湖南省株洲市以习近平新时代中国特色社会主义思想为指导，以推进供给侧结构性改革为主线，深化资源节约型和环境友好型社会建设综合配套改革试验，积极推进长株潭地区土壤重金属污染修复试点，开展城区老工业区搬迁改造试点，凝聚合力、下定决心对湘江流域最大的环境敏感区和最大的难点堵点区域——清水塘老工业区进行整体关停转型，从根本上改变了老工业城市“高耗能、高污染、高排放”的粗放发展模式。同时，为避免因旧动能腾退而出现产业空地、就业流失的问题，株洲市立足集火车动力、飞机动力、汽车动力于一身的优势，用改革的办法推进新旧动能转换，集聚人才、技术和资本等要素资源，全力打造“中国动力谷”，推进现代产业体系发展。伤筋动骨换来了脱胎换骨，转型升级带来了勃勃生机。2018 年，株洲市入选改革开放 40 周年经济发展最成功的 40 个城市，成功创建全国文明城市、国家卫生城市、国家园林城市、国家森林城市，迈上了一条生态环境优美、产业结构更优化、新动能更强劲、绿色发展理念深入人心的高质量发展之路。

株洲市是典型的老工业基地，因工业而兴，也因工业而困，长期沿袭的“高消耗、高排放、高污染”粗放型发展模式，给城市带来严重污染。“天上灰蒙蒙，地下满地尘”曾是很多人对株洲这座工业重镇的初始印象。烟囱林立，光城区就有烟囱 500 多根，酸雨频率高达 79%。2003 年、2004 年连续两年被戴上“全国十大污染城市”的帽子，市民反映强烈。

2007 年，国务院批准设立长株潭城市群为资源节约和环境友好型（以下简称“两型”）社会建设综合配套改革试验区，要求加快形成节约资源和保护环境的空间格局、产业结构、生产方式、生活方式。资源节约型和环境友好型社会建设是生态文明体制改革的重要内容。株洲市以“两型”社会建设为契机，推动发展循环经济，开展清洁生产和就地技术改造，虽取得一些成效，但并未遏制环境继续恶化的趋势。

2013 年 11 月，习近平总书记在湖南考察时提出：“要以长株潭试验区为龙头，抓好以湘江流域为重点的重金属污染治理、以大城市为重点的大气污染防治、以畜禽及渔业养殖为重点的农村面源污染治理，加快完善节能减排体制机制，严格控制高耗能、高污染、高排放行业，谱写建设美丽中国湖南新篇章”，为长株潭试验区绿色发展指明了方向，为推进湘江流域综合治理按下了“快进键”。株洲市认真贯彻落实习近平总书记的重要指示，在国家发展改革委等部门指导下，深化“两型”综合配套改革试验，认真实施《湘江流域重金属污染治理实施方案》，扎实开展城区老工业区搬迁改造试点，下定决心、凝聚合力对湘江流域最大的环境敏感区和最大的难点堵点区域——清水塘老工业区进行整体关停转型，从根本上改变“高耗能、高污染、高排放”的粗放发展模式。

2018 年 12 月 30 日，中国五矿株洲冶炼集团股份有限公司（以下简称“株冶”）在清水塘地区的最后一座运行中的冶炼炉——基夫赛特炉正式熄火关停，标志着清水塘老工业区 261 家企业全部关停退出，彻底斩断了污染源头，完成了老工业城市转型的扛鼎之作。株洲完成了一场具有里程碑式意义的“退出”，把清水塘恢复成了一张白纸，在白纸上再来描绘崭新的未来，为清水塘重新正名，为株洲城市形象重新定位。2018 年，株洲市入选改革开放 40 周年经济发展最成功的 40 个城市，成功创建全国文明城市、国家卫生城市、国家园林城市、国家森林城市。可以说，经过多年的努力实践，株洲市交了一份符合总书记期待和要求的满意答卷。

一、“脱胎”：壮士断腕实施清水塘老工业区搬迁改造

老工业区、重污染区——这是株洲清水塘曾经的两个“身份”，这片 15.15 平方公里的土地上汇集了 261 家重化工企业，其中不乏株冶、中盐株化这样的大型央企，年产值 300 多亿元，累计上缴近 500 亿元税收，创造了 160 多项全国第一。光鲜的背后，是粗放式发展带来的环境污染，这里的“三废”排放量曾一度占全市的2/3，是株洲市最大的污染源和湘江流域最大的“环境敏感区”。

清水塘老工业区虽曾肩负荣光，却处境尴尬。在不改变现状条件下推动绿色转型，成效不大，但短期内仍保有一定财政收入；整体搬迁虽能“刮骨疗毒”，但成本很大，短期内财政损失太大。何去何从，成了株洲市建设“两型”社会，推进高质量发展无法绕过去的“坎”。面对选择，决策者却未陷入困境。对粗放发展模式有切肤之痛的株洲市用行动给出答案——搬迁改造、淘汰落后、生态优先、绿色转型。

从2014年起，株洲市以壮士断腕的决心打响了清水塘老工业区搬迁改造攻坚战，创新手段治沉疴，探索出了一条“土地收储＋搬迁奖补＋转型支持＋就业帮扶”的清水塘老工业区搬迁新路子。截至2018年年底，区域内所有的261家企业全部关停退出，职工成功安置，创造了全国老工业区搬迁改造的“株洲样本”。

清水塘地区搬迁改造是整个株洲市走“两型”之路绿色转型的硬骨头，也是考验株洲市委、市政府是否真正落实生态文明体制改革要求、落实习近平总书记要求的硬骨头。作为清水塘地区生产规模、占地面积最大的五矿株冶，其关停搬迁是清水塘老工业区搬迁改造的重头戏，事关整个老工业区搬迁改造的成败。五矿株冶集团，其前身为国家“一五”期间建设的156项重点工程之一的株洲冶炼厂，是我国最大的铅锌冶炼企业，也是占地面积最大、污染较大的企业。株冶占地总面积2000多亩，拥有职工6000多人，年营业收入130多亿元，年铅锌金属产量65万吨，带动相关就业10万人，对地方GDP累计贡献达到1050亿元以上，“三废”排放量占清水塘地区的3/5。

“既要金山银山，又要绿水青山；若毁绿水青山，宁弃金山银山”。株洲市义无反顾地决定关停搬迁株冶，但“钱从哪里来，人往哪里去，企业怎么搬”这些问题，清水塘搬迁改造绕不开、躲不过、也拖不起。这是一副重担，更是一块硬骨头。钱的筹集分为3个渠道，一是国家财政对环境治理、工业区搬迁的相关支持；二是用活金融政策，例如政策性银行贷款、世行贷款等；三是立足于经营清水塘地区，创新土地资产处置模式，按每亩80万元的标准收储关停企业土地，按照企业关停搬迁时间节点给予10万—15万元/亩的奖补，既调动企业关停搬迁的积极性，又合理控制土地成本，“用时间换空间”。株冶的搬迁，走的正是“经营”路线，收储2000多亩土地，以此为抵押，从银行融资，以解决搬迁补偿款难题。人的安置，一部分跟随原有产业走，一部分提前退休，还有一部分人跟着清水塘后续产业走，即“政策安置一批、转移就业一批、转型就业一批、移交管理一批”。企业的搬迁通过就近安排进园区、支持搬迁到外地、鼓励应用新技术新装备新工艺等，引导区域内企业转移转型发展。株冶在清水塘老工业区退出历史舞台的同时，一个绿色智能化的大型有色冶炼基地在衡阳水口山崛起。刚刚投料生产的株冶锌项目，引进了100多项新技术、新工艺，拥有4个世界或国内领先的核心技术。基地全部建成后，铅锌冶炼产能将缩减一半，年营业收入增加3倍，工业废水实现零排放。株冶既减掉了落后产能，更加出了新工艺、新产品，成为株洲市践行新发展理念，推进产业转型升级的一个缩影。

清水塘老工业区光搬迁企业还不够，污染了的环境还需治理，脆弱的生态还需修复，腾退的土地上还需开发建设新城。环境治理的难点和重点是霞湾港，这一清水塘老工业区工业废水流向湘江的主要通道，是湖南省最大的排污口。几十年间，饱含镉、铅、汞等重金属的工业废水都集中在这里排放，底泥中重金属含量惊人。因为这些工业污水都会随着排放主体不同，经常出现不同的颜色，所以人们把霞湾港叫作“五彩河”。全长4.06公里的霞湾港重金属污染治理工程需投入2亿多元，每公里治理投入达5000多万元，相当于在平原地区修建高速公路的造价。为此，株洲市在治理霞湾港上试水，探索创新“重金属土壤修复+土地流转”的治理模式：一方面，科学引导社会资金投入，发行债券，争取政策性银行贷款；另一方面，引入第三方治理企业，利用企业资金和技术治理污染，让参与方从土地增值收益中获取回报，霞湾港2亿多元的治理资金一下就有了保证。自此以后，株洲市的污染治理项目都采用了这种模式，共筹集污染治理资金

200 多亿元。通过实施排污口整治、港水截留清淤、底泥处置、施工废水处理及河堤生态修复，霞湾港变成了清澈的水渠，“水清岸绿、鱼翔浅底”的霞湾港又回来了。自 2016 年以来，湘江霞湾段水质已经从 2011 年的国家 III 类标准提升到国家 II 类标准，主要污染物氨氮、汞较 2011 年分别下降了 98.4%、50%，成为国内河道重金属污染治理成功典范。与此同时，株洲市将与社会资本合作的第三方治理模式也运用到新城建设中，由株洲市市级平台公司城发集团与株洲循环集团共同出资成立清水塘新城投资集团，吸引清华启迪控股、中交第三航务工程局有限公司等战略合作伙伴，以 PPP 模式，按照全面退出重化工、替代发展先进制造业和现代服务业的思路，正在大力推进新城建设。

二、“换骨”：破旧立新全力打造中国动力谷

株洲市委书记毛腾飞指出，断腕阵痛之后，株洲还得谋求新生。为避免因旧动能腾退而出现产业空地、就业流失的问题，株洲迫切需要拓展新动能。“北郑州，南株洲”，这座“火车拖来的城市”，拥有“中国电力机车的摇篮”“中小型航空发动机特色产业基地”“新能源汽车制造基地”三大标志性名片，中国第一台航空发动机、第一枚空对空导弹、第一辆电动机车、第一台航空发动机等 223 个中国工业史上的第一都诞生在株洲，集火车动力、飞机动力、汽车动力于一身，产业带动和辐射效应巨大。为此，株洲市强化拓展自身三大动力优势，集聚人才、技术和资本等要素资源，全力打造“中国动力谷”，构建由轨道交通、汽车、航空三大优势产业，新能源、新材料、电子信息、生物医药、节能环保五大新兴产业，陶瓷、服饰两大传统产业等构成的“3+5+2”现代产业体系，这是株洲转换新旧动能坚定的回答。

确定转型发展方向后，享有“动力之都”美誉的株洲不能仅仅坐享原有辉煌与荣耀，而要将其打造成推动经济发展和拉动城乡居民收入提高的新动力。对此，株洲市以推进协同创新培育核心技术，强化企业在技术创新中的主体地位。创新，企业是主战场，关键在于掌握核心技术。株洲以协同创新为突破口，通过联合开展科技攻关、共同建立研发平台、联合培养创新人才、构建产业技术创新战略联盟等方式，全面推进产学研深度融合，形成了与清华大学、中南大学、湖南大学等多所高校的共建模式。为引导企业创新，每年安排5800万元科技专项资金，为科技成果转化提供最高200万元的引导资金。

IGBT芯片是能源变换与传输的核心器件，被称为中国高铁“心脏”，这项技术一直被德国和日本把控，特别是在高级IGBT器件上，以前更没有中国的一席之地。在IGBT技术面前的缺位，等于将掌控高铁的命脉交给了别人。面对这种情况，中车株洲所（以下简称中株所）下定决心要实现IGBT技术和产业的突破。为支持企业创新，株洲从市级财政中拿出15亿元专门用于支持IGBT技术的研发。2014年6月，中株所国内首条8英寸IGBT芯片线的投产，标志着我国在电能芯片领域已打破了国外30多年的技术垄断。从一无所有到无出其右，中株所只用了不到10年的时间。这只是企业自主创新的一个个案，这样的企业创新行为近年来在株洲不断涌现。

鼓励创新、支持创新，直接的效果就是创新成果的涌现。世界首列中低速磁悬浮列车成功投入运行，全球首条智能轨道示范线正式运行，全球首个生物医药多肽库、世界最大尺寸超高阻尼橡胶隔震支座等一批重大科技成果在株洲问世，“复兴号”高铁、AG600大型水陆两栖飞机、港珠澳大桥等大国重器无不闪耀着株洲元素。

截至2018年年底，株洲市技术创新平台达到308家，其中国家级33家，省级149家，研究开发（R&D）投入比重达到2.6%。

战略性新兴产业是新动能发展的重要支撑。株洲在加快发展动力产业的同时，聚焦15个工业新兴优势产业链条，实施链长责任制，绘制产业链条全景图，明确强链、补链、延链重点环节，精心培育与动力产业高度配套的电子信息、新材料、新能源、节能环保、生物医药与食品产业，战略性新兴产业加速集群。阿里巴巴株洲产业带、湖南微软创新中心、中国移动（湖南株洲）数据中心、中航动力航空零部件制造、“两机”专项等一大批战略性新兴产业大项目落地生根、开花结果，其中电子信息产业聚集50多家上下游企业，为株洲迅速培育新的经济增长点赢得未来先机，原来的 4 个传统支柱产业有 3 个已被新兴产业取代。

让沉睡的传统优势产业重新焕发活力，是株洲加快推动新旧动能转换开出的又一剂良方。株洲硬质合金、陶瓷、服饰等传统产业基础雄厚。近年来，在不断做强动力产业和培育新经济的同时，不忘引导硬质合金、陶瓷、服饰等传统产业运用新工艺、新技术、新装备技改扩能、转型发展，使其进一步走向高端、强化特色。株洲醴陵陶瓷产业绵延千年，是全国三大“瓷都”之一，是世界釉下五彩、世界电瓷发源地。为促进陶瓷产业升级发展，株洲探索出了一条“标准引领 + 会展经济 + 清洁改造”的陶瓷产业转型发展模式，制定了全国首个釉下五彩标准，建成标准化泥釉模配制中心，填补了国内泥、釉、模三大陶瓷原料标准化生产空白，生产效率提高了 6—7 倍，“三废”排放几乎为零。如今，醴陵陶瓷产品中，不仅日用及艺术彩瓷依然占领全球市场 1/10 的份额，电瓷绝缘子及军工陶瓷新材料等还打破了欧美技术垄断，基本建成一条集陶瓷材料、制造、机械、颜料、商务五位一体的完整产业链。醴陵陶瓷成为株洲传统产业转型发展的一个样本。目前，株洲硬质合金集团已经成为世界行业两强之一；醴陵陶瓷产业年产值逾 700 亿元，电瓷产量占全球的 1/3；芦淞服饰市场成为中南地区最大服饰产业基地，年销售额突破 500 亿元，传统产业重新焕发出新的活力。

株洲市市长阳卫国指出，加快新旧动能转换，企业要换思路、换方向，各级政府部门更要解放思想，实现职能脱胎换骨嬗变。株洲坚持把改革作为破解发展掣肘、转变政府职能、营造良好营商环境的关键，以刀刃向内自我革命的决心和勇气，深入推进政府管理体制改革。群众事无小事。株洲坚持“办好群众眼中一件事”，大力简化审批流程、推进网上审批，企业投资项目审批最多 50 个工作日、政府投资项目审批最多 70 个工作日，实现了开办企业“三天即办结”、工业项目“拿地即开工”、新购房子“交房即交证”，九成以上事项实现“最多跑一次”，群众的获得感、幸福感不断提升。同时，株洲下决心转变招商理念，以“高门槛”选商代替“一揽子”招商，把高科技含量、高附加值、低能耗、低污染项目作为招商首选，对高污染、高能耗、资源型的“两高一资”项目坚决说

“不”。近年来，一口气将不符合产业发展定位的近30个招商大项目拒之门外。一舍一得之间，舍弃的是高耗能、高污染的隐患，换来的是工业发展的绿色转型“轻装上阵”。

动能及时转换，发展稳步向前。当人们还在因大批企业关停为株洲发展捏把冷汗时，株洲却交出了令人瞩目的成绩单：稳增长、传统产业升级、战略性新兴产业培育等工作成效突出，连续四次获国务院通报表彰，入选“中国大陆最佳地级城市30强”，创新竞技力、产业竞争力多项评估均入围全国百强。事非经过不知难，得之点滴却艰辛。“一边开刀，一边跟别人以差不多的速度在跑”。产业转型静悄悄，发展质量却已攀上高水平。就在这看似不经意间，株洲产业结构从重化工为主，平稳地转到以“中国动力谷”实体经济为支撑的现代化产业体系。

三、“生机”：形成绿色发展方式和生活方式

株洲市坚持以习近平新时代中国特色社会主义思想为指导，践行新发展理念，努力实现经济社会发展和生态环境保护协同共进，为人民群众创造良好生产生活环境，伤筋动骨换来了脱胎换骨，转型升级带来了勃勃生机，迈上了一条生态环境优美、产业结构更优化、新动能更强劲、绿色发展理念深入人心的高质量发展之路。

清水塘成为株洲市现代工业的起点，也是资源节约型、环境友好型社会建设的关键点，更是株洲市工业过去和未来的连接点。新城建设正在紧锣密鼓地进行着，位于清水塘的株洲铜塘湾保税物流中心已竣工并通过国家验收，湿地公园建设已基本完成。株洲市还计划在清水塘原址修建一座工业遗产博物馆，向来往人们静静诉说清水塘的前世今生——从“清”到“不清”，再从“不清”到“清”。

2013年以来的绿色发展实践，使株洲市天变蓝了、水变清了、地变绿了。2018年空气质量优良天数达288天，比2013年增加近两个半月，优良率达78.9%，居长株潭地区第一。城镇生活污水集中处理率为95.3%，比2013年提高了4.4个百分点；工业企业废水实现100%达标排放；湘江水质从国家III类标准提升到II类。城市建成区绿化覆盖率达43.32%，全市森林覆盖率达61.95%，所辖5个县市均为国家级或省级卫生县城。

经济社会发展质量稳步提升。2018年，株洲市三次产业结构由2013年的8∶60∶32调整为7.1∶43.7∶49.2。高新技术产业增加值达500亿元，占规模以上工业增加值比重超过60%。科技创新对经济发展贡献率达到55%，年均提升1个百分点。在转型升级、绿色发展中有阵痛，但没有出现动荡，反而实现逆风向阳，2017年主要经济指标增速高于全省、全国平均水平，综合实力稳居全省第二，人均GDP接近1万美元。

城乡居民的生活水平提升了，生活方式变低碳了。2018年，城镇居民人均可支配收入、农民人均可支配收入分别达到42867元、19889元，分别比2013年提高了49%、54%。《中国城市全面建成小康社会监测报告2018》显示：株洲在全国地级市排名第48位。茶陵、炎陵两个国贫县宣布脱贫摘帽，全市166个贫困村全部退出。株洲比全国提前三年实现整体脱贫、同步全面小康，正式告别几千年的绝对贫困，在株洲发展史上留下了浓墨重彩的一笔。绿色发展理念更加深入人心，市民低碳出行比例占城市交通的60%以上，社会公众对"两型"社会建设的满意度逐年提升，2017年已达87.53%，"两型"成了一种行为理念、一种价值取向、一种文化自觉、一种生活习惯。

（资料来源：《中国高质量发展指数报告》课题组，2019年6月18日，易昌良；国家发展改革委体改司资料）

生态环境保护领域正在面临深刻的体制机制变革，一系列生态环境保护管理制度体系正在建立和完善。生态环境保护制度体系的完善，不仅对于更好实现用制度保护生态环境，而且对于推进高质量发展至关重要。因此，各地还要依据国家关于生态文明体制改革的总体部署，按照先易后难、以小带大、远近结合、稳步推进、以质取胜的思路，加快改革进程，加大改革力度，建立完善环境保护综合管控制度，建立健全环境要素管理制度，改革和优化环境保护监管制度，积极推进环保体制改革，尽快建立完善配套制度体系，用制度保障生态环境，用制度促进高质量发展。

在推进绿色发展的过程中，要始终坚持求真务实作风。既要防止以会议和文件落实政策，使政策始终停留在纸面上；也要防止以指标和考核落实政策，层层加码，逐级加压。要善于运用矛盾论去分析解决问题，讲究策略和方法，注重从细节入手，把工作做细做实，实现统筹推进、科学推进、精准推进，使规划切实转化成行动图、施工图，确保落地见效。

党中央、国务院“共抓大保护，不搞大开发”的要求振聋发聩，走生态优先、绿色发展之路，体现出中华民族永续发展的历史担当。共抓大保护，各相关地方就必须把保护和修复生态环境摆在压倒性位置，全面推进污染防治、生态修复、资源保护。不搞大开发，各相关地方要积极探索创新绿色发展之路，加快完善综合交通运输体系、深入实施创新驱动发展战略、全面提高城镇化质量、积极融入“一带一路”建设、创新协调发展体制机制等，实现绿水青山和金山银山有机统一，让“江流天地外，山色有无中”那种浩瀚空阔、自然壮美的场景永存。

（三）以绿色绩效检验绿色发展

中国经济发展正在转向绿色经济的发展模式。无论是工业发展，还是农业生产，或者一些生活消费方式，均需要从绿色角度去思考，在发展经济的同时，需要考虑我们的行为方式是否会对生态带来影响。随着人类的开发利用与消耗，全球的资源越来越有限，因此需要发展一种适合人类长远发展的生产和消费方式。从靠自然资源吃饭，到靠维护自然资源致富，过去几十年间，我国经济发展与生态环保之间从博弈逐渐走向共生。进入新时代，经济发展对于质量的要求，又将经济发展与自然资源之间的关系推向更高层次。未来，生态环保将成为经济发展的核心考核指标（简称“KPI”）。

绿色绩效，是绿色发展的外在反映，是绿色发展的任务指标。长期以来，我们更多地重视经济总量和发展速度。尽管这在一定历史阶段实属必要，但客观上也形成了以 GDP 论英雄的评价导向，造成一些地区脱离资源环境实际承载能力，追求上项目、铺摊子，导致资源过度开发、环境污染加剧等突出问题。在单纯追求经济增长的时代，GDP 指标的高低可以直接反映一个地区的经济发展状况。但在全球面临巨大生态环境压力的今天，发展绿色经济、推进绿色发展，还人类家园以蓝天净土清新空气，已成为全人类的共识。在一些国家和地区，不惜投入大量资源，结合自身实际开展绿色 GDP 的实践探索，以此倒逼发展方式转换。

从生态环保角度推动经济高质量发展，应当说这在理论上已经取得了共识，但在实践中仍有不少难题需要破解。过去，由于监督考核体系不完善，绿色产业在市场上的发展也跟不上，一些企业乃至一些政府部门，对环境保护与经济高质量发展的关系存在着模糊甚至是错误的认识与行动。比如，过去企业将污水直接排进河湖，往往要到下游才会被发现，而一旦被发现，情况往往已经很严重了。近年来，随着全社会对环境保护认识的加深和关注度提高，一些重要举措陆续出台。现在，不仅河有河长、湖有湖长，考核指标体系也逐步渗透到了社会的方方面面，引导着大家坚持绿色发展理念。为此，很多地方在推动局部地区探索。而未来如何能形成更权威的、为全社会认可的绿色发展，还需要顶层设计，加快制度体系建设，特别是评价标准的设置。

在推动供给侧结构性改革过程中，特别是在去产能过程中，对于“僵尸企业”的淘汰其实也是“绿色 KPI”考核中的加分项。多数产能过剩企业、“僵尸企业”与环境污染行业相关，但这些企业由于各种原因无法短时间内全部出清。由此现状应该看清三点：第一，深入推进供给侧结构性改革，努力推动绿色发展，是高质量发展的应有之义，要坚定不移，要不断深化；第二，供给侧结构性改革要破解经济结构中的重大结构性难题，特别需要系统配套的改革跟上，比如去产能，解决一些“僵尸企业”问题，就要对地方财政收入、就业和社会稳定问题等通盘考虑，作出相应的制度安排和保证措施，才能取得实效；第三，我们要加紧推进创新驱动，用心用力用智对新动能进行培育，以期找到新的机会和新的力量，而对于符合“绿色 KPI”的业态，特别需要得到来自政府和金融市场的关注和支持。

用好绿色发展的“指挥棒”与“新标尺”，实现定性与定量的有机结合。绿色发展追求的是效率、协调和可持续，在资源容量和环境承载力的限定下实现发展。绿色绩效考核指标体系在设计时，需要考虑到这一前提条件。从实际情况看，绿色绩效考核体系至少包括经济发展、能源消耗和生态损耗三个方面，做好这三个方面的工作，也是绿色发展的核心要义。用绿色发展理念引领发展行动，就要让绿色绩效考核立起来、实起来、严起来，把资源消耗、环境保护、生态效益等纳入考评体系，对干部行为形成正向激励、负向倒逼，使绿色成为干部政绩的主色调、主旋律。而科学合理地评估绿色发展绩效，需要将定性评价与定量指标结合起来，既有计算方便、易于获得、有统计数字可查的硬指标，也有问卷调查、群众口碑、社会反映等软指标，变“纯数字化”考核为“数字＋质量效益”综合评价，从而更为客观真实地测评各地绿色发展整体水平。

在推进经济绿色转型发展和高质量发展方面，干部考核制度发挥着重要作用。我国已初步建立起了更加重视资源节约、环境友好和生态保育的全新的干部在任考核、离任审计、终身问责的制度体系，初步扭转了一味追求经济增速、不计生态环境后果的局面。在保护生态环境的同时，经济发展也要在“绿”字上找到新动能。未来要着力培育资源综合利用产业、环境保护产业和生态修复产业，这些产业的发展需要政府企业携手合作，也会无形中增加投资和就业机会，生态文明和经济建设是融合发展的，可以做到多目标兼顾。比如民宿旅游，就是“乡村旅游＋保护环境”，增加了就业，振兴了乡村；再比如推动农产品绿色、有机和地理标识，对产品种植销售进行追根溯源，让好产品卖出好价钱。

推进生态文明建设，解决资源约束趋紧、环境污染严重、生态系统退化的问题，必须采取一些硬措施。“十三五”时期全面实行能源和水资源消耗、建设用地等总量和强度双控行动，就是一项硬措施。作为一种绩效考核体系，“绿色考核”目的在于引导广大党员干部尤其是各级领导干部形成正确的执政导向，强化对绿色发展的刚性执行力。“令在必信，法在必行。”绿色发展指挥棒要成为硬约束而不是橡皮筋，就必须增强考核指标的“威慑力”，对各类破坏生态环境的行为实行“零容忍”，以资源环境生态红线管控为基线，促使各地在发展理念上把短期与长期、现在与将来有机结合起来。

绿色绩效考核，应该是一项从规划到执行、从过程到结果的全面性考核工作。以前的考核，仅仅是一个后端工作，关注的是“事后怎样”。但是，“冰冻三尺，非一日之寒”。生态环境问题不是一天两天造成的。从环境变化周期来看，无论好坏，效果都难以在短时间内显现。因此，绿色绩效考核应该贯穿决策、规划、执行、结果等全过程。哪个环节出了问题，就追究哪个环节的责任。这样，才能真正体现绿色考核的科学性和精准性，避免出现“谁赶上谁倒霉、谁躲过谁侥幸”的现象。

推进生态文明制度性建设，既要构建涵盖考核制度、责任体系等在内的政策体系，又要打造以绿色金融为代表的发展“推手”。福建、江西和贵州作为首批国家生态文明试验区，在水环境治理方面先行先试，积累并形成部分可在全国复制推广的成功经验。福建省提出，健全生态文明责任体系，建立环境监察、经常性的领导干部自然资源资产审计制度。江西省表示深化生态文明体制改革，完善“一委四组三机制”，加快推进环保监测监察执法垂直管理制度改革，全面开展生态文明综合考核，编制自然资源资产负债表，全面推行领导干部自然资源资产离任审计，落实生态环境损害责任追究制度。贵州省提出，要提高排污标准，强化排污责任，健全环保信用评价、严惩重罚等制度，环境监测监控全覆盖。在探索绿色金融方面，各地在强调以金融引导绿色发展的基础上，将进一步加大绿色金融推广和创新力度。上海市提出，深化碳排放交易试点，建设全国性碳排放交易市场。青海省表示，要抓好三江源国家公园绿色融资改革试点，积极探索碳排放权、排污权、用能权等各类环境权益融资工具。

在当前我国转入高质量发展阶段的背景下，保护环境就是保持发展活力，改善环境就是筑牢发展根基。高质量发展要求在低消耗的基础上实现高产出、低排放。这就要求各省份在立足自身资源禀赋差异、发展基础不同的基础上，将绿色发展理念贯彻到经济发展、社会建设的方方面面，切实推进绿色成为高质量发展的主色调。绿色发展是利国利民、关乎民族未来的长远大计。绿色发展成效如何，需要科学严谨的指标设计，更需要广大群众的切身感受，换言之，群众的眼睛就是一把最明亮的“考核标尺”。在这一过程中，政府、市场与社会需要构建具有长效性的良性互动机制，各就其位，各司其职，形成合力，才会在绿色发展的康庄大道上大步迈进。

五、高质量发展是全面开放新格局的新升级

党的十九大报告在“推动形成全面开放新格局”一节中特别强调：“中国开放的大门不会关闭，只会越开越大。”之后在2019年中央经济工作会议上提出要推动全方位对外开放，对新一年推进对外开放作出了具体部署：“要适应新形势、把握新特点，推动由商品和要素流动型开放向规则等制度型开放转变”；在利用外资领域，“要放宽市场准入，全面实施准入前国民待遇加负面清单管理制度，保护外商在华合法权益特别是知识产权，允许更多领域实行独资经营”；在对外贸易发展领域，“要扩大进出口贸易，推动出口市场多元化，削减进口环节制度性成本”。另外，会议还明确提出“要推动共建‘一带一路’”和“精心办好第二届‘一带一路’国际合作高峰论坛”。2019年《政府工作报告》同样提出，推动全方位对外开放，培育国际经济合作和竞争新优势；进一步拓展开放领域、优化开放布局，继续推动商品和要素流动型开放，更加注重规则等制度型开放，以高水平开放带动改革全面深化。

与以往相比，我国对外开放的目标在随着国内发展阶段的变化而相应调整。在高速推进工业化阶段，对外开放主要着眼于利用外部资源、外部市场助力我国的工业化进程。中国特色社会主义进入新时代，主要矛盾由以往的“人民日益增长的物质文化需要和落后的社会生产之间的矛盾”变为现在的“人民日益增长的美好生活需要和不平衡不充分的发展之间的矛盾”，各项事业发展站在新的历史起点上。在决胜全面小康的基础上，到2035年要基本实现现代化，到本世纪中叶，把我国建成富强民主文明和谐美丽的社会主义现代化强国。未来不同时点的

发展目标，对我国新阶段对外开放提出了新要求，要实现不同时期的目标，我国必须与时俱进地推进对外开放。

中国特色社会主义已进入新时代，中国对外开放也正开启新篇章。我国经济正在从高速度增长阶段转向高质量发展阶段，对外开放必须服从服务于这一重大变化，通过“在开放的范围和层次上进一步拓展”和“在开放的思想观念、结构布局、体制机制上进一步拓展”，充分利用外部资源与市场，为高质量发展提供新动能。

（一）全球化背景下的中国对外发展

2008 年全球金融危机爆发以后，全球经济一直处在复杂深刻的调整阶段。在这个调整过程中，经济形势时好时坏。在复杂调整的背景下，2018 年世界经济整体增速与上一年持平，但是大多数国家出现了经济增速回落。全球的失业率仍然保持在低位，充分就业状况和大宗商品价格上涨促使各国通货膨胀率有所提高。同时，世界经济还表现出国际贸易增速放缓、国际直接投资活动低迷、全球债务水平持续提高和金融市场出现动荡等特征。2019 年世界经济增速下行的可能性较大，金融市场可能进一步出现剧烈动荡，各主要国家应对下一轮经济衰退的政策空间受到限制，贸易战和逆全球化趋势还会带来较大负面影响。预计 2019 年世界经济增长率约为 3.5%。

全球经济出现恢复性增长，既有经济周期的原因，也有各主要经济体政府采取宏观经济政策和推进改革的原因。金融危机爆发后，主要经济体在采取一系列“救火”措施稳定金融市场后，采取了多种举措促进经济复苏。其中两个方面值得高度重视：一方面，加大结构性改革力度；另一方面，不少国家政府都在出台各种各样的国家战略以及相配套的政策举措，力争在新一轮技术革命中抢占先机与制高点，并在新技术革命条件下推进创新、吸引投资。

新技术革命是一个重大的机遇，不仅会带来新技术、新产品、新服务、新业态，而且以信息技术为代表的新技术改造和提升传统产业有着巨大潜力。对比 20 世纪 70 年代的日本，今天的中国与其最大的外部差别就是赶上了这一轮新技术革命，也许可以帮助中国在升级过程中避免走日本的老路。因此，政府既要注重“四新”，又要重视用新技术改造提升传统产业，加快产业结构升级，让生产方式更加绿色和环保。此外，全球的基础设施建设热潮也为中国发展提供了机会，不仅可以利用技术优势“走出去”承包海外工程，还可以将相关机械设备产能出口。另外，中国有足够的外汇储备，可以通过海外并购和合作充分利用全球的研发资源和市场。近年来，大批海外留学人员归国，人才在向中国汇聚，这些都是在新的开放条件下进一步推进创新、促进产业结构升级的有利条件。

与此同时，吸引投资的国际竞争日趋激烈。特朗普竞选美国总统时就承诺“让美国再次伟大”，他上台后采取了一系列吸引投资的举措。例如，特朗普税改方案包括将美国企业的所得税从35%下调至20%，同时个人所得税也进行不同档级的下调等。美国作为当今世界的第一大经济强国，采取的政策举措对全球有很强的示范效应。全球吸引投资的竞争本来就很激烈，再加上美国大力度降税的政策措施，将使得国家之间争夺投资、争夺生产要素的国际竞争比以往更加激烈。需要注意的是，跨境投资带来的不仅仅是资金，其实是一个生产要素包，还包含着技术、人才、管理、国际销售渠道等。

我国与世界其他国家的关系也在发生深刻变化。中国已经从一个经贸小国发展到经贸大国，从以往只能捕捉国际环境机遇、规避风险，到如今具备了塑造国际环境的影响力。这种国际影响力实际上是一把双刃剑，运用得好可以创造更多的机遇，运用得不好就可能给自己制造挑战。我国成为新兴的经济大国后应如何处理与他国的关系，特别是中美关系至关重要。国际社会各种不同观点交织在一起，此起彼伏。运用好自身的国际影响力来塑造一个良好的外部环境，是新阶段我国必须关注的一个方面。

要适应我国在参与全球竞争与合作的过程中优势、劣势的转换。原来，我国主要依靠低成本劳动力的人口红利参与全球竞争。今天，我国的传统优势在削弱，但同时也有新的优势不断涌现，包括人口质量红利（每年约800万的高校毕业生）、广阔的市场优势、完整的产业配套能力、完备的基础设施等。

有部分观点认为我国开放水平已经很高、我国资金已经够多，无须再引进外资。还有部分观点发出疑问：全球保护主义正在加紧抬头，各国开始关上大门，我国为何却要进一步打开大门？实际上，针对变化了的国内外环境，相对于建设现代化强国的目标，中国必须进一步扩大开放，否则就不可能抓住全球化带来的新机遇，应对新挑战，也不可能利用国外资源更好地实现现代化强国的目标。世界各国，无论是发达国家还是欠发达国家，如果不能顺应世界发展的潮流，不开放或者开放停滞都可能导致自己的落后。

关于新时代中国与世界经济的关系，十九大报告的许多部分都有论及，综合来看，最为核心的内容是“两个推动”的重要思想，即“推动形成全面开放新格局”和“推动构建人类命运共同体”。这是习近平总书记在深刻分析中国发展面临的新形势和外部环境基础上，立足于国内、国际两个大局的发展需要作出的重大战略部署。作为经济总量全球第二的新兴经济大国，开放是中国自身发展的需要，也将为全球经济增长带来新机遇。推动更加包容、普惠、平衡的经济全球化，“中国方案”的积极作用日趋凸显。

（二）全面对外开放新格局

在新发展阶段，对外开放战略重点必须相应调整。以“一带一路”建设为重点，以共商共建共享为原则，以“五通”为主要内容，深化与区域内外国家合作，提升我国国际分工地位。以服务业开放为重点，进一步扩大外商投资准入，对外商投资全面实行准入前国民待遇加负面清单管理的制度，实现引资、引技、引智的结合，充分发挥外商投资企业在创新方面的溢出效应。增强我国资本与技术密集制造业与服务业国际竞争力，促进外贸发展新业态、新模式，推进我国出口结构的升级。积极参与全球经济治理体系改革，推进形成人类命运共同体。积极参与多边谈判，维护多边经贸体系的权威。积极开展区域自由贸易安排的谈判，与主要经贸伙伴开展贸易投资协定的谈判。继续发挥以开放促改革的作用，赋予自由贸易试验区改革探索更大的自主权，及时总结改革试点成果，复制推广试点经验，探索建立自由贸易港。

全面开放新格局的内涵十分丰富。我国对外开放的空间布局要更加开放，要加快内陆地区开放，深化沿海沿边地区开放，形成更加均衡协调的开放布局；我国对外开放的对象要更加全面，要以“一带一路”为重点，加快对发展中经济体开放，形成对发达经济体和发展中经济体并重、“东西双向互济”的开放新格局；最重要的是，对外开放的内容与方式要更加全面，形成一个“引进来”与“走出去”并重、贸易与投资并重、制造业与服务业并重、实体经济与金融开放并重、经济开放与参与全球治理并重的全面开放新格局。

区域开放要有新格局。中国的区域开放走过了从沿海到沿江、沿边的开放，再到内陆地区开放的渐进式开放格局。现在的区域开放是全面开放，不同区域都需要进一步扩大开放，沿海地区要进一步提升开放水平，同时还要加大中西部地区的开放力度。

区域开放是中国整体开放的一个重要组成部分，是中国改革开放的典型代表和地区实践，并走在国家改革开放的前列。中国是一个区域经济发展水平差距明显的大国，各地区实际情况差别很大，从空间分布上看区域开放水平自东向西逐步降低，呈现与区域经济发展水平高度相关关系，对内对外开放都存在不同的诉求，各地区开放的步伐客观上存在不同要求。中国分区域、分阶段渐进式开放发展具有客观必要性，也是中国开放的一个重要特征。

中央对我国区域开放布局进行了新的部署，巩固已有区域开放成果，持续推进自由贸易试验区改革深入，进一步加大开放力度。推进更高水平的对外开放，加快实施自由贸易区战略，加快构建开放型经济新体制，以对外开放的主动赢得经济发展的主动、赢得国际竞争的主动。在当前世界经济形势异常复杂的局面下，中国主动扩大开放和积极推进自由贸易试验区深化改革，对于有效应对世界经济不确定性和我国经济增速下行压力，具有重大现实意义。

开放领域要更加全面。中国的开放是渐进式的开放，早期最先“引进来”的是制造业投资，“走出去”的主要是对外加工贸易、货物贸易。现在，我们既要重视货物贸易，也要重视服务贸易；既要重视贸易，也要重视投资。对贸易和投资要采取“引进来”和“走出去”并重的方针。实体经济开放和金融开放要更加协调和匹配。

中国的创新发展具体体现在开放领域和开放方式的创新上。改革开放以来，中国始终处于体制机制不断创新之中。从2018年《政府工作报告》看，中国开放型经济创新领域之广、力度之大将超过以往。在开放领域创新方面，将全面放开一般制造业，扩大电信、医疗、教育、养老、新能源汽车等领域开放；有序开放银行卡清算等市场，放开外资保险经纪公司经营范围限制，放宽或取消银行、证券、基金管理、期货、金融资产管理公司等外资股比限制，统一中外资银行市场准入标准。在开放方式方面，将实施境外投资者境内利润再投资递延纳税，探索建设自由贸易港。以上都是全新开放方式，政策效果也令人期待。

全面开放不代表没有重点的开放，构建全面开放新格局要以高端制造业和服务业的开放为重点，关键要靠进一步扩大对外开放，对内深化服务业改革。在新一轮开放中，服务业开放无疑是重点，特别强调的是引资、引技和引智并重。今天，中国的服务贸易发展很快，但是服务贸易的逆差扩大的速度也特别快，原因是中国服务业的国际竞争力相对较弱。造成这种情况的原因归纳起来是：对外开放不足，对内管制过度，竞争不充分。从全球来看，过去20年服务贸易的增长速度持续高于货物贸易的增长速度，为了适应这种全球性发展趋势，同时也为了适应我国人力资源比较优势的变化，需要把增强服务业的竞争力作为一个重点。关键要依靠进一步扩大对外开放，对内深化服务业改革。比如金融、教育、文化、医疗等服务领域要有序开放，同时还要加快放开育幼养老、建筑设计、会计审计、商贸物流、电子商务等。

开放对象要更加全面。早期无论是“引进来”的外资还是出口的市场，都是以发达国家为主。近20年，情况发生很大变化，无论是贸易还是投资，发展中国家作为整体在全球经济格局中的地位都明显提升，所以我们要适应这种新变化。中国的对外开放不但要重视发达国家，而且要更加重视对发展中国家的开放，“一带一路”建设这样一个区域合作的倡议就是在这种背景下提出来的。

以打造法治化、国际化的营商环境为重点，营造一个具有国际竞争力的营商环境、投资环境，吸引先进制造业和高端服务业到中国落户。中央已作出部署，要实行高水平的贸易和投资自由化、便利化政策，全面实行准入前国民待遇加负面清单的管理制度，保护外商投资合法权益。凡是在中国境内注册的企业都要一视同仁、平等对待。同时我们从建立上海自贸试验区开始就一直在探索，通过自贸区的一系列改革来提升我国的营商环境。十九大报告特别提出“赋予自由贸易试验区更大改革自主权，探索建设自由贸易港”。另外，还要推进双边或者区域自由贸易安排、投资协定等，通过体制性安排推动改革。

（三）新开放战略服务于高质量发展

近年来，随着中国经济结构转型调整，外向型经济发展呈现转型新特征，2018 年以来，我国外贸结构进一步优化，质量效益提高，外贸高质量发展稳步推进。据海关统计，2018 年，我国外贸进出口总值 30.51 万亿元人民币，较上年增长 9.7%。其中，出口 16.42 万亿元，增长 7.1%；进口 14.09 万亿元，增长 12.9%。2018 年《政府工作报告》中关于外向型经济发展只是要求稳中向好和稳定发展，未设具体指标。所谓“稳”，一是增速要稳，无论是双向投资还是进出口贸易，都应保持平稳增速，围绕国民经济增速上下小幅波动为宜，避免大起大落；二是加强监管，降低或规避风险，稳步推进对外开放，在贸易投资和市场开放中应避免遭受经济损失和金融、产业风险。外向型经济增速虽未设量化指标，但对政府管理和服务效率却提出了更为严格的要求和具体的量化指标，比如整体通关时间要再压缩三分之一，充分体现了政府自我改革、不断加压、壮士断腕的决心和力量。

结构提升反映了我国对外开放高质量发展的内在要求。一是结构高端，无论是贸易产品结构还是双向投资产业结构，都应向高附加值、高技术方向调整、升级。我们欣喜地看到，近年来我国进出口商品结构和双向投资结构都在沿着这一方向逐步演进：一般贸易占比越来越高；服务贸易发展提速；进口增速远高于出口，中国国际进口博览会的举办将进一步增加进口，促进出口贸易更加平衡；高技术制造业和服务业投资增速加快。二是无论是国别结构还是区域结构，都应不断向均衡化、优化方向发展。贸易投资合作伙伴选择，不仅要注重欧美日等发达经济体，还要重视发展中国家和新兴经济体，尤其是“一带一路”沿线国家和地区；在国际产能合作方面，不仅要带动中国制造“走出去”，还要促进中国服务“走出去”；在开放空间上，要加大西部、内陆和沿边开放力度，给予政策倾斜，打造改革开放新高地。

一个国家在制定对外开放战略时会综合考虑三个决定性因素：一是服务好国家发展目标，对外开放战略如何为国家发展提供足够的服务，关键是利用好外部机遇和外部市场；二是当时所处国际环境带来的机遇与挑战，仔细把握在新的国际环境下有哪些新机遇，面临哪些新挑战，如何趋利避害；三是国家自身所具有的优势和劣势，要适应我国在参与全球竞争与合作的过程中优势、劣势的转换，扬长避短。

改革开放以来，中国的对外开放取得了比较好的成绩。世界银行评估认为，中国是在全球化进程中少数几个获益较多的发展中经济体。过去 40 多年，我们把握住了出口型劳动密集型产业跨境转移的重大机遇，增强了我国劳动密集型产业的国际竞争力；同时 2008 年前长达十几年的全球繁荣带来了许多市场机会，使中国在加入世界贸易组织（WTO）后实现经济快速增长。

开放本身不是目的，在任何阶段，设计开放战略都是为了实现国家阶段性发展目标。过去 40 多年，我国的开放战略经历了几个不同阶段。改革开放初期，我国处于工业化初中期，当时主要目标是追求快速工业化。那个时候的开放战略围绕怎么用好外部资源、外部市场服务于工业化展开。中国通过发展劳动密集型出口产业，解决了制约国家发展的外汇短缺问题，开放战略对中国的工业化起到了重要的支撑作用。当前，中国经济已经从高速增长转向高质量发展的新阶段，新阶段增长动力主要来自创新、结构升级、效率提升，因此，我们需要思考通过未来开放战略的调整，更好地利用两个市场、两种资源以增强创新能力、推动产业结构快速升级，服务于高质量发展的阶段性目标，从而最终服务于建设现代化强国的目标。

在当前条件下，新的对外开放战略要服务于高质量发展，最终要实现两个新目标：一是推进我国国际竞争力升级，要实现从劳动密集型制造业向资本技术密集制造业和服务业升级。当前支撑我国参与全球竞争的主要是劳动密集型制造业。在全球生产价值链中，我国参与的高新技术产品往往处于全球生产价值链较低端的、低附加值的环节，还主要集中于劳动密集型的增值环节。因此，我们需要尽快培育国际竞争新优势，这种新优势体现在资本和技术密集型的制造业和服务业上，进而形成一个全面开放的新格局，同时打造一个开放型经济新体制。二是要为中国的和平发展创造良好的外部条件。中国现在是世界第二大经济体，正迈向现代化强国，对我们来说，一个良好的和平发展的环境非常重要。因此，要实现我国和国际社会的互利共赢。随着我国国际影响力的提高，增强软实力（即运用硬实力的能力）对于营造良好、和平的发展环境至关重要，运用得好就会带来机遇，运用得不好则会带来挑战。中美经贸关系内容丰富，出现贸易摩擦与冲突不可避免，但处理好经贸关系需要智慧，经贸关系作为中美关系的稳定器，对中国和平发展的大局具有关键性的意义。因此只有处理好中美经贸关系，真正让两国利益深度融合，才能为我国创造一个合作共赢的良好外部环境。

当前中国的引资政策不断完善，成效显著。根据世界银行发布的《2019 营商环境报告》显示，中国营商环境较 2018 年大幅提升 32 位，位列全球第 46 名，这是世界银行营商环境报告发布以来中国的最好名次。值得一提的是，中国还是东亚及太平洋地区唯一一个今年报告中入列十大最佳改革者名单的经济体。说明我国政府推动的供给侧结构性改革和“放管服”改革等一系列重大举措产生了明显效果。中国是最具吸引力的投资目的地之一，但仍需进一步做好吸引跨国资本的工作，关键在于改善营商环境，根本上要靠深化改革。

近几年，中国政府不断加大“放管服”力度，营商环境不断优化。促进外商投资稳定增长，应继续在优化营商环境等方面下功夫，加强与国际通行经贸规则对接，建设国际一流营商环境。引资不仅是引进资金，要把引资、引才、引智放在同等地位。现在常常是项目资金跟着人才走，而不是人才跟着资金走。吸引外资要从过去的靠政策、靠优惠，转向现在的靠环境、靠市场，必须练好基础设施建设等基本功，包括进一步拓展开放通道。

中央提出在决胜全面小康的基础上分两步建设现代化强国的宏伟目标，对营商环境提出了更高要求。改革开放要加大力度，深化经济体制改革，以供给侧结构性改革为主线，以完善产权制度和要素市场化配置为重点，推进基础性关键领域改革取得新的突破；扩大对外开放，大幅放宽市场准入，加快形成全面开放新格局。同时，中国还要在全球经济治理中发挥负责任大国的应有作用。中国要坚定不移地推进经济全球化，维护自由贸易秩序和公平竞争的国际环境，促进贸易投资自由化便利化、区域经济一体化，旗帜鲜明地反对贸易保护主义，捍卫自身合法权益。

开放带来进步，封闭必然落后，推动形成全面开放新格局是作为建设现代化经济体系的重要组成部分之一。新中国成立以来 70 年的历史经验告诉我们一个经过长期实践验证的朴素道理，就是“大开放、大发展；小开放、小发展；不开放、不发展”。改革开放以来的 40 多年中，中国的对外开放取得了举世瞩目的重大成就，对于促进中国发展和倒逼改革发挥了十分重要的作用。但是，我们必须清醒地认识到，中国目前的对外开放与适应错综复杂外部环境变化、培育参与和引领国际竞争合作新优势的需要相比，还存在较大差距；对外开放的广度、深度不充分和不平衡仍然是当前的主要矛盾。从国际比较来看，我国市场准入开放和营商环境还没有达到主要发达国家，甚至一些发展中国家的水平；高端服务业、一般制造业和要素资本市场等一些关键领域的开放尚未实现十八届三中全会《决定》所确定的目标。因此，真正落实形成全面开放新格局的新要求，关键在“全面”，难在“新格局”，我们需要在对外开放最具难度的关键领域攻坚克难取得新进展。中国未来的对外开放必须是全面、高水平和深层次的开放，这将为中国的发展和改革注入持久动力。

（四）优化外贸结构拓展经济合作新空间

要以更大的工作力度优化外贸结构，推动对外贸易平衡发展。比起增速，我国外贸在结构方面持续优化更值得关注。巩固外贸稳中向好势头，要推进贸易强国建设，从大进大出向优进优出转变。引导创新型、创业型和劳动密集型中小微企业走“专精特新”的发展模式，鼓励外贸龙头企业在经营理念、管理、研发、营销网络、服务等方面国际化协同发展。

我国以往的企业国际化经营能力比较弱，在全球资源配置中处于弱势地位。中国经济发展进入新阶段后，通过培育中资跨国企业，帮助中国企业在全球市场主动整合和配置资源，所以需要创新对外投资方式，改革对外投资体制，在这个基础上形成国际竞争新优势。在传统劳动密集型产业，特别是在加工贸易领域，主要是提升企业在价值链中的地位。面临新一轮的技术革命机遇，特别是智能机器人，一些以往的劳动密集型产业有可能转型成为资本和技术密集的产业，我们要适当引导。

过去 40 多年，我国的劳动密集型产业相对比较开放，但是在资本和技术密集型产业领域开放度还不够。应通过深化内部改革，使原来很多传统的资本和技术密集型产业能够尽快拥有国际竞争力。尽管我们拥有庞大的汽车工业，实际上汽车工业的国际竞争力仍然亟待加强，所以需要通过进一步开放和改革尽快增强我国资本和技术密集型产业的国际竞争力。通过进一步扩大改革和深化开放，增强服务业竞争力；支持企业“走出去”，主动整合外部资源。在贸易领域，要鼓励企业探索和培育国际贸易新模式，建设贸易强国；在开放过程中要守住底线，主要是两条底线：一是金融安全；二是资源能源安全。

建设贸易强国还要提升进出口综合效益。扩大先进技术、设备、服务进口，促进国内产业升级。合理增加一般消费品进口，丰富国内市场高端优质商品供给。从过去中低端产品出口、承包工程，逐步向中高端产品、新兴服务业出口升级。继续推动优势产业“走出去”、富余产能转出去，提升整体产业发展水平。

在全球化进程中，正确的开放战略是保证一个国家趋利避害的关键。世界上真正封闭的国家并不多，很多发展中国家也是开放的，但是并不成功。2018 年

《政府工作报告》中提出，推进“一带一路”国际合作。“一带一路”建设带动中国制造和中国服务“走出去”，拓展了经济合作新空间。今后，应以“一带一路”建设为重点，坚持“引进来”和“走出去”并重，遵循共商共建共享原则，加强创新能力的开放合作，推动中国竞争力的升级，形成一个陆海内外联动、东西双向互济的开放格局。

商务部数据显示，2018 年中国与“一带一路”沿线国家货物贸易进出口总额达到 1.3 万亿美元，同比增长 16.3%。其中，中国对沿线国家出口 7047.3 亿美元，同比增长 10.9%；自沿线国家进口 5630.7 亿美元，同比增长 23.9%。“一带一路”建设给开放型经济注入发展新动力。推动“一带一路”国际合作，应继续推动国际大通道建设，深化沿线大通关合作，促进铁路、公路、港口等基础设施互联互通，进一步提高贸易便利化水平。

推动“一带一路”建设，应注重通过扩大国际产能合作，带动中国制造和中国服务“走出去”。同时，加大西部、内陆和沿边开放力度，打造相关地区经济发展新的增长点。加强与相关国家基础设施建设规划、质量技术体系、人员等方面的对接，并且打造信息流通、优势互补的企业资源共享平台。“一带一路”沿线国家的基础设施建设资金压力较大，要在充分发挥亚洲基础设施投资银行、丝路基金等平台作用的基础上，建设多元化融资体系和多层次资本市场，突破企业资金短缺瓶颈。

第三节　推动高质量发展的三大变革

一、三大变革推动高质量发展

推动高质量发展是当前和今后一个时期确定发展思路、制定经济政策、实施宏观调控的根本要求。围绕高质量发展这一根本要求，按照中央的部署，要重点做好八项工作。依次是推进供给侧结构性改革，激发各类市场主体活力，实施乡村振兴战略，实施区域协调发展战略，推动形成全面开放新格局，提高保障和改善民生水平，加快建立多主体供应、多渠道保障、租购并举的住房制度，加快推进生态文明建设。

推动高质量发展，就是要在保持经济一定增速的基础上，坚持质量第一、效益优先，要坚定推进供给侧结构性改革，通过深化改革，构建市场机制有效、微观主体有活力、宏观调控有度的经济体制，实现增强经济活力、创新力和竞争力。我国经济正处在转变发展方式、优化经济结构、转换增长动力的攻关期，这是我国经济发展的新方位。如果说此前我国经济高速增长阶段的基本特征是以数量扩张为主，主要解决的是短缺问题，那么高质量发展则是在新的方位下，更强调发展的质量和效益，是解决好不好的问题。实现高质量发展的关键在于推动质量变革、效率变革、动力变革。

高质量发展，是更多依靠新动能的发展，这要通过三大变革来实现。一直以来，我国经济增长主要依靠要素投入的增加，竞争优势建立在劳动力等要素价格优势方面。要实现高质量发展，需要依靠要素结构的升级，这既包括要素资源的优化配置，也包括用创新、科技等带动要素结构的升级。从投入产出来看，高质量发展，应该是实现生产要素投入少、资源环境成本低、经济社会效益好的发展。

二、质量变革是主体

质量变革是指形成产品质量、生产质量和生活质量提升、强化的重要管理体制、竞争机制和企业经营机制，并以全面质量提高为基础，形成与之相匹配的市场环境、技术环境和人才资源。质量变革是高质量发展的物质前提和质量基础，是高质量发展空间和环境的基本保障。质量是经济发展的基本目标，目前我国经济发展面临的主要挑战是质量不高，所以适应人民日益增长的需求变化，加快提升供给质量，促进经济迈向中高端水平，推动中国制造向中国创造、中国速度向中国质量、中国产品向中国品牌升级，已成为我国转向高质量发展的主要任务。

质量变革的关键是提升生产质量，增加有效供给，减少无效供给。生产质量既指生产技术水平的提高，又指生产经营方式的优化，还强调企业组织方式的全面创新，并统一于供给侧结构性改革的发展主线。科技进步和模式创新是生产技术水平提高的重要基础，要进一步优化应用基础创新的支持，推进以企业为主体、以市场为主导、产学研高度融合的协同创新体系。现代分布式生产组织和融合性产业链模式成为生产经营方式创新的主要方向，要大力推进新一代信息基础设施建设，推动互联网、大数据、人工智能和实体经济深度融合，积极开展增材制造类的技术研发推广，支持实体经济的产业链、价值链高度融合。具有高度专业性、灵活性和系统性的契约式的企业组织方式以及结构性和区块链模式的企业组织方式是适应现代产业发展和供需动态平衡要求的有效载体。要着力增强企业组织方式的灵活性，支持大众创业、万众创新模式的深入发展；要着力提升生产分工和技术能力的专业性，实现在专业性基础上的全面合作和协同发展；要在坚持开放性、参与性的基础上提升产业链组织的稳定性，在自助性、融合性的条件下增强产权的稳定性和权属性，积极应用区块链、共享经济、现代供应链等技术和模式，实现企业间组织方式再创新。

三、效率变革是重点

效率变革的关键是拓展效率视野、提升效率层次、追求效益优先。作为“三大变革”中的效率变革，切忌简单地从生产、产出层面来理解效率，更要以供给侧结构性改革为基本视角，坚持创新驱动发展，坚持生产与市场两条主线，以效益优先为目标，实现实体经济、科技创新、现代金融和人才资源的有效融合。

效率是经济发展的永恒主题。经济增长中的低效率问题仍然比较突出，是我国经济发展质量不高的重要表现。推动效率变革就是要填平各种低效率洼地，为高质量发展奠定一个稳固的基础。高质量发展是更加协调均衡的发展。近年来，区域之间、城乡之间的差距不断缩小。不过，由于市场经济体制不健全、分配制度不够完善等原因，城乡差距、地区差距等依然存在，这也将影响发展的效率和质量。未来，随着“一带一路”建设，京津冀协同发展、长江经济带、西部大开发等区域协调战略的实施，区域发展将更均衡更协调。

十八大以来，我国经济已经取得巨大成就，经济增速保持稳中有进的同时，经济结构更加优化，服务业主导和消费拉动的经济增长模式初步显现。新的经济动能增长更加明显。国家统计局数据显示，2018 年，新兴工业产品产量快速增长，铁路客车、微波终端机、新能源汽车、生物基化学纤维和智能电视，分别增长 183%、104.5%、40.1%、23.5% 和 18.7%，呈现高速增长态势；我国服务业生产指数比上年增长 7.7%，保持较快增长；2018 年前 11 个月，战略性新兴服务业、科技服务业和高技术服务营业收入同比分别增长 14.9%、15% 和 13.4%。不过，也要看到，当前仍有相当数量资金、土地、劳动力等生产要素，沉淀在产能过剩、效率不高的产业中，拖累了经济转型和经济效率的提高。应通过深化供给侧结构性改革，把这些要素逐步转移到附加值更好、更加集约环保的产业中去。

提高要素配置效率的关键是推进要素的市场化配置，要以劳动、资本、土地和技术等要素资源的市场化为基本抓手，重点在“破”“立”“降”上下功夫，即大力破除无效供给，进一步处置好“僵尸企业”；确立、培育和扶持新动能，强化科技创新，推动传统产业优化升级；大力降低实体经济成本，特别是具有普遍意义的能源成本、物流成本、金融成本和税费成本。需要注意的是，要素市场是引致型市场，受到商品市场和资源市场的直接影响，因此要素禀赋只是要素市场的构成条件，而经济发展水平和商品市场则是重要的外部影响。企业运行效率的关键是企业的组织方式和经营方式。当前，企业组织方式的关键是适应创新要素的市场化配置，并实现企业内部资源和生产方式的有效组合，比如在内部形成的众创、众筹模式，实现内部网络状产业联盟模式等。而企业经营效率的关键则是使企业适应个性化、多样化的需求变动，创新经营理念和管理方法，推进供给体系创新，有效实现供需动态平衡。生产组织效率强调对供给侧结构性改革深入理解和有效贯彻，从而有效融合“工业 4.0”“再工业化”“质量第一”“服务型生产”等现代生产组织理念，推进中国制造向中国创造转变、中国速度向中国质量转变、制造大国向制造强国转变。

四、动力变革是关键

在转向高质量发展的新时代，之所以突出强调动力变革，主要原因在于：一方面在要素成本上升、环境问题严峻、经济全球化不确定性加大的背景下，如果继续沿用传统的政府主导、要素投入、投资拉动的传统增长方式，不仅无法保持经济中高速增长，而且会使高产能、高库存、高杠杆、高成本、低效率、低质量等结构性矛盾继续累积，进一步加大经济金融风险；另一方面，在新技术、新业态、新产品不断出现，国际经济竞争日益激烈的新形势下，实现高质量发展必须把自主创新作为第一动力，以人才强国作为第一资源，加快建设创新型国家。

动力变革既是高质量发展的关键，也是实现质量变革、效率变革的前提条件。转向高质量发展的“三大变革”，就是要以动力变革来推动效率变革，进而促进质量变革，由此形成质量效益明显提高、稳定性和可持续性明显增强的高质量发展新局面。

数字经济快速发展与经济转型升级交织融汇，不仅成为推动新时代经济创新发展的新动能，也日益成为引领我国经济转型升级与产业变革的重要推动力。加快推进数字技术与传统产业的深度融合，是实现由高速增长转向高质量发展的务实选择。随着以大数据、人工智能等为标志的新一轮技术革命加快推进，创新在经济发展中的地位日益凸显。

比例较高的消费率尤其是居民消费率，是高质量发展的主要或者突出的特征。与过去投资主导有很大的不同，进入新时代，近 14 亿人的消费大市场是我国高质量发展的最大潜力。未来需要以消费结构升级为导向推进投资转型，进而实现供给结构调整，既有利于破解我国不平衡不充分的发展，也促进投资更有效率，更可持续。当前，我国的消费结构升级到了一个历史拐点，以消费驱动投资转型，以消费调整经济结构，释放消费大市场，这不仅是拉动中国经济增长的重要动力，也是促进世界经济再平衡的一个重要的亮点。

由工业主导向服务业主导转变是进入工业化后期的普遍客观规律。随着我国居民收入水平不断提高，城乡居民的物质型消费需求基本得到满足，服务型消费需求正在快速增长。服务型消费的全面快速增长，将形成生活性服务业发展的新动力。服务业主导是制造业转型升级的客观需求，以生产型服务业引领制造业的转型升级，使工业发展从主要依靠低成本竞争优势向创新驱动转变，是我国工业由大变强的根本途径。

总量发展导向向绿色发展导向转变，绿水青山就是金山银山，不仅需要开展环境治理，更要加快绿色生产方式和绿色生活方式的转型，形成绿色发展的产业体系和消费体系，走出一条保护与发展并举的新路子。

第二章

高质量发展，新时代的必然抉择

第一节　创造新时代高品质的人民生活

中国特色社会主义进入新时代，我国社会主要矛盾已经转化为人民日益增长的美好生活需要和不平衡不充分的发展之间的矛盾。我们要在继续推动发展的基础上，着力解决好发展不平衡不充分问题，大力提升发展质量和效益，更好满足人民在经济、政治、文化、社会、生态等方面日益增长的需要，更好推动人的全面发展、社会全面进步。一般认为，服务业往往具有就业承载力强、单位产出高、藏富于民的特点，因此大力发展服务业，努力增强消费对于经济增长的基础性作用，使创新真正成为经济繁荣的根源，不仅符合经济、社会发展的客观规律，而且还能使增长过程成为经济、社会、自然同步协调的“共同进化”，促使居民收入水平的不断提高，有利于每一个人实现自己的人生梦想与个人价值，从而使发展符合最广大人民的根本利益。

高质量发展阶段，是以习近平新时代中国特色社会主义经济思想为指导，全国各族人民团结奋斗、不断创造美好生活、逐步实现全体人民共同富裕的时代；是全面贯彻落实创新、协调、绿色、开放、共享的发展理念的时代。高质量发展意味着，供给侧将提供满足人民需要的更多高端产品和优质服务；高质量发展意味着，更加均衡更加协调的发展，不同地区、不同领域、不同群体和城乡发展差距不断减少，人民群众共享改革发展成果，不断实现全体人民共同富裕和社会公平。

党的十八大以来，以习近平同志为核心的党中央，为了满足人民对享受更好教育的期盼，大力发展教育事业，着力推进教育公平，不仅合理配置了教育资源，而且不断推进改革，破解进城农民工子女平等接受教育的难题。为了满足人民对更稳定的工作、更满意的收入的期盼，多措并举、开拓渠道、着力推动劳动就业，千方百计增加居民收入。为了满足人民对更可靠的社会保障、更高水平的医疗卫生服务的期盼，不仅着力构建覆盖城乡的社会保障体系，而且着力医疗卫生服务水平的提高及养老问题的解决。

在中国特色社会主义新时代，人民“不仅对物质文化生活提出了更高要求，而且在民主、法治、公平、正义、安全、环境等方面的要求日益增长”。人民对美好生活的期待和向往，除了居住更好更美的房子、腰包能有更多的票子等物质层面因素之外，更多地表现为对天蓝水清、空气洁净、吃喝放心、出行安全的向往和期待；对公平享有发展机会、公平享有发展成果的向往和期待；对平安有序、稳定和谐生活环境的向往和期待；对积极向上、健康向善精神文化的向往和期待。新时代的中国，唯有追求以品质、效率、包容为主的经济高质量发展，才是让人民群众过上高品质美好生活的重要前提和保证。

“由高速增长阶段转向高质量发展阶段”这一重要论断，是与我国社会主要矛盾已经转变为人民日益增长的对美好生活需要和不平衡不充分的发展之间的矛盾相呼应的。在我国经济保持连续几十年的高速增长过程中，人民群众收入水平也显著提高，从改革开放中获得了巨大的实惠。十八大以来，我国居民收入增速超过了经济增速，全面小康已经进入关键决胜阶段。国家统计局数据显示，2018年，全国居民人均可支配收入 28228 元，比上年名义增长 8.7%，扣除价格因素，实际增长 6.5%。人民期盼更高质量的供给，满足更高质量的需求。

高质量发展是一种与中高（或高）收入阶段、高（或极高）人类发展指数相适应的经济运行状态，具有鲜明的人类学发展特征。截至 2018 年，中国的 GDP 达到了 90 万亿元，占世界经济比重达到 16.04% 左右，对世界经济增长贡献率在 30% 左右，仍是世界经济增长的动力之源，人均 GDP 达到 9368 美元，这标志着中国正在向高收入国家迈进。联合国公布的《2018 世界人类发展指数》显示，在列出的 189 个国家和地区里，中国排在第 86 位（此前一年为 91 位），人类发展指数为 0.752，进入人类发展高水平阶段。这表明，当人们解决了温饱进而全面富裕起来以后，广大民众对生活消费产品和服务的质量提出全新的要求，既要拥有更好的教育、更稳定的工作、更满意的收入、更可靠的社会保障、更高水平的医疗卫生服务、更舒适的居住条件、更优美的环境、更丰富的精神文化生活，又要注重自我价值的实现，追求更加公平、正义的社会环境和职业体验，期望更加体面、更加尊严的美好幸福生活。从这个意义上说，我们全面推行以人为本、更有效率、更高效益、更加公平、更可持续的高质量发展，是全面应对和解决新时代我国主要社会矛盾、满足人民群众更高需求并过上高品质美好生活的必然要求，也是全面建成中国特色社会主义现代化强国目标的重要保证。

一、更好满足人民对美好生活需要的发展

高质量发展阶段，是不断满足人民日益增长的美好生活需要，创造人民美好生活的时代。中国人民热爱生活，期盼有更好的教育、更稳定的工作、更满意的收入、更可靠的社会保障、更高水平的医疗卫生服务、更舒适的居住条件、更优美的环境，期盼着孩子们能成长得更好、工作得更好、生活得更好。人民对美好生活的向往，就是中国共产党的奋斗目标。

高质量发展，就是要将人民对美好生活的期盼变成现实，多谋民生之利，多解民生之忧，不断增进人民群众获得感、幸福感。习近平新时代中国特色社会主义经济思想的内容，主要内涵之一便是坚持以人民为中心的发展思想，贯穿到统筹推进“五位一体”总体布局和协调推进“四个全面”战略布局之中。民生是最大的经济，发展经济的根本目的是为了让民众过上更优质的生活。而反过来，民众高质量的生活需求，则倒逼高质量的生产供给。需求和供给的双向互动，推动整体经济高质量发展。

改革开放以来，我国经济增长在相当大的程度上是依赖出口和投资拉动，这在特定的历史阶段和历史背景之下有其必然之处。随着国内和国外环境不断变化，出口和投资对我国经济增长的贡献度都有不同程度的下降，相反在过去十多

年的增长中我国同时也产生了一个几亿人的中等收入群体，其所产生的消费需求强大而持久，已经并还将进一步显示对于经济增长的强劲动力。党的十九大报告提出，完善促进消费的体制机制，增强消费对经济发展的基础性作用。商务部数据显示，中国消费连续五年成为经济增长第一动力，2018 年最终消费对经济增长贡献率为 76.2%，比上年提高 18.6 个百分点。今后一个时期要特别重视与消费有关的基础设施、环境、氛围、制度安排等工作，为经济发展创造更加良好的条件。

中等收入群体不断扩大，为高质量发展提供了强大市场驱动力。随着居民收入水平提高，我国已形成世界上人口最多的中等收入群体，将推动国内市场成为全球最大的消费市场。国家统计局数据显示，2018 年全国居民恩格尔系数为 28.4%，比上年下降 0.9 个百分点，达到联合国划分的 20%—30% 的富足标准。居民对商品和服务的质量要求明显提升，“千禧一代”、“互联网一代”更加追求个性化消费，旅游、养老、教育、医疗等服务需求快速增长，消费结构持续向高端化、个性化、服务化转型升级，增强了高质量发展的市场推动力。

人民期待的美好生活，就是提高物质生活质量。马克思曾经指出，人类社会的“第一个历史活动”就是生产满足“吃喝穿住”等基本需要的“物质生产活动”，人对衣食住行等生存方面的需要，是其从事物质生产活动的根本动因。当然，人的物质生活需要是不断变化不断提升的，有一居室住房之后会期盼两居室住房，有衣服穿之后期盼穿得更高档、更漂亮，有饭吃之后期盼能吃出品位、吃出优雅、吃出格调等，正所谓人的需要无止境、社会发展无尽头。所以，新时代人民在物质层面美好生活的期盼，就是不断提高物质生活质量和档次。

人民期待的美好生活，就是能够享有丰富多彩、贴近劳动人民生活、激励人们积极进取的大众文化、健康文化产品。人民的精神文化生活要求越来越高，越来越强调品质和品位，雅俗共赏，乐享、共享。满足人民过上美好生活的新期待，必须提供丰富的精神食粮。充分满足人民在教育、科学、文化等方面的需求，读好书，看好戏、好电影、好电视，提供更好的网络文化生活，创造更好的旅游条件，让人们友好交往、增进团结友爱。2019年中央经济工作会议针对人民群众关心的诸多问题，如重点解决好高校毕业生、农民工、退役军人等群体就业，对学前教育、农村贫困地区儿童早期发展、职业教育等增加投入，完善养老护理体系，努力解决大城市养老难问题，并深化社会保障制度改革，推进养老保险全国统筹，把更多救命救急的好药纳入医保，提出了相应对策。2019年中央经济工作会议新加的民生内容包括安全领域和住房制度。安全领域强调要下更大气力抓好食品药品安全、安全生产和交通安全。住房制度强调要构建房地产市场健康发展长效机制，坚持房子是用来住的、不是用来炒的定位，因城施策、分类指导，夯实城市政府主体责任，完善住房市场体系和住房保障体系。随着这些民生问题不断解决，人民美好生活将在幼有所育、学有所教、劳有所得、病有所医、老有所养、住有所居、弱有所扶上取得新进展。

党的十八大以来，以习近平同志为核心的党中央，在推进社会主义文化强国建设中，积极推动中华传统美德的创造性转化和创新性发展，以健康向善的文化引导人们追求文明向上的生活方式，以积极进取的精神引领社会风尚。但是，由于种种原因，目前我国大众文化领域中，不健康的文化仍然有一定的影响。在中国特色社会主义的新时代，净化大众文化生态仍然是人民对美好生活的新期盼，这就需要我们着力构建丰富多彩、积极向上、健康向善的文化生态。

美好生活靠劳动创造，需要全国各族人民“撸起袖子加油干”。依靠人民群众推动高质量发展、创造美好生活，就是坚持人民主体地位，最大限度调动每一个人的积极性、主动性和创造性，不断扩大人民群众参与美好生活创造活动的深度与广度，使人民群众真正成为推动高质量发展、创造美好生活的主力军。

二、更好满足人民对生态文明需要的发展

人民期待的美好生活，就是能够享有天蓝地绿、山清水秀的优美环境，能够呼吸新鲜的空气、喝上洁净的水源，能够吃上无农药残留的粮食和蔬菜、无添加的绿色食品等。党的十八大以来，中国坚持绿色发展理念，大力推进生态文明建

设，着力自然环境治理、生态环境保护，使自然环境状况得到明显改善。但是，建设美丽中国任重而道远，优美和谐的自然生态，仍然是人民日益增长的需要和期待。

坚持人与自然和谐共生，创造优美生态环境，是为了让人民更好地生产和生活。绿色是永续发展的必要条件。保护生态环境关系人民的根本利益和民族发展的长远利益。人与自然是相互依存、相互联系的整体，对自然界不能只讲索取不讲投入、只讲利用不讲建设。保护自然环境就是保护人类，建设生态文明就是造福人类。生态环境没有替代品，用之不觉，失之难存。环境就是民生，青山就是美丽，蓝天也是幸福，要像保护眼睛一样保护生态环境，像对待生命一样对待生态环境。在中国特色社会主义新时代，必须坚持节约资源和保护生态环境的基本国策，有效防止人类在开发利用自然上走弯路，避免各类环境污染成为民生之患、民心之痛，让良好的生态环境成为人民生活质量的增长点，为子孙后代留下可持续发展的“绿色银行”。要为人民群众提供更多的生态公共产品，提高生活质量和幸福指数，让老百姓在分享发展红利的同时，更充分地享受绿色福利，使生态文明建设成果更好地惠及全体人民、造福子孙后代。

良好的生态环境是最公平的公共产品，是最普惠的民生福祉。只有加强生态环境保护，创造更舒适的生产生活条件和更和谐优美的自然环境，才能在全面协调推进“五位一体”的实践中，真正形成经济富裕、政治民主、文化繁荣、社会公平、生态良好的发展格局。

三、更好满足人民对公平正义需要的发展

人民期待的美好生活，就是社会公平正义得以彰显，人人都能公平地享有发展机会和发展成果；社会平安有序，人们的收入、就业、教育、医疗、养老都有保障等。推动高质量发展，必须坚持以人民为中心，“永远把人民对美好生活的向往作为奋斗目标”。增进民生福祉是发展的根本目的，人民的获得感、幸福感，是检验发展质量的试金石。提升生活品质需要高质量发展。国家一切权力属于人

民。我国社会主义民主是维护人民根本利益的最广泛、最真实、最管用的民主。发展社会主义民主政治，就要更充分地体现人民意志、保障人民权益、激发人民创造活力，用制度体系保证人民当家做主。

高质量发展须兜底，民生改善不折不扣。要聚焦民生问题持续发力，努力创造高品质生活。筑牢夯实基本民生底线，关注平均数下的不平衡问题，以更加务实的举措使人民的基本需求更有保障。尽力满足多样化民生需要，把民生工作做得更细致，使民生政策更加精准。实现高质量发展、高品质生活，需要政府、企业、社会、民众多元主体的共同参与、一起努力、协同推动。

改革开放以来，我国在共享发展成果和逐步实现共同富裕的正确道路上，先后使7亿多人摆脱贫困，人民生活实现总体小康，正在向更高水平的全面小康迈进。但是，城乡、区域发展差距和居民收入分配差距仍然较大，部分群众生活还比较困难。实现全体人民更加公平地共享发展成果，既是高质量发展的根本目的，也是充分调动绝大多数人积极性、主动性、创造性，形成推动高质量发展强大动力的必要条件。

党的十八大以来，着力实施脱贫攻坚工程，大力推进反腐倡廉建设，着力推进平安中国建设，创新公共安全体系，完善食品药品监管机构，深化安全生产管理体制改革，使人民群众的公平感、获得感、幸福感、安全感都有很大提升。但是，在中国特色社会主义的新时代，人民对社会公平公正、食品药品安全、社会平安有序等，仍然有更高的期盼。要坚持在发展中保障和改善民生，在发展中补齐民生短板，如期实现脱贫攻坚任务；实现更高质量和更加充分的就业，使人人都有通过辛勤劳动实现自身发展的机会；坚持居民收入增长与经济发展同步、劳动报酬增长与劳动生产率提高同步，拓宽居民劳动收入和财产性收入渠道；全面建成覆盖全民、多层次的社会保障体系；通过政府再分配调节和推进基本公共服务均等化，缩小收入分配差距，让改革发展成果更多更公平惠及全体人民。

高质量发展直接关系着每个人的幸福生活，所有个体都要以实际行动积极参与到创建高质量发展、过高品质生活之中。跟随新时代全球信息科技和产业大变革的步伐，不断学习，主动更新知识体系，确保自己在创新发展大潮中不掉队。树立工匠精神，高度敬业，认真负责，诚信经营，打造和提供让人民满意的高质量产品和服务。树立公共意识、参与意识和责任意识，主动参与志愿服务，参与公益事业，关心公共议题，为高质量发展创造积极、有效的舆论环境。在适度合理消费的基础上，要积极调试和控制自己的心理与情绪，共同打造积极向上、理性平和的社会心态，创建身心和谐、家庭和睦的幸福生活。

大力弘扬劳动精神、工匠精神和勤劳致富理念，提倡通过诚实劳动来实现人生的梦想、改变自己的命运，反对一切不劳而获、投机取巧、贪图享乐的思想和行为。要激发全社会创造力和发展活力，努力实现更高质量、更有效率、更加公平、更可持续的发展，需要不断提高人民群众思想觉悟、道德水准、文明素养和劳动技能。这无疑也是更高层次促进人的全面发展的需要。

第二节　打造高质量的现代化产业体系

构建实体经济、科技创新、现代金融、人力资源协同发展的现代产业新体系，是我们党创造性地从要素投入角度确立的产业体系建设新目标，是扎根我国发展实践、符合经济发展规律的重大理论创新。现代化经济体系，是由社会经济活动各个环节、各个层面、各个领域的相互关系和内在联系构成的一个有机整体。其一，它强调增长要更多发挥高级生产要素的协同作用，更多依靠提高全要素生产率，把处于价值链低端的“汗水经济”转变为处于价值链中高端的“智慧经济”。其二，它强调国民经济中生产要素的投入最终必须落实到实体经济发展上。其三，它不仅鼓励金融服务实体经济，而且要求用现代金融机制支撑科技创新和经济增长。

一、掌握关键核心技术

随着第四次工业革命的浪潮涌来，全球制造业正经受着前所未有的冲击、调整和变革。各工业发达国家纷起应对，制订国家战略，以求在行将到来的变革中取得主动。美国于2011年颁布了先进制造伙伴计划（AMP），以“确保美国在先进制造业中的领导地位”；随后，又提出了再工业化和制造业回归的口号。德国提出“德国2020高技术战略”，英国制订了“英国工业2050计划”，日本相继提出“物联网国家战略”和“机器人新战略”，法国起草了“未来产业规划”，韩国则有“未来增长动力计划”，等等，无不都是为促进本国制造业适应未来、赢得发展。中国制造业就规模和总量在世界名列第一，但中国制造业在效益、效率、质量、产业结构、持续发展、资源消耗等方面与工业发达国家差距甚大。中国制造业必须从规模、速度的发展轨道转向质量、效益的发展轨道，从高速度发展转向高质量发展，才能在第四次工业革命中形成持续发展的能力，继续成为中国国民经济的主体，与中国在全球制造业中的地位相对应。

布局高端制造业，要以深化改革释放各类主体创新活力，自主创新能力大幅提升、为经济社会发展注入强劲动力。新一轮科技革命的兴起极大改变了世界产业格局，是否掌握核心技术不仅影响全球产业布局，更成为综合国力的重要标志，“核心技术是国之重器。要下定决心、保持恒心、找准重心，加速推动信息领域核心技术突破”。

我国科技发展不少领域与国际一流的差距依然明显，核心技术的短板依然突出。经过 40 多年改革开放的高速发展，中国实现了从“跟跑”到“并跑”再到一些领域“领跑”的转变，但“在别人的地基上盖房子，楼越高风险越大”，不掌握核心技术，迟早会被别人卡脖子。国之重器不立足于自身，容易动摇发展的根基，“实现‘两个一百年’奋斗目标，一些重大核心技术必须靠自己攻坚克难”。“核心技术受制于人是我们最大的隐患”，中兴遭遇美国制裁，就暴露了中国通信产业“缺芯少魂”的问题。的确，核心技术靠化缘是要不来的，也是花钱买不来的，以往那种“轻研发、重应用的拿来主义”虽能获取短期利润，却难以真正掌握核心技术，“科技攻关要摒弃幻想、靠自己”。

基础科学研究强，综合国力才能强。自主研发能力强，国际地位才稳当。揆度全球，在历次科技革命中，各国都把攻克核心技术作为不二的战略选择，信息化时代，各国对核心技术的保护更是不遗余力。二战时期，美国接受大量世界一流科学家，促成战后美国科技创新成果密集出现，奠定了相当长时间美国在全球的领先地位。日本虽是在学习西方模式中崛起，但是围绕核心技术的长久攻关才是其走向现代化强国的关键，不仅造就了一大批顶尖科学家，而且迅速在前沿科技领域取得突破，连续 19 年获得 19 个诺贝尔奖。这都说明，要想真正成为现代化强国，自主创新是必由之路，唯有掌握核心科技，才能在国际竞争中实现弯道超车。

事实上，在攻克“两弹一星”、载人航天等核心技术中，中国也形成了许多成功经验。一方面，核心技术的较量，最后拼的是产业体系的高下，单兵作战不行，必须要靠整个产业体系，尤其是要在基础研究领域下大气力打牢根基。另一方面，攻克核心技术绝非一朝一夕，久久为功方能实现飞跃式突破。从政府层面来说就是要谋大局、谋长远，保持战略定力、做好战略规划、优化创新环境；对于企业来说，就是要摈弃短视思维，以布局核心技术重塑商业模式。当然，任何技术的发展，缺少人才就如同无源之水，营造尊重人才的良好环境、培育一大批科技人才、在人财物上给予充分保障，唯其如此，才能让创新创造的活力充分涌流。

经过改革开放40多年特别是党的十八大以来的发展，中国制造业取得了历史性成就，制造业综合实力、创新能力和国际影响力再上新台阶，有力地推动了中国的工业化和现代化进程。中国制造业在不断开放、合作、竞争中发展壮大，同时也深深融入了全球产业分工体系。这些都为制造业高质量发展提供了坚实基础和有利条件。最根本的是，党中央对推动经济高质量发展提出了明确要求，作出了全面部署，为新时期制造业高质量发展提供了基本遵循。下一步，我们将以习近平新时代中国特色社会主义思想为指导，全面贯彻新发展理念，以深化供给侧结构性改革为主线，坚持质量第一、效益优先，推动制造业质量、效率、动力“三大变革”，加快制造业高质量发展步伐。

链接

大力推动制造业高质量发展

制造业是立国之本、强国之基，从根本上决定着一个国家的综合实力和国际竞争力。2018年底召开的中央经济工作会议指出，要推动制造业高质量发展，坚定不移建设制造强国。这就进一步明确了新时代我国制造业发展的历史任务，为当前和今后一个时期我国制造业发展指明了方向。从制造大国走向制造强国，我们处在进行时当中，需要进一步提高思想认识，把握内涵，突出重点，采取有力措施，大力推动制造业高质量发展。

一、推动制造业高质量发展，是建设社会主义现代化强国的必由之路

习近平总书记在党的十九大报告中指出，坚持和发展中国特色社会主义，总任务是实现社会主义现代化和中华民族伟大复兴，在全面建成小康社会的基础上，分两步走，在本世纪中叶建成富强民主文明和谐美丽的社会主义现代化强国。工业化是现代化的基础和前提，制造业是推动工业化和现代化的主力军。对于我们这样的大国而言，没有强大的、高质量发展的制造业，工业化和现代化的奋斗目标就难以实现。

纵观世界近现代历史，制造业的持续发展和转型升级，是主要发达国家现代化的共同经验。18世纪中后期，第一次工业革命开启于英国，以大规模工厂化生产取代个体工场手工生产为标志的现代制造业快速崛起，推动英国率先完成工业化。19世纪末，德国、美国抓住第二次工业革命的历史机遇，在电力、机械等领域形成领先优势，实现了现代化。第二次世界大战后，日本在钢铁、电子、汽车等产业快速发展的支撑下，跻身发达国家行列。在这些国家的现代化进程中，不断完善升级的制造业体系发挥了至关重要的作用。反观一些曾经也在工业化上取得不俗成绩的发展中国家，由于放松对制造业发展的坚持，特别是忽视推动制造业转型升级，陷入了经济增长缓慢、收入提升停滞的“中等收入陷阱”。

适应我国工业化发展新阶段的要求，必须加快制造业向高质量发展的根本转变。按照经典工业化理论的指标衡量，我国已进入工业化后期。跨越工业化后期的瓶颈制约，对支撑社会主义现代化目标至关重要。这一时期，经济发展进入新常态，突出特征是经济增速换挡、产业结构升级、发展动力转换。近年来，我国制造业增速明显回落，面临产能过剩、供需失衡、新旧动能转换缓慢等一系列突出矛盾，原有以数量、规模、速度为主要特征的增长模式，已难以适应、把握、引领经济发展新常态的要求。正如习近平总书记所指出的，“我国经济规模很大、但依然大而不强，我国经济增速很快、但依然快而不优。主要依靠资源等要素投入推动经济增长和规模扩张的粗放型发展方式是不可持续的”。要改变这种状况，最根本的是要坚持质量第一、效益优先，转变发展方式，推进结构调整，推动质量变革、效率变革、动力变革，走制造业高质量发展道路。

建设社会主义现代化强国，要求坚持不懈地推动制造业高质量发展。新中国成立70年特别是改革开放40多年来，我国制造业持续快速发展，建成了门类齐全、独立完整的工业体系，成为世界制造业第一大国，有力推动了工业化和现代化进程，显著增强了我国综合国力，支撑了我国的大国地位。党的十九大明确提出到本世纪中叶建成社会主义现代化强国，对制造业高质量发展提出了新的要求。同时，实现农业现代化、国防和军队现代化，建设科技强国、海洋强国、交通强国、质量强国、航天强国、网络强国等，也都需要制造业提供更先进的技术、产品和装备。当前，我国制造业大而不强，总体上仍处于全球价值链中低端，与世界先进水平相比，在技术创新能力、资源利用效率、产业结构水平、信息化程度、企业国际竞争力等方面差距明显。要支撑“两个一百年”奋斗目标的实现，必须加快制造业转型升级、提质增效，实现由大到强的跨越。

二、推动制造业高质量发展，是实现经济高质量发展的重中之重

党的十九大作出我国经济已由高速增长阶段转向高质量发展阶段的重大判断。推动高质量发展是当前和今后一个时期谋划经济工作的根本方针。制造业是实体经济的主体，制造业的高质量发展关系到经济高质量发展的全局，必须摆在更加突出的位置。

建设现代化经济体系的重要着力点是制造业。建设现代化经济体系是跨越关口的迫切要求和我国发展的战略目标，必须把发展经济的着力点放在实体经济上，抓实体经济一定要抓好制造业。目前，我国制造业在国内生产总值中的比重仍接近30%，是推动国民经济增长的主导力量。制造业价值链长、关联性强、带动力大，为农业、服务业提供原料、设备、动力和技术保障，在很大程度上决定着现代农业、现代服务业的发展水平。制造业通常还是国民经济各部门中生产效率最高、提升速度最快的部门，要提高经济发展的整体效率效益，离不开制造业的引领和支撑。没有高质量的制造业，就难以提高供给体系的质量，就没有整个经济发展的高质量。国际经验也表明，经济发展质量高的国家和地区，往往拥有竞争力较强的制造业，这也是发达国家很多时候被称为工业化国家的原因。因此，建设现代化经济体系，推动经济高质量发展，关键在制造业，重点也在制造业。

国际产业竞争博弈的焦点在制造业。当前，制造业国际竞争格局深刻变化。发达国家纷纷实施“再工业化”战略，加强对先进制造业前瞻性布局，抢占未来产业竞争制高点。今年2月，德国发布《国家工业战略2030》，强调要坚持以制造业为基础的发展模式，提出将制造业增加值比重由目前的23%提高到25%。美国政府近期发布《美国先进制造业领导力战略》等政策文件，提出聚焦发展人工智能、先进制造、量子科技和5G技术等关键领域。与此同时，一些发展中国家也积极利用低成本劳动力优势，承接国际产业转移。从我国情况看，制造业经过多年高速增长，“有没有”的问题已基本解决，“好不好”的问题日益突出，主要表现在低端产品过剩，高端产品不足，供给无法精准匹配需求。无论是参与国际竞争，还是适应国内消费升级，都要求制造业加快向高质量发展转变。

经济深层次结构性矛盾集中在制造业。当前制约我国经济发展的因素主要是结构性的，矛盾的主要方面在供给侧，必须把改善供给侧结构作为主攻方向。制造业是各类资源要素最集中的领域，是供给侧结构性改革的主战场。近年来，我国制造业占国内生产总值的比重出现了过早过快下降的苗头。分析原因，主要是由三大结构性矛盾造成的。首先，制造业内部存在结构性供需失衡，一些行业产能严重过剩，同时大量关键装备、核心技术和高端产品依然依赖进口，经常受到出口国限制甚至“断供”的威胁，制造业供给体系满足和引领消费结构升级的能力不强。其次，金融和实体经济失衡，一定程度上存在资金“脱实向虚”的现象，制造业企业融资难、融资贵问题突出。2013—2017年我国中长期贷款余额中，制造业领域占比已从2013年的11.2%下滑至2017年的7.4%。第三，房地产与实体经济失衡，大量资金涌入房地产市场，除了资金流向出现问题外，推高了制造业发展的成本。化解上述结构性矛盾，必须坚持问题导向，在供给侧上下功夫，推动体制机制改革创新，提高制造业供给体系质量，推动中国制造向中国创造转变、中国速度向中国质量转变、中国产品向中国品牌转变。

三、推动制造业高质量发展，是全面用好重要战略机遇期的根本要求

中央经济工作会议强调，我国发展仍处于并将长期处于重要战略机遇期，要紧扣重要战略机遇新内涵，加快经济结构优化升级，提升科技创新能力，深化改革开放，加快绿色发展，参与全球经济治理体系变革，变压力为加快推动经济高质量发展的动力。党中央对重要战略机遇新内涵的阐述，为推动制造业高质量发展指明了方向，坚定了我们建设制造强国的信心和决心。

回顾历史，我国制造业就是通过用好战略机遇期发展壮大起来的。新中国成立后，以美国为首的西方国家对我国实行封锁，我们党坚持自力更生、艰苦奋斗，在“一穷二白”的基础上建立了世界上最完整的工业体系。20 世纪 70 年代末，我们党根据对国际国内形势的判断，把工作重心转移到经济建设上来，开启了改革开放伟大事业，制造业开始快速发展。90 年代初国际形势再次发生重大变化，党中央牢牢把握和平与发展的时代主题，进一步深化改革开放，确立建设社会主义市场经济的目标，加快融入全球经济循环，推动制造业发展再上新台阶。进入新世纪，党的十六大提出了“重要战略机遇期”的重要判断，制造业充分把握这一机遇加快发展，实现向制造大国的历史性跨越。党的十八大报告明确指出，“我国发展仍处于可以大有作为的重要战略机遇期”，提出“必须深刻理解、紧紧抓住、切实用好这样的新机遇”。正是在这一思想的指导下，进入新时代，我国制造业转型升级步伐明显加快，综合实力稳步提升，为建设制造强国奠定了坚实基础。

展望未来，制造业要坚定不移抓机遇、用机遇，加快实现向高质量发展的根本性转变。从结构优化升级来看，当前我国制造业还存在大量低端低效环节，2018 年我国高技术制造业增加值仅占规模以上工业增加值的 13.9%，产业结构提升的空间巨大。从创新能力看，制造业技术创新能力仍然不强，科技创新对产业发展的支撑不足，2017年我国规模以上制造业企业研发投入强度仅为1.14%。欧盟最新的工业研发投资报告显示，全球研发投入前50的企业中，我国仅有华为一家上榜，依靠技术创新提升质量效益前景广阔。从绿色发展水平看，与发达国家相比我国能源资源利用效率仍然偏低，资源环境承载力接近上限。推动绿色发展既是推动经济可持续发展的迫切要求，也为节能环保等新兴产业发展带来重要机遇。我们要紧扣重要战略机遇新内涵，坚持把提高效率效益作为根本要求，把科技创新作为根本动力，把市场化改革作为政策取向，把扩大开放作为重要途径，全面用好重要战略机遇期，推动制造业高质量发展。

四、推动制造业高质量发展的主要任务

习近平总书记指出，我国经济由高速增长转向高质量发展，这是必须迈过的坎，每个产业、每个企业都要朝着这个方向坚定往前走。贯彻落实习近平总书记的重要指示精神，推动制造业高质量发展，要坚持供给侧结构性改革的主线不动摇，在“巩固、增强、提升、畅通”上狠下功夫，以促进技术变革、提升产业链条为核心，巩固“三去一降一补”成果，增强微观主体活力，推动科技、金融、人才与实体经济良性循环，扭转制造业比重过快下降态势，加快制造业由大到强的转变跃升。

着力增强制造业技术创新能力。制造业是科技创新的主战场。我国制造业在核心技术、关键产品、重大技术装备等方面瓶颈短板多，全要素生产率较发达国家平均水平低10个百分点以上。习近平总书记指出，核心技术是国之重器，当今世界，谁牵住了科技创新这个“牛鼻子”，谁走好了科技创新这步先手棋，谁就能占领先机、赢得优势。推动制造业高质量发展，必须把创新摆在制造业发展全局的核心位置。增强制造业技术创新能力，要突出解决三个方面问题。一是解决科技和产业“两张皮”的问题，进一步深化科技体制改革，围绕产业链部署创新链，推进产学研协同创新，提高科技创新对产业发展的支撑能力。二是强化关键共性技术供给，布局建设一批制造业创新中心，构建开放、协同、高效的共性技术研发平台，跨越基础研究到产业化之间的“死亡之谷”，加快科技成果转化为现实生产力。三是健全以企业为主体的产学研一体化创新机制，探索“揭榜挂帅”等新机制，鼓励企业牵头组建创新联合体，承担重大科技项目和重大工程任务，加快突破关键核心技术。

着力推动先进制造业和现代服务业融合发展。融合是现代产业发展的显著特征和重要趋势，也是推动制造业高质量发展的有效途径。当前，全球产业发展的一个突出特点是专业分工和产业融合并行共进，新一代信息技术与制造业的深度融合推动制造业模式和企业形态根本性变革，全球经济正加速向以融合为特征的数字经济、智能经济转型。2017 年我国数字经济规模达 27.2 万亿元，对国内生产总值的贡献率达 55%。党的十九大报告强调，加快发展先进制造业，推动互联网、大数据、人工智能和实体经济深度融合。要统筹新型基础设施、新型通用技术、新业态新模式和新型监管方式，加快建设 5G、工业互联网等新型智能基础设施，强化大数据、人工智能等新型通用技术的引领带动作用，培育发展网络化协同研发制造、大规模个性化定制、云制造等智能制造新业态新模式，构建友好监管环境，提高先进制造业与现代服务业融合发展水平。

着力加快制造业结构优化升级。优化结构是适应生产要素条件变化、推动制造业高质量发展的关键所在。习近平总书记强调，把经济发展抓好，关键还是转方式、调结构，推动产业结构加快由中低端向中高端迈进。推动制造业结构优化升级，要坚持两手抓，一手抓传统产业改造升级，一手抓新兴产业培育，加快制造业向高端、智能、绿色、服务方向转型升级，推动新旧动能接续转换。要纠正认识偏差，不能把新动能简单理解为就是培育发展新兴产业，运用新技术新业态新模式改造提升传统产业也是新动能。我国制造业中传统产业占比超过 80%，改造提升传统产业具有巨大潜力和市场空间。要坚持深化供给侧结构性改革不动摇，加快处置“僵尸企业”，实施新一轮重大技术改造升级工程，大力培育发展新能源汽车、新材料、人工智能等新兴产业，打造一批世界级先进制造业集群，保持好全球最完整的产业体系，不断提升产业链水平。

着力推进企业优胜劣汰。制造业强，企业必须强。拥有一批世界领先的优质企业，是发达国家的重要标志，也是我国制造业高质量发展的迫切要求。培育优质企业，关键是要按照一视同仁、平等对待的原则，让各类企业在公平竞争中实现优胜劣汰。要强化竞争政策的基础性地位，促进正向激励，营造公平开放透明的市场规则和法治化营商环境。深化国有企业改革，鼓励和支持社会资本参与制造业领域国有企业改制重组，通过改革增强国有企业内生动力和活力。全面落实习近平总书记在民营企业座谈会上提出的6条政策举措，持续优化民营企业发展环境，建立亲清新型政商关系，在市场准入、审批许可、经营运行、招投标、军民融合等方面为民营企业创造公平竞争环境。促进大中小企业融通发展，提升大企业综合竞争力和劳动生产率，培育一批具有国际竞争力的世界一流制造企业；发挥中小企业作用，支持更多"专精特新"中小企业和单项冠军企业成长壮大。

着力健全人才资源支撑体系。人才是推动制造业高质量发展的重要支撑。习近平总书记强调，人才是第一资源。当前，我国制造业人才队伍在总量和结构上都难以适应制造业高质量发展的要求。从总量上看，新兴产业领域、跨学科前沿领域人才缺口大；从结构上看，创新型、高技能等高素质人才占比明显偏低，既懂制造技术又懂信息技术的复合型人才更是紧缺。据统计，目前我国高技能人才占就业人员的比重只有6%左右，而发达国家普遍高于35%。要深化教育改革，推动人才需求缺口较大领域的"新工科"和新型交叉学科建设。深化人才培养方式改革，推进校企合作和产教融合，推广现代学徒制，强化以实践能力为导向的应用型人才培养。大力发展职业教育，支持企业开展技能人才培训，完善技能认证体系，提高技能人才的社会地位和经济待遇，拓展技能人才职业发展通道，弘扬工匠精神，努力培养大国工匠。

着力扩大制造业开放。开放是促进企业提升国际竞争力的必然要求。世界一流企业无一不是在全球激烈竞争中通过优胜劣汰形成的。尽管当前国际上保护主义、单边主义抬头，但经济全球化和产业国际分工协作是不可逆转的大趋势。进一步扩大开放，将为我国制造业开辟出更为广阔的发展空间，让制造业高质量发展的路子走得更快更好。推动制造业高质量发展，必须抓紧落实中央关于进一步扩大对外开放的重大决策部署，全面推行准入前国民待遇加负面清单管理制度，落实船舶、飞机、汽车等行业开放政策，吸引更多的外国企业来中国发展，对内外资企业一视同仁，以高水平开放推动制造业高质量发展。

着力营造有利于制造业高质量发展的良好环境。加快构建制造业高质量发展的指标体系、政策体系、标准体系、统计体系、绩效评价和政绩考核办法，引导各地区各部门在优化制造业高质量发展环境上下功夫。持续深化“放管服”改革，全面放开一般制造业投资项目审批，加快改革工业产品许可证制度，清理行政垄断和地方保护的各种做法和规定，优化环保、消防、税务、市场监管等执法方式，最大限度降低制度性交易成本。深化要素价格、投融资、财税、金融等重点领域体制改革，落实好更大规模减税降费的各项措施。改革完善金融支持机制，健全多层次资本市场，提高直接融资比重，发挥政策性金融、开发性金融和商业性金融的协同作用，加大对先进制造业的融资支持。推动产业政策从差异化、选择性向普惠化、功能性转变，为制造业高质量发展创造良好的政策环境。

（资料来源：《求是》杂志，2019 年 3 月 18 日，苗圩）

机遇前所未有，挑战前所未有，所有关键岗位、重要产业，都要有一份责任感、使命感。在攻关核心技术这条路上，政府、社会、企业、科研工作者，每一个人都需要一份使命意识，以中国改革发展的辉煌成就增强攻坚克难的信心，以实现民族复兴的伟大梦想凝聚团结拼搏的力量。

二、推动产业体系转型升级

推动经济高质量发展，要把重点放在推动产业结构转型升级上，把实体经济做实做强做优，构建多元发展、多极支撑的现代产业新体系。在这种现代产业新体系中，发展实体经济是纲，是目标和导向，任何脱离发展实体经济的资源配置状态都会制约国民经济的良性循环和健康发展，都需要加以纠正；科技创新是实体经济发展的第一驱动力；现代金融不仅是资本密集型产业发展的血液系统，也是科技创新的支撑；人力资源则是构建现代产业新体系的第一资源。

从我国经济发展实际看，传统产业粗放的发展模式已与当前经济社会环境以及人民日益增长的美好生活需要不相适应，必须对其进行改造升级。要认识到，传统产业不一定是落后产业，只要进行科学的改造升级，大都能焕发生机活力。融合同时还是新动能形成的关键词。新旧产业并不是截然分开的，任何一个传统产业都存在被改造的机会，而新动能的形成还要依靠有庞大存量的传统产业，通过新技术、新商业模式升级，创造新增长点。例如传统租车行业经过互联网改造，创新商业模式，就成为共享单车、共享汽车，形成新的增长点。同时应从整体经济发展和满足人民对美好生活的需要出发，既不能超越实际，也不能听之任之。应强化科技创新，使传统产业释放新的活力，推动经济新旧动能加快转换，夯实经济持续健康发展的基础。

落后产能的生产能力低于行业平均水平，污染物排放、能耗、水耗等却高于行业平均水平，必须加快淘汰。只有加快淘汰落后产能，才能降低发展成本，提高发展质量和效益。当前，应继续加快处置“僵尸企业”，鼓励企业兼并重组，为国民经济提质增效、增强创新力和竞争力奠定坚实基础。开展这项工作，需要将推动企业兼并重组、转型升级与妥善安置相关人员统筹协调起来。在优化升级的过程中，企业要量力而行，不能盲目冒进，要注意“软硬兼施”。仅仅引入先进技术，而管理跟不上，对改进生产制造效果不大，要结合精益管理、全面质量管理等软实力，才能提升效率和效益。

供给侧结构性改革虽然总体方向不变，但其任务和要求却在变化和深化。供给侧结构性改革是长期主线，具体任务在不同时期也会有变化，新时代下供给侧结构性改革的内容就有拓展。比如除了坚持去产能、去库存、去杠杆、降成本、补短板之外，党的十九大报告提出，要“加快发展先进制造业”“培育新增长点、形成新动能”“支持传统产业优化升级”等，每一条都为改革发展指明方向。供给侧结构性改革是下一阶段经济增长的重要动力，因为结构调整要产生新的支撑产业，这些产业发展的背后要求中国必须拥有技术话语权，而技术话语权将影响和带动中国相关产业的发展。估计在未来七年左右的时间，可能有三个产业要成为拉动中国经济增长最重要的支柱型产业：战略性新兴产业、服务业、现代制造业。

战略性新兴产业是世界各国产业竞争的重点和焦点。只有加快培育发展战略性新兴产业，才能在世界产业竞争中把握战略制高点和主动权。当前，我国处于经济结构深度调整期，依托互联网技术、信息技术等发展起来的一系列新兴产业，对我国的产业升级和经济发展具有重要引领作用。比如，“互联网 +”发展方兴未艾，由于信息技术的发展，人们的生产和生活效率明显提高。自动化技术解放了许多劳动力，极大地降低了生产成本。以机器学习为基础的人工智能技术提高了许多传统产业的发展水平。从未来 20 年左右时间看，战略性新兴产业主要包括 8 个要点：新能源、新材料、生命生物工程、信息技术和移动互联网、节能环保、新能源汽车、人工智能、高端装备制造。在这方面的一些领域，我们处于世界前列。应进一步巩固优势，并推动互联网、大数据、人工智能同实体经济深度融合，推动制造业加速向数字化、网络化、智能化发展。

当前，服务业在经济发展中的地位日益突出，被称为国家经济发展的“稳定器”和“助推器”。未来的服务业将成为推动中国发展的第二个重要产业。服务以人口为基础，我们的人口接近 14 亿人，更要大力发展。国家统计局数据表明，在国民经济的“三驾马车”中，消费对中国经济增长贡献率达到了 76.2%，消费作为我国经济增长主动力作用进一步巩固，其中重要的原因是服务业在消费中的贡献率大幅上升，第三产业（广义服务业）在 2018 年对 GDP 增长的贡献率达到了 59.7%。未来中国服务业领域将产生许多新的增长贡献和投资贡献。要适应经济发展大趋势，推动制造业和服务业融合发展，推动现代服务业和传统服务业相互促进，加快服务业创新发展和新动能培育。生产性服务业具有专业性强、创新活跃、产业融合度高和带动作用显著的特点，对于增强我国产业竞争力具有重要意义。应将生产性服务业作为发展重点，推动其与其他相关产业深度融合。生活性服务业关系人民群众生活的舒适和便利程度，应适应人民群众对美好生活的需要，提升生活性服务业的品质。放宽服务业准入限制，扩大服务业对外开放，在促进国内服务业供给结构改善的同时，推动服务业“走出去”，在更广阔的空间实现更大的发展。

制造业分传统制造业和现代制造业。凡是生产私人产品的（吃穿用），都被称为传统制造业；生产公共产品的被称为现代制造业。传统制造业给我们的支撑点差不多饱和，但公共产品严重短缺，生产公共产品的现代制造业就逐渐上升为支撑的产业。要大力发展现代制造业，重在五个方面：航空器制造与航天器制造、高铁装备制造、核电装备制造、特高压输电装置、现代船舶和现代海洋装备制造。重点发展这五个方面将会给我们每年增加巨大的GDP总量。

加快发展先进制造业关键在融合。融合是新一轮产业革命最本质的特征，是传统产业优化升级的关键词。传统产业可通过这一过程实现优化升级，最终实现供给体系质量的提升。实体企业引入互联网、大数据、人工智能等新技术进行生产流程、管理模式和商业模式再造是一个大趋势。与互联网、大数据技术融合来企业提升生产的质量和效率，使得智能化生产制造和服务很大程度上能够满足消费者对产品和服务差异化的需求。

目前，传统产业低成本、高消耗的发展模式已难以为继，而且与人民日益增长的美好生活需要不相适应。推动经济高质量发展，必须着力补齐短板、转换动能，加快传统产业转型升级，培育壮大新兴产业。要推进工业化与信息化深度融合，促进产业迈向全球价值链中高端。推进互联网、大数据、人工智能与实体经济深度融合，促进制造业数字化、网络化、智能化，培育更多新增长点。要积极推动互联网、大数据、人工智能和实体经济深度融合。

此外，应从供给侧推动产业结构优化升级，大力化解过剩产能。减少低端和无效供给，降低实体经济成本，为去产能、去库存、去杠杆，为经济发展留出新空间。扩大有效供给和中高端供给，补短板、惠民生，加快发展新技术、新产业、新产品，为经济增长培育新动力。我国钢铁、水泥等部分传统产业供给质量不高、供给与需求不匹配等问题比较突出，“僵尸企业”和落后产能过剩仍然存在。同时，实体经济的资源成本、劳动力成本上升较快，物流成本偏高，削弱了中低端产业的国际竞争力，阻碍了高端产业竞争力提高，增加了经济运行风险。推动高质量发展必须大力破除不适应市场需求、污染严重的低端和无效供给，扩大有效和中高端供给，不断优化产业结构，切实降低实体经济成本，增强经济体系的适应性和灵活性。应把处置“僵尸企业”作为重要抓手，推动化解过剩产能，为增强产业竞争力腾出更多资源。

我国经济下行压力加大，从内因看主要是供给结构与市场需求脱节造成的，即供给不适应需求变化，有效供给不足。推进供给侧结构性改革，就是从生产端入手，推动经济结构调整、产业结构升级，以新供给创造新需求和新经济增长点。在供给侧结构性改革的框架下，经济发展主要依赖于社会总供给结构优化，而社会总供给结构优化以产业结构调整升级为基础。因此，从供给侧推动产业结构调整和优化升级成为现阶段推动经济发展的根本。

近些年，通过产业结构调整和优化升级促进经济可持续发展已经成为共识，得到政府高度重视和政策大力支持，取得明显成效。但与新常态下发展的新要求相比，我国产业结构调整的步伐还不够快，特别是还存在严重的产能过剩问题。产能过剩不仅抑制产业自身的发展升级，还占用大量资源，导致新兴产业和新供给的增长受到严重制约。因此，化解过剩产能成为推动产业转型升级和经济发展的迫切要求，成为供给侧结构性改革的重点任务。针对产能过剩现状，一方面应通过淘汰落后、技术改造提高产业发展水平，提高全要素生产率，改善供给质量，增强有效供给能力；另一方面应通过兼并重组等方式推进产业整合，节约成本及资源，使更多的资金、技术、人力等生产要素投入到优势产业和企业，加快产业结构优化升级。

制造业是国民经济的主体，是推动经济高质量发展的关键和重点。新时代中国经济的高质量发展，对制造业发展提出了新的要求。高质量发展要求激发创新创业活力，推动制造业动力变革。推动制造业动力变革，必须改变主要依靠资源和要素投入支撑发展的路径，走创新驱动发展的道路。要加大制造业创新投入，完善有利于制造业创新发展的政策环境。加强人才队伍建设，培育企业家精神，大力弘扬工匠精神，支撑引领制造业创新发展。

市场机制的根本作用是提高资源配置效率。推动制造业效率变革，要进一步深化要素市场改革，发挥市场在资源配置中的决定性作用，引导生产要素向高效率的制造业部门、环节集聚。要进一步深化金融改革，遏制金融界“脱实向虚”倾向，增强金融服务实体经济的能力。坚持国际化发展，充分利用两种资源、两个市场，更大范围、更高层次参与国际合作，提高开放型经济发展水平。

制造业供给体系质量决定了制造业的发展质量。要调整优化制造业结构，改造提升传统产业，培育发展新兴产业。当前，传统产业占制造业比重依然较高，其发展质量在一定程度上决定了制造业发展质量，必须加快用先进适用技术，特别是信息通信技术改造提升传统产业。同时，这也是发展新兴产业，培育新动能的需要。从技术发展、产业形成规律看，大部分新兴产业正是在传统产业基础上孕育成长起来的。大力发展创新设计、科技研发等生产性服务业，推动制造业向产业价值链高端跃升。适应消费升级需要，全面提高产品质量、服务质量，注重品牌建设，提升品质层次，使高品质成为新时代中国制造的标签。

三、切实保障产业体系升级

强化科技创新驱动，增强金融服务实体经济能力。当前，金融过度发展影响了制造业健康发展，大量资金在金融体系内部空转，并未进入实体经济。同时，实体经济自身产能过剩、杠杆率高、生产率低，不能给投资者带来满意的回报，因而吸收不到足够的发展资源。针对这些问题，应继续在实体经济领域去产能、去库存、去杠杆、降成本、补短板，减轻企业负担，不断增强实体经济的生机和活力，为围绕服务实体经济、发展现代金融创造良好条件。还应看到，我国经济运行中优质资产供给不足的问题比较突出，有限的优质资产供给不能满足居民的巨大理财需求，资产价格因此被拉高，这也在一定程度上恶化了实体经济发展环境。追求财富增值是人民群众收入水平提高后的重要需求。应积极推进金融创新，扩大有效投资，为社会提供更多可供投资理财的优质资产。

实施有利于产业转型升级的财税政策，落实金融支持实体经济的政策措施。经过长期努力，我国科技发展成就显著，金融服务实体经济的能力不断提升。但目前科技源头创新短缺、科技成果转化渠道不畅和资金“脱实向虚”问题依然突出。推动高质量发展，需要着力补齐科技创新短板，充分发挥金融在经济发展中的“乘数效应”。一方面，加强国家创新体系建设。建立以企业为主体、市场为导向、产学研用深度融合的技术创新体系，倡导创新文化，强化知识产权保护，支持大众创业、万众创新，使科技创新成为产业升级的持续驱动力。另一方面，大力增强金融服务实体经济能力。进一步深化金融体制改革，促进金融回归实体经济本源，大力支持世界级先进制造业集群和世界一流企业发展，实现金融和实体经济良性循环。

依靠科技创新驱动推动产业结构优化升级。一般而言，产业升级包括产业间升级，即不同产业的替代过程；也包括产业内升级，即同一产业的进步过程。二者都离不开科技创新的支持。实践证明，正是一大批引领性、颠覆性新技术、新工具、新材料的涌现，有力推动了新经济成长和传统产业升级。而且产业形态越高端，生产组织管理形式越复杂，对科技进步的依赖程度就越高，以至于科技创新与产业变革的深度融合已成为当今时代经济发展最突出的特征之一。因此，党的十八大作出了实施创新驱动发展战略的重大部署，强调科技创新是提高社会生产力和综合国力的战略支撑。加快实施创新驱动发展战略，有助于最大限度激发创业创新的潜能，引领和支持创新要素向产业集聚，促进产业结构优化升级，推动产业迈向中高端水平，增强经济发展的内生动力和活力。

加快发展先进制造业，牢牢抓住新一轮科技革命和产业变革的历史机遇，加快发展新材料、生物医药、电子信息、5G、节能环保等新兴产业，推动互联网、大数据、人工智能和制造业深度融合，大力培育新动能。加快传统产业优化升级，运用市场机制和经济手段去除无效低端产能，实施新一轮制造业重大技术改造升级工程，加快制造业数字化、网络化、智能化改造，大幅提高劳动生产率和附加值，全面提升制造业全产业链竞争能力。

同时，处理好实体经济与科技创新的关系，使科技创新在实体经济发展中的贡献率不断提高。目前，我国科技研究方面与世界先进水平的差距要小于实体产业方面与世界先进水平的差距。这一方面说明我国科技进步较快，另一方面也反映出科研成果产业化水平还不够高。科研成果产业化水平不高是个老问题，解决的办法是引导科技创新按照市场规律服务于实体经济。在科研投入生成科研成果的阶段，重在鼓励科研的原创性和独特性；在把科研成果转化成生产要素投入的阶段，重在鼓励科研成果高效产业化。否则，经济的自我循环过程就会发生梗阻，就会出现实体经济与科技创新之间的严重不平衡。

完善制造业创新体系，围绕产业链部署创新链，围绕创新链匹配资金链，充分调动各方面积极性，加快形成以企业为主体、市场为导向、产学研深度融合协同的技术创新体系。实施国家制造业创新中心建设工程，聚焦重大基础共性技术需求，建成一批高水平制造业创新中心。加强应用基础研究，拓展实施国家重大科技项目，加大关键核心技术攻关和成果转化力度，培育一批创新型领军企业。加强工业基础能力建设，实施强基工程，突破重点领域发展的基础瓶颈。

全面实施人才强国战略，围绕产业发展的重点领域，创新人才培养引进方式，完善人才激励机制，加强人才队伍建设，为产业高质量发展提供人才和智力支持。不断优化人力资源支撑实体经济发展的作用。为此，要努力提高实体经济的盈利能力，为吸引年轻人到实体经济领域就业创造有利的物质条件。技术工人关系我国制造业的未来，应大幅度提高技术工人的待遇，提高他们的社会地位和经济地位。可以通过探索实施首席技工制度、实行技术工人持有企业股份等，让技术工人和企业共命运、同成长。同时，激发和保护企业家精神，培养造就一大批具有国际水平的人才和创新团队，培育知识型、技能型、创新型劳动者大军。

推进体制机制创新，破除制度性障碍，营造有利于产业转型升级发展的良好环境。进一步深化“放管服”改革，最大限度降低制度性交易成本，推进行政许可标准化，对新技术新业态采取鼓励创新、包容审慎的监管模式。推动经济高质量发展，要全面推进体制机制创新，处理好市场“看不见的手”和政府“看得见的手”之间的关系，充分发挥市场在资源配置中的决定性作用，更好发挥政府作用。一方面，继续深入推进“放管服”改革，减少政府对经济活动的直接干预，切实降低制度性交易成本，充分激发企业的活力和创造力；加强和完善政府经济调节、市场监管、社会管理、公共服务、生态环境保护职能，营造良好发展环境。另一方面，深化市场体制改革，建设统一开放、竞争有序的市场体系，实现市场准入畅通、市场开放有序、市场竞争充分、市场秩序规范，加快形成企业自主经营公平竞争、消费者自由选择自主消费、商品和要素自由流动平等交换的现代市场体系。

加强产业质量品牌建设，积极推进质量治理制度化，完善支持产业质量品牌政策及相关法律法规，健全多部门协同推进的质量监督、质量诚信与追溯体系建设。瞄准国际先进水平，完善质量标准体系。开展质量提升行动，推进消费品工业增品种、提品质、创品牌。加快建设质量品牌专业化公共服务平台，建立一批质量检测示范中心，打造一批高水平的工业产品质量控制和技术评价实验室，为产业质量升级提供有力支撑。

四、进军国际高端产业链

2010 年以来，我国稳居全球制造业第一大国，近几年规模体量上的优势还在扩大，但是，从品种、品质、品牌上看，我们的产品离全球中高端还有不小差距。从全球产业链角度看，近年来，在产业链前端的产品研发、工业设计、高端研发装备、高端生产装备、新材料、核心关键零部件、工业自动化软件等领域虽已取得了突破，特别是手机芯片、高性能计算、高端显示等，但从整体看与世界先进水平的差距还很大，许多仍然依赖进口。要迈向全球产业链的中高端，共性技术、关键技术和系统集成能力要逐步提升，尤其是要在核心技术上有大的突破和进步，最后是要拥有标准的制定权，这些都是中国制造进入国际市场非常重要的方面。此外，在品牌塑造、全球市场拓展、培育世界级跨国企业等方面，我们也依然任重道远。

党的十九大报告对产业升级提出了更高要求，促进我国产业迈向全球价值链中高端，培育若干世界级先进制造业集群。推动传统产业优化升级，培育新的增长点，政府部门的监管也要跟着优化升级，要提升管理水平，更多地进行“包容性监管”。一方面，要严格管理，保护知识产权，维护公平竞争，严厉打击垄断行为，防止“大树底下不长草”。另一方面，要呵护新动能的萌发。在引导发展新事物的发展过程中规范其发展，并进行合理的政策扶持。不能一棒子打死，也不能放任自流，这要求新时代的政府不断学习新技术、新商业模式，让监管手段不落后于市场的发展。同时，进一步提升制造业开放水平，为外商提供更多更好的投资机会。进一步加强本国制造业与全球制造业的对接合作。扎实推进“一带一路”沿线国家合作，在制造业领域共同探讨符合各国国情的合作模式，共建创新合作之路。

中国虽已成为世界第一大贸易国，但是，根据经济合作与发展组织（OECD）的测算，我国出口产品的国内附加值比重约为68%，在世界主要经济体中处于中等偏低水平。这反映了我国还处在全球价值链的中低端，在创新等方面和发达国家还有一定差距。比如苹果手机、平板电脑很多是在中国总装集成的，但高价值的零部件却是国外生产的。从国际上看，新一轮科技革命正在孕育兴起，科学技术对产业升级和经济发展的驱动作用越来越强。我国产业升级必须抓住全球新一轮科技革命和产业变革机遇，重视发挥科技创新的支撑和引领作用，高起点培育和发展以节能环保、新一代信息技术、生物技术、高端装备制造、新能源、新材料、新能源汽车等为代表的新兴产业。应围绕这些重点领域培育一批具有“三高”（产品档次高、科技含量高、市场占有率高）特点和长远发展潜力的骨干企业，通过这些骨干企业的品牌效应和带动作用，促进我国产业整体转型升级。发挥科技创新的支撑和引领作用，还应大力发展现代服务业。与传统服务业相比，现代服务业主要是依托信息技术和现代管理理念发展起来的，具有知识技术密集的特点。在研发设计、流程优化、市场营销、物流配送、节能降耗等方面，现代服务业特别是科技服务业和生产性服务业能够为战略性新兴产业发展提供必要支撑，有力推动产业结构优化升级。

第三节　增强高质量的现代金融经济体系

一、金融高质量发展是新时代内在要求

金融安全关乎国家根本利益，是国家安全的重要组成部分，也是经济平稳健康发展的重要基础和前提。当前，我国经济发展进入新常态，金融改革与金融创新进程不断加快、金融业对外开放程度不断加深，维护并保障金融安全的重要性和紧迫性日益凸显。现阶段，我国经济运行稳中有变、变中有忧，外部环境复杂严峻，经济面临下行压力。受这些因素影响，不少民营、小微企业融资难、融资贵问题加剧，实体经济发展迫切需要金融业更多支持。只有进一步深化金融体制改革，调整优化金融体系结构，推动金融机构转型升级，才能打破当前企业的融资困境，促进金融部门和实体经济实现良性循环。

党的十九大报告明确提出，“贯彻新发展理念，建设现代化经济体系”。这是我国经济从高速增长转向高质量发展阶段的内在要求，是我国转变发展方式、优化经济结构、转换增长动力的迫切需要。同时，十九大报告还提出了“现代金融”的概念，指出要“着力加快建设实体经济、科技创新、现代金融、人力资源协同发展的产业体系”。这与“现代化经济体系”首尾连贯、前后照应，实际上强调了金融是整个国民经济的一部分，与实体经济紧密联系、互相支撑，二者不是孤立的、分割的。现代金融体系的根本目的是服务实体经济，在我国经济发展的新时代，现代金融体系只有在为实体经济服务中才能实现自身的持续健康发展。因此，党的十九大报告所强调的“增强金融服务实体经济能力”，既是金融

发展的根本目的，也是防范金融风险的根本举措，更是对金融体系发展偏离服务实体经济这一本质的及时控制和有效纠正。

金融是国家重要的核心竞争力，金融安全是国家安全的重要组成部分，金融制度是经济社会发展中重要的基础性制度。“金融活，经济活；金融稳，经济稳。经济兴，金融兴；经济强，金融强。”阐述经济与金融的关系，习近平总书记言简意赅。他还进一步以生命体为喻，经济是肌体，金融是血脉，两者共生共荣。此外，还需深化对金融本质和规律的认识，立足中国实际，走出中国特色金融发展之路。

改革开放以来，我国金融业发展取得了历史性成就。特别是党的十八大以来，我们有序推进金融改革发展、治理金融风险，金融业保持快速发展，金融改革开放有序推进，金融产品日益丰富，金融服务普惠性增强，金融监管得到加强和改进。在金融领域，我国始终高度重视金融工作和金融安全，金融业发展取得举世瞩目的成就，主要表现在：金融体系不断健全，金融市场日益完善，金融机构实力显著增强，金融监管和金融调控更加有效，金融服务实体经济能力不断提高；作为资源配置和宏观调控的重要工具，金融已经成为推动我国经济社会持续健康发展的重要力量。我国坚持稳中求进工作总基调，统筹稳增长、促改革、调结构、惠民生、防风险各项工作，出台了一系列既有利于维护金融安全又有利于促进经济结构调整和经济发展方式转变的政策举措，金融产品更加丰富，金融服务的普惠性进一步提高，金融双向开放和人民币国际化取得积极进展，守住不发生系统性金融风险底线的能力进一步增强。综合判断，我国已经成为重要的世界金融大国。

2019 年 2 月 22 日，习近平总书记在主持中共中央政治局第十三次集体学习时发表了重要讲话。讲话从全局高度科学分析金融工作面临的形势与任务，就深化金融供给侧结构性改革、防范化解金融风险、深化金融改革开放等方面，对当前和今后一个时期的工作作出重要部署。首次提出深化金融供给侧结构性改革必须贯彻落实新发展理念，强化金融服务功能，找准金融服务重点，以服务实体经济、服务人民生活为本。

在过去追求经济高速增长时，金融体系的定位是以为传统经济动员资金为主，这也直接造成了以银行主导金融资源的间接融资占据绝对上风，间接融资主导体系与经济转向高质量发展的矛盾日益凸显。为了实现经济高质量增长，金融体系势必将迎来深刻变革以适应服务经济高质量发展的需要。

二、民营经济助推高质量发展

金融是实体经济的血脉。要把支持民营经济高质量发展作为履行金融服务实体经济的重要内容。民营经济是我国实体经济的重要组成部分。据统计，我国非公经济占 GDP 比重超过 60%，税收比重超过 50%，新增就业比重超过 90%，离开民营经济谈金融服务实体经济也就失去了应有之义。我国正在努力建设现代化经济体系，国有资本、民营资本、外国资本等在经济发展过程中已通过交叉持股、产业链协作等形式，形成了混合所有制经济，落实金融服务实体经济过程也不允许、不可能剥离出民营经济。金融机构应形成大力支持民营经济的广泛共识。但据不完全统计，在银行业贷款余额中，民营企业贷款只占 25%，金融支持力度与民营经济对国民经济的贡献率严重不匹配。正因此，习近平总书记强调，要不断为民营经济营造更好发展环境，帮助民营经济解决发展中的困难，并强调解决民营企业融资难融资贵问题。

我国民营经济已经发展壮大、充满活力，经营管理水平得到明显提升，虽然其在经济转型期也暴露出盲目扩张、低水平竞争等问题，面临较大挑战，但这也正是我国金融机构，特别是银行机构，充分发挥金融风险识别、度量、预测和管理的经验与优势，通过深入挖掘民营经济高质量发展部分，获得更高收益补偿的机遇。21 世纪以来，我国国有商业银行机构改革成功实现剥离、股改、上市，银行业经营较为稳健、资本允足率较高、风控体系较为完善，服务平台更加多元化，具备更多金融资源支持民营经济高质量发展。从长期来看，服务好民营经济也有助于进一步提高我国金融机构效率，持续提升盈利能力，实现金融机构与民营经济共赢发展。要把支持民营经济高质量发展作为赚取金融利润的长期重要增长源泉。

链接

加快发展绿色金融助推高质量发展

发展绿色金融，是实现绿色发展的重要措施，也是我国供给侧结构性改革的重要内容。党的十八大以来，以习近平同志为核心的党中央高度重视绿色发展，多次强调要“利用绿色信贷、绿色债券、绿色股票指数和相关产品、绿色发展基金、绿色保险、碳金融等金融工具和相关政策为绿色发展服务”。

2019 年《政府工作报告》指出，2018 年“生态文明建设成效显著”“经济结构不断优化”“质量和效益继续提升”。近年来，我国通过对绿色金融基础设施的建设、发展和优化，坚持以市场化为主推动经济发展质量持续提升。我国绿色金融的发展经验，可以总结为如下方面。

在银行信贷方面，作为中国社会融资最主要的类型，绿色贷款在绿色融资中占据主导地位。根据相关披露数据，中国 21 家主要银行绿色贷款余额从 2013 年年末的 5.20 万亿元人民币稳定增长至 2018 年年末的 8.23 万亿元人民币，年复合增长率达到 9.62%；2018 年绿色贷款比同期企业及其他单位贷款增速高 6.1 个百分点；绿色贷款增量占同期企业及其他单位贷款增量的 14.2%。从不同用途来看，2018 年年末，绿色交通运输项目和可再生能源及清洁能源项目贷款余额分别为 3.83 万亿元和 2.07 万亿元，同比分别增长 18.1% 和 12.7%，全年分别增加 5858 亿元和 2337 亿元。从不同行业看，交通运输、仓储和邮政业绿色贷款余额 3.66 万亿元，同比增长 19.4%，全年增加 5954 亿元；电力、热力、燃气及水生产和供应业绿色贷款余额 2.61 万亿元，同比增长 12.5%，全年增加 2892 亿元。

在债券方面，自 2016 年启动以来，绿色债券市场发展势头强劲。根据《2018 中国绿色债券市场报告》，2018 年，中国发行人在境内和境外市场共发行了2826亿元人民币（428亿美元）绿色债券，同比增长12%，占全球18%。三年间，我国境内绿色债券存量规模已经接近6000亿元，规模也位居世界前列。

在金融改革方面，五省（区）开展的地方绿色金融改革创新试验区建设初见成效。2017年6月，浙江、广东、贵州、江西、新疆五省（区）部分地区设立绿色金融改革创新试验区。这标志着我国绿色金融迈入了“自上而下”的顶层设计和“自下而上”的区域探索相互推动、相辅相成的发展新阶段。近两年来，推进绿色金融改革创新试点的体制机制基本建立，先后组建了省、市、区多层级的绿色金融工作领导小组；市场化机制不断激发绿色金融创新内生活力，引导社会资本积极参与绿色项目投资；绿色金融基础设施建设初见成效，绿色信用体系建设有效推进，相关绿色信用信息共享水平提升，开展了绿色项目库及配套融资对接平台建设。

在国际合作方面，绿色金融逐步融入“一带一路”建设，中国绿色金融的国际话语权和引领力显著提升。在“一带一路”推进中，中国主动运用绿色金融引导金融资源投向绿色产业，控制并减少污染型投资。2018年11月，中国金融学会绿色金融专业委员会与伦敦金融城绿色金融倡议共同发布《“一带一路”绿色投资原则》。该原则在现有责任投资倡议的基础上，将低碳和可持续发展议题纳入“一带一路”建设，致力于强化对投资项目的环境和社会风险管理，推动“一带一路”投资的绿色化。2017年年底，法国、中国、英国等8个国家的央行和金融监管机构共同发起成立了央行与监管机构绿色金融网络，截至2018年，该网络已经扩展到19个国家的央行和监管机构。

当前加快发展绿色金融，可以从试验区发展、标准体系建设、绿色金融专项统计、信息披露等四个方面重点开展工作。

一是以促进绿色金融可推广可复制、可持续发展为目标，推动试验区向纵深发展。利用试验区先行先试的制度优势和现有的良好基础，发展以排污权为代表的环境权益抵质押市场渠道，推行以碳交易为特色的创新型融资模式；强化绿色信用体系建设，明确市场准入，引导各种类型的社会资金进入绿色金融市场，切实降低绿色融资成本。

二是规范发展绿色金融标准体系。《绿色产业指导目录（2019年版）》已由多部委联合印发，进一步厘清了产业边界，有助于把政策和资金聚焦到对推动绿色发展最重要、最关键、最紧迫的产业上。这将逐步推动绿色金融市场相关机构统一关于绿色金融的监管、认证标准，形成更为规范、统一的市场标识和交易。特别是《绿色产业指导目录（2019年版）》根据国情，继续把“煤炭清洁生产和利用”纳入绿色产业的支持范围，既考虑了煤炭作为我国主要的一次能源地位的情况，又对其绿色化发展给予支持。同时，中国绿色金融标准体系建设，有助于同国际相关机构互相借鉴学习，推动全球资源高效利用以及经济可持续发展。

三是完善绿色金融专项统计，形成全领域、全流程、全覆盖的统计体系。绿色金融专项统计要从贷款、债券、基金、证券、保险等不同工具进一步向项目资产质量和环境效益等关键数据倾斜，制定科学合理的统计标准，为发展绿色经济、防范化解绿色金融风险提供数据支撑。

四是强化信息披露，加强绿色金融发展的透明度。建立健全统一的环境信息披露标准，探索建立绿色金融全链条的环境信息披露机制，便利投资者和金融机构有效识别绿色项目和融资主体并对绿色项目进行合理定价，从而吸引更多的社会资金投入绿色项目。

（资料来源：《光明日报》，2019年6月24日，王文、曹明弟）

科技创新是企业增强核心竞争力、实现高质量发展的最大动力。改革开放以来，我国民营经济已经成为推动社会主义市场经济发展的重要力量和技术创新的重要主体，贡献了70%以上的技术创新成果。但也要看到，很多民营企业科技创新意识还不强，对科技创新的投入较少，面临转型升级困难。民营经济实现高质量发展，必须进一步树立科技创新意识、加大科技创新力度。由于一些民营企业自身风险防控、公司治理、人才储备较为薄弱，在当前较为复杂严峻的经济金融形势下推进科技创新的难度很大，迫切需要金融及时介入、提供支持。

历经数十年改革发展，我国以银行机构为主导的金融体系日臻完善。工农中建交等大型银行，占据银行体系半壁江山，是金融体系的主要组成部分。这些银行机构已成为国有绝对控股的上市公司，但均脱胎于国有商业银行，天然具有侧重服务国有企业的倾向。为有效激励银行等金融机构支持民营经济，一方面，金融监管部门应加强相关配套制度的建设与完善，例如，对民营经济不良信贷业务问责应与国有企业一视同仁，确保尽职免责，对银行等金融机构支持民营经济创新金融产品与服务给予监管激励；另一方面，银行等金融机构自身也应主动加强民营经济金融服务研究，不断优化内部业务管理、授信政策、资源配置等，通过强化内部制度建设，激励基层机构服务民营经济效率，提升服务民营经济内生动力。要把金融监管与管理制度完善作为支持民营经济的重要保障。

民营经济不稳，很难实现中央提出的“稳就业、稳金融、稳外贸、稳外资、稳投资、稳预期”总体目标。在长短期因素、内外部因素以及民营经济自身特点叠加的情况下，我国民营经济发展遇到了周期性、暂时性的困难与挑战，我国金融机构应高度重视民营企业遇到的金融问题，积极调整业务策略，找准切入点，主动、充分满足民营经济转型发展过程中产生的内在合理金融需求，大力支持民营经济高质量转型发展，大力发展消费金融、绿色金融、科技金融、普惠金融，助力民营经济扩大市场空间、实现绿色发展、加快技术创新、提高融资可得性，努力满足民营企业多样化金融需求。

切实改善对民营企业的金融服务，金融机构需要更主动的变革。目前，大体有两方面的问题所在。一是国有大型商业银行和保险公司要着力完善公司治理。一些金融机构自身存在治理乱象，是服务实体经济不到位的重要根源。原保监会曾归纳总结保险行业存在“八大乱象”：虚假出资，资本不实；公司治理乱象；资金运用乱象，违规投资、激进投资；产品创新不规范，炒作概念和制造噱头，产品设计偏离保险本源，保障功能弱化；销售误导，销售管理行为违规；理赔难；违规套取费用；数据造假。金融行业乱象扰乱了市场正常秩序，相关风险逐渐暴露，并可能出现跨市场跨区域传染，值得各方警醒和反思。对此，监管机构一方面要加大对违法违规行为的惩治力度，另一方面要通过推动银行和保险业完善公司治理，持续健全法人治理结构，将其作为打好防控金融风险攻坚战的重要抓手，加快探索具有中国特色的现代金融企业制度，不断提高公司治理的有效性。二是完善金融基础设施，加快建设大数据平台。随着互联网技术发展日新月异，传统的金融基础设施已不能满足金融机构发展和行业监管的实际需要。金融运行效率低下，会推高金融系统自身的融资成本，导致民营企业融资贵和实体经济产出下降。监管机构和相关部门要携手共同构建高效安全的金融基础设施体系，包括交易系统、信息系统、支付清算系统、登记托管系统、征信评级系统、会计审计等。同时，要借助金融科技的力量，充分利用大数据、云计算、人工智能技术，加快大数据平台建设，提升资源配置效率和金融风险防控能力。

近年来，消费对经济增长的贡献率明显提升。2018 年上半年，我国最终消费支出对 GDP 增长的贡献率已提高到 78.5%。这为民营经济发展提供了广阔市场空间。同时，消费结构升级、消费观念转变等也会倒逼企业改善供给、转型发展，助推民营经济转入高质量发展轨道。发挥好消费对经济增长和民营经济高质量发展的引擎作用，一个重要环节就是发展消费金融，用金融活水化解供需矛盾，打破消费市场的时间、空间壁垒，进一步扩大市场空间。

民营企业在发展经济的同时，也不能忽略环保问题的存在。在当今资源环境约束日益趋紧的现实背景下，企业必须增加环保投入以降低对环境的不良影响。在这种条件下，众多企业能够实现转型升级，也有部分企业不得不退出市场。这既是贯彻新发展理念、推动绿色发展在微观市场层面的表现，也是我国经济发展阶段转换、经济发展方式转变下市场自然出清的结果。绿色发展是大势所趋。民营经济应深入贯彻新发展理念，积极适应高质量发展要求，加快转变发展方式，在绿色发展中寻找商机、提高发展质量与效益。

三、保障金融安全，推动金融高质量发展行稳致远

我国实体经济已进入新的发展阶段，正在从过去重规模、重速度的粗放发展

向更高质量、更高效率的发展模式转变，金融业要积极适应发展要求，进一步调整优化相关体系结构，把更多金融资源配置到经济社会发展的重点领域和薄弱环节，守住风险底线，为经济社会持续健康稳定发展助力。维护金融安全，要准确把握我国当下的金融形势，客观研判面临的金融风险，树立正确的金融安全理念。

影响金融安全的主要因素包括：金融机构以及企业和居民的风险承受能力、金融机构对风险的管理能力、资产负债表内及表外头寸的变动情况、国内外宏观经济发展环境、国际资本流动等。针对这些因素梳理排查每个风险点的成因、机理、传染渠道及冲击强度，能够有效降低信息不对称的程度，有助于完善金融风险预警体系。其中的关键在于，要将覆盖各领域的风险指标都纳入预警指标集。这些指标主要包括：以金融机构资本充足率、企业与居民资产负债率为代表的风险承担类指标，以股指波动率、债市收益率为代表的风险定价类指标，以汇率波动率、通货膨胀率、经济增长率为代表的经济环境类指标，以金融机构相互持有资产份额为代表的风险关联度指标，以最大敞口占全部资产之比为代表的风险集中度指标等。

为了让各个金融部门切实负起责任，形成全国一盘棋的金融风险防控格局，有必要开发覆盖金融体系各个部门、各个区域、各个时间频度的金融压力指数，实时监测我国金融运行的压力状况。具体而言，应将反映银行业、银行间市场、债券市场、股票市场、期货市场、外汇市场等压力水平的指标进行整合，形成金融压力指数，量化显示金融体系的动态变化，准确反映不同部门、不同区域以及整个金融体系所承受的总体压力水平。对于金融压力指数及其长期发展趋势的分析，有助于识别我国金融体系潜在的系统性风险。金融业务的开展涉及密集而又复杂的契约安排，在金融活动中经常出现信息不对称和道德风险问题。如果缺少维护履行契约的良好环境，金融风险就会大大增加。金融安全基础设施的功能就是确保契约的正确履行。具体来说，应继续完善会计审计制度，打造金融安全的制度基础；加快推进金融信息化建设，争取在诸如国际投资银行、国际清算与结算系统、国际信用评级等重要环节掌握规则制定权和话语权；完善金融安全法律框架，加快推进防范金融风险的立法，完善有关资本配置的法律制度；形成金融业的综合统计与分析框架，实现金融信息的共享与金融基础设施的互联互通。

防范金融风险既要守住源头，又要加强监管的分工合作与统筹协调。此次全国金融工作会议提出设立国务院金融稳定发展委员会，这有助于解决我国金融监管中的空白和冲突问题。在此基础上，应强化中国人民银行宏观审慎管理和系统性风险防范职责，进一步明确各监管机构的监管职责；在金融管理部门培育形成恪尽职守、敢于监管、精于监管、严格问责的监管精神；在机构监管的基础上，更加突出功能监管和行为监管，有效防范监管套利行为，实现审慎目标与效率目标的统一；地方政府也要在坚持金融管理主要是中央事权的前提下，按照中央统一规则开展工作，强化属地风险处置责任。

在这个过程中，首要的便是完善紧急应对方案。实践表明，当发生金融危机预警时，应对方案越明晰，信贷收缩量及投资活动所遭受的破坏就越小。因此，应建立快速、灵活、有效的金融安全操作规程和快速反应机制，积极拓展货币政策工具和宏观审慎工具。当金融机构陷入困境特别是流动性困境并威胁金融安全时，可适时调整和改变货币政策工具的使用频率、期限、交易对象、交易条件，并配合财政政策工具和金融市场工具，建立良好的风险隔离机制，确保流动性基本稳定。其次，妥善处置问题金融机构。问题金融机构的负外部性较强，对金融安全的影响较大。应明确监管机构对问题金融机构的处置权限和程序，严格规定处置程序启动条件，不断优化损失估计方法，做到处置有序，以降低债权人损失，减轻对金融体系的冲击。同时，要充分发挥市场机制在问题金融机构处置中的积极作用，只有在市场失灵或对市场冲击过大时才辅以必要的行政手段，确保稳定金融市场预期、促进市场机制完善、提升金融体系效率。

经济的过度金融化只能带来一时繁荣，但难以持续。金融只有通过服务实体经济，在服务中创造价值和获取合理利润，才能实现经济与金融的良性循环、健康发展。因此，金融部门要贯彻创新、协调、绿色、开放、共享的新发展理念，落实供给侧结构性改革任务，以助力创新创业、结构升级、动能转换为着眼点，推动实体经济高质高效发展。

四、金融高质量发展的问题与对策

随着经济发展阶段的转变，单靠金融总量的扩张已无法满足实体经济多层次、多元化、多类型的金融需求，难以适应经济可持续发展的要求，而且总量过度扩张还会导致经济结构不平衡加剧、催生经济金融泡沫等问题。因此，有必要推进金融业供给侧结构性改革，减少无效、低效金融供给，增加有效、高效金融供给，改善金融结构，提升金融资源配置效率，提高金融供给满足实体经济金融需求的能力，防控系统性金融风险，促进经济金融持续健康发展。具体任务应包括五个方面：稳总量、调结构、防空转、控风险、补基础。

（一）控制货币总量

从过去几年情况看，受经济下行压力较大、金融市场出现较大波动等多种因素影响，部分时段的货币政策在实施上可能是稳健略偏宽松的。在结构调整期和结构性矛盾较为突出的环境下，稳健中性的货币政策，既要支持实体经济的有效资金需求，防止总需求出现短期过快下滑，也要避免过度放水，推升债务和杠杆水平，固化结构扭曲，其重点在于为结构调整和转型升级营造中性适度的货币金融环境，为结构性改革拓展时间和空间。当前在实体经济供给侧结构性改革取得进展的情况下，货币政策更有条件，也更有必要切实回归稳健中性。

（二）疏通货币政策的传导机制

尽管我国对存贷款利率上下限管制已经放开，但市场化的利率形成机制仍在健全之中。债券市场对货币市场利率的变动较为敏感，而信贷市场对货币市场利率的反应较为迟缓。2018 年在诸多内外部因素共振影响下，银行间本币市场的走势颇受市场各方关注。来自中国外汇交易中心的数据显示，2018 年银行间市场流动性合理充裕，货币市场利率中枢整体下行；债券市场成交量同比大增，不同信用等级债券收益率走势分化；利率互换市场成交量同比大增，利率互换曲线上半年逐步下行，三季度在低位振荡回调后四季度继续向下，曲线平坦化。但是有融资选择权的市场主体往往是国有企业、大型企业等信用等级较高的企业，这些企业转向信贷融资后，在一定程度上会对小微企业、民营企业贷款产生“挤出效应”。所以，为了推进金融高质量发展，需要按照“放得开，形得成，调得了”的要求，进一步推进利率市场化改革，健全市场化的利率形成机制，增强央行利率调控能力，疏通央行政策利率向金融市场、金融机构定价及实体经济的传导机制。

（三）限制资金在金融体系内部空转

金融机构通过大量的同业负债，甚至相互发行和购买信托、理财产品等方式借入资金，维系资金端和资产端的期限错配进行套利，杠杆倍数较高，潜在风险不容忽视。所以一方面需要加强宏观审慎监管，加强和改善宏观审慎管理，组织实施好宏观审慎评估，将表外理财业务纳入宏观审慎评估，并逐步探索将更多金融活动和金融市场纳入宏观审慎管理。另一方面还需要加强微观审慎监管，对于复杂跨界业务进行“穿透式”监管，透过表象看清业务实质，以业务属性确定监管要求和监管职责分工，实现监管的全覆盖，不留空白和套利空间。

（四）优化金融结构

首先，推动实体经济结构性改革促进金融结构的优化，加快过剩产能、落后低效企业特别是“僵尸企业”的退出，改善挤占金融资源、扭曲市场信号的问题。其次，调整金融体系的结构，一些高风险金融机构占用了大量流动性资源，不能为实体经济提供有效金融供给，应当实施市场化退出。再次，调整融资结构，促进直接融资的发展，推动多层次资本市场建设，改变股票市场的“倒三角”结构，丰富债券市场产品和层次。最后，调整信贷结构，发挥好信贷政策支持再贷款、再贴现和抵押补充贷款等的作用，强化窗口指导和信贷指引，完善对金融机构的考核导向，引导银行业金融机构进一步加大对新型城镇化、战略性新兴产业、“三农”等重点领域和薄弱环节的支持力度，严格限制信贷流向投资投机性购房。

（五）推动金融科技高质量发展

大数据、云计算、区块链以及人工智能等现代科技手段不断融入金融领域，通过“金融＋科技”的深层次融合，形成不依附于传统金融机构与体系的金融科技，已成为金融业的发展趋势。金融科技通过改造提升传统金融服务与产品、开辟新的产品和服务领域，已在支付清算、借贷融资、财富管理、零售银行、保险等诸多金融领域得到应用，为实体经济提供更丰富的金融服务产品。通过发展数字普惠金融增加金融服务的覆盖面、可获得性和便利度，提高服务效率和精准度，使金融朝着个性化、多元化、产品服务精细化等方向发展。

补齐金融基础设施短板。加强社会信用体系建设，扩大征信系统的覆盖面和信用信息的采集面，强化跨部门信用信息数据库建设，提升征信系统的完整性、准确性和及时性，支持数据共享，缓解信息不对称问题；稳步推进试点工作，完善央行内部评级；健全金融综合统计和分析制度，加强对资管业务、交叉性金融产品、创新性金融产品的统计监测，建立对各类新型融资的综合统计，探索强化对资金流向的有效监测；加强股权、专利权、商标权等权利价值的评估、登记、交易体系建设，为开展相关融资提供基础支持；完善金融消费权益保护机制，加强金融消费者教育；加强会计体系和法律体系建设。

我国金融领域总体风险可控，但一些长期积累的隐患应引起高度警惕。维护金融稳定与安全，打好防范化解重大风险攻坚战。我们既要提高“硬件”能力，加快金融市场基础设施建设，健全及时反映风险波动的信息系统；又要加强“软件”建设，完善监管协调机制，补齐监管短板。

金融要回归本源，为实体经济服务是我国金融业的天职，也是防范化解金融风险的根本性举措。习近平总书记强调，金融是国家重要的核心竞争力，金融安全是国家安全的重要组成部分，金融制度是经济社会发展中重要的基础性制度。我们要切实把维护金融安全作为治国理政的一件大事，充分发挥好金融这一资源配置和宏观调控重要工具的作用，严控风险，深化改革、扩大开放，不断推动中国金融业提升效率，更好服务实体经济，有效促进经济和金融良性循环、健康发展，走出中国特色金融发展之路。

我国金融业的市场结构、经营理念、创新能力、服务水平还不适应经济高质量发展的要求，诸多矛盾和问题仍然突出，亟须看到的是其中仍存在一些风险隐患。从国内看，互联网金融、股票市场、债券市场、影子银行、房地产市场、交叉性金融等不同风险相互交织、错综复杂。从国际看，2008 年国际金融危机爆发以来，一些国家实施量化宽松的货币政策，大量廉价资本的国际流动加剧了全球金融市场波动，量化宽松政策退出及其后的加息预期又给新兴市场带来严重的资本流出和金融风险冲击。党的十八大以来，我国把防控金融风险放到更加重要的位置，采取一系列措施加强金融监管，努力防范和化解金融风险，维护金融安全和稳定，把住了发展大势，金融风险总体可控。当然，作为重要的世界金融大国，我国金融业整体实力还有待提高，尤其是防控金融风险、维护金融安全的能力还需进一步增强。

对于金融风险问题，必须树立正确的态度，有客观的认识。一方面应认识到，金融风险是现代金融市场的基本特征和金融活动的内在属性，不能因为有风险就害怕、痛恨甚至拒绝金融，也不能因为存在一些问题就否定金融的地位和作用；另一方面也应注意不能一味贪大图快求发展而忽视金融风险，不能放松对金融风险进行控制和管理。习近平总书记要求，要把主动防范化解系统性金融风险放在更加重要的位置，科学防范，早识别、早预警、早发现、早处置，着力防范化解重点领域风险，着力完善金融安全防线和风险应急处置机制。因此，应从国家安全战略全局出发，遵循金融运行基本规律，坚持底线思维和问题导向，构建全方位的金融安全战略体系。

第四节 全面开启高质量的现代农业新经济

一、质量兴农，大力推进农业发展转型

农业是国民经济的基础，高质量发展是兴国之道、强国之策。党中央、国务院高度重视高质量发展工作，习近平总书记多次作出了重要的指示和部署，对高质量兴农提出了明确的要求。党的十九大报告中，习近平总书记指出，我国经济已由高速增长阶段转向高质量发展阶段，必须坚持质量第一、效益优先，以供给侧结构性改革为主线，推动经济发展质量变革、效率变革、动力变革，提高全要素生产率。这一重要论断，明确了我国经济发展的阶段特征、方向路径和主要任务。高质量发展是大形势、大格局、大逻辑。

当前，我国经济已由高速增长阶段转为高质量发展阶段，农业农村经济发展也到了这个阶段。这些年，我国农业综合生产能力显著提高，一个突出的标志，就是 2013 年以来粮食总产量连续 5 年超过 1.2 万亿斤，肉蛋菜果鱼等农产品产量稳居世界第一。过去是 8 亿人吃不饱，现在是 14 亿人“吃不完”。这说明我们的生产能力有很大提高，也说明这些年党的“三农”政策是正确的。这些成就是在我国农村劳动力特别是高素质青壮年劳动力持续转移，耕地特别是高质量耕地不断减少的背景下取得的。这说明我们的生产能力有了很大提高，为我国农业发展由增产导向转向提质导向提供了物质基础和社会条件，我们有条件有能力推进农业转型升级、朝着高质量发展的方向迈进。

实现农业高质量发展，就是更好满足人民日益增长的美好生活需要的发

展，就是体现新发展理念的全方位发展，直白地讲，就是从“有没有”转向“好不好”。我们要牢牢把握高质量发展的要求，坚持以农业供给侧结构性改革为主线，坚持质量兴农、绿色兴农，深入推进结构调整，优化生产力布局，突出农业绿色化、优质化、特色化、品牌化，不断提升我国农业综合效益和竞争力。

农业高质量发展，就是生产更加绿色，资源更加节约，环境更加友好，劳动生产率、土地产出率、资源利用率全面提高的发展。这就要求我们加快推进资源利用方式由粗放向节约集约转变，增强科技创新的驱动作用，释放农业农村改革发展活力，推动农业绿色低碳循环发展。我国的农业生产与国外相比，要实现同样的产品我们价格有优势，同样的价格我们品质有优势，同样的品质我们服务有优势。这就要求因地制宜实施差别化发展，大宗农产品要在上规模、降成本上下功夫，特色农产品要在增品种、提品质上下功夫，做到人无我有、人有我优、人优我特，实现由农业贸易大国向农业贸易强国的转变。

实现农业高质量发展需要思想、政策、工作、考核等全方位的转变。推动农业高质量发展是一场深刻的变革，绝不是对现有发展路径的小修小补，而是要实现工作导向的重大转变和工作重心的重大调整，推动农业来一场质量革命。

思想观念要从数量优先转向质量第一。过去我们吃不饱，发展的指导思想是数量优先、越多越好，工作的导向主要是围着增产转；现在，农业生产连年丰收，数量已经不是主要问题了，质量成为主要矛盾。抓农业一定要抓质量，推动农业高质量发展，首先要转变思想观念，牢固树立质量第一、效益优先的理念，坚持质量就是效益、质量就是竞争力，所有的工作都要围绕提升质量来谋划，尽快实现由总量扩张到质量提升的转变。

政策支持要从增产导向转向提质导向。过去，我们的政策目标大多是扶持增产，支持领域大多是生产环节，支持方式大多是给钱给物，这对于推动农业增产增收发挥了很大作用；现在，农业发展形势变了，目标要求变了，政策也要随之调整。推动农业高质量发展，要加快制定相应的政策体系，推动科技研发、农业补贴、项目投资等主要投向绿色发展、质量提升、效益提高等方面。

工作方法要从行政推动转向注重市场引导。当前，我们的工作对象、内容、领域等都发生了深刻变化，传统的管理服务模式已难以适应高质量发展要求，必须不断创新工作方法，转变工作方式。我们要更加注重运用市场办法推动工作，用市场机制、价格手段倒逼农业发展变革；更加注重运用信息化手段推动工作，推进互联网、大数据、人工智能等与农业深度融合；更加注重发挥农民群众的主体作用，深化农业领域“放管服”改革，创新优化政府服务，让农民以及新型农业经营主体放开手脚大胆闯、大胆试。

考核方式要从考核总量转向注重考核质量效益。过去，我们是以产量论英雄，今后要根据形势发展，改变这种单一导向，更要以质量效益论英雄。要加快构建推动农业高质量发展的考核评价体系，把环境友好、绿色发展、质量安全、带动小农户增收等作为重要考核指标，引导人才、科技、装备等各方面力量聚合到质量兴农上来。

推进农业高质量发展是一项长期艰巨的任务。质量兴农不仅仅是农产品质量安全的事，也不是农产品质量安全监管系统一家的事，农业农村部内各司局各单位，农业系统各行业各领域，都要围绕推动农业高质量发展、实现质量兴农想办法、出对策、献力量。推动农业高质量发展的底线是确保农产品质量安全，如果连这个起码的底线要求都做不到，质量兴农就无从谈起。要以提高农产品质量为主攻方向，坚持把优质“产出来”、把安全“管出来”、把品牌“树起来”，大力推进标准化生产，抓紧构建与质量兴农、绿色兴农相适应的标准体系、监测体系、监管体系、认证体系和品牌体系，实施好“农业质量年”各项行动。要强化基层监管能力，加强执法监管，加快追溯体系建设应用，实现主要农产品生产过程可控制、产品流向可追溯，做到有行动、有成效、有亮点，让老百姓有实实在在的获得感。

质量兴农、绿色兴农，恰逢其时，前景广阔。同时还要看到，加快农业转型升级，推进农业高质量发展也是形势所迫、发展所需。

当前农业资源环境相对较差，必须加快推进农业高质量发展。这些年，我国农业发展方式转变取得了长足进步，化肥农药实现了零增长，但农业资源环境这根弦始终得绷紧。从本质上讲，目前还是依靠拼资源拼消耗实现数量增长。比如，耕地资源超强开发，东北地区黑土地不断退化，南方红黄壤酸化加速，设施农业土壤板结、盐渍化加重；用水总量虽然没有增加，但用水方式还很粗放、大水漫灌比较普遍；养殖方面，还存在过度养殖、过度捕捞、过度放牧等现象。这些都倒逼我们必须加快转变农业生产方式，把绿色发展摆到突出位置，加快发展资源节约型、环境友好型农业，走高质量绿色发展道路。

为了满足人民群众不断升级的消费需求，必须加快推进农业高质量发展。随着人民收入水平的提高，城乡居民消费结构日益升级，对农业发展提出了更高期待和更多要求，对“有没有”“够不够”不太关注，而是更加关注“好不好”“优不优”这个问题。这就要求我们不仅要满足量的需要，还要提供多层次、多样化、个性化、优质生态安全的农产品，同时还要提供清新美丽的田园风光、洁净良好的生态环境。

同时，为了应对激烈的国际竞争，必须加快推进农业高质量发展。随着农产品国际市场的融合加深，我国农产品国际竞争力不强的问题愈发凸显。提升农产品国际竞争力、促进国内产业健康发展已迫在眉睫，这就要求我们加快推进农业高质量发展。

实现农业高质量发展，大力推进质量兴农、绿色兴农，既是中央的明确要求，也是农业自身发展的内在需要，更是推进农业供给侧结构性改革、提高农业国际竞争力的紧迫任务。加快推动农业高质量发展可以说是顺势而为的应时之举。

二、乡村振兴推动农业高质量发展

20 世纪 90 年代以来，一方面，农民在实现温饱之后，增加货币收入的愿望强烈，落后的农业产业结构和较低的劳动生产率水平对这一愿望的实现构成严重制约；另一方面，农民单家独户分散经营与大市场之间的矛盾越来越突出，周期性出现“菜贱伤农”“粮贱伤农”现象，市场化对农业持续发展、农民持续增收形成巨大压力。以市场为导向，以效益为中心，以科技为支撑，围绕主导产业，优化组合各种生产要素，对农业和农村经济实行区域化布局、专业化生产、一体化经营、社会化服务、企业化管理，形成市场带龙头、龙头带基地、基地连农户，集种养加、产供销、内外贸、农科教于一体的农业经济管理体制的运行机制应运而生。

在2018年的中央农村工作会议上，习近平总书记明确指出，我国农业正处在转变发展方式、优化经济结构、转换增长动力的攻关期，要坚持以农业供给侧结构性改革为主线，走质量兴农之路，实施质量兴农战略，不断提高农业创新力、竞争力和全要素生产率，加快实现由农业大国向农业强国的转变。这一重要论断，明确了推进农业供给侧结构性改革要走质量兴农之路，为我们做好农业农村经济工作提供了遵循。

落实习近平总书记重要指示，应按照高质量发展的要求，以实施乡村振兴战略为总抓手，推进农业供给侧结构性改革为主线，坚持质量兴农、绿色兴农、效益优先，加快转变农业生产方式，加快农业转型升级，加快推进农业农村现代化。

实施乡村振兴战略是党的十九大作出的重大决策部署，是决胜全面建成小康社会、全面建设社会主义现代化国家的重大历史任务，是新时代“三农”工作的总抓手。实施乡村振兴战略是建设现代化经济体系的重要基础。当前和今后一个时期，要顺应亿万农民对美好生活的向往，立足国情农情，统筹推进乡村振兴高质量发展，坚持农业农村优先发展和城乡融合发展，从而推动农业全面升级、农村全面进步、农民全面发展。在进入中国特色社会主义新时代的历史背景下，实施乡村振兴战略，意义重大，影响深远。

链接

上海市实施乡村振兴战略调研报告

为贯彻落实习近平总书记近期在上海市考察时对上海市实施乡村振兴战略的重要指示精神，日前，国家发展改革委农村经济司会同住房城乡建设部村镇建设司、农业农村部发展规划司组成联合调研组，赴上海市开展专题调研。调研组实地走访农户、家庭农场、农业企业等经营主体和村级组织，召开市、区有关部门座谈会，就上海市实施乡村振兴战略、做好郊区乡村规划、发展现代都市绿色农业、开展农村人居环境整治、促进农民增收等方面的进展成效、路径模式进行了交流讨论。通过调研，总体感受是，作为全国率先步入城镇化、工业化后期的特大城市，上海市依托自身优势，紧紧围绕强村、富民、美环境，不断探索、持续推进农业农村现代化，取得了积极成效，为深入实施乡村振兴战略创造了良好的条件、奠定了坚实的基础。同时，结合学习贯彻习近平总书记近期在上海市考察时对上海市实施乡村振兴战略的重要指示精神和调研实际，我们对像上海市这样的大城市实施乡村振兴战略作了进一步思考。现将调研报告择要印发，供参考。

一、上海市有条件、有基础成为实施乡村振兴战略的引领区

上海市作为国际化大都市和我国经济社会发展水平最高的地区，2017 年城镇化水平已经接近 90% 并趋于稳定，第一产业增加值仅占全市 GDP 的 0.33%，农村居民人均可支配收入达到 27825 元，居全国首位。同时，上海市仍有 9 个涉农区、125 个乡镇及涉农街道园区、1577 个行政村，农户 99.13 万户、农村人口 256.67 万人，耕地面积 286.2 万亩，郊区和乡村占全市陆域总面积 85% 左右，近三分之一的常住人口居住在乡村。郊区乡村既是上海市的重要组成部分，也在拓展发展空间、保障市民生活、提供环境容量、涵蓄城市资源、传承乡村文化等方面发挥着不可替代的作用，滋养着城市生生不息、可持续发展。

2017 年以来，上海市委、市政府认真学习贯彻习近平总书记重要批示指示精神，切实将实施乡村振兴战略作为新时代“三农”工作总抓手，通过强化规划引领、彰显品牌特色、优化人居环境、突出富民为本，实施了一系列强农惠农政策，城乡一体化水平不断提高，在全国各省区市中率先进入了城乡融合发展新阶段，上海市的乡村正朝着现代化国际大都市的亮点和美丽上海的底色目标大步迈进。

（一）强化规划引领，明确振兴路径。上海市通过用好政策组合拳、完善乡村规划体系，着力谋划一条具有时代特征、中国特色、上海特点的社会主义乡村振兴道路，既满足国际大都市对乡村的需求，又充分体现乡村全面振兴的总要求。一是相继出台贯彻中央一号文件的实施意见、《上海市乡村振兴战略规划（2018—2022年）》和《上海市乡村振兴战略实施方案（2018—2022年）》，已出台和正在制定乡村振兴战略配套政策19个，形成了“1个实施意见+1个战略规划+1个实施方案+19个配套政策”的乡村振兴战略政策体系，确立起上海市实施乡村振兴战略的“四梁八柱”。二是按照“主城区—新城—新市镇—村庄”的城乡体系，加快推进乡村规划编制工作，重点聚焦乡村地区的村庄布局规划、新市镇总体规划、郊区单元规划和村庄规划编制。截至目前，9个涉农区均已完成村庄布局规划，需编制新市镇总体规划的84个乡镇已完成和在编42个，启动郊野单元（村庄）规划编制32个。三是全面完成9个涉农区区级设施农用地布局规划、全市休闲农业和乡村旅游产业发展规划和设施布局规划编制，加强乡村产业布局规划，推动农业产业规划和耕地保护规划形成一张图，做到规划既落图又落地。

（二）坚持高质量发展，主打都市现代农业绿色牌。上海市着力构建以绿色生态为导向的农业现代化体系，推进农业高质量发展和农村产业融合发展。一是以农业供给侧结构性改革为抓手，制定出台都市现代绿色农业发展三年行动计划。率先探索粮食生产功能区、蔬菜生产保护区、特色经济作物优势区的划定与建设。在全国率先整建创建国家现代农业示范区，推进绿色、高质、高效示范区建设。二是加大农业面源污染综合治理，促进农业可持续发展。探索畜禽养殖废弃物资源化利用新途径，促进种养结合、生态循环，实施农药化肥减量化和农作物秸秆综合利用，全市农作物（粮油作物）秸秆综合利用率达94%。崇明区利用区域生态优势，因地制宜发展“稻田养鳖”“稻蟹共生”“菜蚓鳝”等生态循环农业，生态效益和经济效益显著。三是大力挖掘本土传统优势农产品，发展品牌农业。开展草莓、西瓜、大米等地产优质农产品品鉴推优，扩大地产优质农产品品牌影响力，着力打响“上海制造”品牌。金山区发布了上海市第一个全品类农产品区域公用品牌“金山味道”。松江区全力打造“松江大米”，不断扩大种植规模，平均售价比普通大米高出一倍。

（三）加大投入力度，建设生态宜居的美丽乡村。结合大城市郊区乡村发展特点，上海市分层次推进农村人居环境整治、美丽乡村示范村建设和乡村振兴示范村建设。一是有序推行农民集中居住。实施自然村落归并行动计划，鼓励“三高两区”（高铁、高速公路、高压线，生态敏感地区、环境整治地区）、规划撤并村、纯农地区30户以下自然村的农民进城镇集中居住，或向保留村平移集中居住。松江区小昆山镇自2008年以来以小城镇建设为抓手，实施宅基地拆旧复垦，推动镇内近三分之二的农民进城镇集中居住，原有宅基地复垦后与周围耕地集中连片，形成了颇具规模的设施粮田和菜地。二是不断改善农村人居环境。近十年来，上海市已累计完成近60%的村庄改造，预计到2020年将完成全部村庄改造任务。今年以来，以“四好农村路”建设、垃圾治理、生活污水处理、水环境整治等11项整治任务为主攻方向，全面实施农村人居环境整治，确保到2022年所有行政村实现全覆盖。三是开展美丽乡村、乡村振兴示范村创建。以“美在生态、富在产业、根在文化”为主线，着力打造宜居、宜业、宜游的美丽乡村示范村，已累计评定市级美丽乡村示范村82个。启动乡村振兴示范村试点工作，确定了9个村（每个涉农区1个）列入首批创建单位，并发布了全国首个乡村建设地方标准《乡村振兴示范村建设指南》。建成金山廊下等6座郊野公园，已成为市区的后花园、市民的好去处、农村的新典范。

（四）支持创新创业，促进农民持续增收。上海市通过加快培育新型职业农民、发展新型集体经济、加强农村综合帮扶等工作，积极开拓农民增收的新方法、新途径。近年来，全市农民收入增幅始终快于城镇居民收入增幅。一是以产业发展为导向、促进就业为目标、非农就业为重点、精准对接为路径、一区一计划，对未就业且有就业创业意愿的农民，通过建档立卡“一人一策”提供就业创业培训和就业创业服务，促进农民就业创业。对已就业农民，根据不同需求分类施策，提供个性化技能提升培训服务，促进更高质量就业。二是通过不断完善教育培训、认定管理和政策扶持“三位一体”的培育体系，加快培养一支“爱农业、懂技术、善经营”的新型职业农民队伍。预计全年可认定新型职业农民 1.35 万名，完成 3083 人的新型农业经营主体带头人轮训。三是深入推进农村改革，鼓励开展农村闲置农房、存量集体建设用地盘活利用试点，用于民宿民俗、休闲农业、乡村旅游、康健养老等产业发展，为促进农民增收创造了良好条件。加快推进镇级农村集体产权制度改革，积极推动镇村集体经济组织实行年度收益分配，促进农民财产性收入持续增长。上海市松江区在全国率先培育和发展家庭农场，破解了“谁来种田、怎样种田”的问题，粮食生产经营成为从业农民家庭收入的主要来源。四是整合市、区各方力量，筹措帮扶资金，帮助经济相对薄弱的纯农地区建设一批收益稳定长效的“造血”项目，提高生活困难农户生活质量和水平。

二、对大城市推进乡村振兴战略的思考

实施乡村振兴战略、实现农业农村现代化，既是贯彻落实党中央、国务院决策部署，事关战略全局的重要任务，也是大城市建设现代化城市、提升城市能级和核心竞争力、重塑工农城乡关系、记得住乡愁的必然要求。因此，需进一步认识和明确市域内乡村的定位，促进乡村与都市功能深度融合，激发乡村自身发展活力，回答好以下三个问题：一是大城市需要什么样的乡村？二是大城市乡村的主要功能应该是什么？三是怎么建设大城市的乡村？

（一）找准大城市乡村的定位。有人认为，像上海市这样的大都市，农民迟早都要进城，没有了农民，就没有乡村，也就不存在“三农”问题。必须看到，虽然我国常住人口城镇化率已经接近60%，大城市的城镇化水平更高，但无论各省区的省会、首府，还是深圳、厦门、宁波、青岛、大连这些较发达的城市，甚至北京、天津、上海、重庆这样的大都市，都还有乡村、有农民、有耕地。即使将来城镇化水平更高一些，大量农民生活在农村的国情也不会改变。在实施乡村振兴战略的大背景下，需要我们对大城市乡村的地位和作用重新认识、重新定位。第一，乡村始终是城市的有机组成部分。城市不可能漫无边际扩展，城市人口也不可能毫无限制地增长，大城市更需要明确城市边界。从国外的经验看，大城市的乡村，不仅是农民生产生活的承载地，同时也能吸引大量非农就业人口居住、旅游、度假，减轻城市人口压力，疏解城市功能。第二，乡村与城市功能互补，互为依存，互为支撑。在城乡发展日益融合的今天，解决好"三农"问题，要借助城市的力量；解决好城市的问题，也要借助乡村的力量。发展现代田园乡村，形成乡村与城市各具特色、交相辉映的城乡发展形态，既是乡村振兴的需要，也是大城市持续健康发展的需要。第三，乡村对于城市具有多重价值。对于高度城镇化、工业化的大城市，乡村存在的意义，不仅有经济意义，也有文化意义，还有重要的生态意义。

（二）拓展大城市乡村功能。乡村同时承担着生产、生态、生活等多重功能。第一，大城市乡村是提供绿色农产品的重要基地。仅从现代农业发展本身看，大城市的农业也大有可为。毗邻大城市这一终端市场，在服务城市居民方面具有得天独厚的优势，能够向城市居民提供更加便捷、新鲜的农产品，能够更好发挥农业多功能性的作用。上海市在这方面已经做了大量的探索和实践，比如，较好保障了城市居民对绿叶菜的需求；积极发展以农事体验为主的青少年实践基地，建设郊野公园。第二，乡村是承载生态功能的重要屏障。广大农村地区是整个城市不可或缺的生态屏障，是城市的"氧吧"和"绿肺"，这是其他任何产业不能替代的。乡村能够在涵养水源、净化空气等各个方面，为城市发展提供生态产品，为城乡居民提供更加宜居的生态环境。例如，上海市着力把崇明区打造为世界级生态岛，明确其生态优先的绿色发展战略。第三，乡村既是农民安居乐业的美丽家园，也是广大市民向往、舒心游憩的后花园。乡村是农村居民的生活空间，同时能够融合农产品加工、休闲旅游、文化传承等多种业态，发展乡村旅游、休闲康养、传统手工艺等多种产业，更好满足城市居民对田园风光、诗意山水、乡土文化、民俗风情、农家美食等乡村生活的向往和追求。如上海市金山区，早在2007年，就围绕百里花园、百里果园、百里菜园建设，努力成为上海市的“后花园”。第四，乡村是产业发展的重要空间。乡村具有土地资源相对丰富等优势，在不挤占农田的前提下，是发展制造业、物流业等产业的理想选择。比如美国的波音、微软等制造工厂，瑞士的雀巢等都建在乡村。

（三）创新建设大城市现代田园乡村。大城市在挖掘乡村独特优势、促进城乡基础设施和产业发展深度融合等方面更有优势和能力，率先实现乡村全面振兴更有条件。第一，着力在城乡融合发展方面加强全面探索。大城市完全有能力、也有责任在推进城乡融合发展方面先行一步。政府不仅要在做好乡村规划、发展都市现代绿色农业、优化农村人居环境、促进农民增收等方面加大力度、补好短板，还需要在城乡全面融合的体制机制上下功夫、力求突破，加快破除二元结构。例如，更加合理地保护与处理好农村土地权益关系，赋予农民更多财产权利，在制度创设上取得实质性突破；建立城乡一体、均衡发展的义务教育发展机制，真正做到优质教育资源城乡共享；建立城乡一体的基础设施、社会保障等制度体系，使政府公共服务公平覆盖乡村。第二，着力发展生态、高效、特色农业和新产业新业态，大幅度提高农业生产率、效益和竞争力。利用大城市良好的科研条件，加强农业科技研发、引进及推广，辐射带动周边地区乃至全国的农业科技水平提升。充分发挥大城市的市场、人才、资金等优势，加快推进农村一二三产业融合发展，培育壮大乡村产业。第三，着力将生态宜居开发为乡村的比较优势，打造现代版的“富春山居图”。应推进乡村高质量规划和建设，打造集约高效生产空间，营造宜居适度生活空间，保护山清水秀生态空间，既让农民在乡村安居乐业，也能吸引从事灵活就业、中老年等人口长期在乡村居住，吸引城市居民到乡村旅游、度假。第四，着力调动各方积极性投身乡村振兴。乡村振兴战略的实施，本身就是补乡村建设短板的重大决策，离不开政府真金白银的投入、农村人才的回归、体制机制的改革。但同时必须看到，实现乡村振兴，必须充分发挥市场的力量，激发出农业农村的内生动力与发展活力。

三、对大城市实施乡村振兴战略的相关建议

上海作为全国及区域性大城市，有着更好的经济社会发展基础、更足的政府财力和更高的消费需求，对乡村的辐射带动作用更强，可以在乡村建设、现代农业发展、构建新型城镇化和乡村振兴双轮驱动格局等方面有更多的建树和作为。

（一）坚持“四化同步”，建设乡村振兴引领区。把“三农”工作作为重中之重来抓，从促进乡村与城市功能深度融合入手，强化规划引领约束作用，尽快使辖区乡村成为提升城市能级和核心竞争力的重要战略空间，成为生态功能、提供绿色农产品的承载地，成为记得住乡愁、留得下乡情的美丽家园，成为广大市民向往、舒心游憩的后花园。力争先于全国建成美丽宜居乡村、先于全国实现农业农村现代化、先于全国实现乡村振兴，为城郊融合型乡村提供振兴样板。

（二）着力破除“城乡二元结构”，做好农村改革先行者。推动人才、资本等要素去乡村找机会、谋发展，在促进城乡之间要素平等交换的同时，将更多的资源要素留在农业农村。加大城乡融合发展力度，实施更有力有效的强农惠农政策，深入开展农村闲置农房、闲置宅基地和存量集体建设用地盘活利用试点，用于乡村新产业发展，加强规划布局，提高土地利用效率。加快推进户籍制度改革，将户籍与农村“三权”脱钩，更好地激活农村土地资源。探索镇级农村集体产权制度改革，积极推动镇村集体经济组织实行年度收益分配，促进农民财产性收入持续增长。

（三）坚持创新驱动发展，争做农业科技领军者。依托综合优势，坚持农业的科技化、集约化发展，把现代农业做精、做优、做强。把科技这一核心要素注入绿色都市现代农业中，大力发展“科技输出型”农业。充分发挥科技资源丰富、科研实力雄厚的优势，依托科研院所，广泛吸引农业科技人才，打造一批农业高精尖技术的科研团队，在支撑本地区农业发展的基础上，辐射带动周边地区

乃至全国。建设各类农业科技园区、技术创新中心，吸引农业高新技术企业到科技园区落户，培育农业高新技术企业，整合建立农业科技资源开放共享平台。

（四）加快形成城乡互补的产业格局，创建乡村产业兴旺示范区。统筹做好区域产业布局，盘活用好农村集体经营性建设用地，通过城乡建设用地增减挂钩节余的指标优先用于农业农村发展，有序疏解城市产业，并向郊区乡村转移，在带动乡村经济社会发展的同时，增加农村居民就地就近就业的机会。发掘乡村新功能新价值，大力培育乡村新产业新业态，推动乡村资源全域化整合、多元化增值，增加乡村生态产品和服务供给，提升农产品加工业水平和效益，针对市民需求开发更高层次的休闲农业和乡村旅游产品，构建乡村现代化产业体系，推动乡村产业振兴。

（五）聚焦人民群众对美好生活的向往，打造美丽宜居后花园。加强辖区乡村风貌保护和引导，注重乡村自然治理，优化乡村空间布局，保护和传承优秀传统文化，推进农村建筑风貌与乡村色彩的协调统一，体现乡村韵味，彰显地域特色。打造城市后花园，按照先策划、后规划的要求，让更多的规划、建筑、园林、景观、艺术设计、文化策划等方面的设计团队参与，做好规划布局，把城市后花园做得更美、更吸引人，让田园乡村与现代都市各具特色、交相辉映。

（资料来源：上海市实施乡村振兴战略调研报告课题组）

2020 年是全面建成小康社会的决胜期，“三农”领域有不少必须完成的硬任务。做好“三农”工作，要以习近平新时代中国特色社会主义思想为指导，全面贯彻党的十九大和十九届二中、三中全会以及中央经济工作会议精神，紧紧围绕统筹推进“五位一体”总体布局和协调推进“四个全面”战略布局，牢牢把握稳中求进工作总基调，落实高质量发展要求，坚持农业农村优先发展总方针，以实施乡村振兴战略为总抓手，对标全面建成小康社会“三农”工作必须完成的硬任务，适应国内外复杂形势变化对农村改革发展提出的新要求，抓重点、补短板、强基础，围绕“巩固、增强、提升、畅通”深化农业供给侧结构性改革，坚决打赢脱贫攻坚战，充分发挥农村基层党组织战斗堡垒作用，全面推进乡村振兴，确保顺利完成到2020年承诺的农村改革发展目标任务。

当前，经济下行压力加大，外部环境发生深刻变化，形势越是复杂，做好“三农”工作越具有特殊重要性。农业仍是“四化同步”的短腿，农村还是全面建成小康社会的短板。只有稳住“三农”这个基本盘，才能为有效应对各种风险挑战赢得主动，为做好全局工作增添底气。确保顺利完成到2020年农村改革发展目标任务，是党中央对全体人民特别是亿万农民的庄严承诺，直接关系全面建成小康社会的成色和社会主义现代化的质量，关系我们党在人民群众中的威信。

到2035年，质量兴农制度体系更加完善，现代农业产业体系、生产体系、经营体系全面建立，农业质量效益和竞争力大幅提升，农业高质量发展取得决定性进展，农业农村现代化基本实现。

务农重本，国之大纲。农业农村农民问题是关系国计民生的根本性问题。实施乡村振兴战略，既是解决人民日益增长的美好生活需要和不平衡不充分的发展之间矛盾的必然要求，也是实现“两个一百年”奋斗目标的必然要求，更是实现全体人民共同富裕的必然要求。在这一过程中，要顺应亿万农民对美好生活的向往，立足国情农情，统筹推进乡村振兴高质量发展，坚持农业农村优先发展和城乡融合发展，推动农业全面升级、农村全面进步、农民全面发展。

作为一个人口大国，粮食具有公益性产业的特征，必须保证一定的自给率，不能把饭碗完全交给市场，这就必须行使政府宏观调控的职能。而作为一个农业大国，粮食产业又具备一般产业的特征，必须通过竞争获得生存地位，通过市场实现价值。改革开放以来，中国的粮食政策就是在这两者之间徘徊的，目前又到了平衡二者之间关系的关键点上。农业供给侧结构性改革一定会减少粮食种植面积和产量，比如农业部门已经制定规划，要调减“镰刀弯”地区玉米的种植面积，2018年和2019年玉米价格下调，东北和华北地区玉米种植面积也会调减。但不管怎样调，一定要确保“谷物基本自给，口粮绝对安全”，并在调整中逐步提高粮食产业的竞争力和粮农的种粮积极性。

中国农村改革的经验表明，把农民的利益放在首要位置，尊重农民的选择，改革就能获得成功。供给侧结构性调整就要兼顾所有农民的利益，通过供给侧改革，提高农业生产的专业化水平和市场竞争力。

在改革开放以来的中国农业发展中，主要农产品供给和农业竞争力提高一直是矛盾的统一体。近年来，一些地方通过推进一二三产业融合发展，延长农产品价值链，提高农产品附加值，既提高了农民收入，又提高了农业竞争力，能够比较有效地把二者结合在一起。促进产业融合，要以新型经营主体为核心，充分挖掘农业的文化价值、教育价值、生态价值、景观价值，大力发展农业旅游、体验、休闲、养生等第三产业，实现农产品的多元化、多维化、多功能化、高附加值化，以三产带动二产和一产，实现农业的高质量、全面发展。

改革是发展的强大动力，开放是发展的必然要求，创新是发展的根本之策。实施乡村振兴战略，既要促进农村生产力发展、生产关系变革，也要调整城乡关系、优化国家发展战略布局，涉及范围广、触及层次深，必须统筹谋划、突出重点，有力有序向前推进。

三、探寻问题所在，“潍坊模式”的借鉴意义

总体来看，各地推动实施乡村振兴战略开局良好，取得初步成效，但乡村振兴仍处于起步阶段，距离实现乡村全面振兴的目标，距离广大群众的期望仍有一定差距，进一步推动实施乡村振兴战略，破除城乡二元结构还面临着一些问题。

一是城乡区域发展不平衡仍是最大短板。受多种因素影响，农民持续稳定增收难度增大，不少地区客观存在着贫与非贫在帮扶政策上的“悬崖效应”。二是乡村要素投入和部门协调推进的体制机制尚未形成。乡村振兴稳定的资金投入机制尚未建立，一些地区一些年份农业总投入增长幅度高于财政经常性收入增长幅度的法定要求依然没有落实。一些地方制定的乡村振兴政策文件较为原则，针对性和可操作性不强，财政、发改、住建、环保、农林等部门推动乡村振兴的政策措施仍有待进一步协调，条块项目和资金需要进一步整合。三是农民参与乡村振

兴的内生动力不足。新型经营主体与农民的利益联结机制尚不够紧密，辐射带动农户能力有待提升，推动农业农村绿色发展任重道远。

为此，我们应该进一步增强推动乡村振兴的政治自觉和行动自觉，持之以恒推进乡村振兴，研究解决实施过程中遇到的实际问题，确保乡村振兴持续推进、逐年见效；分类有序推进乡村振兴，坚持因地制宜，坚持先点后面、示范引领，从不同区域的实际出发，明确不同村庄、不同阶段乡村振兴的发展要求和具体目标，分梯次、有重点、多样化推动乡村振兴；层层落实推进乡村振兴。要着力完善乡村振兴的领导责任机制，推动建立层层抓落实的责任体系。

在这一点上，山东潍坊创造的"潍坊模式"起到了一个良好的示范作用。"潍坊模式"发端于农业产业化经营创新实践，丰富于党的十八大以来的总结提升，完善于实施乡村振兴战略之后的全面突破。

"潍坊模式"第一阶段是潍坊创造性地提出农业产业化并不断在实践中体系化、制度化的过程。潍坊市系统梳理诸城市贸工农一体化，在寿光市靠市场带动农村经济，寒亭区一村一品、一乡一业，安丘市实施名牌战略，高密市实施区域化种养等经验做法基础上，学习借鉴日本、法国、美国等国家农业发展先进理念，提出了"农业产业化"概念和政策思路。具体表述为"确立主导产业，实行区域布局，依靠龙头带动，发展规模经营"，并在工作中进一步深化为：以市场为导向，以效益为中心，以科技为支撑，围绕主导产业，优化组合各种生产要素，对农业和农村经济实行区域化布局、专业化生产、一体化经营、社会化服务、企业化管理，形成市场带龙头、龙头带基地、基地连农户，集种养加产供销、内外贸、农科教于一体的农业经济管理体制的运行机制。2001 年 10 月，全国农业产业化现场经验交流会在潍坊召开，标志着农业产业化开始在全国推行实施。农业产业化不但是一种新的农业经营组织方式，也是新的农村发展和运行机制。农业产业化形成的理论成果和制度成果，成为指导我国农业和农村经济发展的重要依据，经过多年的实践、探索、提升，农业产业化已经成为中国特色农业现代化道路的重要内容。

第二阶段是党的十八大以后，潍坊市干部群众在以习近平同志为核心的党中央坚强领导下，总结完善农业产业化经验，不断充实丰富“潍坊模式”的过程。潍坊人民立足国情省情市情，激发农村内生活力，形成以农业产业化为基础，一二三产融合发展为手段，整县推进为平台，推动城乡融合为目标，致力于农业全面升级、农村全面进步、农民全面发展的农业农村现代化道路和模式。“潍坊模式”开始超越农业产业化经营的实践范围和政策框架，成为新的历史时期继续引领全国农业农村发展的经验典范。

第三阶段则是党的十九大提出实施乡村振兴战略以来，潍坊市全面落实习近平总书记提出的“六个推动”要求，立足于将潍坊建设成为乡村振兴齐鲁样板的先行区和示范区，做好乡村振兴战略这篇大文章，全力加快五大融合、推动五大转变，构建完善新时代“潍坊模式”的过程。经过多年来的发展与创新，深刻体现乡村振兴战略内涵，全面符合乡村振兴战略要求，着眼于实现乡村全面振兴的“潍坊模式”整体成型。

通过“潍坊模式”能够看出实施乡村振兴战略的几个关键点所在，也为未来农业发展提供了些许借鉴。

一是要着眼于农业农村优先发展推进农村土地制度改革，增加农村内生性动力。农村土地制度是农村基本经营制度的核心，十九大报告指出，保持土地承包关系稳定并长久不变，第二轮土地承包到期后再延长三十年，这是继续发挥农村基本经营制度优越性，发挥好农村作为现代化建设战略总后方作用的根本保障。习近平总书记在论及农村土地制度改革时指出：“要尊重农民意愿和维护农民权益，把选择权交给农民，由农民选择而不是代替农民选择，可以示范和引导，但不搞强迫命令、不刮风、不一刀切。不管怎么改，都不能把农村土地集体所有制改垮了，不能把耕地改少了，不能把粮食生产能力改弱了，不能把农民利益损害了。”因此，无论是农村承包地、宅基地还是集体建设用地改革，都应当以促进农村稳定、农业发展、农民利益为依据，而非一味地以推进城市化和发展工业为目的，这也是习近平总书记在十九大报告当中讲的“要坚持农业农村优先发展”

的本意。应当通过城乡增减挂钩节余指标交易，更好落实土地用途规划，显化土地价值，为农村建设提供充足资金保障。通过土地指标交易渠道，城市资金、发达地区资金可以直接进入农村地区和欠发达地区，较各级层层转移支付的财政渠道更直接便捷。农村土地价值通过有形规范市场得以显化，交易价格明显提升，土地增值部分作为地方财政收入可用于农业农村建设的资金量将会大幅增加，农村建设领域随之产生社会资金进入的利润空间，避免目前完全依靠基层财政投入进行农村建设带来的政府债务等一系列问题，可以将城市开发建设的成熟经验、充裕的社会资金供给、农民改善生活条件的强烈愿望、地方政府积极的行政作为充分结合起来，使农村作为今后一段时间建设的主战场，有效化解过剩产能，全面改善农村基础设施条件、农民居住生活条件，提升农村地区负载产业和人口的能力水平，为实施乡村振兴战略提供更好的展开条件。

二是要发展农村集体经济多种实现形式，发挥集体经济综合功能。推动乡村振兴，实现内生性发展，壮大集体经济是基础。要鼓励基层和农民群众在创新集体经济组织形式、产权形式上进行大胆实践，在实践基础上做好集体经济实现形式理论和政策的创新。要重点研究解决当前集体经济“两张皮”的问题，尤其是农民合作社中“一股独大”必然使合作社变相成为翻牌公司、合作社社员成为大股东的雇佣劳动力，失去集体经济的性质特点，而如果股权分散则缺乏组织性、决策成本高昂、市场竞争能力减弱问题。如何真正发挥合作经济和共有产权在农村的积极作用，成为农村集体经济的重要形式，是关键性的课题。要将集体经济发展与农村基本治理单元相结合，通过发展集体经济构建农村新型生产生活共同体，在保障农民权益的同时全面提升农村社会治理水平。近些年来的新农村建设呈现出以财政高额投入为手段，以基础设施建设为主要内容，以物质配备水平为评价标准的倾向，对由于人口结构、产业结构和生产组织方式变化所带来的社会治理内容的剧烈变化应对办法不多，依旧以行政村为社会治理单元，却忽视了在行政村层级上，行政边界、社会边界和经济边界往往已经不能够统一，以行政村为单位发展集体经济也不是唯一的形式，而农民合作社等经济组织由于功能定位单一、生产与生活相分离而不能有效发挥社会治理的功能。应当在发挥集体经济解决农民就业、增加农民收入功能的同时，通过政策安排，赋予集体经济组织担负一定的为本社区提供公共服务的职能，使农民共享集体经济的基础设施，以各种类型具有集体主义色彩、体现社会主义性质的农村经济体，重塑农村社区居民的生活习惯、心理结构和精神面貌，使生产组织与生活共同体在空间上高度融合，在利益诉求方面高度一致，实现物质、人口和精神三个再生产的统一，这将是乡村振兴的理想图景。

三是要积极鼓励农民返乡创业，构建良性乡村治理体系。乡村振兴关键在人。政策导向上应当从鼓励“资本下乡”转向大力支持外出农民返乡创业，推动建立城乡相互吸纳机制和城乡精英循环机制。实践证明，资本下乡这种“资合”方式不可避免地具有社会成本高昂和“道德风险”等问题，资本逐利和流动的基本特点也在切割农村原有社会关系结构，容易引发农村社会治理中一系列问题。习近平总书记指出，乡村振兴也需要有生力军。要让精英人才到乡村的舞台上大施拳脚，让农民企业家在农村壮大发展。外出农民返乡创业，可以将他们多年积累的经济资本、社会资本、管理经验与乡土资源、信任关系很好结合，将经营成本、道德风险降到最低，实现地缘、血缘、业缘纽带的充分联结，实现“资合”与“人合”的内在统一，实现企业与农村社区的高度融合，同时很好发挥农村精英的“组织员”功能，有利于实现十九大报告提出的“健全自治、法治、德治相结合的乡村治理体系”目标。

四是要特别注意保护小农户利益，避免“平均数掩盖大多数”。“家家包地、户户务农”仍然是我国农业生产经营组织方式的常态，小农户与现代农业发展所要求的市场体系、金融体系、法律体系、科研体系之间的矛盾仍然非常突出。必须正视这一问题并且实事求是地提出应对解决办法，而不是一味地推进土地流转、扶持规模经营。一方面，小农户经营在我国人地关系高度紧张的国情下有天然的合理性。实践证明，在当前普遍较为粗放的生产经营方式和薄弱的管理水平下，较大规模经营几乎无法做到土地产出率、资源利用率和劳动生产率同步提高，往往导致单产下降，浪费宝贵耕地资源。而“半耕半工”的家庭生计模式，在解决农村中老年人就业的同时，充分发挥精耕细作的传统农业优势。因此不能在观念上将小农户和新型经营主体对立起来，贴上绝对的落后与先进的标签，必须立足中国国情，走中国特色的现代农业道路。另一方面，土地流转水平其实是城镇化水平在农村土地上的投影，因此，提高农村土地流转水平，实现农业规模经营不是一厢情愿的事情，而决定于城镇化水平这一基本约束条件。

潍坊市委书记惠新安指出，长期以来，从资金投入上看，由于“项目制”的国家扶持政策和产业资金投放方式决定了能够承接项目的只能是大户、企业等新型经营主体，政策导向上将大户、新型主体作为先进的、正面的、积极的评价标准，基层政府为了获取项目资金只能扶持大户，作为“大多数”的小农户很难获得直接的政策资金支持；从政策供给上看，努力建立的现代农业体系，包括法律体系和金融、农业科技、市场流通、农业基础设施建设等政策体系，多数是以规模经营为指向，以满足新型经营主体需求为目的，较少考虑小农户的需求，客观上损害了小农户的利益。同时要注意到，产业资本承接政策项目资金产生的经济效益往往不能够留在农村地区实现循环拉动，对更直接、更广泛的农民增收作用有限，“平均数掩盖了大多数”，这在一定程度上可以解释为什么国家支农资金投放力度与农村面貌改变程度不相匹配。因此，必须进一步完善农业社会化服务体系，平衡新型经营主体和小农户的关系，设计制定更加符合小农户利益的国家支农资金投放方式，建立能够更好回应小农户需求的政策供给模式，建立更加符合实际的小农户与国家政策的承接对接机制，这样才能真正实现小农户与现代农业的有机衔接。这是实施乡村振兴战略的关键性问题。

第五节　开辟高质量的开放新格局

一、进一步深化对外开放

当今世界各个方面都在发生新的深刻大变动。一是以信息化突飞猛进发展为特点的生产力大变动；二是以新兴市场国家和发展中国家群体性崛起为特点的国际关系大变动；三是以一些大国进入重大调整期为特点的世界主要大国经济政治大变动。正是这些方面的大变动，催生了一个世界近代以来从未有过的全球范围大变动。同时必须强调指出的是，在当今时代大势之下，广大民众和众多国家应更加清醒起来，从而更好把握包括中国和亚洲在内的“战略机遇期”。

开放带来进步，封闭必然落后。改革开放40多年来，我国经济社会面貌发生了翻天覆地的大变化，逐步成为世界经济增长的“主引擎”。其中一条极为重要的经验，就是坚定不移扩大开放。回顾过去40多年中国经济的飞速发展，对外开放功不可没。同时，中国开放步伐一直没有停滞，从决定对外开放，到2001年加入世界贸易组织，积极履行各项承诺，对外开放步伐持续加快；再到近年来进一步自主扩大对外开放，积极进行贸易协定谈判，不断扩大高端制造业与服务业的对外开放。可以说，发展与开放相辅相成、互相促进，开放造就了发展，继续发展需要扩大开放。

过去中国处在工业化的初中期阶段，因此更加注重增长速度。在当时的条件下，开放主要是服务于国家的工业化，即如何利用好两个市场、两种资源来加速工业化。开放举措就是为了引进外资、技术、短缺的资源，扩大出口。与过去相比，如今中国已经进入一个新的发展阶段。现在强调质量第一、效益优先，转换经济发展方式，这也是因应社会发展新矛盾——人民日益增长的美好生活需要和不平衡不充分的发展之间的矛盾的需求。新一轮高水平对外开放应紧紧围绕创新能力的国际合作，“引进来”与“走出去”并重，助力中国经济质量效益、技术水平和附加价值的提升。

发展是解决我国一切问题的基础和关键，实现高质量发展需要高水平开放提供动力、激发活力。加快发展更高层次的开放型经济，要“以更宽广的视野、更高的目标要求、更有力的举措推动全面开放”。2018年《政府工作报告》对更好推动形成全面开放新格局也作出了重要部署，提出“进一步拓展开放范围和层次，完善开放结构布局和体制机制，以高水平开放推动高质量发展”。这些都充分体现了党中央、国务院一以贯之的开放胸怀、旗帜鲜明的开放态度。

站在新的起点，更要有自信自强的气魄，敢于到世界市场的汪洋大海中经风雨、见世面，以更大开放促更好发展。十九大报告还提出了中国的具体方案，一是“坚持对外开放的基本国策，打开国门搞建设”；二是“加大对发展中国家特别是最不发达国家援助力度，促进缩小南北发展差距”；三是“支持多边贸易体制，促进自由贸易区建设”；四是“秉持共商、共建、共享的全球治理观”，坚持国家不分大小、强弱、贫富一律平等，支持扩大发展中国家在国际事务中的代表性和发言权；五是“继续发挥负责任大国作用，积极参与全球治理体系改革和建设”，在参与国际合作和全球治理改革中不断贡献中国智慧和力量。

过去的开放经常讲两句话：扩大出口、吸引外资。扩大出口是利用国际市场，吸引外资是利用国际资本。当时我们刚刚改革开放，选择这个战略是对的。因为当时没有国内市场，所以要利用国际市场扩大出口。过去的中国穷困，缺乏资本，所以要吸引外资。当下重申对外开放的重要性，并将扩大开放提升到新的高度，也是由现阶段中国经济发展由高速增长阶段转向高质量发展阶段的基本特征所决定。过去很长一段时间，中国发展依赖较低的劳动力成本和以价格换取市场等因素，很明显这类较为粗放的模式难以持续。未来，中国必须更加充分地进入全球市场，通过全球竞争来增强国内各产业的肌体。

把引资、引技、引智有机结合起来。引进先进技术、关键零部件不是要长期依赖外部，而是通过引进形成和提升自己的创新能力。引进不仅表现在贸易上进口先进技术与设备，也表现在投资上引进先进制造业、现代服务业、高端人才，以促进中国企业创新能力的提高。外国投资者可以把更加高端的产业活动放到中国，包括研发活动、地区总部，其“溢出效应”有利于促进我国的创新能力和提升附加价值。

在全球化时代，中国要实现发展方式的转变，从追求速度变成追求质量和效益，就更需要扩大开放，而且开放的重点也要不同于以往，对资本技术密集产业调整发展战略也更为迫切。长期以来，我国在一些资本技术密集产业实行进口替代战略，部分产业在高度保护之下，导致创新的动力不足，国际竞争力迟迟没得到应有的提升。竞争的压力有两种：一种是国内企业互相竞争，另一种是国际竞争。经过多年的发展，我国已经形成了很多大企业，但是很多行业的保护程度依旧较高，导致一些企业在国内虽然称雄称霸，却与国际竞争对手的差距明显。引入全球竞争才能倒逼中国企业变成世界上的先进企业。

我国的开放战略要从过去以出口创汇为主要目标，演变为两个目标：一是竞争力升级目标，总体上要实现从劳动密集型向资本技术密集型产业的升级；二是要实现我国和国际社会的互利共赢。我国要通过构建开放型经济新体制，推动形成全面开放的新格局，从而实现我国竞争力的升级，并且作为全球经济治理体系的参与者和贡献者，引导全球经济治理体系进一步完善，全面落实高质量发展要求，最终助力中国的现代化进程。

在提升国内经济发展结构和质量这一重要领域，“积极扩大进口”可以有效突破国内要素供给的制约，形成良性的整合、集约和传导机制。具体包括：通过进口国内较为稀缺的核心资源，突破要素供给瓶颈；通过进口先进技术设备，发挥技术“溢出效应”，整合与提升自身原有优势，吸引高质量外商直接投资；通过进口带来技术创新，大幅节约研发成本，有效发挥技术进步的传导机制，激发国内企业创新能力；进口更多高技术中间品，带动产业结构升级，提升生产效率，增强中国制造产品的国际竞争力。

从“以出口为导向”向“积极扩大进口”的历史性转变，其深意在于，实现进口与出口平衡发展、“比翼齐飞”，这是新时代中国经济高质量发展和包容性、可持续性发展的必然要求。在落实中国 2018 年“以高水平开放推动高质量发展”工作的过程中，“积极扩大进口”的着力点应当体现在提高要素收益、促进产业结构战略调整和转型、加强国际合作提升产业在全球价值链中的地位、拉动国内消费升级等不同层面。进口在中国经济从追求规模、速度的粗放型增长转向注重质量、效率的集约型增长过程中，将扮演越来越重要的角色，成为实现中国从贸易大国向贸易强国加速迈进的关键一步。

与此同时，中国需要充当全球化的积极推进者。近年来，世界经济呈现分化格局，逆全球化愈演愈烈，一向倡导贸易自由主义的美国，一反常态地先后退出TPP、巴黎协定和联合国教科文组织，并以“美国优先”为借口，单方面破坏世界贸易规则。此时，世界需要中国这样的大国顺势而为，推动全球化和维护自由贸易体系。2018 年《政府工作报告》对高水平开放的工作部署，也将进一步巩固我国国际经济合作和竞争的新优势，切实推动对外开放上档次、上台阶，推动形成全面开放新格局。

二、多领域构建开放新体系

构建开放型经济新体系、新体制是一个顶层设计和基层探索相结合的做法。顶层设计就是《中共中央国务院关于构建开放型经济新体制的若干意见》，这是落实十八届三中全会全面深化改革决议的一个重要举措。在这份顶层设计的文件下面，有很多具体的制度要通过试点来推行。试点主要有两方面的举措：一个是“自由贸易试验区”，这方面已经有很多的改革试点，并形成了“1+3+7”的新格局，分别是上海、天津、福建、广东、辽宁、浙江、河南、湖北、重庆、四川和陕西；还有一个是“构建开放型经济新体制综合试点城市”，十八大以来，已经形成了济南市、南昌市、唐山市、漳州市、东莞市、防城港市、浦东新区、两江新区、金普新区、西咸新区、苏州工业园区和武汉城市圈12个试点地区。试点内容有些是一致的，有些是各有偏重。所有的试点都是为了推进改革，即构建一个开放型经济新体制，并经过实验将成功经验向更大范围推广。顶层设计和基层探索相结合，是多年来推行改革的一套经验。基层探索有很多办法，“试点”是其中之一，要及时对试点工作进行总结梳理、复制推广，真正实现十八届三中全会提出的“以开放促改革”的目标。

按照世界银行数据，地球71%的面积被海洋覆盖，90%的贸易通过海洋进行。全球的经济主要是在离海岸线300公里以内的条带上，沿海经济占了人类经济的大部分。但这并不排除在内陆地区也有发达的经济，内陆也有它的特长。全球的贸易商品在空间上位移，就需要一定的运输方式，但运输方式有很多种。海运，内陆的河流运输，陆路的公路、铁路、管道以及空运都是不同的运输方式，各有优势，各有劣势。海运最大的优势是便宜，但是速度慢；空运最大的优势是快，但是贵；陆路的运输则介乎其间。针对不同的商品，需要不同的运输方式。那些不追求时间，把物流成本看得很重的商品大部分依靠海运，特别是在二战以后的几十年，集装箱运输技术的突破使得海运成本大幅度下降，越来越多的国际贸易通过海运方式进行。但是，其他的运输方式，如陆路的管道运输、公路、铁路，依旧还有存在的必要。海运需要港口，但港口本身还是要通过铁路、公路来辐射。

目前，中国的港口业取得了迅猛发展，全球集装箱吞吐量前五大港口中，中国占四个。从自贸区到自由贸易港，意味着中国对外开放的程度站在了更高的高度。而自由贸易港的诞生，也将搭建资源高效配置平台，为中国对外发展赢得更多的话语权。自由贸易港区就是要通过国内的特殊经济功能区来促进某些特殊地点率先开放、加速开放，以引领、打造一个开放的新高地。

自由贸易港通常的理解是海港，但实际上自由贸易港更多的是体制、政策概念，而非空间的概念。自由贸易港不一定单指海港，机场可以叫空港，自由贸易港的选择并不限于沿海，也可能是内陆港、空港。我国的自由贸易港可以从条件适合的沿海地区率先起步。目前国际上大部分自由港，如德国汉堡、中国香港、新加坡、韩国釜山、荷兰鹿特丹、阿联酋迪拜等大多在海港。我国将继续加大改革力度，充分发挥国家开放型经济新体制建设“试验田”的作用。同时，作为深入推进自贸试验区改革的重要标志——自由贸易港的建设也有望取得实际进展。

在服务贸易方面，近年来，我国在促进服务贸易发展方面采取了许多积极举措，服务贸易保持持续较快增长态势，对带动国内服务业发展和经济稳定增长作出了贡献。服务贸易出口竞争力也逐步提升。商务部数据显示，2018 年服务出口 17658 亿元，同比增长 14.6%；进口 34744 亿元，增长 10%，服务贸易总体顺差。但总体来看，我国服务贸易国际竞争力仍然较弱，在很多现代服务领域，比如金融、电信、物流、教育、医疗等领域在很大程度上缺乏较强的国际竞争力。2018 年 6 月，国务院同意商务部提出的《深化服务贸易创新发展试点总体方案》，并提出要以供给侧结构性改革为主线，深入探索适应服务贸易创新发展的体制机制、政策措施和开放路径，加快优化营商环境，最大限度激发市场活力，打造服务贸易制度创新高地。

在上海、天津、哈尔滨、贵安、西咸等 15 个服务贸易创新发展试点地区，进一步探索适应服务贸易创新发展的机制，搭建平台、创新模式，提升服务贸易便利化水平，促进服务贸易高水平、深层次发展。在这些试点试验的推动下，相关地区制度环境将持续改善，为服务贸易发展注入强劲动力。

发挥出口和进口对经济平衡和结构调整的重要作用，进一步促进贸易平衡发展。2018 年，我国已在举办进口博览会、下调部分产品进口关税等方面作出了部署，这有利于促进进口增长，进一步满足国内消费者和企业对国外产品的需要，同时还有利于缩小对外贸易顺差，改善对外贸易环境和条件。在出口方面也要满足高质量发展的要求。长期以来，我国的出口主要依靠大量资源和劳动力要素投入增长驱动，缺乏拥有自主知识产权的品牌和技术支撑，导致出口商品的附加值率偏低、产业分工处于全球价值链的中低端位置。因此，还应进一步提升出口商品的附加值率，在推动企业创新、打造自主品牌、加强产品设计研发能力等方面继续发力，培育我国企业和产品的国际竞争新优势。

进口和出口是中国对外贸易的“双翼”，皆为中国深度参与国际分工、融入全球价值创造链条的重要组成部分。在新时代经济高质量发展的要求下，进一步积极扩大进口特别是加强高新技术、高质量产品和高附加值服务的进口，有利于弥补国内资源缺口，增加国内的有效供给，推进高科技领域和新经济创业创新，提高经济效率和产品质量，从而发挥进口对宏观经济平衡和结构调整的重要杠杆作用。此外，进口能进一步满足国内生产生活需求，拉动国内消费升级，促进贸易经常项目收支趋向平衡，降低外汇储备偏高的压力，加速人民币的国际化进程，更能在一定程度上降低国际经贸摩擦与冲突的潜在可能性，为国内经济发展营造更为健康、和谐的外部环境。从全球视野看，中国扩大进口提供了潜力巨大的市场需求，会让更多的国家从中受益，是中国为世界经济贸易加快复苏作出更大贡献的大国担当。因此，进口应当像出口一样，成为国内经济高质量发展与增长的重要动力之一。

进一步复制和推广自由贸易试验区已经取得的成熟经验，有序放宽市场准入制度。全面实行准入前国民待遇加负面清单的管理模式，按照高水平的国际经贸规则不断推进，进一步缩减负面清单的长度，以达到更高水平的开放。同时，应为外商投资营造良好的、符合国际规范的营商环境，抓紧完善外商投资的相关法律，加强知识产权保护。国家宣布重新组建国家知识产权局，完善执法力量，加大执法力度，并鼓励中外企开展正常技术交流合作，保护在华外企合法知识产权，展示了中国的自信与保护知识产权的决心。我国在加强知识产权保护、维护外商投资合法权益、提升出口质量和附加值等方面的一系列举措，为国际国内两个市场都带来了“真金白银”。

一个国家的金融市场发展与金融开放互相作用，金融市场发展越好，开放的负面影响就越小，也会越开放。发展至今，中资金融机构需要担忧的并不是外资进入，而是要修炼内功、提升能力。同时，开放反而会促进金融机构加强内功的紧迫感，虽然开放也可能带来不容忽视的风险。在开放型经济建设过程中，金融机构能在推动人民币国际化、创新金融服务等方面发挥积极作用，但要把握好金融监管的尺度。监管部门既要出台监管规定、扎牢防风险的制度篱笆，又要采取强有力的措施来化解风险，不让“黑天鹅”① 飞起来，也不让“灰犀牛”② 冲出来。

备受关注的金融领域，国际上一直期待中国扩大开放。此前中资金融机构在国内一直处于不完全市场化竞争的环境。其中银行、证券、保险行业存在对外资的持股比例限制，外资行与外资券商的持股比例限制为 20%、49%，外资券商与寿险公司无法在国内设立独资公司，合资券商牌照把控严格等问题也一度令海外金融机构在中国发展缓慢。中国取消外资投资部分金融机构的持股限制，正是金融开放的重要一步。放宽或取消外资股比限制，实际上是减少了对外资机构的歧视性待遇，体现了内外资一视同仁，并不意味着放松监管。通过加强金融监管、完善配套监管机制，中国监管部门仍然可以有效地防范和化解金融风险，维护金融稳定。

三、推进全球经济一体化

当前，世界经济正处于国际金融危机后的深度调整时期。世界贸易组织（WTO）2019 年 4 月 2 日发布的《全球贸易数据与展望》报告指出，受贸易摩擦升级和经济不确定性加剧等因素影响，2018 年全球贸易增长 3.0%，远低于预期，而且 2019 年与 2020 年的全球贸易增长仍将面临巨大压力。报告将 2019 年全球贸易增长预期由此前的 3.7% 大幅下调至 2.6%，升级的贸易紧张局势是主要的因素，更多不确定性意味着投资和消费的减少，特别是投资（的减少），对于贸易有很大的影响。

① “黑天鹅”：又称“黑天鹅事件”，指那些出乎意料发生的小概率风险事件，通常会引起市场连锁负面反应甚至颠覆。

② “灰犀牛”：又称“灰犀牛事件”，主要指明显的、高概率的却又屡屡被人忽视、最终有可能酿成大危机的事件。

在美国政策转向、英国“脱欧”导致欧盟一体化严重受阻的背景下，逆全球化浪潮迭起，一些发达国家贸易和投资保护主义同样开始抬头，贸易政策呈现单边主义倾向，全球贸易摩擦风险急剧上升，影响全球商品、服务以及要素流动，对中国服务贸易发展带来新的变数。

经济全球化曾经使东亚一些国家和地区踏上腾飞之路。今天，放眼世界，一个由发展中国家和发达国家共同主导的、海洋经济和内陆经济全面打通的、线上线下相互联动的新一轮经济全球化，已经提到议事日程上来。而这正是亚洲国家包括中亚、南亚和西亚国家繁荣发展重大的新机遇。

作为全球第二大经济体，中国对于经济全球化的态度成为世界关注的焦点。十九大报告中有三个地方提及经济全球化，一是在分析中国外交面临的国际环境时，作出了“全球化深入发展”的重大判断，表明了中国对全球化的信心；二是在提出坚持新发展理念的方略中，明确表达了中国“主动参与和推动经济全球化进程”的决心；三是在关于“推动构建人类命运共同体”的倡议中，针对世界面临的不稳定性不确定性突出、世界经济增长动能不足、贫富分化日益严重等问题，呼吁“各国人民要同舟共济，促进贸易和投资自由化便利化，推动经济全球化朝着更加开放、包容、普惠、平衡、共赢的方向发展”。这是中国关于未来全球化的根本思路。

我国要通过构建开放型经济新体制，推动形成全面开放的新格局，从而实现竞争力的升级，并且作为全球经济治理体系的参与者和贡献者，引导全球经济治理体系进一步完善，最终助力中国的现代化进程。中国是全球第二大经济体，近年来对世界经济增长的贡献率都在25%以上。推进全面开放，离不开建立在互利共赢基础上的国际合作关系和良好国际发展环境。

扩大开放将为中国经济持续增长注入新动力，在带动全球经济加快增长的同时，进一步提升中国经济增长的“溢出效应”，为合作伙伴国带来实实在在的好处。继续推进“一带一路”建设，促进“政策沟通、设施联通、贸易畅通、资金融通、民心相通”，有利于深化参与各方深度合作、改善沿线发展环境，为贸易投资注入新动力。大力拓展对外贸易，培育贸易新业态、新模式，这将在大大便利贸易伙伴进口中国商品和服务的同时，为全球带来每年近 2 万亿美元的货物出口和 5000 亿美元的服务出口机会。实行高水平的贸易和投资自由化便利化政策，全面实行准入前国民待遇加负面清单管理模式，扩大服务业开放，这将为许多具备国际竞争优势的服务业投资者带来进入中国巨大市场的机遇。压缩外资企业注册登记时间和经营成本，为世界各国企业每年创造超过 1400 亿美元的投资机会。逐步建立各类企业公平竞争的市场环境，打造透明、稳定和可预期的营商环境，提高外资企业生产运营的便利化水平。优化区域开放布局，加大西部开放力度，这将有利于外国投资者在中西部投资，充分利用这些地区的低成本优势和陆地国际大通道提供机会；赋予自由贸易试验区更大的改革自主权，探索建设自由贸易港；对接国际高水平贸易投资自由化标准的平台建设，将为各国企业投资和国际贸易活动创造更加自由和便利环境。继续推进对外投资，每年为全球带来超过 1500 亿美元吸收外资的机会，并带动东道国经济和就业增长，形成互利共赢的国际合作新格局。

我们要围绕推动高质量发展谋篇布局，就必须一如既往朝着扩大开放要动力、要活力。既要在开放的范围和层次上进一步拓展，更要在开放的思想观念、结构布局、体制机制上进一步拓展。要以“一带一路”建设为重点，加大西部、内陆和沿边开放力度，形成陆海内外联动、东西双向互济的开放格局；切实加强国际合作，优化对外投资结构，“引进来”和“走出去”并重，更广泛地参与国际产能合作，尤其要加快中国制造和中国服务“走出去”的步伐；有序放宽市场准入，全面实行准入前国民待遇加负面清单管理模式，有效提升贸易便利化，不断营造良好的开放环境；加快推进自由贸易试验区改革试点，探索建设自由贸易港，在体制机制创新上下足功夫，形成面向全球的贸易、投融资、生产、服务网络，让中国开放的大门越开越大。

“一带一路”建设本质上就是中国关于未来全球化推进方案的集中展现。“一带一路”倡导“和平合作、开放包容、互学互鉴、互利共赢”的“丝路精神”，推进“政策沟通、设施联通、贸易畅通、资金融通、民心相通”的要素资源大联通并取得了实实在在的成效，早已超出了区域经济合作的范畴，具有全球性作用，有利于推动全球治理改革，促进世界经济开放、包容、平衡发展，为新型全球化注入强大动能。

推进“一带一路”建设需要更加开放有力的金融体系作支撑，同时国内金融业自身发展也面临转型升级的迫切要求，再加上人民币汇率的基本稳定，为中国金融加快开放提供了有利条件。2018 年《政府工作报告》中关于金融市场开放的内容，本质上是给予外资更加深入参与中国金融市场的机会。一方面，体现了中国进一步加大对外开放的决心，另一方面，可以推动国内金融行业的有序竞争，有助于提高中国金融行业整体的竞争能力、规范程度和国际化水平，从而增强金融体系服务实体经济的能力。

中国对外投资的历史很长，但大规模“走出去”的时间却很短。2003 年，中国的对外投资只有 28.5 亿美元，近几年已高达上千亿美元。未来中国要想在全球化时代提升增长的质量和效益，就需要主动到全球去整合资源，这也是区别于过往的地方。以往对外投资大部分是“走出去”买矿山、买酒店，未来对外投资要更多关注整合创新资源。作为一个大国，中国在全球化时代要追求经济增长的质量和效益，其中一个重要方面就是要增强创新能力。不是所有的创新能力都可以“引进来”，也需要我们主动“走出去”整合资源。中国可以到不同的国家建立研发中心、收购国外企业。一个企业经过百年的积累，其品牌、全球网络、研发经验、人才，都是不容易“引进来”的，但我们可以主动地通过并购、合作来整合全球的研发资源、创新资源、品牌和国际销售渠道来加速升级。要进一步鼓励和支持企业“走出去”，积极参与“一带一路”建设，提升我国企业的国际竞争力和国际化经营水平。同时，也要对对外投资进行正确引导，加强风险预警，帮助企业增强风险防范意识，真正使我国企业“走出去”能够行稳致远。

第六节　促进高质量的就业和经济发展

一、我国就业现状与趋势

让人民群众共享改革发展成果是社会主义的本质要求，是社会主义制度优越性的集中体现，也是我们党坚持全心全意为人民服务根本宗旨的必然选择。党的十八届五中全会提出共享发展的理念，揭示了当代中国发展进步的根本出发点和落脚点。全面小康是惠及全体人民的小康，是要使全体人民朝着共同富裕的方向稳步前进。从“十二五”规划开始，就业质量被赋予了特殊的重要性，就业成为中国最大的民生。党的十八届五中全会作出促进就业创业、缩小收入差距、推进健康中国建设等八个方面的部署，这既是关于共享发展的有效制度安排，也是我们推动共享发展的重要着力点。党的十九大报告提出：“要坚持就业优先战略和积极就业政策，实现更高质量和更充分就业”，就业质量再次被列为就业领域的优先目标，这也将是未来就业工作的重中之重。

改革开放以来，我国经济获得飞速发展，经济规模有了非常大的提升。但总体来看，由于受到人口规模巨大、经济发展水平还有待进步提升等因素的影响，我国城乡居民的收入差距呈现不断扩大的趋势。1978 年，我国城乡居民的人均可支配收入分别为 343.4 元和 133.6 元；到了 2018 年，城乡居民的人均可支配收入各自上涨至 39251 元和 14617 元，分别是 1978 年的 114.3 倍和 109.4 倍。城乡居民历年可支配收入的差距，从 1978 年的 209.8 元，到 2018 年已经攀升至 24634 元。

缩小收入差距是坚持社会公平正义、实现发展成果共享的根本要求。“十三五”规划建议明确提出，缩小收入差距，必须坚持居民收入增长和经济增长同步、劳动报酬提高和劳动生产率提高同步，持续增加城乡居民收入。要达到“十三五”规划关于缩小我国城乡居民收入差距的目标，最根本的解决手段就是实现广大人民群众的充分就业。

我国有14亿人口、9亿多劳动力，解决好就业问题始终是经济社会发展的头等大事。党中央、国务院高度重视就业工作，把促进就业作为最大民生，把就业比较充分作为全面建成小康社会的重要目际，提出劳动者自主就业、市场调节就业、政府促进就业和鼓励创业的新时期就业方针，并作出一系列决策部署，就业工作成效显著。人社部发布的2019年一季度就业数据显示，全国城镇新增就业324万人，城镇登记失业率为3.67%，失业率保持在较低水平，就业局势基本稳定。

在就业形势持续向好的同时，也需要注意到当前我国的就业领域面临的一些问题和挑战。新技术革命的发展和全球化的不断深入，智能制造人工智能等领域的快速发展并影响着全球产业链的分工，都对劳动者的素质提出了新的要求，并不断激发着就业模式的创新，而我国劳动者技能的提升与产业发展和参与国际竞争的需求仍存在差距。劳动力市场的分割和社会保障网的不健全，也影响了劳动力市场的配置效率。当前我国经济已由高速增长阶段转向高质量发展阶段，特别是我国劳动年龄人口持续下降，改变着我国劳动力市场的格局，要实现发展方式的转变、经济结构的优化和增长动力的转换，就必须依赖于劳动力市场效率的提升以及劳动者素质和收入的提高。无论是对于供给侧还是需求侧而言，就业质量都是关键性因素。就业质量的提升也是解决当前我国社会主要矛盾，促进经济发展更加平衡和更加充分的必要条件。

相关数据显示，2018年1月至11月全国城镇失业人员再就业人数累计值为513万人，同比微降0.19%，就业困难人员实现就业166万人。从结构上看，矛盾仍然非常突出，长期以来的就业难和招工难并存的矛盾还没有解决。从重点群体就业来看，重点群体就业稳中向好，虽然2018年有820万高校毕业生，但就业总体稳定。农村劳动力转移就业稳中有进，困难群体就业援助力度加大。

2018年我国就业状况总体平稳、稳中有进，走势良好，但与此同时，未来我国也将面临一些新的挑战和问题，主要是人口结构深刻调整、世界经济格局和外部经济环境不确定性、新业态和新技术变革等对就业产生的广泛而深刻的影响。

按照联合国人口署的最新人口模型预计（2017年模型），我国劳动年龄人口（15—59岁）将从2018年的9.30亿下降到2020年的9.25亿，2025年进一步下降到9.07亿，2030年则下降到8.58亿。2020年、2025年和2030年，我国劳动年龄人口将分别比上一年减少约3015万、6853万、8000万，呈现加速减少的态势。因此，在未来十年及更长的时期内，我国劳动年龄人口总量将不断下降且呈现加速下降的趋势。

按照国际经验，平均受教育年限随着经济发展不断提高。未来，中国将处于迈进高收入阶段的关键期，各级、各类教育的进一步普及，接受过初等教育的劳动力在劳动力供给中的占比将不断下降，而接受过高等教育的劳动力在劳动力供给中的占比将不断提高。同时，教育质量的不断改善也将提升我国的人力资本质量。中国已经启动并加快推进“双一流”高校建设，不断加大教育投入，深入推进高等教育改革和内涵式发展，将显著提升高等教育整体水平和教育质量。劳动者对在职教育培训和终身学习的重视，职业教育和培训体系等人力资本服务行业的快速发展，均有助于人力资本质量的改善。此外，数字技术的广泛应用以及在线教育的普及，能够更加广泛地为劳动者提供高效、低成本教育培训服务，将进一步提高人力资本质量。

就业供求不匹配问题更加突出。我国经济已由高速增长阶段转向高质量发展阶段，高质量发展将会对劳动力的知识、技能、创新能力、职业素质等提出更高的要求，但是劳动力知识技能更新通常存在一定的滞后性，难以及时满足现实发展需要。特别是在新技术革命层出不穷的背景下，这些领域的劳动力供需缺口在短期内难以缓解，劳动力供需结构性失衡问题可能较为突出。我国就业人员达到7.76亿，技术工人共计1.65亿，但是高技能人才仅有4700多万，仅占全部就业人员的6%。按照国际经验，未来我国高技能人才占比至少需要达到15%—20%，才能实现高质量发展和创新发展。按照上述要求，我国实现高质量发展的高技能人才缺口将高达1000余万。此外，人工智能和机器人的广泛应用，已经并将持续对许多职业工作岗位产生替代，相应岗位的劳动力面临着职业转换和就业结构调整的压力。

二、我国就业领域面临主要问题

就业是民生之本，就业是否充分是考察一个国家或地区宏观经济状况的重要指标。改革开放以来，我国在劳动就业方面取得了举世瞩目的成绩。然而，由于我国人口众多，地区间经济发展不平衡，加之产业结构转型下资本对劳动的排斥必不可免，在劳动力整体供大于求的情况下，就业总量矛盾虽有缓解，但就业的结构性矛盾和区域性问题日益凸显。

普通高校毕业生就业压力仍然较大。近些年，随着地方高校数量的增多和规模的扩大，我国普通高等学校毕业生数量持续增长，未就业毕业生规模也持续积累。导致高校毕业生就业困难的原因主要有三点：一是经济下行压力下，国内劳动力市场需求萎缩。二是高校教育内容与培养方式落后，不适应经济发展的要求。三是毕业生就业期望值过高。高等教育是我国高素质人才的主要来源，在改革开放以来经济的快速发展中发挥了重要作用。但由于高校教育内容和培养方式改革滞后，加之高校为求“发展”盲目扩大规模和生源，毕业生就业心态不合理，不仅带来普遍的“学用脱钩”现象，更使未就业高校毕业生逐年积累，形成日益庞大的“高学历”失业大军。如果高校尤其是普通高校没有针对经济发展方式转变和产业结构转型升级的客观要求，对教育内容和培养方式进行及时的改革完善，那么未来一段时间内，高校毕业生的就业问题将更加严峻，并会成为我国未来就业的重点和难点问题。

农村剩余劳动力转移挑战与机遇并存。近年来，我国高达数千万的农村转出人口流入城市和城镇，这一方面为实现农业规模化、产业化发展创造了条件，也一定程度上缓解了部分地区的企业“用工荒”和地方基础设施建设的劳动力缺口。但户籍制度以及附着其上的保障制度的差异性，导致农村转移劳动力真正实现市民化困难，不仅一定程度上抵消了相关政策的效果，而且转移劳动力在城市的边缘化很容易成为城市发展的不稳定因素。农村剩余劳动力的持续转移，不仅有利于一定程度上缓解人口拐点的压力，为产业转型升级留足空间，也有利于实现农业的规模化、现代化发展。尤其是作为未来一段时间我国经济发展重要动力的新型城市化，重点集中于人的市民化，这为农村剩余劳动力的高效转移带来了难得机遇。同时，在经济下行压力下，大规模的农业人口市民化意味着政府需要承担巨大的转移成本，即使存在足够吸纳劳动力的渠道，初期的转移成本规模仍不容忽视。《国家新型城镇化规划（2014—2020年）》提出，到2020年我国常住人口城镇化率达到60%左右，户籍人口城镇化率达到45%左右。而在国家限制部分城市人口规模、引导农业转移人口更多进入二级及以下城市的背景下，各级地方城市将面临越来越大的转移成本压力。如何抓住农村剩余劳动力转移带来的机遇，同时尽量降低转移成本，将成为各级政府必须认真解决的现实问题。

就业的结构性矛盾日益突出。就业的结构性矛盾指在劳动力供求总量基本相当的情况下，劳动力供给与需求的不匹配现象，即在劳动者难以实现就业的同时，部分企业却出现“招工难”，而这是近些年，也是未来几年我国将会持续存在的重要问题。受到经济下行压力、国际需求不振、国内需求尚待提升的影响，以及经济发展方式转变、产业结构转型升级的客观要求，大量劳动密集型加工企业生产萎缩或转型升级，导致传统制造业岗位需求显著减少，必然带来大批的失业人员。而这些失业人员的素质和知识水平，普遍没有达到一些新兴产业和高技术产业发展的要求，即使有着强烈的就业愿望，也很难在劳动力市场找到相适应的就业岗位，且劳动力素质的提升也并非一朝一夕可以实现。同时，我国新兴产业和高技术产业目前面临着人才短缺的困境，这已成为其发展的重要制约因素之一。经济发展方式转变和产业转型升级是未来我国经济发展的主要内容，必然伴随相对长期的结构性失业问题，如何解决好这一问题是政府和学术界必须研究和思考的重要课题。

促进就业政策体系和服务体系有待完善。人口流动受限、信息不对称和教育滞后是导致就业问题长期存在的主要因素，政府往往通过对这三个因素施加影响，来解决社会就业问题。但改革开放以来，在人口红利和经济高速发展影响下，就业问题一直没有得到政府部门的足够认识。直到近些年由于国内外经济形势的变化，导致失业问题日趋严重，如何促进就业才逐渐为各级政府所重视。但由于缺乏相应经验，且促进就业的政策体系和服务体系很不完善，政府在促进就业方面仍仅限于通过税收优惠等手段鼓励企业更多吸纳失业人群，而从长期的、根本性的角度来看，针对人口流动限制、信息不对称和教育滞后三大因素的全方位改革尚未展开，给未来就业问题的解决留下隐患。

经过 40 多年改革开放，中国经济与世界经济深度融合，世界经济环境变化，必然对我国经济产生冲击，进而影响到就业领域。这种影响主要体现在两个方面：一方面，贸易摩擦对外贸生产经营企业的直接影响，可能导致部分企业短期内出现经营困难而减少就业岗位；另一方面，经贸摩擦的持续发展，可能导致供应链在全球范围内的调整，部分相关企业可能重新布局生产线，并进一步影响消费市场，这将在更长时间内对我国就业增长和就业结构调整产生更广泛和深入的影响。受此影响，我国部分对外贸依赖度较高的企业可能出现用工减少，并对当前就业形势产生影响。从调查监测情况来看，对用工总量的实际影响要小于对市场预期和心理的影响，总体上仍将是可控的。我国经济和劳动力市场的回旋余地和承压能力仍然巨大，在考虑未来就业形势时，要更多关注国际经济形势变化对我国宏观经济的影响。同时，应加快我国劳动力市场改革，在国际经济再调整、再平衡过程中，促进就业结构调整与经济转型升级和结构调整的协同推进，避免结构性失业风险，实现更高质量和更充分就业。

三、迈向高质量就业

“十三五”时期，就业领域面临许多新的矛盾和挑战，就业任务仍然十分繁重：总量压力依然存在，需要在城镇就业的新增劳动力年均仍有约1500万人；劳动力技能水平与市场需求不匹配、劳动力供给与需求失衡的结构性矛盾更突出；劳动者就业诉求更高更多元。党的十八届五中全会通过的《中共中央关于制定国民经济和社会发展第十三个五年规划的建议》明确提出，坚持就业优先战略，实施更加积极的就业，创造更多就业岗位，着力解决结构性就业矛盾。这是解决新时期就业问题的基本方略。

完善创业扶持政策，鼓励以创业带动就业，建立面向人人的创业服务平台。这是面对全球新一轮科技革命与产业变革、我国经济发展新常态下的趋势变化和长期存在的就业压力提出来的。大学生创业值得鼓励，但更重要的是如何提高大学生的就业能力。把创业与就业结合起来，以创业带就业，将催生经济社会发展新动力，是稳增长、扩就业、激发群众智慧和创造力、促进社会纵向流动和公平正义的重大举措，对调整经济结构、实施创新驱动发展战略具有重要意义。

就业是民生之本，创业是就业之源。以创业带动就业，促进就业质量不断得到提升。为鼓励创业带动就业，需要在制度环境方面下功夫。如深化商事制度改革，减少审批事项，规范审批行为；拓宽创业企业的融资渠道，解决创业企业尤其是小微企业融资难的问题；对首次创业的高校毕业生和就业困难人员给予政策补贴；等等。

伴随着技术进步的迅猛发展带来的产业结构升级，当前全球都面临着产业结构和生产方式的调整。在中国制造走向中国创造这一过程中，技能落伍的劳动者面临着转业转岗，结构性就业矛盾难以避免。我国一方面在传统产业处于追赶地位，而另一方面在很多新兴产业走在技术进步的前沿，因此我国的劳动力市场面临着更大的转型压力，对劳动者的技能要求也越来越高。劳动者，特别是技能单一的劳动者，面临技术升级、工作方式变革、行业转换的风险。国际经验表明，职业技能培训是化解结构性就业矛盾的主要手段。一方面，要发挥企业的主体作用，对用于职工转岗培训、技能提升的相关支出予以补贴。另一方面，对农民工和失业人员的培训，需要发挥公共就业服务部门的作用，切实提升这两类人群的就业能力和职业转换能力。

我国的劳动力市场仍存在形形色色的歧视问题，如户籍歧视、年龄歧视等。应进一步加强反歧视法律法规对劳动者的保障作用，尽快通过立法或司法解释增强反就业歧视相关法律法规的操作性，并进一步拓宽其适用范围，加大用人单位的举证责任。在维护劳动力市场的公平性上，公共部门应该发挥示范作用。公共部门的人事管理制度是劳动力市场公平和规范程度的标杆，必须改革当前公共部门在选人、用人制度上存在的大量不规范的情况，清理同工不同酬等现象。

加强就业援助，帮助就业困难者就业。加强就业援助，帮助就业困难者就业。为此，要进一步落实和完善援助政策措施，将日常援助和集中援助相结合，提高针对性和有效性，通过鼓励企业吸纳、公益性岗位安置等多种渠道帮助就业困难人员尽快就业，确保零就业家庭动态清零。

目前我国产业结构复杂、企业数量多，企业的性质、规模、用工方式多种多样，劳动者也存在着多种多样的诉求。而且当面对经济结构调整带来的工作转变，“双创”带来的小微企业、创新型企业的发展等新的变化时，旧的单一标准的劳动关系认定就难以应对新的就业形式和新型用工方式的挑战。应该积极探索对企业和劳动关系的分层管理，允许一些更加灵活的劳动关系存在。对于小微企业、初创企业等，在劳动合同关系的认定、企业规章制度的建立、员工绩效要求等方面应给予更宽松的环境。对于企业高管、核心技术人员的劳动关系也应该给予双方更多的谈判空间。

同时，无论是否与用人单位签订标准的劳动合同，劳动者的安全、健康等基本权益都必须得到保护。因此，对于基本的劳动标准，如工作条件、工作时间、最低工资等应设立最低标准。同时，尽快推进社会保险跨地区跨部门转移接续的便利性，设立全国性的调剂金制度，使更多的劳动者特别是就业流动性较强的劳动者有意愿参加城镇职工社会保险。

进一步提高高等教育规模和质量。中国要实现高质量发展，实现“三大变革”，不仅面临着劳动力供给减少的挑战，而且面临着接受过高等教育的劳动力在全部就业人口中的占比低于典型经济体的现实。为此，需要进一步加快高等教育改革，放宽和支持民办高校发展，加强国内外高校的引进和合作，在结构优化的前提下适度扩大高等教育规模，并以“双一流”高校建设带动高等教育质量提高，不断提高劳动力平均受教育年限，进一步提升人力资本质量。

加强对接受过中等教育的劳动力的培训。中国接受过中等教育的劳动力在全部就业人口中的占比显著高于典型经济体。针对这一现实，着眼于“三大变革”，进一步完善职业教育和培训体系，以企业为主体，深化产教融合和校企合作，重点加大对接受过中等教育的劳动力的培训和再教育，加快推动这一群体的知识、技能更新。

我国劳动力、人才社会性流动的体制机制弊端的一个重要表现就是，新型城镇化没有实现农村居民向城市居民的纵向流动，农民工通过代际升级改变家庭命运的愿望难以实现。农民工在城镇劳动力市场上遭受诸多不公待遇，例如多从事自我雇佣工作，缺乏劳动合同的保护，无法享受相应的社会保障等。

农民工实现市民化，首先就要做到经济融入。据相关调查显示，农村流动人口与城镇户籍人口在劳动力市场表现方面有明显的趋同势头。如果能够进一步改革户籍制度，减少户籍对劳动力流动的限制，推动教育、医疗、社会保障、文化等基本公共服务的均等化，将进一步加快农民工的市民化进程，从而为劳动力市场的均衡、高质量发展提供坚实的保障。

推动人力资本由公共管理部门、金融部门向生产性部门流动。人力资本特别是大学以上学历劳动力在公共管理部门、事业单位、金融机构等部门的过度配置，导致人力资本在非生产性部门过度配置而在生产性部门配置相对不足，制约了动力变革、效率变革和质量变革，不利于加快产业升级和提高经济增长质量。因此，应加快政府职能转变，深入推动公共管理部门和事业单位改革，进一步打破金融等行业的垄断地位，推动人力资本由非生产性部门向生产性部门流动。

各级政府应该把人力资本投资和提高就业服务质量作为促进高质量增长的关键性举措来做。例如，在就业服务领域，可以采用政府购买服务等形式，吸引社会力量参与服务的提供，进一步拓展服务内容和服务方式，加强对于服务效果的综合评估，防止单纯以服务人次数进行补贴的做法。在就业较为集中的区域，配备公共图书馆并提供讲座、夜校等公共资源鼓励支持各类主体探索互联网时代的新型教育培训形式，如在线课程等。在终身教育和职业教育中应更多发挥企业和行业协会的作用。加大对进行职业教育和培训企业的补贴力度，更好地利用公共资源撬动企业的积极性；单个企业，特别是中小企业组织培训的难度较大，应该更多通过行业协会、产业联盟来开展教育培训；推动职业院校与企业更为紧密协作，鼓励行业企业参与办学和管理，改变目前在专业设置、课程内容、教学方式等方面以教育部门为主导的局面，给企业更大的话语权。此外，还可以参考带薪年假制度，探索将员工培训作为普遍性的劳动标准。

第三章

高质量发展，我国经济发展新常态

第一节　中国经济高质量发展的前世今生

中国的经济奇迹是建立在中国耀眼的经济发展成就基础上的。从数量规模上看，1978 年改革开放伊始，中国的经济规模仅有 3679 亿元人民币；而到 2018 年，中国国内生产总值已经高达 90.03 万亿元人民币，中国经济总量占世界经济的比重由 1978 年的 1.8% 上升到 2018 年的 16.67%，仅次于美国。从经济增速角度看，1978—2017 年，中国国内生产总值（GDP）的年均名义增速高达 14.5%，刨除年均 4.8% 通胀率，年均实际增速仍高达 9.3%。按照经济学家林毅夫[①]所说，“以这么高的速度持续这么长时间的增长，人类历史上不曾有过”。从经济结构的角度看，中国工业化进程加快，第一产业、第二产业、第三产业的结构日趋合理化，第三产业逐渐占据主导地位。统计数据显示，2018 年，中国三产结构的比例分别为 7.2%、40.7% 和 52.2%。第三产业的发展增幅已经超过第一、第二产业，成为拉动中国经济增长的主要力量。

一、举世瞩目的中国经济发展

中国经济腾飞的关键在于中国发生了有利于经济效率提高的制度变迁，市场化、工业化和国际化的有机结合推动了中国经济的快速发展。特别是传统经济体制的改革改变了中国资源配置的方式，为中国经济的快速发展创造了有利条件。也有学者从转型经济的角度认为中国的经济增长属于“转型性增长”。从市场发

---

① 林毅夫，原名林正义，台湾宜兰人，无党派，经济学博士。现任第十三届全国政协常委、经济委员会副主任，北京大学新结构经济学研究院院长、南南合作与发展学院院长、国家发展研究院名誉院长。

展的角度看，有学者认为中国经济的快速增长得益于庞大的国内外市场需求。也有不少学者从市场供给的角度出发，指出技术的快速发展与应用、劳动力的有效转移与利用等为中国经济的持续增长提供了重要保障。此外，政府发展战略的制定、相关政策的实施亦成为中国经济发展的关键因素。俄罗斯学者曾对比中俄国情并指出，中国经济快速发展的重要原因在于20世纪70年代末期的经济政策和经济改革。总而言之，恰如著名经济学家杰弗里·萨克斯①所言，中国自身一系列的内部条件和初始条件促进了中国的经济腾飞。

随着近年来中国经济的快速发展，中国综合国力不断增强。有不少西方学者对中国经济发展成就表示认可和接纳。一位美国传统基金会（The Heritage Foundation)亚洲研究中心研究员曾对比改革开放前后中国的经济状况后指出，改革开放“带来了中华巨龙的腾飞”。英国经济学者阿塔尔·侯赛因②甚至直接称赞数十年来改革开放后的中国“已经变成了另外一个星球”。瑞士比较研究所胜雅律③教授则明确称赞“中国的改革开放政策无疑是一项正确的政策”，其所取得的成就“还将继续下去”。著名的诺贝尔经济学奖得主罗纳德·科斯④也曾在《变革中国》一书中认为1978年中国的改革开放是二战以后人类历史上最为成功的经济改革运动。

从经济增长的角度看，中国的经济增长确实称得上是一大奇迹。然而，经济发展并不仅仅包括经济增长的指标，还需要从社会福利的角度看中国的经济发展问题。从人均GDP水平的角度看，1978年中国人均国内生产总值为381元人

① 杰弗里·萨克斯（Jeffrey Sachs），著名全球发展问题专家，哥伦比亚大学经济学教授，哈佛大学国际研究中心主任，联合国前秘书长安南的高级顾问，“休克疗法”之父。他曾连续两年被《时代》杂志评为“世界百名最有影响的人物”之一，并被《纽约时报》称为“世界上最重要的经济学家”。

② 阿塔尔·侯赛因（S.Athar Hussain），伦敦政治经济学院亚洲中心主任，1987年起在伦敦政经学院工作，曾为世界银行、联合国开发计划署等机构就经济和社会政策问题担任顾问，参与过多个与中国相关的项目，曾是亚洲开发银行“中国城镇贫困”研究组组长。

③ 胜雅律（Harro von Senger)，法学与哲学双博士，欧洲知名法学家、汉学家，德国弗莱堡大学汉学终身教授。

④ 罗纳德·哈里·科斯（Ronald H. Coase），新制度经济学的鼻祖，美国芝加哥大学教授、芝加哥经济学派代表人物之一，1991年诺贝尔经济学奖的获得者。

民币，仅为同期印度人均国内生产总值的三分之二，是当时世界上典型的低收入国家；而 2017 年，中国人均国内生产总值已经高达 64644 元人民币（近 9400 美元），已经跻身中等偏上收入国家行列。改革开放 41 年来，中国前后共计有 7 亿多人脱贫。外国学者认为中国农村上亿人摆脱贫困，实现粮食自给自足，这是人类发展史上一个了不起的事情，也是改善人权的巨大成就。从社会生活水平的角度看，中国经济的快速增长使得中国在能源、交通运输、邮电通信、科教文卫等基础产业、基础设施建设等领域取得诸多辉煌成就。

从经济增长的质量上看，中国改革开放 41 年来的经济发展同样可圈可点。在已经过去的 41 年里，中国经济快速增长的背后包括了不同阶段的发展思路。整体而言，中国的经济发展思路日趋成熟，逐渐由初始“唯 GDP”论的发展思路过渡到可持续发展思路。改革开放初始，囿于自身发展经济的困境，中国的经济发展处于粗放型发展阶段。早在 1994 年，诺贝尔奖获得者、经济学家保罗・克鲁格曼[①]就曾发表论文批评东亚经济体的“苏联式”粗放型增长模式。国内不少学者认可改革开放初期的中国属于“粗放型”的增长模式。此前，中国政府就提出了“坚持以人为本，树立全面、协调、可持续的发展观，促进经济社会和人的全面发展”的目标。十九大进一步明确提出：“推进经济发展转型升级，建设现代化经济体系，推动中国经济发展走上高质量、可持续的新路子”。以碳排放减少为例，据《中国应对气候变化的政策与行动 2018 年度报告》，中国单位国内生产总值二氧化碳排放已超过 2020 年二氧化碳排放下降 40%—45% 的目标，碳排放快速增长的局面得到初步扭转。显然，中国的绿色发展、可持续发展的经济转型升级已经初显成效。

二、中国经济发展中的不足

中国改革开放 41 年来在经济发展领域所取得的成绩是不容置疑的。然而

① 保罗・克鲁格曼（Paul R. Krugman），美籍犹太裔经济学家。耶鲁大学经济学专业毕业，现任普林斯顿大学经济系教授。自由经济学派的新生代，研究贸易模式和区域经济活动。

随着中国经济规模的逐渐扩大，中国自身也日益意识到转变自身经济发展方式的重要性。突出的成绩并不能完全掩盖中国经济发展中存在的某些不足。因此，需要正确看待中国改革开放以来所取得的经济成就。国际社会对中国的发展成就或多或少仍持有某些异议。一方面，不少人对中国经济可持续增长的问题提出质疑。比如，美国学者乔纳森·安德森[①]认为，过去的“中国奇迹”实际上与亚洲模式相似，主要通过高国民储蓄产生的投资来拉动经济增长。另一方面，国外有不少学者认为中国经济崛起的背后将伴随着“中国霸权”的崛起，“中国威胁论”无疑是其中的典型。在2014年习近平总书记提出“一带一路”倡议后，有部分西方学者和西方媒体将其视为中国版“马歇尔计划”的战略载体。此外，亦有不少西方学者从微观视角入手，指出中国当前社会经济发展背后依旧存在的棘手问题。比如，英国剑桥大学著名经济学家彼得·诺兰[②]在其《处在十字路口的中国》一文中指出，中国发展模式中存在诸多亟待解决的问题与矛盾——贫困与不平等、生态环境恶化、金融领域的潜在危机、国际关系面临的严峻挑战、全球商业革命对中国企业的冲击和挑战等。显然，改革开放41年来中国所取得的“经济奇迹”固然可喜，但要延续中国的“经济奇迹”，中国依旧还需要解决很多问题和矛盾。

中国政府开始意识到自身发展模式存在的不足，经济发展转型升级成为当前积极推动的目标。巴西学者认为，中国经济目前正步入转型升级的重要阶段，更加注重长期、平衡的发展。在十九大报告中已经明确提出中国经济正处于转变发展方式、优化经济结构、转换增长动力的攻关期，并据此提出了如下六方面的行动举措：深化供给侧结构性改革；加快建设创新型国家；实施乡村振兴战略；实施区域协调发展战略；加快完善社会主义市场经济体制；推动形成全面开放新格

---

① 乔纳森·安德森（Jonathan Anderson），瑞士银行投资研究部董事总经理，亚太区首席经济学家，哈佛大学经济学博士，先后任职于IMF驻俄罗斯代表处，IMF驻香港代表处和高盛公司。2002年加入瑞士银行投资研究部。

② 彼得·诺兰（Peter Nolan），英国著名经济学家，剑桥大学嘉治商学院终身教授，剑桥大学发展研究学科主席。

局。无疑，未来中国的经济发展仍有极大的提升空间。过去 41 年中国经济的发展成就说明中国正在一条正确的发展道路上摸索前进，但这不代表中国已经找到了一个完整的发展路径。中国要实现崛起的目标、实现中国梦，还必须继续向前摸索，需要解决社会经济发展过程中出现的很多结构性矛盾与问题。这正是当前中国特色社会主义新时代所面临的任务与挑战。中国需要正确对待自身在改革开放 41 年中所取得的成就，并在新时代加快经济发展转型升级，从而为世界经济可持续发展作出更大贡献。

三、中国经济发展对世界的贡献

中国改革开放 41 年来经济发展领域所取得的成就，离不开中国与世界市场之间的相互联系和相互影响。作为承载全球将近五分之一人口的大国，中国对世界经济的影响自然不容小觑。41 年来，中国始终坚持对外开放的基本政策，积极融入经济全球化的发展进程。在经济全球化日益面临重大阻力的背景下，中国始终积极推动双边及多边贸易、投资发展。在 2008 年全球金融危机爆发之后，受到全球经济不景气的影响，全球贸易额增长率长期处于低位。中国进出口贸易相对稳定的增长态势为全球贸易的稳定增长作出了不小贡献。按照世界贸易组织于 2019 年 4 月 2 日发布的《全球贸易数据与展望》报告中显示的信息，2018 年世界商品出口总额为 19.475 万亿美元，世界商品进口总额约为 19.867 万亿美元，贸易总额约为 39.342 万亿美元。报告显示，全球约 200 个国家和地区中，中国继续是全球最大的货物贸易国，2018 年全年进出口总额高达 4.623 万亿美元（全球占比 11.75%），美元名义下同比增长 12.6%；其中，中国出口商品总额同样是全球最高，达到了 2.487 万亿美元，美元名义下增长 10%。随着人民币正式被纳入国际货币基金组织（IMF）特别提款权（SDR）新的货币篮子，获得国际主要货币的地位，中国经济实力的进一步增强，以及中国在全球市场中话语权的不断提高，中国的进出口贸易、对外投资将对全球贸易的增长产生越来越大的影响，日益成为全球经济再平衡的重要力量。

实际上，中国对全球贸易增长的贡献不仅仅体现在日益庞大的贸易规模上，中国经济自身的转型升级同样对全球经济与贸易的增长产生积极影响。中国市场已经日益成为全球消费增长的重要力量，世界贸易组织发布的《全球贸易数据与展望报告》指出，中国的经济结构改革对全球贸易增长将产生积极影响。世界贸易组织认为，中国经济主要依靠投资向消费的转型，从长期来看将有助于中国更强劲的可持续经济增长，从而支持全球经济的持续增长。更为重要的是，作为当今世界最大的发展中国家，中国经济发展的转型升级将对其他发展中国家发展提供重要借鉴，为广大发展中国家提供更贴近发展中国家经济发展实际的发展路径和发展模式，从而为全球经济的可持续发展提供重要的支持。正如国际货币基金组织时任总裁加拉德所言，通过持续不断的改革和产业结构转型升级，中国经济将更安全、更具有可持续性，这将惠及全世界。

随着经济实力的不断增强，中国逐步积极主动地参与到全球经济发展和经济治理事务。正所谓“独乐乐不如众乐乐”，中国熟知改革开放 41 年来所取得的经济成就与全球化进程的深入推进、良好稳定的国际秩序密不可分，积极“走出去”、扩大对外开放的层次、坚持互利共赢是近年来中国坚持的政策主张。早在 2002 年，中共十六大报告中便提出，坚持“引进来”与“走出去”相结合的方针，全面提高对外开放水平。随后，历届中国政府便积极坚持加快实施“走出去”的政策。特别是 2008 年全球金融危机之后，针对全球经济缓慢复苏的新形势，中国先后出台了一系列措施。一方面，中国不断提高自身对外开放的水平，积极开展自由贸易区建设与谈判，推动全球双边与多边贸易、投资的发展。另一方面，针对“一带一路”沿线国家基础设施建设供不应求的情况，中国适时提出了“一带一路”倡议。全球已经有 100 多个国家和国际组织积极支持和参与“一带一路”建设，联合国大会、联合国安理会等重要决议中也对“一带一路”建设内容给予充分认可。以“共商共建共享”为特点的“一带一路”倡议成为当前国际经济发展机制的重要补充。从长远的角度看，“一带一路”建设无疑是双赢的，将对全球经济的持续增长奠定重要基础。

第二节　新常态下的中国高质量经济发展

经济发展进入新常态是对我国经济发展阶段性变化的重大判断，揭示了增速换挡是新常态的外在表现形式，本质特征是结构调整和发展方式转变，带来的是我国经济发展向更高阶段迈进的战略机遇。

在世界经济温和复苏与贸易保护主义抬头的背景下，中国一方面坚定不移促开放，另一方面主动积极防风险，沿着深化供给侧结构性改革的路径，阔步踏上高质量发展新征程。2018 年上半年，我国国内生产总值（GDP）同比增长 6.8%，其中二季度增长 6.7%，连续 12 个季度稳定运行在 6.7%—6.9% 的中高速区间。国民经济形势稳中向好，亮点突出，支撑经济高速增长的韧性很强，创新驱动因素强劲，与民生密切相关的就业、物价保持基本稳定，发展质量和效益持续提升，中国经济在新常态下保持稳中向好的发展态势。

一、新常态是对经济发展阶段性变化的重大判断

2008 年爆发的国际金融危机，引发世界经济自二战以来最严重的衰退，外部需求急剧收缩，造成我国出口下滑，工业生产大幅回落。与此同时，我国经济发展内在条件深刻变化，劳动年龄人口数量开始减少，人口抚养比逐步提高，储蓄率和投资率趋于下降，全要素生产率增速放缓。在外部冲击和内在条件变化的交互作用下，我国经济增速从 2009 年的 9.2%，回落到 2018 年的 6.6%。

经济发展进入新常态，是党的十八大以来党中央在综合分析世界经济长周期和我国发展阶段性特征及其相互作用的基础上作出的重大战略判断。它不仅高

度概括了新阶段我国经济发展的趋势性特征，清楚地回应了近年来有关我国经济形势变化的种种疑虑，也为我国新时期经济发展战略和政策的制定提供了根本指导。

认识新常态，需要区分发展环境的新常态与经济运行的新常态。前者是指，由于影响发展的主要因素（如劳动力供求关系、自然资源和生态环境压力、技术水平、需求结构等）发生转折性变化，发展环境显著地不同于以往；后者是指，由于发展环境的显著不同，经济运行的状态和主要指标（如经济增长率、失业率、通货膨胀率等）也表现出明显的不同，并表现出一种“阶段性变化”。环境新常态是种客观存在，本身没有好与坏之分。运行新常态的基本特征既取决于环境新常态，也在相当大程度上受人为因素的影响，理想的经济运行常态不会自发地形成。对发展实施恰当的干预和引导，在发展环境的新常态下，经济就会有一个良好的运行状态；反之，经济就难以处在良好的运行状态之中。引领新常态，即把经济运行导入良好运行的状态。环境新常态反过来也会受经济实际运行状况的影响，环境新常态的构成要素不会一成不变，在经济社会不断发展的作用之下，环境新常态的构成要素将从量变逐步发展到质变，一种更新的发展环境常态和一种更新的经济运行常态必然会出现。

从实质意义上说，所谓新常态，就是对经济社会发展进入新阶段之后，所面临的环境条件、所面对的矛盾挑战、所表现出的运行特点进行的抽象概括，综合地描述了新阶段经济社会发展规律在各领域的表现。认识新常态，就是要认识新的历史阶段上的经济社会发展的主要特征，两者是一致的。

二、经济运行进入新常态的特征

党的十八大以来，党中央综合分析国内外经济形势，立足大局、把握规律，作出我国经济发展进入新常态的重大判断，就是我国经济增速进入换挡期，经济结构进入优化期，增长动力进入转换期，产业结构、需求结构、要素结构都开始出现历史性变革。经过几年的努力，中国经济增速下行态势基本得到遏制，市场供求关系得到修复，经济增长潜能开始释放。

新常态的第一个特征就是经济增速换挡回落。由过去的高速增长或者是超高速增长，转向了一个7%—8%的中高速增长。中国经济总量在世界经济版图中已经是一个“大块头”。2018年我国经济总量相当于13.6万亿美元，比上年增加了近8万亿元人民币。中国经济成为世界经济增长的稳定器和压舱石，近几年对世界经济增长的贡献率都在30%以上。更重要的是，在新发展理念的引领下，当今中国经济不需要再追求数量的增长，在确保稳增长的前提下，实现的是经济增长内在素质的提质增效。中国经济由规模数量型增长转入质量效益型增长是我们多年来追求的目标，现在看基本进入了“平速提质”新阶段。

实际上，增速回落是一种经济规律。世界经济史的研究表明，当一个国家或地区经历了一段时间的高速增长后，都会出现增速“换挡”现象：1950—1972年期间，日本GDP年均增速为9.7%，1973—1990年期间回落至4.26%，1991—2012年期间更是降至0.86%；1961—1996年期间，韩国GDP年均增速为8.02%，1997—2012年期间仅为4.07%；1952—1994年期间，我国台湾地区GDP年均增长8.62%，1995—2013年期间下调至4.15%。而从2013年世界经济发达国家的增长速度来看，美国是2.2%、德国0.7%、日本1.7%、英国-1.3%。而我国2013年的GDP增速仍为7.7%。经济增速换挡回落，从过去10%左右的高速增长转为7%—8%的中高速增长，相对其他经济大国仍是“高速”。

新常态的第二个特征是发展方式由规模速度型粗放增长向质量效率型集约增长转变。这是实现由经济大国向经济强国转变的关键所在。处理好增长速度和质量效益的关系，保持经济持续稳定增长，是从经济大国向经济强国迈进的前提。没有合理的增长速度，扩大经济总量、提高人均收入就无从谈起，党的十八大提出的到2020年“实现国内生产总值和城乡居民人均收入比2010年翻一番”的目标就难以实现。但我们要的是没有水分的速度，是有质量有效益可持续的速度，必须处理好增长速度和质量效益的关系，在提高质量效益基础上实现中高速增长，不断增强综合经济实力。

新常态的第三个特征是经济结构正在发生全面变化。产业结构方面，第三产业逐步成为产业主体。2013 年中国产业结构出现历史性的变化——2013 年我国第三产业（服务业）增加值占 GDP 比重达 46.1%，首次超过第二产业，标志着中国经济正式迈入"服务化"时代；2018 年上半年，这一比例攀升至 46.6%，而美国等发达国家服务业已占 GDP 的 80% 以上。新常态下，我国产业结构由中低端向中高端提升将是长期趋势。需求结构方面，消费需求逐步成为需求主体。2012 年，消费对经济增长贡献率自 2006 年以来首次超过投资。从 2018 年上半年数据看，最终消费对 GDP 增长贡献率达 54.4%，投资为 48.5%，出口则是负 2.9%。城乡区域结构方面，城乡区域差距将逐步缩小。2011 年年末，中国城镇人口比重达 51.27%，数量首次超过农村人口。收入分配结构方面，居民收入占比上升。改革开放 40 多年来，中国 GDP 年均增长 9.8%，国家财政收入年均增长 14.6%，而城镇居民人均可支配收入和农村居民人均纯收入年均增长分别仅为 7.4% 和 7.5%。在新常态下，这种情况将发生改变。

新常态的第四个特征是增长动力由要素驱动向创新驱动转换。1998—2008 年，全国规模以上工业企业利润总额年均增速高达 35.6%，而到 2013 年降至 12.2%，2018 年 1 月至 5 月仅为 5.8%。中国经济将从要素驱动、投资驱动转向创新驱动。必须增强忧患意识，紧紧抓住和用好新一轮科技革命和产业变革的机遇，不能等待、不能观望、不能懈怠。随着我国劳动力、资源、土地等价格上扬，过去依靠低要素成本驱动的经济发展方式已难以为继，必须把发展动力转换到科技创新上来。新常态下，实施创新驱动战略，经济增长速度就可能会放缓，要为结构调整腾出空间、留出时间。

新旧动能接续转换成效日渐明显，不仅表现在战略性新兴产业、高技术产业、装备制造业增加值增长都在 10% 以上，也表现在新经济、新业态、新模式、新产品层出不穷，网络经济、分享经济、数字经济、平台经济等已成为我国经济发展的新引擎，成为展示我国经济发展后劲的"最大亮点"。

2018 年是转变发展方式、优化经济结构、转换增长动力的攻关期，必须跨越防范化解重大风险、推进精准扶贫、防止污染的各个关口。要时刻警惕伴生其间可能会随时出现的“黑天鹅”“灰犀牛”的冲击。因此，转变经济发展的长期性一点不轻松，优化经济结构的艰巨性一点不容易，转换增长动力的复杂性一点不简单，我们必须保持坚定跨越关口的紧迫感和责任感，着力改革、推动创新、守住底线，牢牢抓住高质量发展这个根本要求，向着建设现代化经济体系这个战略目标稳扎稳打，坚持不懈。

三、新常态构建经济发展新阶段

新常态是倒逼调结构转方式的重大机遇。进入新常态的中国经济，主要经济变量关系深刻调整，经济下行压力增大。面对新常态，是消极应对还是主动作为，将会带来截然不同的结果。习近平总书记明确指出：“经济下行是挑战，更是倒逼转方式调结构的重大机遇”。实践证明，近年来正是按照新常态的大逻辑推进调结构转方式，推动了我国经济运行发生多方面积极变化，2018 年，中国经济增长 6.6%，位居世界主要经济体前列。需求结构调整取得重大进展，消费需求对经济增长的拉动作用增强，2019 年一季度，中国经济增速好于预期，其中消费继续发挥第一驱动力的作用，前 3 月全国社会消费品零售总额达到 9.78 万亿元，同比增长 8.3%，增速比 1—2 月份加快 0.1 个百分点，最终消费支出对经济增长的贡献率达到 65.1%，稳居“三驾马车”之首。创新驱动力明显增强，高速铁路、特高压输变电、电动汽车等产业技术创新取得重大突破，平台经济、共享经济、线上线下融合、跨境电商等新模式方兴未艾。这些积极变化表明，只要保持战略定力，努力使下行压力转化为调结构转方式的动力，就能引领经济发展实现新跨越。

推动经济发展迈上新台阶。当前，全球经济呈现温和复苏态势，但国际金融危机的后续影响仍在持续，发达国家宽松货币政策的逆向调整有可能引发全球资产重新配置和金融市场波动，美国经济政策的不确定性仍可能带来外部冲击。我国经济运行中仍存在不少矛盾和问题，经济提质增效的动力仍显不足，企业效益改善在相当程度上由价格上升带动，经济结构失衡的矛盾仍然突出，新经济新动能相对弱小，实现可持续中高速增长仍面临挑战。面对经济运行面临的新情况新问题，要保持战略定力，按照新常态的大逻辑，坚定不移推进调结构转方式，推动经济发展进入提质增效新阶段。

第三节　新常态引领中国高质量发展

党的十九大对新时代推进中国特色社会主义伟大事业作出了全面部署，对开启全面建设社会主义现代化国家新征程作出战略安排，明确提出全面建成小康社会、实现第一个百年奋斗目标，又要乘势而上开启全面建设社会主义现代化国家新征程，向第二个百年奋斗目标进军。从 2020 年到本世纪中叶，分两个阶段安排：第一个阶段，从 2020 年到 2035 年，在全面建成小康社会的基础上，再奋斗 15 年，基本实现社会主义现代化；第二个阶段，从 2035 年到本世纪中叶，在基本实现现代化的基础上，再奋斗 15 年，把我国建成富强民主文明和谐美丽的社会主义现代化强国。

一、新发展理念引领经济发展新常态

新发展理念是我们党对我国发展规律的新认识，是“十三五”乃至更长时期我国发展思路、发展方向、发展着力点的集中体现。引领经济新常态，必须牢固树立并切实贯彻创新、协调、绿色、开放、共享的“五大发展理念”。新发展理念是在把握历史发展脉络和世界发展大势、深刻总结国内外发展经验教训基础上提出来的，实现了发展理念的新飞跃，必将引领关系我国发展全局的深刻变革。

新发展理念引领新一轮思想解放。当前和今后一个时期，我国仍处于重要战略机遇期，但战略机遇期的内涵发生变化。我国已成为世界第二大经济体，但“发展起来以后的问题不比不发展时少”，面临诸多矛盾叠加、风险隐患增多的严

峻挑战。新发展理念放眼世界发展大势，把握我国发展全局，推动我国适应发展潮流和大势的理念变革，必将引领一次新的思想解放，深刻改变和重塑我国发展格局，为我国发展赢得更加光明的未来。

新发展理念开辟发展理论的新境界。新发展理念坚持以人民为中心的发展思想，提出创新、协调、绿色、开放、共享五个维度，对发展内涵作了具有新时代特点的全方位拓展，明确实现什么样的发展、如何发展的五个维度，形成各有侧重又相互支撑的逻辑体系。在发展动力上，要由要素驱动转向创新驱动；在发展布局上，要由不协调发展转向协调发展；在发展形态上，要由自然环境为代价的发展转向绿色发展；在发展空间上，要由单向开放转向双向开放；在发展目的上，要由片面追求经济总量的发展转向人民群众有更多获得感的发展。新发展理念推动了发展理论的重大创新，必将引领中国特色社会主义建设开创新局面。

新发展理念指明破解发展难题的新路径。进入经济发展新常态，有些过去行之有效的思维方式和工作套路，已经跟不上时代步伐，有些过去难以突破的难题，比如片面追求 GDP、拼资源拼投入、先污染后治理等，必须破解。新发展理念把握发展速度变化、结构调整和动力转换的新特点，明确了破解发展难题的新路径。更加突出发展的创新性，通过创新提升发展的科技和人力资本含量，大力培育新技术、新产品、新业态、新模式，促进经济发展从速度规模型向质量效率型转换；更加突出发展的整体性协调性，促进农业转移人口市民化，推动改变城乡二元结构，促进区域协调发展；更加突出发展的可持续性，坚定不移走绿色低碳循环发展之路，构建绿色产业体系和空间格局，建设美丽中国；更加突出发展的内外联动性，坚持内外需协调、进出口平衡、“引进来”“走出去”并重、引资引技引智并举，推进“一带一路”建设，积极参与全球经济治理和公共品供给，提高我国在全球治理中的制度性话语权；更加突出发展的包容性、普惠性，推进共建共享，满足人民群众对美好生活的向往，指明了关系发展全局的发展思路、方向和着力点。

二、新思路谋划经济发展新常态

把提高发展质量作为引领新常态的核心任务。引领新常态的任务很多，包括：保持经济适度增长，建立更合理的投资、消费和出口之关系，形成更合理的收入分配关系，改善生态环境状况，等等。其中最重要的也是最具有综合性质的任务，是提高发展质量。从狭义和抽象意义上看，提高发展质量就是提高投入产出率，以较少的自然资源、物质和人力资本投入实现更大规模的产出。从广义和具象意义上看，提高发展质量就是提高产品和服务的品质和增加值，提升我国在全球产业价值链中的地位，以及形成更合理的经济结构关系。

把建立新的发展方式作为引领新常态的基本支撑。发展方式，从供给侧看，是何种要素（资本、技术、劳动力、自然资源等）及要素的何种组合方式（比如，是以资本投入为主还是以技术投入为主）推动发展的问题；从需求侧看，是何种力量（投资、消费和出口）及力量的何种组合方式（比如，是以投资为主，还是以消费为主，抑或是以出口为主）拉动经济增长的问题。发展方式所影响的不仅是投入产出关系，还有各方面的经济结构关系。可以说，有什么样的发展方式，就有什么样的发展绩效。因此，引领新常态必须把建立新的发展方式作为基本支撑。简而言之，建立新的发展方式，从供给侧看，就是要从以技术引进为主过渡到以自主创新为主，以物质和劳动力要素投入为主过渡到以创新投入为主；从需求侧来看，就是要从依靠投资和国外需求拉动为主，转变为更多依靠消费需求特别是中高端消费需求拉动为主。

把建立新的体制机制作为引领新常态的根本保障。引领新常态需要实施有力的政策，更需要建立长效的体制机制。在引领新常态的过程中，有时不得不依靠短期政策以解燃眉之急（比如，为应对增长下滑而实施宽松货币政策），但是，不应该形成对这些政策的依赖，而应该把建立新体制机制放在优先的位置上。要通过深化改革，建立新的体制机制，破解金融财政房地产等领域风险，进一步提高资源配置效率，促进社会公平，改善生态环境，确保经济社会发展走上持续健康发展的轨道。

三、新举措推进经济发展新常态

面对中国经济发展进入新常态、世界经济发展进入转型期、世界科技发展酝酿新突破的发展格局，我们要坚持以经济建设为中心，坚持以新发展理念引领经济发展新常态，加快转变经济发展方式、调整经济发展结构、提高发展质量和效益，着力推进供给侧结构性改革，推动经济更有效率、更有质量、更加公平、更可持续地发展，加快形成崇尚创新、注重协调、倡导绿色、厚植开放、推进共享的机制和环境，不断壮大我国经济实力和综合国力。

要保持宏观政策基本稳定，加强政策落实。引领新常态必须有稳定的宏观环境，如果经济增速过低或剧烈波动，必然会引发经济和社会风险，即使不调整发展的长期目标，也可能不得不把工作的重点放在应对短期挑战上，甚至把引领新常态的战略安排束之高阁。要兼顾保持经济增长大体稳定、促进经济结构持续优化、防止发生系统性风险等多重目标，适应从数量型追赶逐步转向质量型追赶的要求，创新宏观调控的思路和方式。要坚持稳中求进工作总基调，主动适应经济发展新常态，坚持以提高经济发展质量和效益为中心，狠抓工作落实。大力简政放权，使市场活力进一步释放。简言之，就是要放开市场这只“看不见的手”，用好政府这只“看得见的手”。

推进供给侧结构性改革增强发展新动力，是综合研判世界经济形势和我国经济发展新常态作出的重大决策。进入新常态，依靠扩大投资拉动经济增长的空间明显收窄，以往采取扩大投资需求拉动经济增长的办法，不仅投资效率会继续下降，债务杠杆会继续攀升，还将增大金融风险发生的概率，也难以从根本上扭转经济短暂回升后继续下行的态势。因此，必须将经济工作的重心从需求侧转向供给侧，从结构性改革上找出路、想办法。近几年的实践证明，从“三去一降一补”着手推进供给侧结构性改革，有效改善了供需关系，加快了市场出清，对工业企业盈利改善起到重要支撑作用，对经济企稳向好发挥了关键作用。

中国经济发展进入新常态，这是中国经济向形态更高级、分工更优化、结构更合理阶段演进的必经过程。要坚持以提高经济发展质量和效益为中心，把转方式调结构放到更加重要位置，更加扎实地推进经济发展，更加坚定地深化改革开放，更加充分地激发创造活力，更加有效地维护公平正义，更加有力地保障和改善民生，促进经济社会平稳健康发展。要在新常态下保持经济中高速增长，必须依靠改革。因循守旧没有出路，畏缩不前坐失良机。中国改革的方向已经明确、不会动摇；中国改革的步伐将坚定向前、不会放慢。

实施创新驱动发展战略是应对发展环境变化、把握发展自主权、提高核心竞争力的必然选择，是加快转变经济发展方式、破解经济发展深层次矛盾和问题的必然选择，是更好引领我国经济发展新常态、保持我国经济持续健康发展的必然选择。形成新发展方式，需要多方面努力，需要多重因素的支撑，但其最基础的支撑因素是创新。没有创新，形成新的发展方式便无从谈起。要以加快营造有利于创新的生态环境为重点，坚持科技体制改革和经济社会领域改革同步发力，进一步推进体制机制创新；重点落实管用的创新政策，提高政策的可操作性和协调配套，调动全社会的创新积极性。同时，要进一步提高原始创新能力，整合、利用全球创新资源，提高创新质量和效率；要更加注重创新的需求侧政策，促进科技成果高效转化，使创新成为现实生产力；加强人才激励政策和普惠性政策不断壮大我国的创新群体，并积极培育具有国际竞争力的创新领跑者。

我国经济发展进入新常态，妥善应对我国经济社会发展中面临的困难和挑战，更加需要扩大对外开放。必须审时度势，努力在经济全球化中抢占先机、赢得主动。开放不仅影响经济增长，而且会影响发展的质量和效益。通过优化对外开放格局，实现更高质量的开放，有助于形成新的发展方式。要落实开放发展理念，推动建立开放型经济新体制，形成新的对外开放格局。

第四节　深化发展高质量的分配改革

一、分配与分配制度

随着我国经济由高速增长阶段转向高质量发展阶段，深化供给侧结构性改革成为建设现代化经济体系、发展经济的重要着力点。供给侧改革是通过培育发展新动力、扩大生产可能性边界以及提高潜在经济增长率来达到促进经济增长数量与质量同步提升的宏观经济目标。这一改革过程要求要素供给从自然资源、劳动力、资本等低端要素转向人力资本、技术进步、产业升级等高端要素，而要素收入分配机制会对要素供给结构的调整发挥重要作用。中国在长期享受“人口红利”之后，适龄劳动人口规模正在不断下降，将“人口红利”转变为“人才红利”、将“低技能劳动”转变为“高技能劳动”不仅有利于科学技术的创新活动，而且有利于社会经济的长期稳定发展。提高劳动要素的收入份额、借助分配杠杆激活劳动力成为中国经济长期、持续、高质量增长的关键因素。

合理的收入分配格局不仅事关社会和谐稳定和可持续发展，对推进我国高质量发展也至关重要。中华人民共和国成立初期，出现了企业、个人吃“大锅饭”的平均主义，十二届三中全会一改不合理的分配制度，建立以承包为主的各种形式的经济责任制，使责、权、利相结合，国家、集体、个人三者的利益相统一，职工劳动所得同劳动成果相联系，极大地激发了劳动人民的热情。随着社会主义市场经济的逐步建立，肯定按劳分配以外的多种分配方式是鼓励创新、鼓励发展的重要举措，而鼓励了除按劳分配外的其他分配制度，也是探索中国特色社会主义分配制度的一大进展。

分配是指社会的经济资源配置过程，主要是指劳动力、资金或资本、生产资料等资源的分配，是以分工为前提的社会生产按比例进行的物质条件。不论社会经济制度的性质如何，只要该社会的生产是以分工为前提的生产，就必须按比例配置经济资源，只有这样，才能按比例进行和发展各类生产。分配作为社会再生产中连接生产和消费的中介环节，它不是为分配而分配的。分配的目的包括在整个社会再生产的目的之中，是为了实现社会生产的目的而分配的。而消费是社会再生产的最终环节，是社会生产的目的和最终归宿。因此，分配的目的在于消费。

分配是社会再生产的一个重要环节，其中包括社会总产品的分配、国民收入的分配、个人消费品的分配等。社会总产品的价值中新增加的价值是国民收入。国民收入的分配，由生产资料所有制决定。在以生产资料私有制为基础的社会中，生产资料归剥削阶级所私有，直接生产者没有或只有少量的生产资料，国民收入的分配也反映生产资料的所有者对直接生产者的剥削关系。在生产资料归劳动者共同占有的社会主义社会中，国民收入则按照社会主义原则进行分配。

国民收入的分配包括初次分配和再分配。初次分配指国民收入在物质生产部门中的各阶级、阶层及其成员之间进行的分配。国民收入在初次分配的基础上还要进行再分配。因为除了物质生产部门外，还有许多非物质生产部门，比如文化、教育、卫生、国家机关、军事部门等。各部门所需要的费用以及支付给工作人员的工资，是通过国民收入的再分配取得的。在不同的生产方式中，国民收入的分配和再分配具有不同的社会性质，反映了不同的生产关系，受不同的经济规律决定。

分配是联结生产和消费的中间环节。分配和生产的关系是生产决定分配，即生产决定分配的对象和方式。没有产品的生产，就没有可供分配的对象（产品）。可供分配的产品的数量，也取决于生产出来的该种产品的数量。社会成员以什么样的社会形式参与社会产品的分配，取决于他们以什么样的社会形式参与生产。

马克思说："分配的结构完全决定于生产的结构，分配本身就是生产的产物，不仅就对象说是如此，而且就形式说也是如此。就对象说，能分配的只是生产的成果，就形式说，参与生产的一定形式决定分配的特定形式，决定参与分配的形式。"分配对生产也起反作用，适应特定生产形式的分配形式，能够促进生产的发展；反之，不适应生产形式的分配形式，则会在或大或小的程度上阻碍生产的发展。

收入分配结构既是经济体系运行的结果，又是推动经济发展最基本的动力结构。收入分配结构如果不合理，将会反作用于经济社会运行本身，使其存在的弊端进一步扭曲、放大，甚至阻碍经济社会发展。拉美国家长期陷入"中等收入陷阱"就是一个鲜活的教训。正因为收入分配问题涉及面非常广，牵一发而动全身，更需要针对问题的轻重缓急，突出阶段性调整的重点。在初次分配领域，虽然劳动者报酬占比偏低，但只要坚持市场经济方向，继续深化体制改革，特别是随着劳动力市场供求结构的变化和产业升级，这一状况有望得到一定缓解。2008年受国际金融危机冲击后，部分企业的原有经营模式不可持续，我国劳动力市场出现了结构性短缺，劳动者报酬占比也出现一定反弹，正说明了这一问题。而在再分配领域，问题则表现得更为复杂和敏感，虽然城乡差距总体有所减少，但地区、行业和社会成员收入差距还在拉大，而且随着城市化的推进，城市贫民、城市二元化等新问题开始凸显，再加上一些灰色收入和不法收入的影响，对社会安定和谐极易形成冲击。加大对再分配领域的改革和政策调整，应该成为目前阶段收入分配关系优化调整的重点。

收入分配结构调整，实质是社会群体现有利益的重新分配，属于存量型改革。历史经验表明，存量改革通常比增量改革更加艰难。如果能将存量改革融入增量改革过程中，则改革障碍就会减少，推行起来就会相对容易。未来我国仍处于大有作为的重要战略机遇期，经济有望保持平稳较快增长，收入增量空间还很大。在此期间加快推进收入分配结构调整，有更大的回旋余地。实现数量与质量效益的同步提升是我国经济发展新阶段的核心目标，这一增长导向的转变意味着政策着眼点也需要从数量型增长的货币政策、财政政策，扩展到质量型增长的技术创新政策、人力资本政策、收入分配政策等方面。

现今，我国基本形成了以按劳分配为主体、多种分配方式并存的收入分配制度，并允许和鼓励生产要素参与分配。收入分配制度自改革开放后，整体而言，收入分配制度从最初的简单公私分家走向整体通盘考虑，从城乡差异走向统筹规划。40多年来，随着收入水平的不断上升，个税的改革不断向前推进。靠着累进的税率，个税改变影响着居民可支配收入，刺激着居民的生活消费。同时，个税还能够平衡收入的不均，改善贫富差距。特别是我国常年居高不下的基尼系数也对个税的调整提出了迫切的要求。

分配制度即劳动产品在社会主体中如何分割、配给制度的总称。有按劳分配、按资分配、按需分配以及多种分配方式并存的分配制度。实行按劳分配为主体、多种分配方式并存的制度，把按劳分配和按生产要素分配结合起来，可以调动各方面的积极性，促进经济效率的提高，推动生产力的发展。

中国现行的分配制度是以按劳分配为主体、多种分配方式并存的分配制度。我国社会主义初级阶段的生产资料所有制结构，社会主义初级阶段生产力的发展水平，社会主义社会人们劳动差别的存在决定了我国现阶段的分配结构；同时也是发展社会主义市场经济的客观要求。按劳分配的主体地位表现在：一是全社会范围的收入分配中，按劳分配占最大比重，起主要作用；二是公有制经济范围内劳动者总收入中，按劳分配收入是最主要的收入来源。

除了按劳分配以外，其他分配方式主要还包括按经营成果分配，按劳动、资本、技术、土地等其他生产要素分配。按劳分配与按劳动要素分配不同，按劳分配只能在社会主义公有制范围内分配。以按劳分配为主体、多种分配方式并存的分配制度实质上反映出劳动、管理、资本、技术、土地等各种生产要素，都按贡献参与了收益分配；其中按劳分配为主体反映了劳动要素是各种生产要素中最受重视的部分。

收入分配制度是经济社会发展中一项带有根本性、基础性的制度安排，是社会主义市场经济体制的重要基石。改革开放以来，我国收入分配制度改革不断推进，与基本国情、发展阶段相适应的收入分配制度基本建立。同时，收入分配领域仍存在一些亟待解决的突出问题，城乡区域发展差距和居民收入分配差距依然较大，收入分配秩序不规范，隐性收入、非法收入问题比较突出，部分群众生活比较困难。当前，我国已经进入全面建成小康社会的决定性阶段，按照党的十八大提出的千方百计增加居民收入的战略部署，要继续深化收入分配制度改革，优化收入分配结构，调动各方面积极性，促进经济发展方式转变，维护社会公平正义与和谐稳定，实现发展成果由人民共享，为全面建成小康社会奠定扎实基础。

我国仍处于并将长期处于社会主义初级阶段，当前收入分配领域出现的问题是发展中的矛盾、前进中的问题，必须通过促进发展、深化改革来逐步加以解决。解决这些问题，也是城乡居民在收入普遍增加、生活不断改善过程中的新要求新期待。同时也应该看到，深化收入分配制度改革是一项十分艰巨复杂的系统工程，不可能一蹴而就，必须从我国基本国情和发展阶段出发，立足当前、着眼长远，克难攻坚、有序推进。

深化收入分配制度改革要坚持共同发展、共享成果。倡导勤劳致富、支持创业创新、保护合法经营，在不断创造社会财富、增强综合国力的同时，普遍提高人民富裕程度。坚持注重效率、维护公平。初次分配和再分配都要兼顾效率和公平，初次分配要注重效率，创造机会公平的竞争环境，维护劳动收入的主体地位；再分配要更加注重公平，提高公共资源配置效率，缩小收入差距。坚持市场调节、政府调控。充分发挥市场机制在要素配置和价格形成中的基础性作用，更好地发挥政府对收入分配的调控作用，规范收入分配秩序，增加低收入者收入，调节过高收入。坚持积极而为、量力而行。妥善处理好改革发展稳定的关系，着力解决人民群众反映突出的矛盾和问题，突出增量改革，带动存量调整。

二、当前收入分配领域矛盾与特征

经过多年的改革，我国建立起了以按劳分配为主体、多种分配方式并存，按劳分配与按生产要素分配相结合的基本分配制度。通过把市场竞争机制引入收入分配领域，克服了计划经济体制中收入分配的平均主义和“大锅饭”倾向，有效地促进了机会平等，激励了人们生产和创业的积极性，解放了生产力，对推动经济社会的快速发展发挥了重要作用。然而，随着我国经济社会发展进入新的阶段，受改革不彻底、制度不健全、调控不到位等诸多因素影响，收入分配呈现出比例失衡、差距拉大的趋势，一些弊端逐步凸显出来。

当前我国收入分配领域存在三大突出问题：劳动者报酬和居民收入占 GDP 比重偏低且持续下降；城乡、区域、行业和社会成员之间收入分配差距拉大；收入分配秩序不规范，投机行为盛行，灰色收入和不法收入恶化收入分配关系。产生这些弊端的原因，不是改革开放本身出了问题，关键在于市场体系改革不彻底，要素价格扭曲和市场主体扭曲，导致资源错配，使劳动者地位相对恶化；国有经济占用大量社会剩余（储蓄），但产生的收益却没有形成有效的全民分享机制；政府职能转变滞后，二次分配领域调节不力，逆向调节现象突出，公共服务供给不足，使得初次分配形成的差距不但没有得到修正，反而进一步拉大。加上收入秩序不规范和制度不健全，为获取投机、非法等收入提供了可乘之机，严重影响了社会安定团结。因此，形成公平合理的国民收入分配格局，需要继续深化经济体制改革，建立规范的收入分配制度。收入分配差距依然过大。按照国家统计局公布的数据，2008 年我国居民收入基尼系数达到 0.491 的历史高位后转向下降，但截至 2015 年，居民收入基尼系数仍然高达 0.42，大大超过国际公认的 0.4 的警戒线水平。与此同时，同反映流量的居民收入间的差距相比，反映存量的居民财富间的差距更为突出。由于财富统计数据的不完善，我国尚没有一个衡量居民财富差距的权威数据，但一些既有研究结果已反映出，当前我国居民财富的基尼系数已经很高，其数值极可能达到 0.7 以上。上述情况反映了当前我国居民收入和财富差距过大，可持续发展的局面并没有出现根本性改变；在当前和今后一段时期内，应对收入分配问题，构建良好的收入分配格局依然是一个亟待解决的重要问题。

橄榄型分配格局远没有实现。以中等收入群体为主的橄榄型收入分配格局，是一个社会收入分配格局中最理想的状态。党的十八届三中全会明确提出了构建橄榄型分配格局的具体目标。十八届五中全会以及“十三五”规划中再次重申了落实这一目标的具体措施。经过一段时期努力，我国的收入分配格局从“倒丁字”形逐步转为“土字”形和“金字塔”形，但距形成橄榄型收入分配格局依然有不小差距。从整体看，当前我国分配格局中，中低收入人群比重偏大，中等收入群体发育不足的问题依然突出。

居民的社会流动性有所降低，阶层固化的风险正在加大。改革开放以来，随着以松绑为主的各项政策的逐步落实，我国居民的社会流动性整体上得到了较大程度改善。随着大规模劳动力从乡村向城镇流动实现职业变换，年轻人口通过教育获得了与父辈完全不同的就业结构。整体上，社会流动性随经济社会的进步逐渐增强。但进入 21 世纪以来，在一些新因素的影响下，居民的社会流动性有所降低，阶层固化的风险也在逐步加大。这一现象，无论是从近些年重点大学中农村学生比例下降，还是从就业市场上日益凸显的“拼爹”现象中都得到了反映。

需要说明的是，改革开放后收入分配差距虽总体上呈现了持续扩大势头，但在具体变化中却具有明显的时期性特点。20 世纪 90 年代之前，收入分配差距扩大展现的是一极化特征，即虽整体在扩大，但社会中各群体的收入都在增长；与此相对，近些年的收入差距变化则显示出了两极化特征，即一方面高收入群体的收入以更快的速度增长，但另一方面，大部分群体的收入增长缓慢，部分群体收入甚至出现了下降势头。

国际经验表明，在以工业化带动的高速发展时期，伴随国民收入的快速增长，特别是在人均收入由中等收入向高收入转变过程中，国民收入分配结构会出现明显的阶段性变化特征。在初次分配领域，劳动者报酬占比会出现一段时间下降，然后逐步回升趋稳，呈现 U 形特征；而在二次分配领域，以基尼系数衡量的居民收入差距会先拉大，然后逐步下降趋稳，呈现倒 U 形特征。我国收入分配结构近年来的变化，自身具有一定特殊性，但总体趋势符合国际规律，体现了所处发展阶段的特征。但更应该注意，国际经验表现出来的这种收入分配关系转变规律，并不是自发产生和自然而然到来的，而是伴随着不同社会群体的利益冲突与妥协，靠政府积极主动的政策干预和制度创新得到的结果。

随产业转型升级，一些传统行业中的就业群体将面临收入下降甚至结构性失业的风险。经济发展进入转型期后的一个重要变化，是经济增长方式从数量扩张型向质量效益型转化，这一过程中伴随着大规模的产业和就业结构调整。在调整中，一方面，农业、制造业等传统行业需要进行技术转型升级，一些低端生产将被淘汰；另一方面，人工智能和互联网等技术的快速发展，也带来了生产方式的新变化。机器人的使用和推广，对劳动力产生的替代效应，对就业市场形成了新冲击。这些变化，均对传统的劳动力就业形态产生影响。在这一背景下，掌握新技术的人员能够胜出，而无法进行自身劳动技能改善实现“升级”的劳动者，将被逐步淘汰，面临收入增长停滞甚至失业风险。从行业角度看，钢铁、煤炭、低端制造业等面临淘汰或升级的行业或企业中的劳动者，面临着更高的失业或收入大幅下降风险。

技术进步和交易方式变革，拉大了要素获取收入能力的差距，相比劳动，资本和技术变得更为强势，普通劳动者依靠劳动获取收入增长的能力面临着来自资本和技术的更大挤压。一方面，全球化的日益深化使资本和人员等要素的国际流动更自由，通信、交通等技术的发展带来了市场规模的日趋扩大。在这一背景下，具有更高人力资本的劳动者获取收入的能力进一步提升，积累的财富规模也大幅增长。另一方面，那些人力资本水平相对不足的普通劳动者，由于生产经营活动向外转移或机器产生的替代面临收入进一步下降的风险。在新技术环境下，普通劳动者收入进一步恶化，提升劳动者相对于资本的收入也变得更为困难，资本持有人同一般劳动者之间的收入差距面临继续扩大的风险。

城乡居民特别是农民收入增速放缓甚至收入下降。转型期经济增速的下降，无疑对居民收入增长形成负面影响，其中农村居民承受的压力更大。改革开放以来，农村居民收入实现了快速增长，其中绝大部分是通过进城务工等从事非农活动获取的收入。进入21世纪以来，随着租房等价格的迅速上涨，城镇地区的生活成本出现了迅速攀升，进城务工人员收入的结余部分大大压缩，对流出地农村家庭的经济支持也在逐步减少。与此同时，近些年进行的产业和就业结构调整，成本更多地为外出务工人员所承担，这导致这一群体整体上面临着收入增幅下降、就业不稳定等多重风险的冲击。上述这些变化，都导致了近些年农民从非农渠道获取收入的空间受到挤压。在这一背景下，实现农民收入的进一步增长面临更大压力。

随着经济从高速增长转为中高速增长，基于快速发展带来居民生活普遍改善的局面将难以继续，在当时背景下收入分配中很多被掩盖下来的矛盾将会被凸显和放大。在当前的经济转型期，正确处理收入分配领域中的各项矛盾，是获取经济增长新动力，确保社会和谐稳定，构建良好发展格局的必然要求，也是确保经济成功转型的必要条件。

三、分配改革推动高质量发展

经济增长终极价值判断的核心是人的发展，经济增长要实现人的福利最大化不仅涉及居民整体福利水平的改善，而且必须关注社会福利分配的包容性。只有当经济增长的成果能够被绝大多数人所分享时，才能够实现高质量的增长。经济学研究收入分配有两个层面，一是收入在生产要素之间的分配，二是收入在居民个人之间的分配。要素收入分配与居民收入分配之间存在密切的联系，劳动收入份额会通过收入分配机制的两种效应对经济增长质量产生影响：一是单向效应。我国大量资本要素收入所得并未用于生产性投资和社会保险，而是流入消费领域，从而助长了居民收入差距的扩大。个人收入来源于财产收入和劳动收入，收入分布中处于较高位置个体的收入来源主要是财产收入，而收入分布中处于较低位置个体的收入来源主要是劳动收入。劳动收入份额过低将导致以劳动收入为主要收入来源的低收入居民的收入水平受到影响。在国民收入分配中，如果居民收入中劳动要素收入不平等程度低于资本要素收入的不平等程度，那么劳动收入份额相对于资本要素收入份额的上升将会缩小居民收入差距。二是交互效应。一方面，当要素收入分配发生不利于劳动要素的变化时，劳动要素分配份额过低将导致以劳动收入为主要收入来源的低收入居民的收入水平受到影响，居民收入分配差距扩大；另一方面，当居民收入分配发生不利于低收入者的变化时，低收入者收入水平过低将导致其人力资本积累受限，并进一步制约劳动收入份额的提升。劳动收入份额降低会通过收入分配的单向效应和交互效应制约经济增长质量的提升。

要素收入分配结构优化和经济增长质量水平提升是我国经济社会发展的重要主题。经济增长质量是指经济增长内在的性质与规律，从条件层面表现为国民经济的整体素质，从过程层面表现为经济要素的联结关系，从结果层面表现为增长成果的有效性与包容性。劳动收入份额会通过人力资本机制的总量效应与结构效应、消费需求机制的宏观效应与微观效应，以及收入分配机制的单向效应与交互效应而对经济增长质量产生影响。我国劳动收入份额变量确实与经济增长质量指数是同向变化的，过低的劳动收入份额会阻碍经济增长质量，而劳动收入份额的提高会对我国经济增长质量产生显著的正向影响。其贡献主要在于劳动收入份额变化通过经济增长条件维度的人力资本机制、经济增长过程维度的消费需求机制以及经济增长结果维度的收入分配机制对经济增长质量产生显著的影响。

我国目前实行的是社会主义市场经济体制，在实行按劳分配为主体分配制度的前提下，实行按生产要素分配，有利于我国生产力水平的提高，加快我国现代化建设的进程。主体地位不动摇，以按劳分配为主体，与按生产要素分配相结合，是由于两者具有互补的作用，而且要素的分配在一定程度上有利于巩固按劳分配为主体的地位。两者的互补作用体现在以下几个方面：一是在社会主义市场经济条件下，按劳分配必须借助于市场机制（供求机制、价格机制、竞争机制等）才能实现。如国有企业人才的聘用，招投标机制等。二是改革开放以来，我国为了大力发展生产力，吸引资金、技术等，筹建了很多的私有制企业，到目前为止已有70%的企业是私有制企业，在这样的前提下，在一定程度上实行按生产要素分配有利于调动各方力量积极投入建设，实行资源的优化配置。按生产要素分配在我国社会主义市场经济条件下实践并发展，有着其不可取代的现实意义和成效。

有利于社会主义共同富裕目标的实现。一部分地区、一部分人先富起来，先富帮后富，最终达到共同富裕。正如邓小平指出的："共同富裕的构想是这样提出来的：一部分地区有条件先发展起来，一部分地区发展慢点，先发展起来的地区带动后发展的地区，最终达到共同富裕。"按生产要素进行分配，根据各个社会主体的特点，提供不同的致富机会和途径。从而，做到"君子爱财，取之有道"。

有利于巩固我国社会主义初级阶段基本经济制度。我国基本经济制度是以公有制为主体、多种所有制经济共同发展。一方面，按生产要素分配有利于巩固公有制经济的主体地位。在市场经济条件下，公有制经济要增强其控制力，发挥国有经济在国民经济中的主导作用，除了要从战略上调整国有经济布局、提高国有经济的整体素质、对关系国民经济命脉的重要行业和关键领域起支配作用外，还必须采取"参与制"，即对一些部门和行业的关键企业实行参股、控股的方式。这就必须实行按生产要素分配。另一方面，按生产要素分配给多种所有制经济成分在分配上提供了支撑。多种所有制的存在，必然在分配方式和分配关系上体现出来。按生产要素分配正是多种所有制经济共同发展在分配上的体现。

有利于顺应经济全球化的发展浪潮。经济全球化的实质，在于资源在全球范围内趋向直接流动和配置。按生产要素进行分配，有利于吸引外资、先进的科学技术、高素质的人才等资源向我国涌入，利用好国际、国内两个市场和国际、国内两种资源，从而更好地加快我国现代化的进程。

当前，我国已经进入全面建成小康社会的决胜时期，在维护劳动收入的主体地位、提高劳动生产率的同时实现劳动报酬同步提高是深化收入分配制度改革的迫切需要。在提升经济增长质量的相关政策中，还需要充分关注劳动收入份额的影响作用，而看待劳动收入份额对经济增长质量的影响必须立足于特定作用机制和影响效应才有意义。通过要素收入分配结构的再平衡，进一步提升我国经济增长质量，充分发挥人力资本机制的总量效应与结构效应、消费需求机制的宏观效应与微观效应，以及收入分配机制的单向效应与交互效应，借助于分配杠杆激活经济增长动力成为推动经济增长质量变革的重要内容。

第五节　健全中国高质量发展保障体系

一、全面推进深化改革

“全面深化改革是决定高质量发展的关键。”进入新时代，转型发展和改革直接相融合是一个大趋势。无论是防范化解经济金融风险还是推动经济转型升级，在全球新竞争格局中形成新优势，都处在重要的历史关口，需要以全面深化改革赢得转型发展的主动。

当前，全面深化改革正处于十分关键的攻坚期。一方面，我国经济发展正处于新旧动能转换的关键时期，结构性矛盾凸显，不可避免会带来经济下行压力及某些阵痛。另一方面，经济全球化不确定性明显加大，经济发展的外部挑战更为严峻，这都对全面深化改革提出了新的要求。面对新时代、新矛盾、新需求，要坚定地将改革进行到底。

加快建设现代化经济体系，要坚持质量第一、效益优先，以供给侧结构性改革为主线，推动经济发展质量变革、效率变革、动力变革，提高全要素生产率，从而为不断增强中国经济创新力和竞争力、实现“两个一百年”奋斗目标构筑坚实基础。

确立竞争政策的基础性地位。有竞争才能有创新，有竞争才会倒逼企业提高产品和服务质量。要完善反垄断和反不正当竞争的法律法规，加强监管机制建设，加强统一执法，发挥公平竞争对鼓励创新、提高产品和服务质量的促进作用。

加快产业政策转型。适应新形势下需求升级快、产业技术路线变化频繁的特点，减少政府对产业发展的直接干预，推进产业政策从选择型向功能型转型，公平支持各类市场主体竞争前的研发环节，加大从需求侧支持产业发展的力度。

完善市场监管机制。整合分散在不同部门的反垄断执法职能，建立更高层级的反垄断执法机构，增强独立性和权威性，提高专业化水平，赋予其公平竞争审查职能，加强对新制定法律法规和政策的公平竞争审查，并逐步修订妨碍公平竞争的已有法律法规和政策。

推进国资国企改革。制定出资人监管权责清单。深化国有资本投资、运营公司等改革试点，赋予更多自主权。继续推进国有企业优化重组和央企股份制改革，加快形成有效制衡的法人治理结构和灵活高效的市场化经营机制，提升主业核心竞争力。

完善产权制度。以保护产权、维护契约、统一市场、平等交换、公平竞争为基本导向，完善相关法律法规。依法处理各种侵权行为、依法甄别纠正产权案件。强化知识产权保护，实行侵权惩罚性赔偿制度。

完善要素市场化配置机制。加快技术、土地等要素价格市场化改革，深化资源类产品和公共服务价格改革，打破行政垄断，防止市场垄断。

扩大优质服务产品供给。降低服务业准入门槛，鼓励各类资本进入医疗、教育、养老、体育、文化等服务业领域，进一步放开服务领域的外资准入，促进竞争性供给和降低成本，提高优质服务供给规模。

同时，以全面开放新格局形成高质量发展的国际环境。“当前在经济全球化与国内经济转型升级历史交汇大背景下，全面开放是推动高质量发展的重要动力。”要加快形成以“一带一路”建设为重点的双向互济开放新格局，推动我国由服务贸易大国向服务贸易强国转变，以务实推进自由贸易为重点，推动经济全球化进程。

二、推进我国现代化治理模式

我国经济运行进入了新常态，最为突出的特征就是经济增速的下滑。伴随着增速的下降，消费、投资、出口、生产要素、产业组织、生态环境、市场竞争、经济风险、资源配置、宏观调控等各个方面都发生了深刻的变化。新常态下我国经济运行层面的全面调整，也不可避免地会对整个国家治理模式的转型提出迫切的要求。

我国治理模式的转型，涉及治理目标、治理机制和治理手段的全方位转变，其核心是要对支撑已有治理模式的体制机制进行改革。党的十八届三中全会审议通过的《中共中央关于全面深化改革若干重大问题的决定》中明确提出："推进国家治理体系和治理能力现代化。"因此，"治理现代化"应当成为新常态下我国治理模式转型的总方向和总目标。

在现代社会治理模式下，其突出特征是统一的意识形态让位于更为多元的价值信仰，各个主体逐渐从原有统一的社会有机体中脱离出来，明确各自的责、权、利边界。承担不同功能的各个领域日益成为互相之间界限分明、相对独立的系统。现代社会中每个子领域之内虽然也存在着层级秩序（例如，政治领域存在权力大小的级别、学术领域存在职称高低的层级），但各个领域的层级划分只能遵循自身的规则，不同领域之间的规则不能混淆。只有在功能式分化的现代社会中，社会统一意识形态和单一分层规则被打破后，才能真正破除了分工深化的樊篱，保证不同领域的相对独立性和专业性，营造出专业化水平提高可以带来相应回报的合理环境，从而推动分工的无限深化，产生现代的经济增长。

传统社会治理的特征是各个领域之间的界限不清，各个主体之间的权责不明，整个社会被单一的社会分层规则所笼罩。而现代社会治理的特征是各个主体之间的功能明确、权责清晰，不同领域之间有较为明显的边界，社会的各领域之间遵循相对独立的分层规则。从现代化理论的视角来看，"治理现代化"就意味从传统社会的泛化治理逐渐转向现代社会的分化治理，而"治理现代化"的核心内容是建立一个不同领域、不同主体之间界限清晰、权责对等的多元化社会。

推动我国治理模式转型的核心是给予政府以合理的定位，从过去的"政府主导"逐步转向"政府引导"，加快相应政府职能的转变，以使市场在资源配置中起决定性作用和更好发挥政府作用。具体而言，在资源配置方面，要大幅减少政府对社会物质资源的直接管理和配置，推动资源配置依据市场规则、市场价格、市场竞争实现效益最大化和效率最优化。政府职能的重点要逐步转向对非物质资源的管理和配置，着力解决市场体系不完善、政府干预过多和监管不到位问题，如规范制定、制度安排、秩序保障等。政府不再直接地、微观地管理社会经济领域的活动和关系，而逐步转向实施间接的和宏观的管理。在政府与其他主体关系方面，要大力推进政企分开、政事分开、政社分开和政资分开，从功能泛化式治理向功能分化式治理转变，应对政府权力行使的边界有明确限制和制约，防止政府利用权力任意干涉其他社会领域的发展。在政府作用发挥的形式上，应从过去的主导和支配更多转向引导、参与、创造环境上，由“从上到下的单向决策”更多转向“多元交流的互动决策”上不断提高政府决策的透明、稳定和可预期程度，以及可问责和法治化程度。

三、建设高质量的干部队伍

改革开放以来我国经济社会发展取得的巨大成就，在相当程度上得益于有着独特激励机制的干部队伍。我们要协调推进“四个全面”战略布局，适应和引领新常态，更需要一支敢担当、善作为的干部队伍。现在一些干部出现“为官不为”，既有他们对新形势新任务不适应的原因，也反映出相关保障激励机制有待重塑。保障激励机制改革实质上成为全面深化改革的核心环节。

保障激励机制，首先要保护和鼓励那些积极作为的少数领导干部，同时也要团结和争取其他的大多数干部来支持这些少数，进而形成推动改革的合力。率先谋划、努力引领改革者往往是领导干部群体，不作为也更多体现在领导干部群体身上，这就要求和一般普通干部群体相区别地设计差异化的保障激励机制，但重心要放在领导干部群体身上。就个体来讲，保障激励机制直接作用于物质和精神两方面，也要统筹考虑。在很大程度上，相对于物质层面，精神层面的保障和激励更加重要。理想信念是中国共产党人的精神支柱，必须不断强化，但理想信念之外的保护和调动积极性的精神激励也必不可少。许多干部关心和讨论的容错机制，本质上就是一种精神层面的保障与激励，应当得到很好的设计。不随意被扣帽子、抓辫子、打板子，进而体现出对“人要干事创业”这一精神需求的满足，是广大干部特别是领导干部的呼声。同时，对于广大基层公务员而言，物质上的保障与激励或许更为重要，有助于团结和争取他们支持改革。

治理当前中国出现的“不作为”，调动党政干部的积极性，不可能毕其功于一役，关键在于要根据时代发展方向和主要矛盾来制订下一步行动策略。当前中国社会的未来发展，从国家与社会关系来讲，就是要形成更好的互动：国家要提升能力，改善公共服务，社会活力得到激发，进而认同国家。党政干部代表着国家，对他们的保障激励就是要使国家能力得到提升，比如快速地执行国家法规和政策，不是去侵夺而是保护社会大众利益。这进而要求，对党政干部的保障激励，既要充分也要公平。充分，就是要考虑到各种物质和精神需求的满足。公平，就是既要在内部适应不同群体特性。比如，党政领导干部和一般干部或公务员的行为特性、职责需求有所不同，适用制度规范不同，要区别激励。也要考虑外部公平，特别是要使他们的物质待遇不能与社会大众差距过大。党政干部有一个良好的保障激励机制，才能促进我国公共部门的改革以及人事制度改革，形成一支精干的干部队伍，保证公共部门优质高效地运行，也才能最终向社会提供公平可持续的公共服务。

治理“为官不为”是促使党政干部在职责范围内有担当、善作为，同时也要培育和激发市场、社会的积极性。这是我们建立具有公益心的干部队伍，对干部队伍给予合理待遇和尊严的保障等正向激励和反向的监督，所最终要服从的目标。为此，就要配套地推动简政放权，厘清权责清单，激发社会组织的活力，厉行法治，在全社会营造一个公平公正的氛围。这样一个环境反过来也将促进公职人员规范地积极作为。特别是从党政干部代表的国家方面看，保障激励要以适当的国家能力或政府规模为前提，膨胀的国家将汲取大量社会资源，压抑社会成长，导致国家和社会的冲突。这也正是我国历来强调精简机构的原因所在。但是，一些国家机构又要得到强化，比如推进法治，离不开强大而规范的公检法司工作人员队伍。

在改革过程中，要特别重视与保障激励相关的其他有关配套措施，比如推动简政放权，改进改革顶层设计和实施方式。特别是，可用立法形式来调动有条件地方的改革积极性。在改革开放前沿和先行地，以及一些改革经验比较丰富的地方，中央可以有条件赋予其突破有关国家法规先行改革的权限。当然，从长远上看，只有建立起各级领导干部对民众负责的体制机制，以及相应的政务公开透明机制，才能带给干部们深入、持久有效的激励和约束。

第四章

高质量发展，构建高标准的指标度量体系

第一节　高质量发展指标体系助推经济转型

中国经济正在发生深刻变化，已由高速增长阶段转向高质量发展阶段，推动高质量发展成为当前及今后一个时期实施宏观调控、制定经济政策、进行社会建设的基本要求，需要有更多反映经济运行质量和效益的指标，以及体现创新状态和实际成效的指标，来客观反映这种变化和发展。迫切需要建立能够体现和反映高质量发展要求的指标体系，建立与高质量发展相适应的统计体系、绩效评价体系和政绩考核体系。推动高质量发展，关键在于提高全要素生产率，深化改革和开拓创新是着力点，必须结合实际，强化顶层设计，加快构建市场机制有效、微观主体有活力、宏观调控有度的经济体制，加快探索形成推动高质量发展的指标体系、政策体系、标准体系、统计体系、绩效评价、政绩考核，创新和完善符合高质量发展要求的制度环境。

党的十九大报告提出的贯彻新发展理念、加强创新社会管理、建设美丽中国等，为高质量发展指明了基本方向路径。如果说过去观察经济重点是速度与规模，那么，今后的重点则将从重速度与规模转向重质量，谋求高质量的发展。高质量增长的效果如何，需要相关指标来衡量，就如同用 GDP（国内生产总值）衡量经济数量增长一样。建立高质量发展指标体系是推动高质量发展的基础性工作，是引导和指导各地各部门加快形成符合高质量发展要求的政策体系、标准体系、统计体系、绩效评价、政绩考核的重要依据。对照高质量发展要求，贯彻新发展理念，突出质量第一、效益优先，兼顾宏观和微观，涵盖总量、增量、结构等多个维度，构建体现高质量发展的指标体系，充分发挥高质量发展指标对各项工作的“指挥棒”作用。

指数是一种反映社会经济现象数量变动的相对数，指数这一概念可应用于许多科学领域中，但能引起特别关注的还是经济学领域与统计学领域。从经济学角度看，指数概念有广义与狭义之分。广义上，任何两个数值对比形成的相对数都可以称为指数；狭义上，指数是用于测定多个项目在不同场合下综合变动的一种特殊相对数。指数在经济学领域是一种表明社会经济现象动态的相对数，运用指数可以测定不能直接相加和不能直接对比的社会经济现象的总动态；可以分析社会经济现象总变动中各因素变动的影响程度；可以研究总平均指标变动中各组标志水平和总体结构变动的作用。指数按所反映的现象范围不同，分为个体指数和总指数，前者反映个体经济现象变动的相对数，后者是表明全部经济现象变动的相对数。按所反映的现象性质的不同，分为数量指数和质量指数，前者反映生产、经营或经济活动数量的变动，后者是说明经济活动质量变动的指数。按计算形式的不同，分为综合指数和平均数指数，前者指两个总量指标对比计算出来的指数，后者是前者的变形。按比较的基期不同，指数分为定基指数与环比指数。指数是经济学家“工具箱”的有用工具。作为经济分析的重要工具之一，能够为制定宏观经济政策、抑制通货膨胀或通货紧缩提供重要的依据。

而在统计学概念中，指数是一种表明社会经济现象动态的相对数，运用指数可以测定不能直接相加和不能直接对比的社会经济现象的总动态；可以分析社会经济现象总变动中各因素变动的影响程度；可以研究总平均指标变动中各组标志水平和总体结构变动的作用。指数按所反映的现象范围不同，分为个体指数和总指数，前者反映个体经济现象变动的相对数，如个别产品的物量指数、个别商品的价格指数等，后者是表明全部经济现象变动的相对数，如工业总产值指数、居民消费价格总指数。按所反映的现象性质的不同，分为数量指数和质量指数。

正确应用指数，还必须要深刻了解统计指数的性质。概括地讲，统计指数有以下三个特有性质。

相对性。统计指数作为一种对比性的统计分析指标，具有相对数的特点。统计指数总体各变量在不同场合下对比形成的相对数，它可以度量一个变量在不同时间或不同空间的相对变化。故通常以相对数的形式表示，具体表现为百分数。它表明：如果把作为对比的基准水平（基数）视为100，则所要研究的现象水平相当于基数的百分之多少。

综合性。综合性说明统计指数是一种特殊的相对数，它是由一组变量或项目综合对比形成的。统计指数所反映的是一组变量在不同时间变动所形成的相对数，从这相对数中看不出哪种变量具体变动了多少。因为它把各变量的不同变化的差异抽象掉了，用一个抽象的数值概括地反映所有变量综合变动的结果。因此，指数具有综合性的特点。没有综合性，统计指数就不能发展成为一种独立的理论和方法。

平均性。指数是一个反映复杂总体平均变动状况的统计指标。平均性的含义有二：一是指数进行比较的综合数量是作为个别量的一个代表，这本身就具有平均性；二是两个综合量对比形成的指数反映了个别量的平均变动水平。这主要是因为各项指标都是通过将其中各个变量分别乘上各自的同度量因素后，再相加对比后取得的结果。

统计指数在社会经济领域内广泛应用，这是由于统计指数具有独特的功能，能够发挥重要的作用。具体表现在以下三个方面。

一是综合反映复杂社会经济总体在时间和空间方面的变动方向和变动程度。这是统计指数的最重要的作用。在社会经济现象中，大量存在着不能直接加总或不能直接对比的复杂总体，为了反映和研究它们的变动方向和变动程度，只能通过统计指数法，编制统计指数才能得到解决。

二是分析和测定社会经济现象总体变动受各因素变动的影响。社会经济现象总体中包含着数量因素和质量因素，通过编制数量因素指数和质量因素指数，可以分析和测定各因素变动对总体变动的影响。

三是研究平均指标指数变动及其受水平因素和结构因素变动的影响。平均指标中包含水平因素和结构因素，因此可以编制可变组成指数、不变组成指数和结构影响指数，研究平均指标的变动及其各因素变动对平均指标变动的影响。

中国特色社会主义进入新时代，对经济发展的质量、效率、动力提出了更高要求。从现有监测评价指标来看，存在“四多四少”问题，难以满足推动高质量发展的要求。表现在反映速度、总量的指标多，体现质量、效益的指标少；反映发展水平的指标多，体现人民群众可观可感的指标少；反映经济建设的指标多，体现其他领域建设的指标少；反映传统发展方式路径的指标多，体现新发展方式路径的指标少。

中国社会主要矛盾已经转化为人民日益增长的美好生活需要和不平衡不充分的发展之间的矛盾。中国目前的经济生产能力在总量上已经可以较好地满足人民的总体物质文化需要，与此同时，人民的美好生活需要日益广泛，一方面，对物质文化的供给提出更高质量的要求，另一方面，在民主、法治、公平、正义、安全、环境等方面的要求也日益增长。为此，高质量发展统计工作也迫切需要围绕社会主要矛盾的转化，在进一步提高以经济总量统计为核心的统计数据质量的同时，坚持“以人民为中心”，加强对人民美好生活水平以及发展中不平衡、不充分问题的动态监测，定量把握改善进程，总结推动改善的经验，了解制约改善的矛盾和问题，从而为持续提升人民美好生活水平，化解不平衡不充分问题提供重要的决策依据。

第二节　中国高质量发展度量体系的构建

一、高质量发展指标度量体系的基本概念与研究意义

（一）高质量发展指标度量体系的概念

指标是说明总体数量特征的概念及其数值的综合，故又称为综合指标。在实际的统计工作和统计理论研究中，往往直接将说明总体数量特征的概念称为指标。经济发展指标是指在一定时间和条件下，经济发展的规模、程度、比例、结构等的数值。一般以绝对数、相对数或平均数表示。经济工作中，应用一系列指标可以规划和研究国民经济、部门、企业、单位的发展水平。按类别分，有“计划指标”和“统计指标”，前者是规定各项经济现象在计划期内应达到的水平，后者是表明在计划期内实际达到的水平。

高质量的标尺，需要高质量的落实。再科学的标尺，也只能在精准测量生动的发展实践中彰显威力。制定指标度量体系的根本目的是助推高质量发展，因此随着实践发展的指标也在与时俱进，同样要在实践中进行总结、提高，使指标体系达到全面性、系统性、协调性、普遍性的要求，使指标度量体系更加精准、科学、有效。

（二）设计原则

中国高质量发展指标体系，也应遵照国际惯例以及统计指数的性质来搭建，同时结合我国国情，展示出如下三个特征：

一是科学性。坚持科学合理、简明实用。指标体系设计要以新发展理念为指

导，体现供给侧结构性改革的目标与任务的要求，指标之间要有严密的逻辑关系，既相互独立，又彼此联系，共同构成一个有机统一体，从不同的方面反映高质量发展。

二是可操作性。坚持统筹兼顾、综合选取。高质量发展包含了许多内容，指标体系不能简单累积所有内容指标，而是要有所舍弃，尽量选择简明的关键性指标，确保指标体系的可操作性。

三是可获性。坚持系统思维、全面考量。一方面要考虑指标的代表性，即能够客观反映高质量发展的进程与成效；另一方面也要兼顾数据来源的公共性和权威性，即所有数据尽可能是公开、连续的，如公开出版的年鉴或权威部门发布的报告，保证考核评价结果的客观性。对于现行统计制度还没有包括的数据，可以应用大数据技术获取。

（三）构建高质量发展指标度量体系的意义

指标度量体系是重要的“指挥棒”。有什么样的价值导向，就有什么样的发展走向。我国经济由高速增长阶段进入高质量发展阶段后，思想认识、发展理念要转型，指标体系的构建也要与时俱进。推进高质量发展，不能简单地以 GDP 高低论输赢，不能再机械地套用既往的指标度量方式。一把高质量的“标尺”，不但要看一次“考试”的结果，还要看平时基础、进步的多少以及努力的程度；不但要看显绩，还要看潜绩，认真处理好数量与质量、速度与效率、当前与长远、共性与个性的关系，使高质量发展指标度量体系成为推动高质量发展的强力“助推剂”。

高质量发展指标度量体系充分体现新发展理念和党中央新时代背景下经济发展的全新要求，全方位体现高质量发展的内涵要求，确保高质量发展各项工作协调有序、相互促进、相得益彰。建立高质量发展指标体系是推动高质量发展的基础性工作，是引导和指导各地各部门加快形成符合高质量发展要求的政策体系、标准体系、统计体系、绩效评价、政绩考核的重要依据。

二、高质量发展指标度量的计算算法

在本报告的多指标综合评价中，要对多组不同量纲的数据进行比较，必须先将它们标准化处理。有些是指标值越大评价越好的指标，称为正向指标（也称效益型指标或望大型指标），比如人均国内生产总值（GDP）是越大越好；有些是指标值越小评价越好的指标，称为逆向指标（也称成本型指标或望小型指标），比如全年发放失业保险金人数；还有些是指标值越接近某个值越好的指标，称为适度指标，比如恩格尔系数[①]。

在综合评价时，必须将指标同趋势化，一般是将逆向指标和适度指标转化为正向指标，所以也称为指标的正向化。不同评价指标往往具有不同的量纲和量纲单位，直接将它们进行综合是不合适的，也没有实际意义。所以必须将指标值转化为无量纲的相对数。这种去掉指标量纲的过程，称为指标的无量纲化（也称同度量化），它是指标综合的前提。

在多指标评价实践中，常将指标无量纲化以后的数值作为指标评价值，此时，无量纲化过程就是指标实际值转化为指标评价值（即效用函数值）的过程，从数学角度讲就是要确定指标评价值依赖于指标实际值的一种函数关系式，即效用函数 y_{ij}，无量纲化方法也就是指如何实现这种转化。指标的无量纲化是综合评价的一项重要内容，对综合评价结果有重要影响。

目前人们已提出的无量纲化方法名称很多，如综合指数法、极差变换法、高中差变换法、低中差变换法、均值化法、标准化法、比重法、功效系数法、指数型功效系数法、对数型功效系数法、正态化变换法等。实践中应用较多的是属于直线型无量纲化方法的极差变换法、标准化法和均值化法。当综合评价的指标值都是客观数值时，一般来说应该用均值化方法对指标进行无量纲化。

中国高质量发展指数的算法采用综合指数算法，我们将对所有测算指标进行

① 根据联合国标准，一个国家平均家庭恩格尔系数大于 60% 为贫穷；50%—60% 为温饱；40%—50% 为小康；30%—40% 属于相对富裕；20%—30% 为富足；20% 以下为极其富裕。

相应处理，测算基础指标 = 2018 年指标值 - 2017 年指标值，并且将测算基础指标中的逆向指标和适度指标正向化，通过均值化法转化成无量纲的标准化数据后，通过加权调和平均算法进行有效合成，最后得出发展指数值。以期测度中国高质量发展指数水平，以下为算法。

（一）无量纲化计算

1. 关于指标正向化方法为：

对于指标的正向化，其中 i 表示第 i 个区域，j 表示第 j 个原始指标值；x_{ij} 表示 i 区域 j 原始指标值的指标获取值；y_{ij} 表示 i 区域 j 原始指标值的指标效用值；C 为正常数，通常取 C=1，公式为：

$$y_{ij}=C/x_{ij}$$

2. 对逆向指标正向化公式为：

$$y_{ij}=-x_{ij}$$

3. 对适度指标正向化公式为：

$$y_{ij}=\left|x_{ij}-k\right|$$

其中 k=1—3

无量纲均值化方法即：

$$y_{ij}=\frac{x_{ij}}{\bar{x}_j}$$

（二）加权调和平均数

通过加权调和平均算法计算出各指标平均数 $\bar{y}_{ij}$

$$\bar{y}_{ij}=\frac{\sum m}{\sum \frac{m}{y_{ij}}}$$

$\overline{y}_{ij}$ 代表加权调和平均数，$\sum$是总和符号，m 为权数。

（三）发展指数

采用加权调和平均数计算出发展指数$\overline{y}_i$。

$$y_i=\sum_{k=1}^{3}\omega_k\overline{y}_{ij}$$

$$\overline{y}_i=y_i/\max(y_i)$$

式子中 ω_k 为权重。

此外，我们聘请了国内相关领域的知名专家，针对个别指数指标的缺失情况，结合实际对其进行微调，使本报告更契合高质量发展报告内容，同时也与现实情况相符合。

第三节 中国高质量发展指标体系构成

我国经济进入高质量发展阶段后，已经不可能像以往那样主要依靠要素投入数量的增长，必须转向更多依靠全要素生产率的提高。只有解决好这个关键问题，中国才能在保持一定增长速度的同时，开创质量效益明显提高、稳定性和可持续性明显增强的发展新局面。从创新驱动、结构优化、绿色发展、开放经济和民生保障五个方面全方位提高是高质量发展阶段的必然要求，是转变发展方式、优化经济结构、转换增长动力的攻关期的重要内容。

本报告的高质量发展指标度量体系由创新驱动、结构优化、绿色发展、开放经济、民生保障五大部分构成二级指标，根据《2018 中国统计年鉴》《2018 中国第三产业统计年鉴》《2017 年中国高技术产业统计年鉴》《2017 中国能源统计年鉴》《2017 年中国工业统计年鉴》等统计年鉴，涉及经济、社会、文化、生态等多个层面、多个领域，进行四级原始指标的指标选取、数量选取、权重选取，选取的指标具有较强的公认性和针对性，具有较为完备的统计制度保障，数据获取具有较好的延续性、可操作性，由此得出中国高质量发展指标度量体系。

一、创新驱动

推动高质量发展是保持经济持续健康发展的必然要求，是适应我国社会主要矛盾变化所作出的必然选择。创新是引领发展的第一动力，强化自主创新能力，站上科技创新的制高点，才能赢得发展的主动权和话语权。在高质量发展的过程中，创新这一环节实乃重中之重，必不可少。惟改革者进，惟创新者强，以科技创新推动发展，以质量提升引领发展是未来高质量发展的主要思路。实施创新驱动发展战略，提高国家创新体系的整体效能，才能使科技创新真正成为第一生产力、第一动力，成为现代化经济体系的战略支撑，进而推动高质量发展完美行进。

创新驱动包括创新质量、创新投入、创新环境、创新项目 4 个三级指标，70 个四级指标。其中创新质量反映了以创新为引领和支撑的现代化经济体系所取得的方方面面的创新成就；创新投入反映了我国经济发展的投入与力度；创新环境反映了目前我国在创新领域设施及政策的支持；创新项目反映了研发立项的情况。（见表 4–1）

表 4–1 创新驱动指标体系框架

三级指标	四级指标	权重
创新质量	国际学术机构收录我国科技论文篇数	1/70
	国内专利申请授权数	1/70
	发表科技论文	1/70
	出版科学著作	1/70
	国家技术发明奖（项）	1/70
	科技成果登记数（项）	1/70
	国内外三种专利有效数	1/70
	有效发明专利数	1/70
	专利申请授权数	1/70
	发明专利申请授权数（项）	1/70
	技术市场成交额总量指标	1/70
	品牌总价值	1/70
	高技术产业有效发明专利数	1/70
	科技成果登记数比上年增长率	1/70
	国家级高新技术企业数量及增速	1/70

续表

三级指标	四级指标	权重
创新质量	先进标准增长率	1/70
	TFP 增长率	1/70
	PCT 国际专利数量	1/70
	万人发明专利拥有量	1/70
	万名从业人员专利授权量	1/70
	PCT 国际专利数量占国内外三种专利有效数比重	1/70
	发明专利授权比例	1/70
创新投入	研究与试验发展经费支出	1/70
	科学技术支出	1/70
	研究与试验发展经费支出	1/70
	全国高技术产业新产品开发经费支出	1/70
	国家财政科技支出	1/70
	新产品开发经费支出	1/70
	全国各地区按资金来源分研究与试验发展（R&D）经费内部支出	1/70
	引进国外技术经费支出	1/70
	引进技术消化吸收经费支出	1/70
	国家自然科学基金资助项目经费	1/70
	大中型企业新产品开发经费支出	1/70
	全国高技术产业 R&D 经费支出	1/70
	研究与试验发展经费内部支出与国内生产总值之比	1/70
	科学研究、技术服务和地质勘查业实际使用金额	1/70
	R&D 经费支出与国内生产总值之比	1/70
	研究和试验发展投资额	1/70
	专业技术服务业投资额	1/70

续表

三级指标	四级指标	权重
创新投入	技术推广和应用服务业投资额	1/70
	规模以上工业企业 R&D 经费支出与主营业务收入之比	1/70
	研究和试验发展投资额	1/70
创新环境	R&D 经费支出与国内生产总值之比	1/70
	科学研究和技术服务业注册资本	1/70
	科学研究和技术服务业新增固定资产	1/70
	新增固定资产	1/70
	专业技术服务业新增固定资产	1/70
	技术市场成交额	1/70
	专业市场成交额	1/70
	高技术产品进出口额	1/70
	每百家企业拥有网站数	1/70
	固定资产投资额	1/70
	人民法院知识产权案件与总收案案件审理比重	1/70
	国内知识产权合同公证业务比重	1/70
	每百家企业拥有网站数	1/70
	科学研究和技术服务业注册资本	1/70
	高技能人才总量	1/70
	光纤接入用户占比	1/70
	规模以上工业企业设立研发机构比例	1/70
创新项目	与国外机构合作高等学校 R&D 课题	1/70
	全国高技术产业新产品开发项目数	1/70
	全国研究与试验发展（R&D）项目情况项目数	1/70
	创新研究群体项目	1/70

续表

三级指标	四级指标	权重
创新项目	新产品开发项目数	1/70
	国家科技攻关计划中央财政拨款环境项目	1/70
	研究和试验发展施工项目	1/70
	专业技术服务业施工项目	1/70
	科学研究和技术服务业施工项目	1/70
	科技推广和应用服务业施工项目	1/70
	大中型企业新产品开发项目数	1/70

高质量发展过程中，创新领域依然还存在很多问题，例如，社会原始创新动力不足，尽管近几年我国研发投入、科技贡献率、社会专利申请量等增长都比较快，但在核心领域、关键环节、重要基础性零部件等方面，领军人才短缺，技术瓶颈突破缓慢，制约经济新动能的形成和高质量发展。客观上，我国目前经济尚处于高质量发展阶段的新起点上。

二、结构优化

我国经济已由高速增长阶段转向高质量发展阶段。从供给侧看，我国大量资本、资源过度进入中低端制造业，造成这些行业投资拥挤和产能严重过剩。同时，由于中高端产业进入技术门槛过高，又导致资本、资源进入严重不足。由此，在供给结构上出现了中低端供给过剩与中高端供给不足并存的矛盾。

新时代，我国经济由高速增长转向高质量发展的核心是要有新动能。新动能就是与以往的经济增长动力来源相比，凡是能为经济带来增量增长的动力就是新动能。这种动力是经济社会发展所需要的，是对原有动力的替代或改造。增长动力受经济发展阶段、发展方式、体制安排等方面影响，会不断发生变化，具有继起性、不确定性、可替代性特点。更重要的是，增长动力具有结构性特点，经济增长动力由供给和需求两侧共同组成，两侧都存在不同动力结构组合。因此，在向高质量发展阶段迈进过程中，一定要遵循结构转型和经济发展规律，从供求两侧寻找经济增长动力结构组合。特别是在制造业，要注重从提高整个制造业发展质量入手，发展先进制造，增加有效和中高端供给，优化供给体系质量，推进中国制造向中国创造转变、中国速度向中国质量转变、制造大国向制造强国转变。

结构优化包括产业结构、主体结构、环境结构 3 个三级指标，84 个四级指标。其中产业结构反映近年来在相关产业的优化程度；主体结构反映高质量发展下企业的思路转变和市场主体活跃情况；环境结构反映当前各领域结构情况及转变优化作用。（见表 4–2）

表 4–2 结构优化指标体系框架

三级指标	四级指标	权重
产业结构	第一产业占国内生产总值比例	1/84
	第二产业占国内生产总值比例	1/84
	第三产业占国内生产总值比例	1/84
	第一产业增加值（亿元）	1/84
	第二产业增加值（亿元）	1/84
	第三产业增加值（亿元）	1/84
	工业总资产贡献率	1/84
	工业流动资产周转次数	1/84
	分行业增加值构成——农林牧渔业增加值（%）	1/84
	分行业增加值构成——工业增加值（%）	1/84
	分行业增加值构成——建筑业增加值（%）	1/84
	分行业增加值构成——批发和零售业增加值（%）	1/84
	分行业增加值构成——交通运输、仓储和邮政业增加值（%）	1/84
	分行业增加值构成——住宿和餐饮业增加值（%）	1/84

续表

三级指标	四级指标	权重
产业结构	分行业增加值构成——金融业增加值（%）	1/84
	分行业增加值构成——房地产业增加值（%）	1/84
	分行业增加值构成——其他行业增加值（%）	1/84
	第一产业对国内生产总值增长的拉动（百分点）	1/84
	第二产业对国内生产总值增长的拉动（百分点）	1/84
	第三产业对国内生产总值增长的拉动（百分点）	1/84
	第一产业增加值（%）	1/84
	第二产业增加值（%）	1/84
	第三产业增加值（%）	1/84
	第一产业对 GDP 的贡献率（%）	1/84
	第二产业对 GDP 的贡献率（%）	1/84
	第三产业对 GDP 的贡献率（%）	1/84
	第一产业劳动生产率	1/84
	第二产业劳动生产率	1/84
	第三产业劳动生产率	1/84
	现代服务业增加值占服务业增加值比重	1/84
	高技术制造业增加值占规模以上工业总价值比重	1/84
	先进制造业增加值占规模以上工业总价值比重	1/84
	高技术服务业营业收入占规模以上服务业营业收入比重	1/84
	现代农林渔牧业增加值	1/84
	旅游收入增长速度	1/84
	制造业增加值占地区生产总值比重	1/84

续表

三级指标	四级指标	权重
主体结构	国有控股工业企业和生产单位数	1/84
	国有控股资产总计	1/84
	私营工业企业和生产单位数	1/84
	私营资产总计	1/84
	国有控股企业法人单位数（个）	1/84
	集体控股企业法人单位数（个）	1/84
	私人控股企业法人单位数（个）	1/84
	私营企业户数（万户）	1/84
	私营企业就业人数（万人）	1/84
	个体就业人数（万人）	1/84
	第一产业法人单位数（个）	1/84
	第二产业法人单位数（个）	1/84
	第三产业法人单位数（个）	1/84
	全国个体户数	1/84
环境结构	企业产品品牌数	1/84
	万人注册商标拥有量	1/84
	最终消费（亿元）	1/84
	资本形成总额对国内生产总值增长贡献率（%）	1/84
	资本形成总额对国内生产总值增长拉动（百分点）	1/84
	生活能源消费量（万吨标准煤）	1/84
	生活煤炭消费量（万吨）	1/84
	生活煤油消费量（万吨）	1/84
	生活液化石油气消费量（万吨）	1/84
	生活天然气消费量（亿立方米）	1/84

续表

三级指标	四级指标	权重
环境结构	生活煤气消费量（亿立方米）	1/84
	生活热力消费量（百万千焦）	1/84
	生活电力消费量（亿千瓦时）	1/84
	固定资产交付使用率	1/84
	GDP 增长（百分点）	1/84
	经济活动人口（万人）	1/84
	国民总收入（亿元）	1/84
	国内生产总值（亿元）	1/84
	固定资产投资额	1/84
	全国总计资产总计	1/84
	东部地区国内生产总值占全国比重	1/84
	中部地区国内生产总值占全国比重	1/84
	西部地区国内生产总值占全国比重	1/84
	东北地区国内生产总值占全国比重	1/84
	最终消费率（%）	1/84
	资本形成率（%）	1/84
	产品质量合格率	1/84
	计量保证体系通过率	1/84
	能源产出率	1/84
	新增工业用地占新增建设用地比重	1/84
	货物和服务净出口对国内生产总值增长贡献率（%）	1/84
	货物和服务净出口对国内生产总值增长拉动（百分点）	1/84
	最终消费支出对国内生产总值增长贡献率（%）	1/84
	最终消费支出对国内生产总值增长拉动（百分点）	1/84

今后我国选择经济增长动力结构组合的战略思路，在需求侧是调整需求结构，降低对外需的过度依赖，扩大内需特别是消费需求市场，将消费特别是居民消费结构升级作为引领经济增长的主要动力源。主要从三个方面扩大内需增加消费需求，即释放潜在消费需求，挖掘消费结构升级产生的新需求，加快推进新型城镇化和建立橄榄型社会结构催生出增量需求。在供给侧是实施供给结构创新，调整产业结构，改变我国在国际市场上的分工地位，利用本次产业技术革命带来的新技术成果，将重点放在改造传统产业，大力发展新兴产业方面，力争在短期内形成一批对国民经济有支撑作用的支柱产业，发展一批既没有体制歧视又具有国际竞争力的龙头企业，培育一批在国内外有质量优势的品牌产品。

三、绿色发展

高质量发展需牢固树立生态优先、绿色发展的理念。为了从高速发展转向高质量发展转变，必须把生态优先、绿色发展作为新时代推动中国经济高质量发展的行动指南，绿水青山就是金山银山，保护生态环境就是保护生产力，改善生态环境就是发展生产力。实现高质量发展，必须全面推动形成节约资源和保护环境的空间格局、产业结构、生产方式和生活方式。大力提升系统思维能力，与创新发展、协调发展、开放发展、共享发展相融合，统筹各种资源要素，整体提升发展水平。

绿色发展包括环保投入、产出能耗、资源环境、生态保障 4 个三级指标，81 个四级指标。其中环保投入反映了国家大力进行环保投资，由传统资源环境依赖型发展方式向资源节约、环境友好型发展方式的转型；产出能耗反映了在环境等相关领域取代传统的资源要素投入模式，转变为新型经济驱动；资源环境反映了我国现阶段所面临的环境实际情况以及取得的成果；生态保障反映了我国环保治理、发展绿色经济的政策及设施支持。（见表 4-3）

表 4-3 绿色发展指标体系框架

三级指标	四级指标	权重
环保投入	工业污染治理完成投资	1/81
	环境污染治理投资总额	1/81
	治理噪声投资	1/81
	当年完成环保验收项目环保投资	1/81
	生态保护和环境治理业投资额	1/81
	节能环保支出	1/81
	治理废气投资	1/81
	治理固体废物投资	1/81
	治理废水投资	1/81
	城镇环境基础设施建设投资额	1/81
	城市园林绿化建设投资额	1/81
	城市市容环境卫生建设投资额	1/81
	工业污染源治理投资	1/81
	全社会固定资产投资中利用外资（亿元）	1/81
	环境污染治理投资总额占国内生产总值比重	1/81
产出能耗	单位地区生产总值能耗	1/81
	工业固体废料综合利用率	1/81
	规模以上增加值能耗	1/81
	单位耕地面积农药使用量	1/81
	单位耕地面积化肥施用量	1/81
	单位土地面积二氧化硫排放量	1/81
	人均氮氧化物排放量	1/81
	人均公路交通氮氧化物排放量	1/81
	人均氨氮排放量	1/81

续表

三级指标	四级指标	权重
产出能耗	人均化学需氧量排放量	1/81
	人均生活消费能源	1/81
	人均二氧化碳排放量	1/81
	人均城镇生活消费用电	1/81
	工业废水排放量	1/81
	工业二氧化硫排放量	1/81
	工业烟尘排放量	1/81
	工业粉尘排放量	1/81
	土地产出率	1/81
	资源节约利用率	1/81
	用水总量控制	1/81
	万元工业增加值用水量	1/81
	公共机构人均能耗降低率	1/81
资源环境	湿地保护率	1/81
	森林覆盖率	1/81
	自然保护区面积占辖区面积比重	1/81
	湿地面积占国土面积比重	1/81
	有效灌溉面积占耕地面积比重	1/81
	造林总面积	1/81
	自然保护区个数	1/81
	林地面积	1/81
	自然保护区面积	1/81
	草原总面积	1/81
	人均水资源量	1/81

续表

三级指标	四级指标	权重
资源环境	人均公园绿地面积	1/81
	人均造林总面积	1/81
	PM10 含量	1/81
	PM2.5 含量	1/81
	臭氧含量	1/81
	地表水达到或好于 Ⅲ 类水体断面比例	1/81
	地表水劣 V 水体断面比例	1/81
	空气质量良好天数比率	1/81
	绿色矿山比例	1/81
	新增矿山恢复治理面积	1/81
	新增水土流失治理面积	1/81
生态保障	签订外商直接投资项目数（个）	1/81
	水利、环境和公共设施管理业施工项目	1/81
	生态保护和环境治理业 R&D 课题	1/81
	生态保护和环境治理业施工项目	1/81
	环境保护实验室数	1/81
	国家重点基础研究发展计划（973 计划）	1/81
	美丽宜居村达标率	1/81
	城市生活垃圾无害化处理率	1/81
	太阳能热水器产量	1/81
	中央财政拨款资源环境项目	1/81
	环境基础设施覆盖率	1/81
	节灌率	1/81
	环境监测专用仪器仪表产量	1/81

续表

三级指标	四级指标	权重
生态保障	环境污染防治专用设备产量	1/81
	城市污水日处理能力	1/81
	城市人均垃圾生产量	1/81
	城市污水处理率	1/81
	危险废物处置利用率	1/81
	新能源汽车保有量增长率	1/81
	城市建成区绿地率	1/81
	城镇绿色建筑占新建建筑比例	1/81
	生态公益林占比	1/81

未来，我国依然要立足自身实际，按照“绿色发展、科学跨越”的要求，以绿色发展引领推动各项事业高质量发展，为新时代中国高质量发展作出特殊的贡献。坚持践行“两山”理念，切实增强绿色发展的行动自觉，全面推进产业升级，强化绿色发展的产业体系，把绿色发展这个主题做大做实。着力构筑绿色屏障，构建绿色发展空间体系，为未来和谐的生态环境作出贡献。

四、开放经济

近年来，我国牢固树立开放意识，坚定不移地扩大对内对外开放，积极融入全球产业分工体系、全球资源配置体系、全球创新网络体系，加快构建全方位开放新格局。随着“一带一路”倡议的深入落实，我国开放型经济发展呈现稳中有进、进中向好的态势，对外贸易增势强劲，开放环境进一步优化，贸易和投资便利化水平显著提升。

开放经济包括开放环境、开放投资、开放企业、开放研发、开放绩效 5 个三级指标，79 个四级指标。其中开放环境反映了国家在对外开放领域的政策及力度，进一步融入全球经济体系的决心；开放投资反映了我国吸引外资、利用外资总体水平，我国依然是吸引外资的热土；开放企业反映了外商企业选择中国进行投资生产，看好的是中国持续扩大开放；开放研发反映了我国与国外机构进行产业中高端合作研发的状况及合作力度；开放绩效反映了我国开放经济所取得的一系列成就。（见表 4–4）

表 4–4 开放经济指标体系框架

三级指标	四级指标	权重
开放环境	出口商品价格指数	1/79
	入境游客	1/79
	国际旅游外汇收入	1/79
	学成回国留学人员（万人）	1/79
	外资企业项目	1/79
	服务进出口总额	1/79
	国际商业贷款	1/79
	外商直接投资合同项目	1/79
	外资企业注册资本	1/79
	外商投资和港澳台商投资资产总计	1/79
	外商投资企业从业人员	1/79
	国家外债偿债率	1/79
	国家外债负债率	1/79
	国家外债债务率	1/79
	外贸市场份额	1/79
	营商环境便利度	1/79
	货物和服务净出口（亿元）	1/79
开放投资	外商直接投资经济总额	1/79
	国民经济和社会发展结构指标外商其他投资	1/79

续表

三级指标	四级指标	权重
开放投资	外资企业投资占比	1/79
	外资企业实际使用金额	1/79
	外资企业投资总额	1/79
	国民经济和社会发展结构指标外商直接投资	1/79
	外商投资全社会固定资产投资（亿元）	1/79
	港澳台商投资全社会固定资产投资（亿元）	1/79
	外商投资企业投资总额（百万美元）	1/79
	外商投资企业注册资本（百万美元）	1/79
开放企业	外资企业年底登记户数	1/79
	港澳台商控股企业法人单位数（个）	1/79
	外商控股企业法人单位数（个）	1/79
	外商控股企业法人单位数占比（个）	1/79
	外商投资企业数	1/79
	外商投资和港澳台商投资工业企业和生产单位数	1/79
	按企业规模及登记注册类型分中外合资经营企业数	1/79
	按企业规模及登记注册类型分中外合作经营数	1/79
	按企业规模及登记注册类型分外资企业数	1/79
	按企业规模及登记注册类型分外商投资股份有限公司数	1/79
开放研发	外商投资企业 R&D 项目数	1/79
	外资企业 R&D 项目数	1/79
	外商投资股份有限公司 R&D 项目数	1/79
	外商投资企业研发机构数	1/79
	外资企业研发机构数	1/79
	外商投资股份研发机构数	1/79

续表

三级指标	四级指标	权重
开放研发	与国外机构合作 R&D 课题数	1/79
	中外合资经营企业 R&D 项目数	1/79
	中外合作经营 R&D 项目数	1/79
	中外合资经营企业研发机构数	1/79
	中外合作经营研发机构数	1/79
	外商投资企业 R&D 经费支出	1/79
	中外合资经营企业 R&D 经费支出	1/79
	中外合作经营 R&D 经费支出	1/79
	外资企业 R&D 经费外部支出	1/79
开放绩效	外商投资和港澳台商投资利润总额	1/79
	利用外资总量增长比例	1/79
	外商投资和港澳台商投资负债合计	1/79
	外商投资和港澳台商投资所有者权益	1/79
	外商投资和港澳台商投资主营业务收入	1/79
	外商投资和港澳台商投资利润占比	1/79
	边境小额贸易进出口贸易	1/79
	外商投资企业作为投资进口的设备、物品进出口贸易	1/79
	高技术产品进出口贸易	1/79
	国民经济和社会发展结构指标出口初级产品	1/79
	国民经济和社会发展结构指标进口初级产品	1/79
	国民经济和社会发展结构指标进口工业制成品	1/79
	国民经济和社会发展结构指标出口工业制成品	1/79
	外商直接投资	1/79
	对外承包工程项目数	1/79

续表

三级指标	四级指标	权重
开放绩效	对外承包工程完成营业额	1/79
	外商融资企业数	1/79
	对外承包工程完成总数	1/79
	派出劳务人数	1/79
	对外承包工程合同金额	1/79
	对外承包工程合同数	1/79
	科学研究和技术服务业对外直接投资净额	1/79
	对外承包工程出口货物出口贸易	1/79
	利用外资总量	1/79
	实际利用外资额	1/79
	“一带一路”沿线国家和地区进出口比重	1/79
	服务贸易占对外贸易比重	1/79

实践证明，过去 40 多年我国经济发展是在开放条件下取得的，未来实现高质量发展也必须在更加开放条件下进行。因此在未来要切实增强打造内陆开放新高地的紧迫感和责任感，着力推动开放型经济加快由要素驱动向创新驱动转变，由规模速度型向质量效益型转变，由成本、价格优势为主向以技术、标准、品牌、质量、服务为核心的综合竞争优势转变，从而实现全方位的高质量发展。

五、民生保障

当前我国社会主要矛盾已经转化为人民日益增长的美好生活需要和不平衡不充分的发展之间的矛盾。区域之间发展不平衡的问题越来越突出，影响人民群众的幸福感、获得感。我国政府未来执政目标之一是要实现基本公共服务均等化，基础设施通达程度比较均衡，人民生活水平大体相当。种种政策都表明民生保障在未来的重要性，在迈向高质量发展的道路上，民众的幸福感获得感以及生活保障都是不可或缺的一部分。

民生保障包括保障投入、社会保障、个人保障、就业保障、医疗保障 5 个三级指标，97 个四级指标。其中保障投入反映了我国公共领域、民生领域、扶贫领域的投入力度；社会保障反映了我国基础设施建设、人民生活等方面的状况；个人保障反映了我国人民在当前经济建设成就下的人均状况；就业保障反映了我国当前就业失业状况；医疗保障反映了我国当前医疗卫生体系状况。（见表 4-5）

表 4-5 民生保障指标体系框架

三级指标	四级指标	权重
保障投入	政府卫生支出占卫生总费用百分比	1/97
	社会卫生支出占卫生总费用百分比	1/97
	公共管理、社会保障和社会组织投资额	1/97
	基层群众自治组织投资额	1/97
	公共设施管理业施工项目	1/97
	水利、环境和公共设施管理业施工项目	1/97
	卫生、社会保障和社会福利业合同项目	1/97
	卫生、社会保障和社会福利业外商直接投资实际使用金额	1/97
	水利、环境和公共设施管理业外商直接投资实际使用金额	1/97
	公共管理和社会组织外商直接投资实际使用金额	1/97
	教育经费占 GDP 比重	1/97
	文化艺术投资额占 GDP 比重	1/97
	中央单位行政经费支出占 GDP 比重	1/97
	卫生总费用占 GDP 比重	1/97
	人均卫生费用	1/97
	全社会住宅投资	1/97
	文化及相关产业占 GDP 比重	1/97

续表

三级指标	四级指标	权重
保障投入	公共设施管理业投资额	1/97
	城乡低保资金支出	1/97
	基础设施投资占固定资产投资比重	1/97
	农村五保供养资金支出	1/97
	扶贫开发投资	1/97
社会保障	城市建设用地面积	1/97
	城市用水普及率	1/97
	城市燃气普及率	1/97
	公共图书馆数	1/97
	房屋建筑面积竣工率	1/97
	旅客运输平均运距	1/97
	公路网密度	1/97
	铁路网密度	1/97
	电话普及率（含移动电话）	1/97
	移动电话普及率	1/97
	用水普及率	1/97
	燃气普及率	1/97
	高速铁路营业里程占铁路营业里程比重	1/97
	开通互联网宽带业务的行政村比	1/97
	商品房平均销售价格	1/97
	房屋建筑面积竣工率	1/97
	普通高校师生比	1/97
	广播节目综合人口覆盖率	1/97
	电视节目综合人口覆盖率	1/97

续表

三级指标	四级指标	权重
社会保障	社区服务机构覆盖率	1/97
	居民消费水平城乡对比农村居民	1/97
	农村贫困发生率	1/97
	少儿抚养比	1/97
	老年抚养比	1/97
	民用汽车拥有量	1/97
	私人汽车拥有量	1/97
	每千老年人口养老床位数	1/97
	国家间、国际组织无偿援助和赠送的物资进出口贸易总额	1/97
	社会消费品零售总额增速	1/97
	城市道路密度	1/97
	人口密度	1/97
	每万人拥有公共文化设施面积	1/97
	相对贫困户脱贫率	1/97
个人保障	人均 GDP	1/97
	恩格尔系数	1/97
	流动人口	1/97
	人均可支配收入占 GDP 的比重	1/97
	个人现金卫生支出占卫生总费用百分比	1/97
	人户分离人口	1/97
	每万人拥有道路长度	1/97
	人均拥有道路面积	1/97
	每万人拥有公厕	1/97
	人均粮食产量	1/97

续表

三级指标	四级指标	权重
个人保障	人均慈善资金	1/97
	城镇居民家庭人均可支配收入	1/97
	农村居民家庭人均年纯收入	1/97
	城乡居民人均纯收入指标	1/97
	地方财政卫生事业费支出比	1/97
	城镇居民恩格尔系数指标	1/97
	农村居民恩格尔系数指标	1/97
	城乡居民消费水平比指标	1/97
	居民消费水平	1/97
	人均储蓄存款额	1/97
	全国居民人均可支配收入	1/97
	人均基本公共服务财政保障水平	1/97
就业保障	城乡低保救助人口数	1/97
	农村五保供养人口数量	1/97
	全年发放失业保险金人数	1/97
	年末参加城镇职工基本养老保险人数	1/97
	年末参加失业保险人数	1/97
	年末参加工伤保险人数	1/97
	城镇登记失业率	1/97
	劳动合同签订率	1/97
	就业与社会保险水平	1/97
医疗保障	医疗卫生机构病床使用率	1/97
	每千人口卫生技术人员	1/97
	每千人口医疗卫生机构床位	1/97

续表

三级指标	四级指标	权重
医疗保障	每千农业人口乡镇卫生院床位数	1/97
	新型农村合作医疗人均筹资	1/97
	新型农村合作医疗参合率	1/97
	每万人口医疗卫生机构床位数	1/97
	每万人执业医师数	1/97
	万人拥有医生数	1/97
	万人拥有床位数	1/97
	万人拥有卫生机构数	1/97

民生是人民幸福之基、社会和谐之本。增进民生福祉是中国共产党立党为公、执政为民的使命所在。在全面建成小康社会、全面建设社会主义现代化国家的道路上，必须紧扣我国社会主要矛盾的变化，进一步补齐短板，着力克服薄弱环节，为迈向高质量发展的道路做好铺垫性工作。

第四节　中国高质量发展测度

改革开放四十多年来，中国经济持续高速增长，成功步入中等收入国家行列，已成为名副其实的经济大国。但随着人口红利衰减、“中等收入陷阱”风险累积、国际经济格局深刻调整等一系列内因与外因的作用，经济发展正进入新常态。

朱兰博士[①]说：“21 世纪是质量的世纪，质量将成为和平占有市场最有效的武器，成为社会发展的强大驱动力。”理念的创新是发展的前提。纵观发达国家和地区发展，质量强国作为一种新的发展理念，是和平占有市场最有效的武器，是社会发展最强大的驱动力。

新时代质量改革的主攻方向，就是推动国家发展进入高质量时代。由党中央、国务院主导制定发文公布的《中共中央国务院关于开展质量提升行动的指导意见》(以下简称《提升指导意见》) 将质量强国战略第一次写入了党中央、国务院主导的质量纲领性文件，不仅体现了中央人民政府对质量振兴、发展的行政意志，更加体现了党中央对提升质量、建设质量强国的政治意志。此后不久，党的十九大报告明确提出，要建设“质量强国”。这是新时代国家质量战略最直接、最具体、最坚决的政治宣言。新时代的质量变革充分体现了质量强国新的发展理念。

---

① 约瑟夫・M. 朱兰（Joseph M. Juran），美籍罗马尼亚人，举世公认的现代质量管理的领军人物。

一、创新驱动

我国经济已由高速增长阶段转向高质量发展阶段，正处在转变发展方式、优化经济结构、转换增长动力的攻关期。在高质量发展进程中，创新是引领发展的第一动力，推动高质量发展，科技创新无疑是第一位的。

随着大数据、人工智能等新一轮技术革命的加快推进，创新在经济发展中的地位日益凸显。在新工业革命与我国高质量发展形成历史性交汇的大背景下，加快形成创新驱动新格局已成为动力变革的首要任务。由经济大国走向经济强国，全面提升综合国力，根本途径是让创新成为引领高质量发展的第一动力。

我国总体进入工业化后期，支撑实体经济四十多年快速发展的传统要素优势正逐步减弱，要素价格持续上升，对创新驱动经济发展提出了迫切需求。坚定不移实施创新驱动发展战略将为我国中长期发展注入强大的内生动力。

新动能逐渐挑起创新大梁，成为经济平稳增长的重要动力。统计数据表明，2018 年高技术制造业、战略性新兴产业和装备制造业增加值分别比上年增长 11.7%、8.9% 和 8.1%，增速分别比规模以上工业快 5.5、2.7 和 1.9 个百分点。

2018 年 7 月 10 日，世界知识产权组织（WIPO）、美国康奈尔大学、欧洲工商管理学院和 2018 年全球创新指数知识伙伴联合发布《2018 全球创新指数报告》(Global Innovation Index，GII)，通过 81 项指标对世界 127 个国家和经济的创新表现进行排名。报告显示，瑞士继续独占鳌头，其他跻身 2018 年全球创新指数前十名的其他国家是：荷兰、瑞典、英国、新加坡、美国、芬兰、丹麦、德国和爱尔兰。中国较去年上升 5 名，取得第 17 名的成绩，首次跻身全球创新指数 20 强，超过了加拿大、挪威和澳大利亚等发达经济体。

《2018 全球创新指数报告》指出，中国排名的上升反映出中国政府优先研发和创新发展的政策取得效果，中国作为一个快速变化的经济体，在创新方面取得了突破性进展。从 2016 年首次进入全球创新指数前 25 名，到 2017 年上升至第 22 位，再到如今跻身 20 强，位次的上升也标志着中国创新能力的不断提升，正式跨入世界科技创新型国家行列。

报告数据显示，2018 年中国的产出分指数进入前 10 名，投入指数上升至第 27 位，效益指数连续两年占据第 3 位。其中，在研究人员、专利和科技出版物数量等指标上，中国均位居第一，而在经济体将教育投资和研发支出转化为高质量创新成果的能力上，瑞士、卢森堡和中国分列前三。此外，在反映创新能力和创新质量的各项指标上，中国都名列前茅。

R&D（Research and Development，研究与试验发展）经费占 GDP 比重这一指标是全球通用的核心指标，衡量技术和创新的投入强度。全球这一比例居前的经济体分别是以色列（4.4%）、芬兰（3.9%）、韩国（3.7%）、瑞典（3.4%）、日本（3.3%）、美国（2.8%）、德国（2.8%）等国家，全部以高科技产业闻名。

中国创新资源投入持续增加，创新能力发展水平大幅超越了其经济发展阶段，遥遥领先于世界其他发展中国家，突出表现在知识产出效率和质量快速提升、企业创新能力稳步增强等方面。随着创新资源的持续投入以及科技体制机制改革的不断深入，中国创新效率将进一步提升，国家创新能力综合排名将向创新型国家行列稳步迈进。

2018 年中国在研发上投入的费用仅次于美国，再次排全球第二名，研发经费总量高达 1.96 万亿元人民币，约为同期中国 90.03 万亿元 GDP 的 2.18%。国家创新，已经到了质变期。以投入总值论，中国的研发投入仅次于美国，居世界第二，但是与发达国家平均 3%左右的水平相比还有较大差距。中国处于全球节点位置，上游是欧美国家，下游是东南亚和非洲等国家和地区，未来要避免两线竞争的困局，必须完成对下游国家的率先产业升级、率先技术升级。

从产业看，以互联网、新能源、智能制造等为核心的高新技术产业发展势头良好，高速铁路、水电装备、特高压输变电、核电等重大技术装备正在成为出口生力军，电子商务和信息消费的多样化个性化成为社会消费的新亮点。从区域看，一批创新驱动起步早、转型快的省市，经济发展率先出现向好态势；各类改革试验区域着力推进体制机制改革，正在加快形成转型发展新高地；自主创新示范区和高新区大力推进创新创业，已成为高新技术产业的重要策源地。

其中基础研究和前沿技术创新能力显著增强。中国科学技术信息研究所 2018 年 11 月 1 日发布的《2018 年中国科技论文统计结果》显示，我国科研产出规模已由高速增长阶段转向高质量发展阶段。根据统计结果，截至 2018 年 9 月，我国高被引论文（2008—2018 年被引用次数处于各学科世界前 1%）数量为 24 825 篇，占世界份额的 17.0%，世界排名保持在第 3 位；中国的国际热点论文[①] 数量为 842 篇，占世界总量的 27.6%，世界排名保持在第 3 位。其中，我国材料科学领域论文被引用次数已经连续两年保持世界首位，另有 10 个学科领域排名世界第 2 位，分别是：农业科学、化学、计算机科学、工程技术、环境与生态学、地学、数学、药学与毒物学、物理学、植物学与动物学。

通过与往年数据对比，可以明显看出中国的科技成果产量、质量和影响力都在迅速提升，尤其包括材料科学在内的众多中国学科展示出越来越大的国际影响力。无论从国际合著论文还是参与国际大科学合作来看，一系列相关数据的增长，充分体现了中国参与国际学术活动的能力持续增强。根据目前整体走势，未来中国科技论文数量还会继续增加，呈现出更加繁荣的景象。

商事制度改革释放制度红利，打造世界最大“创业国度”。2014 年开始实施的商事制度改革给投资创业带来明显的制度红利。截至 2018 年年底，全国实有市场主体达 1.1 亿户，其中企业 3474.2 万户，新增市场主体 2149.58 万户，新增企业 670 万户，平均每天新增企业 1.83 万户。中国已经成为世界最大的“企业王国”，也成为世界最大的“创业国度”。

2018 年我国科技实力进一步增强，主要科技创新指标稳步提升，我国研究与试验发展（R&D）经费支出超过欧盟 15 国平均水平，研发人员总量居世界第一，发明专利申请量和授权量居世界首位，科技作为创新驱动发展“第一动力”的作用更加凸显。国家统计局于 2018 年 2 月 28 日发布的《2018 年国民经济和

---

① 近两年间发表的论文在最近两个月得到大量引用，且被引用次数进入本学科前 1‰的论文称为热点论文。

社会发展统计公报》表明，2018 年我国研究与试验发展经费支出为 19657 亿元，比上年增长 11.6%，其中基础研究经费 1118 亿元。此外，报告数据显示，2018 年全国高新技术企业达到 18.1 万家，技术合同成交额超过 1.7 万亿元，科技创新创业培育壮大新动能，6500 多家众创空间服务创业团队 40 万家，创业就业人数超过 140 万人。目前我国研发经费投入强度已达到中等发达国家水平，居发展中国家前列。

以提高自主创新能力为重点，厚植创新引领发展的根基，激发企业创新活力，发挥创新引领发展的主体作用。根据世界知识产权组织最新发布的报告，2018 年通过世界知识产权组织提交的国际专利申请中，半数以上来自于亚洲，中国提交的国际专利申请数量位居世界第二，华为公司提交的专利申请最多。2018 年世界知识产权组织受理的国际专利申请比 2017 年增长 3.9%，与此同时，国际商标和工业产品外观设计的申请量也实现了 6.4% 和 3.7% 的涨幅。

中国的学术专利排名也出现上升，首次有 4 所大学进入前 10。尽管美国加州大学依旧在教育机构中遥遥领先，在去年提交了 501 项专利申请，美国麻省理工学院排在第二，但是中国的深圳大学、华南理工大学已上升至第 3 位、第 4 位，领先于美国哈佛大学。清华大学、中国矿业大学分别排第 7 位、第 10 位。中国大学受益于对创新和基础研究商业化的极强专注以及世界第二大国家研发支出资金的支持。

高新技术产业规模持续高速增长，前沿技术领域突破了一批核心技术，与世界先进水平差距不断缩小。在人工智能这一当今世界各国激烈竞争的尖端科技领域，中国已经成为与美国同步的并行者。根据中国电子学会的统计：2018 年全年，全球人工智能核心产业市场规模超过 555.7 亿美元，相较于 2017 年同比增长 50.2%。数据显示，全球人工智能的发展呈现三足鼎立之势，主要集中在美国、欧洲、中国。

美国硅谷是当今人工智能基础层和技术层产业发展的重点区域，聚集了人工智能企业 2905 家，以谷歌、微软、亚马逊等为代表形成集团式发展，同时在人工智能企业数量、投融资规模、专利数量等方面全球领先。

中国人工智能行业的企业总数达到670家，占全球的11.2%，在论文总量和高被引论文数量上都排在世界第一，同时已成为全球人工智能专利布局最多的国家。在人工智能领域的投融资占到了全球的60%，成为全球最“吸金”的国家，投融资主要集中在技术和应用层，出现全球总融资额最大、估值最高的人工智能独角兽企业。

欧洲人工智能企业总数为657家，占全球的10.88%。欧洲通过大量的科技孵化机构助力早期的人工智能初创企业，高新技术产业转化率较高，诞生了大量优秀的人工智能初创企业。

全球主要国家重新掀起的工业竞争，最主要的就是高技术领域的竞争。中国国家统计局公布的数据显示，2019年4月份，高技术制造业增加值同比增长11.2%，比规模以上工业增速快5.8个百分点。中国在全球产业链中处于典型的夹心层，尤其是美国制造业回流后，未来挑战巨大，面对欧美传统发达国家，中国需要在高端制造业领域实现突破，打破其在高端技术的封锁与垄断。加快建设创新型国家，要瞄准世界前沿，强化基础研究，实现前瞻性基础研究、引领性原创成果重大突破，争取到2020年进入创新型国家行列，到2035年跻身创新型国家前列。

进入新时代，“高速度”不再时髦，“高质量”成为共识，中国经济成色更纯、底色更亮、根基更牢。党的十八大以来，以习近平同志为核心的党中央把握引领经济发展新常态，深入推进供给侧结构性改革，中国经济正朝着质量更好、效率更高、动力更强的发展方向阔步挺进。

发达国家第三产业占GDP的比重在70%左右，中国的第三产业占比已达51.6%。事实上，国内一些城市的服务业比重已经接近甚至超过发达国家的中心城市的水平，比如，北京三产占比超过80%，成为我国城市中服务业占比最高的城市，成功实现了“三二一”结构。“北京式”无疑为中国迫切希望转型的各大城市提供了样本。不过，中国仍然属于后发国家，就产业发展阶段而言，仍需坚持制造业立国。

曾经，一个电饭煲成了中国制造的软肋。而今，通过创新补齐质量短板，国货当自强，正努力成为精品的代名词。近年来，随着国家和企业对品牌建设的重视，一批中国产品、中国技术、中国标准实现逆袭，“打造中国品牌”的强音正在从理念变为现实。品牌建设代表着供给结构和需求结构的升级方向，关乎国家整体实力。“中国航天”“中国高铁”等大国重器享誉海内外，越来越多的中国品牌成为高品质、高质量的代名词，彰显出中国品牌的世界魅力。

品牌强国正成为展现国家综合竞争力、彰显国家文化魅力的重要途径，成为经济全球化浪潮中决胜的重要表现和关键指标。要着力筑牢品牌发展的基石，夯实产品质量，以品牌升级撬动制造业转型升级；要重视品质消费，以品牌价值提升拉动消费升级；要丰富品牌建设的内涵，培育具有强大包容性和中国特色的品牌文化，树立品牌自信；要善用媒体，加强传播纽带作用，对内对外讲好中国品牌故事，促进中国品牌向世界舞台中央持续迈进。

二、结构优化

党的十九大报告提出，必须坚持质量第一、效益优先，以供给侧结构性改革为主线，推动经济发展质量变革、效率变革、动力变革，提高全要素生产率，着力加快建设实体经济、科技创新、现代金融、人力资源协同发展的产业体系，着力构建市场机制有效、微观主体有活力、宏观调控有度的经济体制，不断增强我国经济创新力和竞争力。

新时代我国社会主要矛盾已经转化为人民日益增长的美好生活需要和不平衡不充分的发展之间的矛盾。我国社会主要矛盾的变化对进一步改革提出了新要求，因此需要深化供给侧结构性改革，提升供给质量，才能更好满足人民日益增长的需要。深化供给侧结构性改革，建设现代化经济体系，必须把发展经济的着力点放在实体经济上，把提高供给体系质量作为主攻方向，显著增强我国经济质量优势。这同样表明，未来供给侧结构性改革要更适应新时代高质量发展的需要。

在此背景下，2018年中央经济工作会议将深化供给侧结构性改革作为围绕推动高质量发展的首项重点工作，并提出改革目标“要推进中国制造向中国创造转变，中国速度向中国质量转变，制造大国向制造强国转变”。会议还对深化供给侧结构性改革进行了部署，提出深化要素市场化配置改革，重点在“破”“立”“降”上下功夫，同时提出大力破除无效供给；大力培育新动能；大力降低实体经济成本等具体任务。可以说，这些都是深化供给侧结构性改革中面临的难点问题，深化这些领域的改革是提升经济发展质量和效率的重要手段。

我国现在推行供给侧结构性改革，核心要义就是要提升供给体系质量。供给侧结构性改革多个指标超预期完成，“三去一降一补”成效明显。《政府工作报告》提出，在淘汰水泥、平板玻璃等落后产能基础上，以钢铁、煤炭等行业为重点加大去产能力度，中央财政安排1000亿元专项奖补资金予以支持，用于分流职工安置。退出钢铁产能1.7亿吨以上、煤炭产能8亿吨，安置分流职工110多万人。因城施策分类指导，三四线城市商品住宅去库存取得明显成效，热点城市房价涨势得到控制。积极稳妥去杠杆，控制债务规模，增加股权融资，工业企业资产负债率连续下降，宏观杠杆率涨幅明显收窄、总体趋于稳定。多措并举降成本，压减政府性基金项目30%，削减中央政府层面设立的涉企收费项目60%以上，阶段性降低“五险一金”缴费比例，推动降低用能、物流、电信等成本。突出重点加大补短板力度。

供给质量可以分为供给要素质量和供给体系质量，供给要素质量就是劳动力、资本、土地等生产要素所具有的特性满足需求的程度，而供给体系质量则是产品（包括服务、工程等各种形式）、企业和产业等所具有的特性满足需求的程度。提高供给要素质量，意味着劳动力素质提高、物质资本更新换代、更多高新技术的投入以及人力资本的提升等；而提高供给体系质量就是提高产品满足消费者消费升级需要的程度、提高企业适应市场竞争的能力、提高适应消费升级的产业转型升级能力等方面的内容。提高供给质量的任务不仅包括微观质量管理所要求的提高产品质量，还包括人力资源管理关注的员工素质和能力提升，以及企业管理要关注的整个企业竞争力的提高，更包括政府管理所关注的产业自身转型升级、产业结构的高级化和产业组织的合理化，以及整体科研教育和政府管理等国家治理现代化水平的提高。

由于我国进入到工业化后期增速趋缓、结构优化、动力转换的经济新常态阶段，长期以来主要依靠增加劳动力、资本、土地等供给要素数量增加，以及依靠产品产量增加、企业和产业规模扩张促进经济增长的发展方式已不可持续，现在更多需要通过创新改善供给要素质量和提高供给体系的质量，来实现新的供求动态均衡，进而提高全要素生产率促进经济持续增长。因此，供给体系质量决定了我国经济增长的质量，进而决定了我国经济发展方式的转变以及经济的可持续发展。

深化供给侧结构性改革，重点要提高实体经济供给体系的质量。从产品层面提高供给体系质量，要正确处理降低成本与提高质量的关系，坚持创新驱动发展，不断进行管理创新和工艺创新，建立精益求精的“工匠精神”文化，企业要持续强化全面质量管理，而国家要加强计量、标准、认证认可和检验检测等国家质量技术基础（NQI）建设，努力扩大高质量产品和服务供给；从企业层面提升供给体系质量，要完善实体企业创新发展环境，降低企业制度性交易成本，深化国有企业改革，处置“僵尸企业”，重视发挥和调动企业家创新的作用，不断提高实体企业的素质和竞争力；从产业层面提高供给体系质量，要积极推进化解产能过剩和掌握关键核心技术战略，实现产业转型升级，重视发挥竞争政策的作用，提高产业结构高级化和产业组织合理化水平。

未来中国深化工业化进程、提高实体经济质量面临巨大挑战。要迎接这些挑战，一方面要处理好城市化与工业化的关系，避免城市化与实体经济脱节，不能让房地产仅成为炒作对象，要让城市化进程真正发挥对实体经济转型升级的需求引导作用；另一方面要处理好信息化与工业化的关系，促进工业化和信息化的深度融合。深化工业化进程的重点是以智能制造为主导推进工业互联网发展，要注意尽量减少由于电子商务大发展而产生的对高质量产品的“挤出效应”以及对低成本实体经济需求的“扩张效应”；还要处理好国际化与工业化的关系，坚持技术引进与消化吸收再创新、原始创新相结合，在扩大开放基础上交流融合创新，推进中国实体经济沿着高端化、智能化、绿色化、服务化方向转型升级。

三、绿色发展

中国特色社会主义进入新时代，我国经济发展也进入新时代。打好污染防治攻坚战是推动和引领高质量发展的重要手段和措施，生态环境是高质量发展的核心目标之一。污染防治攻坚战的目标是使主要污染物排放总量大幅减少，生态环境质量总体改善。就全国而言，重点是打赢蓝天保卫战，因为雾霾是民生的最大痛点，是人民群众最关心的问题，一定意义上雾霾成了污染的代名词。而且，从污染治理规律和近几年的实践看，在中短期，治霾是可以取得明显进展的。而水污染特别是土壤污染则更是一种持久战，更要下决心、花力气加大治理力度。各地区面临的突出污染问题不同，中央要求各地区根据本地实际，突出重点，到2020年使本地区生态环境总体改善。如果说治污影响了经济增长的话，影响的是那些我们不想要的“增长”，是那些对人民美好生活带来负效果的“增长”，是那些会危害国家长远发展的“黑色增长”。

在过去很长一段时间，一些地方政府一味追求GDP，一些高耗能、高排放、高污染的项目大行其道，这样的发展方式占用大量的自然资源和社会资源，但微薄的经济效益和社会效益却被污染成本抵消。这种“黑色发展”依靠耗费环境成本获取发展空间，影响正常市场秩序，形成“劣币驱逐良币”的局面，从而制约了实体经济的发展。

抓生态环保就是抓发展方式转变、抓布局和结构调整、抓新旧动能转换，实质就是推动高质量发展。党的十八大以来，党中央坚定不移推进生态文明建设，决心之大、力度之大、成效之大，前所未有。在铁腕治污的高压态势下，“环保致经济下行”“环保用力过猛”“顾环保、不顾民生”等论调及热点事件时有出现，环境保护与经济发展的关系一度成为社会热议话题。

生态环境保护是促进高质量发展的有效手段。各种实践案例表明，经济发展如果一开始就重视生态环境的发展，将在结构、效率、效益等方面得到大大的改善和提升。在产业模式上可实现高循环，在资源利用上可实现高产出，在污染治理上可实现高效率，在生态产品上可实现高供给，在人民生活改善上可以实现高福祉，并且将为经济的持续繁荣打下良好的基础。相反，一些地方如果不重视环保，短期看似经济指标非常好，实际牺牲了人民健康的利益，最终在发展质量上是欠了账。

万元地区生产总值能耗是指一个地区生产每万元地区生产总值所消费的能源总量，万元 GDP 能耗越低说明节能减排效果愈加显著。统计数据显示，我国的单位 GDP 能耗已从 2000 年的 1.47 吨标准煤 / 万元下降到 2018 年的不足 0.6 吨标准煤 / 万元，我国节能减排工作取得了显著成效。生态产品生产能力明显提升，根据第八次全国森林资源清查，中国森林面积达到 2.08 亿公顷，森林蓄积 151.37 亿立方米，森林覆盖率 21.66%，成为全球森林资源增长最快的国家。

总体上看，我国生态环境质量持续好转，出现了稳中向好趋势，但成效并不稳固。生态文明建设正处于压力叠加、负重前行的关键期，已进入提供更多优质生态产品以满足人民日益增长的优美生态环境需要的攻坚期，也到了有条件有能力解决生态环境突出问题的窗口期。我国经济已由高速增长阶段转向高质量发展阶段，需要跨越一些常规性和非常规性关口。

中国在过去四十多年的高速增长，成功解决了“有没有”的问题，现在强调高质量发展，根本在于解决“好不好”的问题。高质量发展，意味着高质量的供给、高质量的需求、高质量的配置、高质量的投入产出、高质量的收入分配和高质量的经济循环。

生态环境是衡量高质量发展成效的重要标尺，高质量发展的成效在许多方面都与生态环境密不可分。不管是深化供给侧结构性改革，还是实施乡村振兴战略、区域协调发展战略，等等，这些高质量发展的重大战略任务取得实效，必然极大地缓解生态环境的压力，最终直接反映到生态环境质量的改善方面。

近年来，通过调整产业结构、优化能源结构、淘汰落后产能等方面的努力，中国在应对气候变化方面取得了显著成效。在经济学领域，有个概念叫环境库兹涅茨曲线。也就是说一个国家经济发展水平较低时，环境污染的程度较轻，但是随着人均收入的增加，环境污染由低趋高；当经济发展到达某个临界点后，随着人均收入进一步增加，受产业结构调整和环境规制加强等影响，环境污染又由高趋低，环境质量逐渐得到改善，污染排放与经济增长之间就构成了一个先上升后下降的“倒 U 形”曲线。为了在 2030 年甚至更早让中国的环境库兹涅茨曲线接近峰值，中国正在加快步伐。

近年来，中国污染防治工作取得了显著的成效，有力地推动了中国经济高质量的发展。党的十八大以来，全国 338 个地级及以上城市 PM10 平均浓度比 2013 年下降了 22.7%，京津冀、长三角、珠三角区域的 PM2.5 平均浓度都分别下降了 30% 左右。珠三角区域的 PM2.5 已经连续三年达到了国家规定的标准，全国的地表水质也是稳中向好。而我国在收获蓝天幸福的同时，宏观经济运行要好于预期，工业企业起稳向好，产能利用率明显提升，市场环境得到进化，大大提高了高质量发展。

生态文明建设是关系中华民族永续发展的根本大计。中华民族向来尊重自然、热爱自然，绵延 5000 多年的中华文明孕育着丰富的生态文化。生态兴则文明兴，生态衰则文明衰。据国务院印发的《“十三五”控制温室气体排放工作方案》，到 2020 年，单位国内生产总值（GDP）二氧化碳排放比 2015 年下降 18%。到 2020 年，能源消费总量控制在 50 亿吨标准煤以内，单位国内生产总值能源消费比 2015 年下降 15%，非化石能源比重达到 15%。2020 年单位工业增加值二氧化碳排放量比 2015 年下降 22%。2015 年 6 月，中国在向《联合国气候变化框架公约》秘书处提交的应对气候变化国家自主贡献文件中提出，将于 2030 年左右使二氧化碳排放达到峰值并争取尽早实现，2030 年单位国内生产总值二氧化碳排放比 2005 年下降 60%—65%，非化石能源占一次能源消费比重达到 20% 左右，森林蓄积量比 2005 年增加 45 亿立方米左右。

生态环境在今天的中国已经成为人民群众对美好生活的重要需要，为此高质量发展的目标既要瞄准创造更多的物质财富和精神财富，以满足人民日益增长的对美好生活的需要，同时也要提供更多的优质的生态产品，以满足人民群众日益增长的对优美生态环境的需要。

四、开放经济

要以更宽广的视野、更高的目标要求、更有力的举措推动全面开放，加快发展更高层次的开放型经济，加快培育贸易新业态新模式，积极参与“一带一路”建设，加强创新能力开放合作。

中国对外开放经历了 40 多年发展，就开放发展的实践来看，从一开始的“四个特区”战略，到沿海开放城市战略，再到沿海经济开放区、各种产业园区发展、保税区战略，发展到近几年的中国自由贸易区和自由港等，开放型经济发展不断走向深入；就开放发展的内容和领域来看，从依靠税收等大规模优惠政策进行招商引资，到实现大部分制造业开放发展，中国成为世界加工厂；从低成本优势竞争参与国际分工，到逐渐融入全球价值链分工体系；从加入 WTO 和关税降低甚至取消等，到逐步推动投资贸易便利化、推动“放管服”等改革，开放型经济发展程度不断走向深入，开放领域不断得到拓展，开放范围和广度也是前所未有。就改革与开放良性互动关系来讲，也是从政策性开放到体制机制改革，再从体制机制改革推动开放深化，然后开放又倒逼改革，开放型经济发展在速度、规模、体量和影响力等方面都发生了深刻变化。

在开放型经济高速发展的推动下，我国国内 GDP 总量从 2010 年开始就稳居世界第二位，我国货物和服务贸易进出口总额均居世界第二位，对外投资和吸引外资规模也是世界第二和第三，制造业增加值连续 7 年居世界第一，我国 220 多种主要工农业生产能力稳居世界第二，一些产品甚至出现过剩。中国巨大的生产力水平和巨大的市场规模，为世界经济发展作出了巨大贡献，成为世界经济稳定增长的“压舱石”。

中国成功实现从封闭半封闭到全方位开放的伟大转折，书写了国家和民族发展的壮丽史诗。进入新时代，从自身改革发展实践出发，坚定不移扩大开放，既是对历史经验的深刻总结，也是中国面向未来的战略抉择。

我国经济已由高速增长阶段转向高质量发展阶段，推动形成全面开放新格局是实现新时代中国对外经贸发展、努力提前建成经贸强国奋斗目标的必然要求，进一步拓展开放范围和层次，完善开放结构布局和体制机制，是以开放的主动赢得发展的主动和国际竞争的主动的直接体现，而以高水平开放推动高质量发展既是外经贸领域实现高质量发展的落脚点，更是提升新时代我国外经贸事业发展水平的着力点。

我国对外投资规模位居世界前列，成为净资本输出国，利用外资水平显著提高。从设立自由贸易试验区到探索建设自由贸易港，从全面实行准入前国民待遇加负面清单管理到扩大服务业对外开放，把“一带一路”建设作为经济外交的顶层设计和重大战略……进入新时代，中国在更大范围、更广领域、更高水平上推进对外开放，开放的大门越开越大。

优良的营商环境和创新创业环境使中国出现了前所未有的留学生回国热潮，学成回国留学人员比例已超过 80%，年均突破 40 万人；也出现了前所未有的来华留学热潮，来华留学生年均人数突破 40 万，来华访问的专家技术人才等年均突破 90 万人，中国正在成为世界重要的人才吸引国。据美国皮尤研究中心调查，如今中国在全球受欢迎程度正在逐渐赶超美国。

五、民生保障

民生是最大的经济。发展经济的根本目的是为了让民众过上更优质的生活。而反过来，民众高质量的生活需求，则倒逼高质量的生产供给。需求和供给的双向互动，推动整体经济高质量发展。

经济发展速度保证民生改善进度，经济发展质量决定民生建设含金量。中国特色社会主义进入了新时代，我国经济发展也进入了新时代，基本特征就是我国经济已由高速增长阶段转向高质量发展阶段。把推动高质量发展作为当前和今后一个时期确定发展思路、制定经济政策、实施宏观调控的根本要求，既体现出新时代着眼于从供给侧入手为提高民生获得感提供有力保证的发展思路、工作思路，更凸显出遵循经济规律、适应社会主要矛盾变化、加快全面建成小康社会步伐的决策智慧。

在发展中保障和改善民生。我国稳定解决了十几亿人的温饱问题，总体上实现小康，人民生活不断改善。在经济社会全面发展的背景下，如何使农村贫困人口更快地摆脱贫困，成为党和政府的关注重点。以习近平同志为核心的党中央把解决农村贫困问题提升到巩固党的执政基础、保持国家长治久安和全面建成小康社会的高度，实施精准扶贫战略，全力推进农村扶贫，取得了明显的成绩。国家统计局 2019 年 2 月发布 2018 年我国脱贫攻坚战数据显示，2018 年年末，全国农村贫困人口 1660 万人，比上年末减少 1386 万人；贫困发生率 1.7%，比上年下降 1.4 个百分点。分三大区域看，2018 年东、中、西部地区农村贫困人口全面减少。东部地区农村贫困人口 147 万人，比上年减少 153 万人；中部地区农村贫困人口 597 万人，比上年减少 515 万人；西部地区农村贫困人口 916 万人，比上年减少 718 万人。

2018 年，在全国广大贫困农村，“五个一批”等精准扶贫举措扎实落地。产业扶贫，重点支持贫困地区贫困农户发展特色种养业；光伏扶贫、电商扶贫等扶贫新模式也稳步推进，带贫减贫机制逐步完善。就业扶贫，全年新增劳动力转移就业 259 万人；建设 3 万多个扶贫车间，实现 77 万建档立卡贫困人口就近就业。教育扶贫，贫困地区义务教育薄弱学校基本办学条件进一步改善，控制辍学力度进一步加大。健康扶贫，专项救治病种扩大到 21 个，累计救治 1000 多万贫困人口，贫困患者自付比例进一步下降，贫困地区就医条件得到改善。生态扶贫累计选聘生态护林员 50 万人。通过精准扶贫，从 2013—2018 年，我国连续 6 年超额完成千万减贫任务。6 年间，全国累计减少贫困人口 8239 万人，贫困发生率从

2012 年年末的 10.2% 下降到 2018 年年末的 1.7%。中国创造了人类减贫史上的奇迹。

要提高保障和改善民生水平，这就要求提高就业质量和人民的收入水平，同时加强社会保障体系的建设。我国是世界创造新增就业最多的国家和居民收入增长最快国家之一。就业是最大的民生。我国一直是世界创造新增就业最多的国家，也是少有的实现充分就业目标（失业率低于 5%）的国家之一。从国际金融危机爆发至今，全球面临的最大挑战就是高失业。国际劳工组织数据显示，2018 年，在 5.0% 的全球失业率背景下，全世界大约有 1.72 亿失业人口。中国国家统计局统计数据显示，2018 年，我国城镇新增就业 1361 万人，完成全年目标的 123.7%，创历史新高，连续第六年超过 1300 万人；全国城镇登记失业率为 3.8%，为近 10 多年来最低水平；全国城镇调查失业率保持在 5% 左右，实现低于 5.5% 的预期目标；全国居民人均工资性收入 15829 元，同比增长 8.3%；全国常住人口城镇化率为 59.58%，户籍人口城镇化率为 43.37%，分别比上一年提升了 1.06、1.02 个百分点，其中 2018 年全国常住人口城镇化率已经接近 2020 年的目标。

第五节　省、自治区、直辖市发展质量测度

中国特色社会主义进入新时代，我国经济发展也进入由高速增长阶段转向高质量发展阶段。推动经济实现高质量发展，是适应我国发展新变化的必然要求，也是当前和今后一个时期谋划经济工作的根本指针。高质量发展，意味着高质量的供给、高质量的需求、高质量的配置、高质量的投入产出、高质量的收入分配和高质量的经济循环。高质量发展是一场耐力赛，需要脚踏实地，打牢基础，一步一个台阶。向高质量发展转变的过程注定不会一帆风顺，我们必须守住不发生系统性风险的底线，有序排除长期积累的风险隐患，有效应对外部不确定性的冲击，为高质量发展创造有利条件和环境。

2019 年是新中国成立 70 周年，是全面建成小康社会关键一年，也是加快新旧动能转换、实现高质量发展的重要一年。全年保持稳中向好的形势，经济运行延续增速稳、就业稳、物价稳、效益稳的“多稳”局面，继续保持在中高增长平台平稳运行，将为经济工作重心更多转向高质量发展提供有利条件。

表 4-6　我国 31 省、自治区、直辖市高质量发展指数排名

省际	高质量发展指数	排名
广东省	80.835	1
江苏省	78.388	2
山东省	66.024	3

续表

省际	高质量发展指数	排名
北京市	57.251	4
浙江省	48.472	5
四川省	44.935	6
上海市	42.665	7
天津市	38.070	8
湖北省	36.551	9
河北省	30.811	10
湖南省	28.179	11
福建省	25.669	12
安徽省	24.408	13
辽宁省	22.247	14
陕西省	19.400	15
江西省	18.499	16
广西壮族自治区	18.318	17
内蒙古自治区	18.128	18
河南省	17.885	19
重庆市	17.741	20
黑龙江省	15.386	21
云南省	14.788	22
吉林省	14.777	23
山西省	13.050	24
贵州省	12.777	25
新疆维吾尔自治区	12.650	26
甘肃省	11.720	27

续表

省际	高质量发展指数	排名
海南省	11.405	28
宁夏回族自治区	10.317	29
青海省	10.257	30
西藏自治区	10.115	31

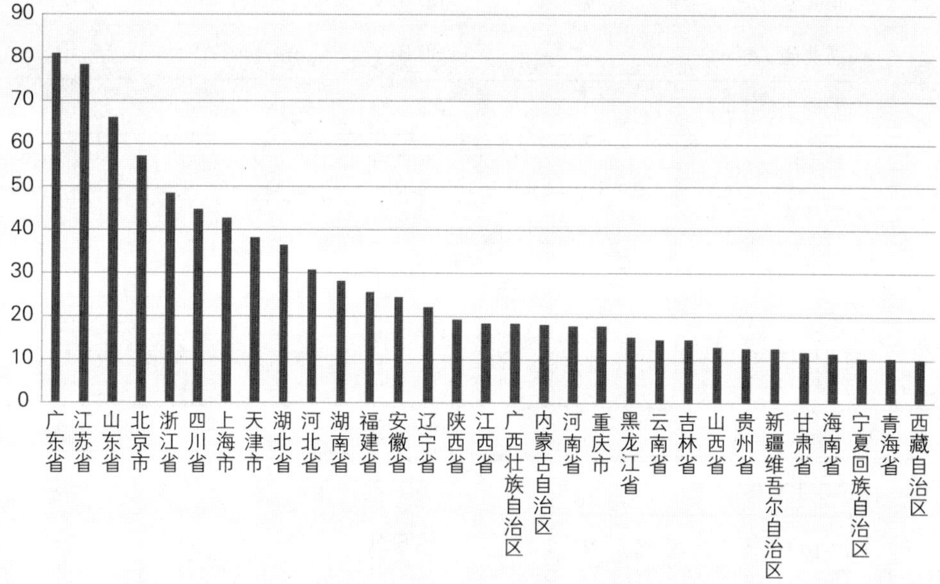

图 4-1　中国 31 省、自治区、直辖市高质量发展指数排名

表 4-6 展示了全国 31 省、自治区、直辖市高质量发展指数排名和分布情况。根据测算结果，主要展现出以下特征：前几位的发展程度要远高于其他各省，其中排名前十位的分别是：广东省、江苏省、山东省、北京市、浙江省、四川省、上海市、天津市、湖北省和河北省。从中不难看出，排名靠前的依然是东南部各省及沿海省份，其凭借雄厚的基础、强大的体量依然走在高质量发展的时代前沿。

一、我国31省、自治区、直辖市创新驱动指数测算结果及排名

创新乃国之命脉，没有创新的国度注定没有光明的未来，在高质量发展的时代大背景下，创新显得尤为关键。党的十九大报告明确指出，加速创新型国家建设，将创新转化为经济增长的新动能，成为国家战略方向。此前，国务院发布并实施《国家创新驱动发展战略纲要》，以通过创新驱动发展来实现科技体制改革和经济社会领域改革。随后，政府通过陆续颁发的“建设制造强国战略”和《“十三五”国家战略性新兴产业发展规划》等文件，来明确创新驱动发展这一方向。

在我国31省、自治区、直辖市创新驱动指数排名中，位居前十的省份包括：广东省、江苏省、山东省、浙江省、北京市、四川省、湖南省、湖北省、河北省和上海市。其中，广东省、江苏省和山东省位居前三名。

表4-7 我国31省、自治区、直辖市高质量发展创新驱动指数排名

省际	创新驱动指数	排名
广东省	65.29682	1
江苏省	58.93569	2
山东省	55.06129	3
浙江省	52.78924	4
北京市	50.36762	5
四川省	49.74256	6
湖南省	49.15101	7
湖北省	47.90690	8
河北省	46.21030	9
上海市	45.95796	10
河南省	45.40503	11

续表

省际	创新驱动指数	排名
江西省	44.24371	12
福建省	40.30658	13
云南省	38.83183	14
天津市	36.41407	15
海南省	33.95472	16
吉林省	32.94667	17
辽宁省	31.10415	18
安徽省	30.05469	19
重庆市	29.81131	20
新疆维吾尔自治区	28.63695	21
陕西省	27.24533	22
黑龙江省	26.19471	23
山西省	25.59401	24
内蒙古自治区	24.21866	25
贵州省	23.41053	26
甘肃省	22.68993	27
广西壮族自治区	20.67776	28
青海省	19.04655	29
宁夏回族自治区	18.43966	30
西藏自治区	17.10609	31

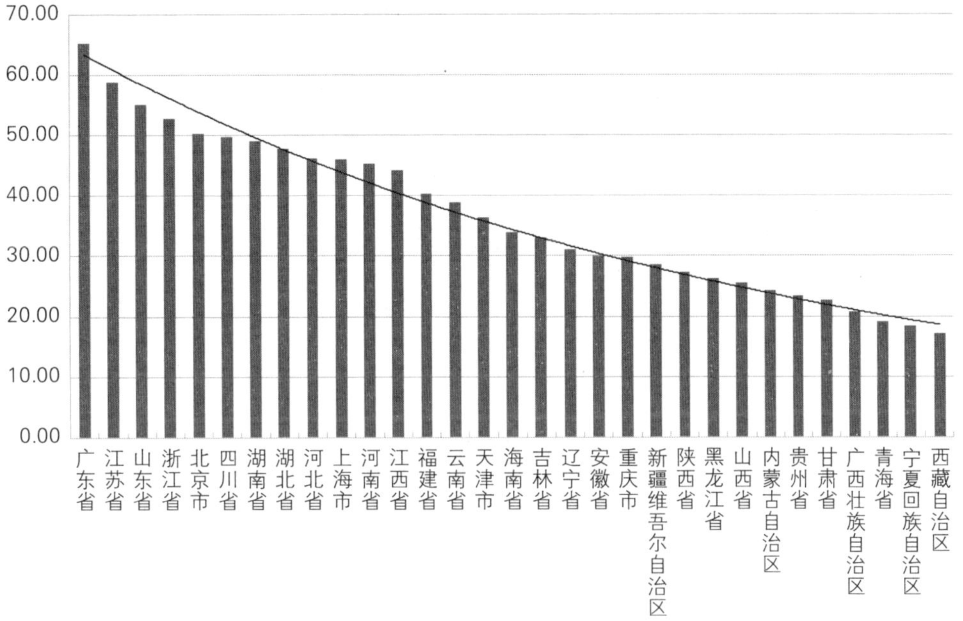

图 4-2 我国 31 省、自治区、直辖市高质量发展创新驱动指数排名

改革开放以来，随着经济实力大幅提升，在一系列强有力科技政策及措施保障下，我国作为科技活动主体的研发活动投入持续增加，研发队伍不断壮大，研发经费规模持续扩大，研发经费投入强度屡创新高，科研基础条件大为改善，我国已成为世界科技投入大国。未来，我国要继续坚持以创新驱动为主导的思想，大力推进各项工作平稳实施，早日实现高质量发展要求。

二、我国 31 省、自治区、直辖市结构优化指数测算结果及排名

推动各领域产业转型升级是我国大力推行的战略方向之一。要优化产业结构，加大对战略性新兴业务的营销和投资力度，提升市场份额，要着力转型升级，推动由要素驱动、投资驱动向创新驱动型转变，由劳动密集型向技术管理密集型转变。从宏观的层面，深化改革的目的在于提高经济增长质量，增强经济质量新优势，转变发展方式，优化经济结构，为我国经济增长从高速度转向高质量打下坚实基础。

在我国31省、自治区、直辖市结构优化指数排名中，位居前十的省份包括：广东省、江苏省、上海市、浙江省、北京市、天津市、山东省、福建省、湖北省和重庆市。其中，广东省、江苏省和上海市位居前三名。

表4-8　我国31省、自治区、直辖市高质量发展结构优化指数排名

省际	结构优化指数	排名
广东省	65.80846	1
江苏省	56.90393	2
上海市	53.31688	3
浙江省	46.64446	4
北京市	43.97779	5
天津市	40.42584	6
山东省	39.15945	7
福建省	38.36842	8
湖北省	35.66064	9
重庆市	32.72509	10
江西省	27.51071	11
四川省	25.26949	12
陕西省	23.93893	13
河北省	21.92615	14
内蒙古自治区	19.88266	15
河南省	16.44559	16
广西壮族自治区	16.30586	17
湖南省	16.28713	18
安徽省	15.68951	19
海南省	15.01126	20

续表

省际	结构优化指数	排名
西藏自治区	14.81128	21
吉林省	14.58100	22
甘肃省	14.17714	23
山西省	14.10048	24
青海省	13.00855	25
贵州省	12.95640	26
辽宁省	12.53773	27
宁夏回族自治区	11.78719	28
云南省	11.54246	29
黑龙江省	11.54187	30
新疆维吾尔自治区	11.20320	31

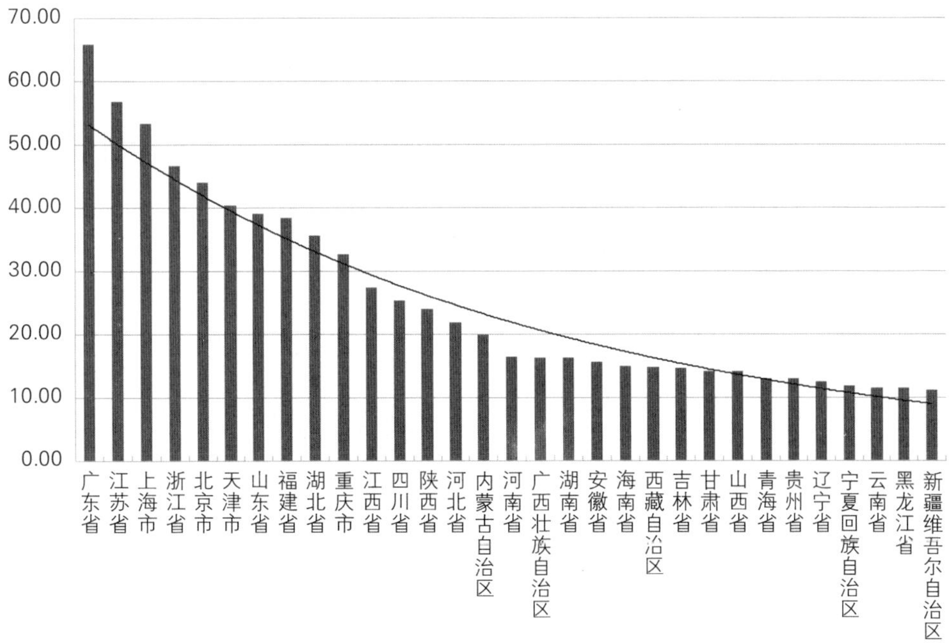

图 4-3 我国 31 省、自治区、直辖市高质量发展结构优化指数排名

三、我国 31 省、自治区、直辖市绿色发展指数测算结果及排名

生态兴则文明兴，生态衰则文明衰。加强生态文明建设，推动绿色发展，是新常态下实现高质量发展的题中之义。要正确把握生态环境保护和经济发展的辩证统一关系，实现经济社会发展和生态环境保护协调统一、人与自然和谐共生。保护和发展不是矛盾对立，而是辩证统一的关系。生态环境保护并非不要经济发展，关键是要调整经济结构、转变发展方式，坚持在保护中发展、在发展中保护。

在我国 31 省、自治区、直辖市绿色发展指数排名中，位居前十的省份包括：广东省、江苏省、湖北省、浙江省、山东省、上海市、福建省、北京市、青海省和安徽省。其中，广东省、江苏省和湖北省位居前三名。

表 4-9 我国 31 省、自治区、直辖市高质量发展绿色发展指数排名

省际	绿色发展指数	排名
广东省	70.94927	1
江苏省	63.79089	2
湖北省	54.73071	3
浙江省	45.08423	4
山东省	38.00628	5
上海市	35.25912	6
福建省	28.04214	7
北京市	23.96039	8
青海省	23.85115	9
安徽省	23.62377	10
天津市	22.77526	11
贵州省	21.85068	12

续表

省际	绿色发展指数	排名
海南省	20.69679	13
重庆市	19.47352	14
湖南省	19.00525	15
西藏自治区	18.19227	16
陕西省	18.01289	17
江西省	17.69576	18
广西壮族自治区	16.76485	19
新疆维吾尔自治区	14.39085	20
四川省	13.73520	21
宁夏回族自治区	12.91030	22
山西省	12.68736	23
河北省	12.20011	24
甘肃省	11.46046	25
内蒙古自治区	11.39698	26
云南省	11.17247	27
黑龙江省	10.44015	28
河南省	10.42852	29
吉林省	10.37452	30
辽宁省	9.97685	31

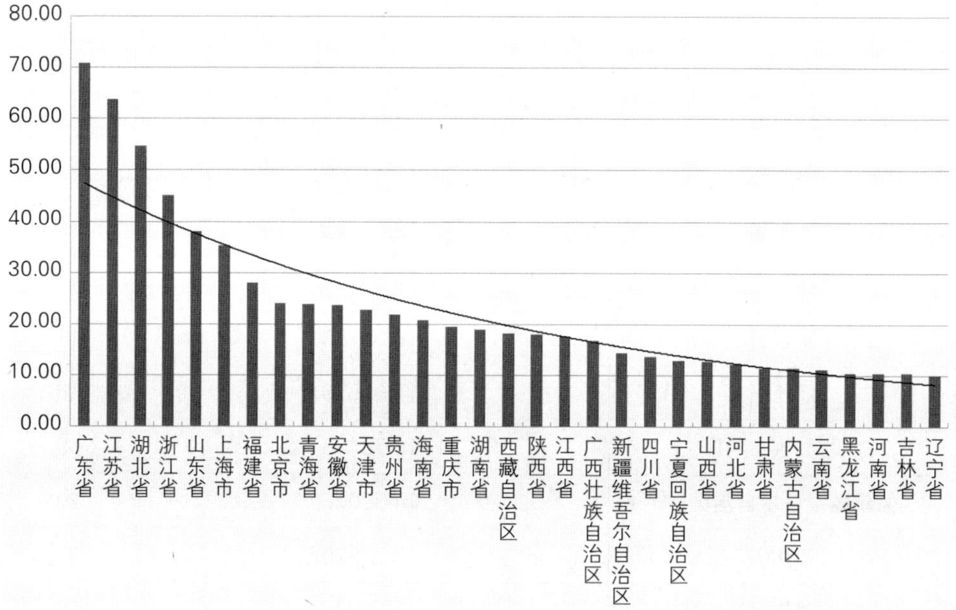

图 4-4 我国 31 省、自治区、直辖市高质量发展绿色发展指数排名

未来，要积极构建绿色制造体系，加快推动传统产业绿色化改造升级，切实提高企业技术水平和质量效益；探索建立绿色产业融资体系，创新发展绿色金融服务；提升节能减排和环保准入门槛，综合运用市场化、法治化手段倒逼产业转型升级和高质量发展。

四、我国 31 省、自治区、直辖市开放经济指数测算结果及排名

在高质量发展过程中，中国要打造开放型合作平台，维护和发展开放型世界经济，共同创造有利于开放发展的环境，推动构建公正、合理、透明的国际经贸投资规则体系，促进生产要素有序流动、资源高效配置、市场深度融合。深度融入世界经济，解决发展内外联动问题。实践表明，要发展壮大，必须主动顺应经济全球化潮流，坚持对外开放，充分运用人类社会创造的先进科学技术成果和有益管理经验。

在我国31省、自治区、直辖市开放经济指数排名中，位居前十的省份包括：广东省、上海市、江苏省、浙江省、北京市、天津市、山东省、福建省、海南省和重庆市。其中，广东省、上海市和江苏省位居前三名。

表4-10　我国31省、自治区、直辖市高质量发展开放经济指数排名

省际	开放经济指数	排名
广东省	66.22687	1
上海市	59.64983	2
江苏省	54.31688	3
浙江省	46.64446	4
北京市	42.69314	5
天津市	40.42584	6
山东省	39.15945	7
福建省	37.65698	8
海南省	35.66064	9
重庆市	32.72509	10
江西省	29.51071	11
湖南省	25.26949	12
陕西省	23.93893	13
四川省	21.92615	14
安徽省	19.88266	15
河南省	16.44559	16
广西壮族自治区	16.35328	17
河北省	16.28713	18
湖北省	15.68951	19
内蒙古自治区	15.11264	20
西藏自治区	14.81128	21

续表

省际	开放经济指数	排名
吉林省	14.36423	22
甘肃省	14.17714	23
山西省	14.10048	24
青海省	13.00855	25
贵州省	12.86421	26
辽宁省	12.63415	27
宁夏回族自治区	11.98719	28
云南省	11.67246	29
黑龙江省	11.54187	30
新疆维吾尔自治区	10.66842	31

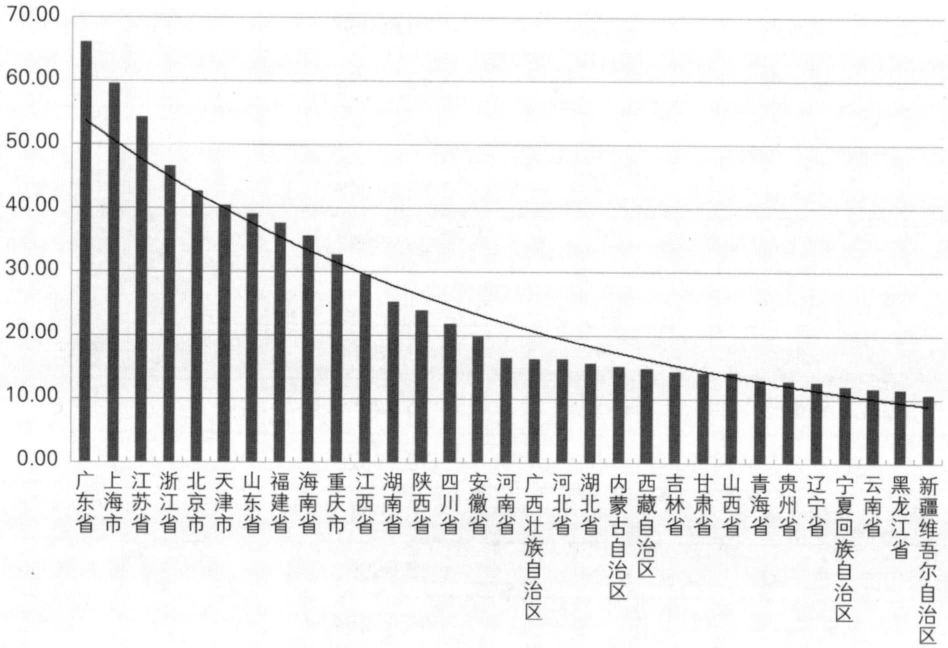

图 4-5 我国 31 省、自治区、直辖市高质量发展开放经济指数排名

我们要围绕推动高质量发展谋篇布局，就必须一如既往地朝着扩大开放要动力、要活力。既要在开放的范围和层次上进一步拓展，更要在开放的思想观念、结构布局、体制机制上进一步拓展。

五、我国31省、自治区、直辖市民生保障指数测算结果及排名

实现高质量发展的手段在于转型升级，而高质量发展的目的，最终还是要落实到民众获得感和民生幸福方面。如今，我国社会主要矛盾已经转化为人民日益增长的美好生活需要和不平衡不充分发展之间的矛盾，提升综合国力、实现民富国强、提升民生幸福，使人民获得感、幸福感、安全感更加充实，更有保障，更可持续，才算是抓住了高质量发展的“牛鼻子”。

在我国31省、自治区、直辖市民生保障指数排名中，位居前十的省份包括：江苏省、山东省、浙江省、广东省、上海市、天津市、北京市、福建省、四川省和重庆市。其中，江苏省、山东省和浙江省位居前三名。

表4-11 我国31省、自治区、直辖市高质量发展民生保障指数排名

省际	民生保障指数	排名
江苏省	68.22983	1
山东省	62.38353	2
浙江省	58.69384	3
广东省	55.68244	4
上海市	50.64383	5
天津市	48.35584	6
北京市	42.15945	7
福建省	40.68698	8
四川省	39.66064	9

续表

省际	民生保障指数	排名
重庆市	35.68725	10
江西省	33.61071	11
湖北省	29.99490	12
陕西省	26.99389	13
湖南省	23.69261	14
安徽省	22.68266	15
海南省	21.68456	16
河北省	18.35328	17
广西壮族自治区	17.28713	18
河南省	16.89513	19
山西省	16.81264	20
西藏自治区	14.81128	21
吉林省	13.69835	22
甘肃省	13.17714	23
内蒙古自治区	13.10048	24
青海省	13.00855	25
贵州省	12.86421	26
辽宁省	12.53615	27
宁夏回族自治区	11.98719	28
云南省	11.66945	29
新疆维吾尔自治区	11.54187	30
黑龙江省	11.23643	31

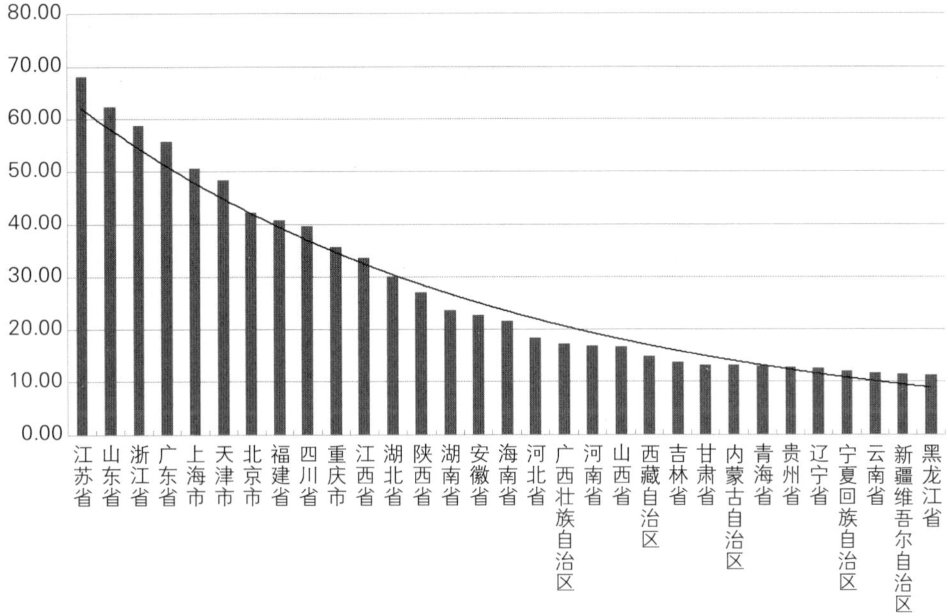

图 4–6　我国 31 省、自治区、直辖市高质量发展民生保障指数排名

高质量发展注定要摒弃以前快速发展的模式，让老百姓切切实实感受到来自衣食住行的幸福，感受到来自对这个社会价值认可基础之上的生活获得感和心灵归属感。高质量发展之路任重而道远，在此过程中，尚需发展理念、文化、体制、政策等多方面措施保障所共同构建的价值认同。让社会普遍获得感成为高质量发展的标尺，从根本上回应百姓对幸福生活的期盼。

第五章

中国高质量发展典型案例

第一节　广东积极建设全国高质量发展先行区、示范区

广东是改革开放的排头兵、先行地、实验区，改革开放以来，党中央始终鼓励广东大胆探索、大胆实践。广东创下了许多“全国率先”的改革经验，在全国得到复制、推广。

“我国改革开放就是这样走过来的，是先试验、后总结、再推广不断积累的过程，是从农村到城市、从沿海到内地、从局部到整体不断深化的过程。”习近平总书记指出，改革开放是前无古人的崭新事业，必须坚持正确的方法论，在不断实践探索中推进。

作为改革开放的前沿阵地，从为社会主义市场经济探路到在新的历史条件下为我国深化改革开放和现代化建设开路，广东始终承担着改革开放试验田和总结、传播改革开放经验的角色。

改革开放 40 多年来，广东敢闯敢试，创下了许多“全国率先”的改革经验，在全国得到复制、推广。直至今日，试验田仍在产出强劲的动力。

党中央始终鼓励广东大胆探索、大胆实践

“广东是改革开放的排头兵、先行地、实验区，改革开放以来，党中央始终鼓励广东大胆探索、大胆实践。”习近平总书记在视察广东时强调。

1979 年 4 月，在北京召开的中央工作会议上，时任广东省委第一书记习仲勋代表广东省委向党中央建议批准广东利用邻近港澳的优势，实行特殊政策和灵活措施创办出口加工区。邓小平同志听后指出：“还是叫特区好，陕甘宁开始就叫特区嘛！中央没有钱，可以给些政策，你们自己去搞，杀出一条血路来。”从

此，广东在全国先行一步，成为全国改革开放的前沿阵地。

同年7月15日，中央下发《中共中央、国务院批转广东省委、福建省委关于对外经济活动实行特殊政策和灵活措施的两个报告》。该文件明确指出："对两省经济活动实行特殊政策和灵活措施，给地方以更多的自主权，使之发挥优越条件，抓紧当前有利的国际形势，先走一步，把经济尽快搞上去。"

"特殊政策，灵活措施"赋予了广东先行一步的根本任务和使命，另一方面也要求广东为全国探路。

1987年11月，国务院正式决定把广东作为综合改革实验区，要求广东在改革、开放和经济发展方面继续先走一步，为全国积累经验。

1992年，邓小平在南方视察时，要求广东要争当全国经济建设"龙头"，20年后要赶上"亚洲四小龙"。2000年，江泽民在广东考察时要求广东"增创新优势，更上一层楼，率先基本实现社会主义现代化"。2003年，胡锦涛在广东考察时要求广东抓住机遇，加快发展、率先发展、协调发展，在全面建设小康社会、加快推进社会主义现代化进程中更好地发挥排头兵作用。

可以说，从改革开放一开始，中央就始终要求广东在改革开放中发挥窗口作用、实验区作用、排头兵作用。

2012年12月，习近平总书记将党的十八大之后第一次地方调研放在了广东，要求广东"努力成为发展中国特色社会主义的排头兵、深化改革开放的先行地、探索科学发展的实验区，为率先全面建成小康社会、率先基本实现社会主义现代化而奋斗"。

2018年10月24日，习近平总书记在参观"大潮起珠江——广东改革开放40周年展览"后强调："广东要弘扬敢闯敢试、敢为人先的改革精神，立足自身优势，创造更多经验，把改革开放的旗帜举得更高更稳。"

发挥好探路、示范作用

"商品不仅是一种经济现象，而且是一种文化现象。发展商品畜牧业的春天，江高提供了一种哲学的思考。"20世纪80年代，著名经济学家、曾任国家计委经济研究所所长的于光远在考察了位于广州市白云区江高镇的江村鸡场后，做出了这样的评价。

1983年，江村鸡场在全国率先采取“龙头＋农户”的养鸡模式，为农户提供种鸡、养殖技术，并统一回收农户的成鸡进行集中销售，实行专业合作，成为全国最早的农村专业合作经济模式之一。这种模式后来被国家经济体制改革委员会称为“江高模式”。

广州市江丰实业股份有限公司董事长谭钜添是当年江村鸡场的场长，而江丰正是在当年江村鸡场的基础上一步步发展为如今年产值超6亿元的股份公司。“江村有许多农民以前住的房子是用竹子搭成的砖瓦房，后来跟着我们养鸡，很快就致富了，用水泥盖起了新楼房。”谭钜添说。

1988年7月，《人民日报》发表文章《新的组合——“江高体系”评价》，向全国介绍“江高模式”。随后，全国在江高召开现场会，各省分管农业的副省长和分管畜牧业的局长前来参加会议。会议持续3天，“江高模式”成为全国学习的榜样。

“我们算是出了名，全国各地都派人来学习。当时我们一共开了3个学习班，还花了几天时间建了个400人的小礼堂。”谈及当年的盛况，谭钜添至今记忆犹新。

“江高模式”是广东为全国提供的众多可复制、可推广的经验的代表。20世纪80年代，广州率先发展起个体经济，形成了高第街、西湖路等全国知名的个体经济街。每天，来自全国各地的个体户来这里批发货品，也将广东发展个体经济的经验带到了全国。

1998年，深圳在全国率先进行行政审批制度改革，在全国产生了重大的影响。曾担任深圳行政审批制度改革专家组成员之一的马敬仁告诉《南方》杂志记者：“当时我们每天都要接待来自全国各地的考察团，我们的改革所形成的政企分开等经验，此后迅速成为各地行政改革的重要标准。”

…………

改革开放以来，广东不辱使命，大胆探索，在诸多领域作出了重大突破，收获了累累硕果，极大激发了人们的生产积极性和社会的创造力，同时也为全国的改革开放提供了大量的经验。

广东充分利用毗邻港澳和作为改革开放先行地的优势，为全国的改革开放起到了很好的探路、示范作用。

创造更多改革开放新鲜经验

2018年全国两会期间，习近平总书记参加十三届全国人大一次会议广东代表团审议时指出："广东既是向世界展示我国改革开放成就的重要窗口，也是国际社会观察我国改革开放的重要窗口。"

2013年11月，党的十八届三中全会审议通过《中共中央关于全面深化改革若干重大问题的决定》。2014年1月11日，广东省委十一届三次全会通过《中共广东省委贯彻落实〈中共中央关于全面深化改革若干重大问题的决定〉的意见》，提出了10个方面52项主要改革任务，勇敢地承担起"深化改革开放先行地"的使命。同年，广东省率先制定贯彻中央改革部署《广东省推进改革先行试点的实施方案》。

2016年2月29日，在中央发出推进供给侧结构性改革的总动员令后不久，广东省政府正式印发了全国第一个省级供给侧结构性改革总体方案——《广东省供给侧结构性改革总体方案（2016—2018年）》，为全国的供给侧结构性改革探索、贡献广东经验。

2017年10月，国务院办公厅印发《关于对国务院第四次大督查发现的典型经验做法给予表扬的通报》，在全国通报表扬广东"推进投资便利化改革激发外商投资活力"的经验做法。据了解，2016年10月起，广东在全省范围内全面实施外商投资审批制改备案制，截至2017年9月全省外资备案项目达3.2万个，超过96%的外商投资项目以备案方式准入，基本实现准入前国民待遇。

据统计，2014—2017年，广东承接中央部署和自行安排的改革试点任务共139项，其中中央部署103项，省安排36项；完成32项，其中中央部署25项，省安排7项，数量居全国前列。

2018年3月，中共中央政治局委员、广东省委书记李希在参加全国两会时表示："要系统总结改革开放40年成果，弘扬改革开放之初老一辈'杀出一条血路'的改革精神，推动思想再解放、改革再深入、工作再抓实，勇于先行先试、大胆实践探索，在新时代创造更多改革开放新鲜经验。"

习近平总书记视察广东的重要讲话，屡屡聚焦"高质量发展"。

习近平总书记多次谆谆嘱托、殷殷寄望广东要全力推动高质量发展。继2018年3月参加十三届全国人大一次会议广东代表团审议时，提出广东要在构建推动经济高质量发展的体制机制上走在全国前列的要求后，2018年10月，习近平总书记在改革开放40周年、粤港澳大湾区建设全面推进的关键时刻又来到广东，再次寄语广东广大干部群众，要在推动高质量发展上聚焦用力，发挥示范引领作用，加快推动广东经济发展从量的扩张转向质的提升，从"有没有"转向"好不好"。

中共中央政治局委员、广东省委书记李希多次强调，习近平总书记的重要讲话为广东高质量发展提出了明确要求、指明了前进方向，总书记的指示，是信任也是重托，为广东开创工作新局面标定了航向、指明了方向。广东已深刻认识广东推动高质量发展的关键所在、重点所在。推动高质量发展是广东改革发展的使命所在、职责所在，也是广东改革发展的出路所在、优势所在。广东要认真总结改革开放40年的经验和启示，牢牢把握高质量发展根本要求，以更高的境界、更宽的视野和更大的格局推动改革开放再出发，努力让广东率先实现质量变革、效率变革、动力变革。广东谋求的高质量发展，不仅仅是经济领域的高质量发展，包括创新体系建设、实体经济发展、生态文明建设和民生保障改善等方面的高质量。广东要加快构建推动高质量发展的体制机制，推动制造大省向制造强省转变、广东制造向广东创造转变、广东速度向广东质量转变，积极建设全国高质量发展先行示范区。

新时代党中央赋予广东新的历史重任

广东一直是我国改革开放的前沿阵地，改革开放所取得的成就举世瞩目，成为世界观察中国改革开放的窗口，全国改革开放的旗帜。目前，中国特色社会主义进入新时代，我国社会主要矛盾已经发生了关系全局的历史性变化，我国经济正处在从高速增长阶段转向高质量发展阶段的攻关期。这个关口过不去，提前15年基本实现社会主义现代化的目标恐怕就会落空，到本世纪中叶全面建成社会主义强国的目标就难以实现。在此关键时刻，习近平总书记寄语广东，要推动高质量发展、在构建推动高质量发展的体制机制上走在前列，是新时代中央赋予广东作为排头兵、先行地、实验区的新任务新要求。广东必须彻底戒除自我满足、小富即安的心态，进一步解放思想、开拓创新，拿出自古华山一条路、只有勇者敢攀登的勇气、信念和智慧，在中央的统一部署下，大胆谋划实施全局性、战略性的改革措施，从深化改革全面开放中要发展动力、发展质量、发展效益，探索建立起适应高质量发展的体制机制，承担好新时代中国改革开放和高质量发展排头兵的历史重任，为全国高质量发展探索经验、贡献智慧、提供示范。

党中央对广东发展提出了更高的要求

过去的40多年，对于广东而言，是奋斗的40多年，也是意气风发的40多年。凭借改革开放的春风，广东人用勤劳的双手，将广东从一个经济总量全国倒数的省份，建成全国经济第一大省、世界新兴工业化地区样板、全球重要的生产制造基地。经济建设基础设施建设先行，对内搞活扶持民营经济，对外积极引进外资，建设经济特区，一系列成功发展经验大多发轫于广东，这些经验已经为众多发展中国家所效仿。但是广东绝不能有任何自满，更不能有一丝一毫躺在功劳簿上睡大觉的思想和惰性。必须清醒地认识到，我们目前的发展，并没有完全摆脱粗放式的发展模式；我们取得的成就，多半是建立在高消耗低质量的基础上的；这种以透支资源和潜力换取短期发展的模式，是不可能长期持续的。表现在经济领域，广东目前的产业整体水平依然不高，新兴产业尚不足以挑起经济增长的大梁，尤其是自主创新能力不足，已经成为制约广东产业向上突破升级的瓶颈；在生态文明方面，生态建设水平滞后于经济发展，环境污染成为群众反映强烈的突出问题；在民生社会事业领域，公共服务资源配置不平等不充分、脱贫攻坚的长效机制尚未完全建立、社会保障体系不完善不健全。这些都直接影响到广大人民群众对改革开放的获得感，不能满足人民日益增长的美好生活需要。

中央以高屋建瓴的洞察力，准确把握了广东经济社会发展的短板和不足，对广东提出了高质量发展的新要求。广东全省干部群众统一思想，鼓舞斗志，攻坚克难，以全球视野，对标先进国家和地区，用最短的时间完成习近平总书记和党中央提出的任务要求，迈上高质量发展的道路，昂首阔步建设全国高质量发展先行区示范区。

加快转变发展方式，推动高质量发展

推动高质量发展，是以习近平同志为核心的党中央作出的重大决策部署，是当前和今后一个时期确定发展思路、制定经济政策、实施宏观调控的根本要求。习近平总书记对广东推动高质量发展非常重视、寄予厚望，2018 年 3 月 7 日参加广东代表团审议时提出的“四个走在全国前列”要求，第一个要求就是“在构建推动经济高质量发展的体制机制上走在全国前列”，同年 10 月 22 日至 25 日视察广东时着眼全国发展和广东实际，再次对高质量发展提出明确要求。总书记的殷殷嘱托，为广东推动高质量发展提供了根本遵循、指明了前进方向。

广东经过 40 多年的改革开放和高速发展，综合经济实力不断跃升，经济总量走在全国前列。但广东也面临着发展质量和效益不够高的突出问题。比如，广东的发展方式仍然比较粗放，产业转型升级效果还没有充分显现出来；绿色生产生活方式尚未形成，节能降耗、污染防治压力还比较大；营商环境优势相对弱化，对高端经济要素的吸引力不够；发展不平衡不充分问题依然存在，粤东粤西粤北地区经济基础薄弱，内生发展动力不强，等等。这些都说明，加快转变发展方式、推动高质量发展刻不容缓。

2018 年以来，广东全面贯彻落实习近平总书记对广东重要讲话和重要指示批示精神，坚决贯彻落实中央关于推动高质量发展的决策部署，牢牢抓住粤港澳大湾区建设的重大发展机遇，坚持以供给侧结构性改革为主线，坚定不移推进经济结构战略性调整，努力在“巩固、增强、提升、畅通”上下功夫，加快从“有没有”转向“好不好”。在发展理念上，广东坚持新发展理念，全面树立正确的政绩观，不简单以生产总值增长率论英雄，把注意力聚焦到质量效益、创新能力、就业创业、民生福祉、生态环保等体现新发展理念的发展目标上，以动力转换更快、发展效益更好、生态环境更美、营商环境更优、群众获得感幸福感安全感更多作为评判标准，多做打基础利长远的工作，一步一个脚印向前推进。在发展着力点上，广东围绕大力建设现代化经济体系，加快建设制造强省，培育壮大新产业新业态新模式，加强基础研究、应用基础研究和核心技术攻关，持续深化“放管服”改革，加快推动广东从制造大省向制造强省、广东制造向广东创造、广东速度向广东质量转变。同时广东扎实保障和改善民生，加快构建“一核一带一区”区域发展新格局，大力实施乡村振兴战略，持续打好污染防治攻坚战，积极促进就业创业，努力营造共建共治共享社会治理格局。在发展体制机制上，广东深入落实习近平总书记对广东提出的“在构建推动经济高质量发展的体制机制上走在全国前列”的要求，出台了《关于在构建推动经济高质量发展的体制机制上走在全国前列的行动方案》《广东高质量发展综合绩效评价体系》等，加快构建和完善深化供给侧结构性改革长效机制、质量技术标准引领机制、创新发展动力机制、资源高效配置市场机制、绿色发展的约束机制、促进区域协调发展新机制、重大风险有效防范机制 7 个方面的重要制度安排，大力推动高质量发展。

2018 年，广东经济在应对风险挑战中保持总体平稳，实现稳中有进，全省生产总值达 9.73 万亿元，同比增长 6.8%。经济结构不断优化，先进制造业和高技术制造业增加值占规模以上工业比重分别达 56.4% 和 31.5%，新旧动能加快转换，区域创新综合能力保持全国第一。质量效益不断提升，地方一般公共预算收入达 1.21 万亿元，同比增长 7.9%；居民人均可支配收入达 3.58 万元，增长 8.5%，预计单位 GDP 能耗下降 3.2%，在高质量发展道路上迈出坚实步伐。

广东深入贯彻以习近平同志为核心的党中央决策部署，全面贯彻落实习近平总书记对广东重要讲话和重要指示批示精神，按照国务院《政府工作报告》提出的明确要求，保持定力、迎难而上，主动作为、久久为功，努力推动经济高质量发展走在全国前列，为全国发展大局作出广东贡献。

提升创新基础能力，全力建设科技创新强省

习近平总书记多次强调并明确指出，“发展是第一要务，人才是第一资源，创新是第一动力”，要求广东“发挥企业创新主体作用和市场导向作用，加快建立技术创新体系，激发创新活力”。广东始终牢记习近平总书记的殷殷嘱托，坚持把创新驱动发展作为核心战略和总抓手，制定实施“科技创新十二条”、加强基础与应用基础研究、重点领域研发计划等一系列具有改革性、开放性、普惠性的创新政策，大力推进省实验室建设，深化科技体制改革，优化创新生态环境，培育壮大创新创业主体，不断激发创新活力。2018年，广东区域创新综合能力保持全国第一，研发经费支出超过2500亿元，占GDP比重达2.65%，有效发明专利达24.9万件，PCT国际专利申请量约占全国一半，技术自给率达73%，国家级高新技术企业数量超过4万家，取得了一批重大科技成果，创新对高质量发展的支撑引领作用不断增强。

广东深入贯彻落实习近平总书记对广东重要讲话和重要指示批示精神，深入实施创新驱动发展战略，坚持自力更生、自主创新不动摇，着力提升创新基础能力，更大力度集聚全球创新资源，营造良好创新生态，全力建设科技创新强省。

一是加快粤港澳大湾区国际科技创新中心建设。推进广州—深圳—香港—澳门科技创新走廊建设，高标准建设深港科技创新合作区、中新广州知识城、南沙庆盛科技创新产业基地、横琴粤澳合作中医药科技产业园等重大创新载体。布局一批粤港澳联合实验室，推动科技资源开放共享。扎实抓好省实验室、在粤国家大科学装置等建设，争取创建综合性国家科学中心。

二是加强基础与应用基础研究。全面组织实施重点领域研发计划，力争突破一批关键核心技术，培育更多在国际上并跑、领跑的创新成果。深化新一轮省部院产学研合作，积极对接国家重大科技项目。

三是强化企业创新主体地位。继续实施高新技术企业树标提质行动，加强高新技术企业创新能力建设，引导高新技术企业挂牌上市。加强企业研发机构建设，强化企业与高校、科研院所协同创新。

四是全面优化创新环境。落实“科技创新十二条”，加大企业创新普惠性支持力度，促进大众创业、万众创新。全面加强知识产权保护，促进发明创造和转化运用。深化科研体制改革，切实减轻科研人员负担。全面实施人才优粤卡制度，集聚更多高精尖人才。完善科研人才激励机制，赋予科研机构和领军人才更多自主权。

肩负起率先构建现代化经济体系的使命担当

近年来，广东在加快建设现代化经济体系方面走在全国前列。2018 年 3 月 7 日，习近平总书记在参加十三届全国人大一次会议广东代表团审议时指出，建设现代化经济体系，事关我们能否引领世界科技革命和产业变革潮流、赢得国际竞争的主动，事关我们能否顺利实现“两个一百年”奋斗目标。习近平总书记对广东建设现代化经济体系提出了明确要求，广东牢记总书记嘱托，把率先构建现代化经济体系作为广东重要的使命责任和历史担当。

广东坚持把发展经济着力点放在以制造业为主体的实体经济上，以构建现代产业体系为重点，着力深化供给侧结构性改革，推动产业转型升级，不断优化营商环境，努力建设产业强省、经济强省。

一是大力推进制造强省建设。坚持制造业立省，聚焦电子信息、绿色石化、汽车、智能家电、机器人等优势产业，引进标志性龙头项目，强化上下游产业链配套，形成综合竞争优势。加快制造业提质增效，出台推动工业投资可持续发展行动计划，促进小微工业企业上规模发展，规模以上工业企业总量超过 5 万家，居全国第一，规模以上工业增加值增长 6.3%。启动实施新一轮工业技改三年行动计划，引导 8820 家工业企业开展技术改造，推动 3000 家工业企业“上云上平台”。大力发展智能制造，扎实推进珠江西岸先进装备制造产业带建设，深入实施智能制造创新示范，新增应用工业机器人 2.2 万台，累计超过 10 万台。

二是加快培育新兴产业。瞄准高端高新，加快培育壮大新一代信息技术、高端装备制造、绿色低碳、生物医药、数字经济、新材料、海洋经济等战略性新兴产业，大力发展数字经济，推动共享经济、移动支付等新技术新模式拓展应用，加快4K、5G、人工智能等产业发展，智能电视、工业机器人、新能源汽车产量分别增长17%、28%、206%，新经济增加值占地区生产总值比重达25.5%。

三是大力发展现代服务业。把发展现代服务业摆在更加突出的战略位置，推动现代服务业与先进制造业在更高水平上实现有机融合，为制造业转型升级、建设现代产业体系提供有力保障。重点发展与先进制造业配套的科技服务、信息服务、供应链管理、现代金融等生产性服务业。

四是推动绿色低碳循环发展。狠抓节能减排，严格实行能源和水资源消耗、建设用地等总量和强度"双控"，开展能效对标行动，单位GDP能耗下降3.2%、单位工业增加值能耗下降2.35%。发展节能环保产业，构建清洁低碳、安全高效的能源体系，推进工业绿色发展，新增省循环化改造试点园区22家，省级以上园区开展循环化改造比例达73.5%。

当前，广东深入贯彻落实习近平总书记对广东重要讲话和重要指示批示精神，以创新为引领和支撑，高起点建设世界级先进制造业集群，加快发展新兴产业，促进先进制造业和现代服务业融合发展，提高绿色发展水平，努力打造良好营商环境，加快构建实体经济、科技创新、现代金融、人力资源协同发展的产业体系，奋力实现在加快建设现代化经济体系方面走在全国前列。

不断深化"放管服"改革，激发市场主体活力

"放管服"改革是党中央、国务院作出的重大决策，是一场重塑政府和市场关系、刀刃向内的政府自身革命。妥善应对风险挑战、推动高质量发展、满足人民对美好生活新期盼，都需要进一步深化"放管服"改革。近年来，广东围绕完善社会主义市场经济体制的要求，不断深化"放管服"改革，充分发挥市场配置资源的决定性作用和更好发挥政府作用，着力激发市场主体活力，加快推动政府职能转变。

一是大力推进简政放权。大幅压减省级权责清单事项，不断减少政府对微观经济活动的干预，2017 年从 5598 项减至 3018 项，压减比例达 46%，广东计划 2018 年把省级权责清单事项压减到 1000 多项。加大强市放权力度，实行重心下移，2017 年向广州深圳委托下放 202 项，向其他地市委托下放 78 项省级行政职权，2018 年计划再委托下放一批，赋予各市更多自主权。

二是着力建设“数字政府”。出台实施“数字政府”建设总体规划，整合构建统一的政务云平台，超过 90% 的省直部门启动系统迁移上云工作，推动政务数据共享和服务事项流程再造。推出移动民生服务“粤省事”平台，实现 509 项高频民生服务事项“指尖”办理。建成全省统一的网上中介服务超市，全新上线一体化广东政务服务网，促进政务服务“一网通办”。广东还把“数字政府”建设作为推动政府治理体系和治理能力现代化、增创营商环境新优势的重大改革任务抓紧抓好，提升行政效率和服务效能。

三是深化营商环境综合改革。出台营商环境综合改革行动方案，在商事制度、企业投资管理、工程建设项目审批等 6 个方面推出 30 条含金量高的举措，切实解决企业从准入、运营到退出全流程各环节的痛点堵点难点问题。项目开工前政府审批时间压减一半以上，企业开办时间从 15.7 个工作日压缩至 5 个工作日以内。比如，在推进投资项目审批改革方面，广东及时上线运行投资项目在线审批监管平台，建立项目电子档案和企业投资项目清单，实行分类审批监管，民用建筑项目开工前政府审批时间原则上不超过 41 个工作日，工业项目不超过 45 个工作日，交通、水利、能源项目不超过 68 个工作日。统筹推进“证照分离”改革，办理时限平均压减 36.5%。大力推进跨境贸易便利化，推广“单一窗口”建设，货物整体通关时间压缩 50% 以上。全面推开“双随机、一公开”监管，推进跨部门联合监管和“互联网 + 监管”，健全企业信息公示监管制度，推进社会信用体系和政务诚信建设，在全国首创全省信用服务一网通查机制。

四是加强制度供给和政策创新。落实国家减税降费政策，不断加大对实体经济发展的支持力度。出台“实体经济十条”(《广东省降低制造业企业成本支持实体经济发展的若干政策措施》)，预计到 2020 年将累计为企业直接降低成本

2600亿元。出台“民营经济十条”(《关于促进民营经济高质量发展的若干政策措施》),推动解决民营经济发展的突出问题。出台“外资十条”(《广东省进一步扩大对外开放积极利用外资若干政策措施》),在扩大市场准入、加强知识产权保护等方面推出一系列务实管用的新举措。

用心用情用功办好民生实事

习近平总书记在视察广东时强调,我们党是全心全意为人民服务的党,党的一切工作就是要为老百姓排忧解难谋幸福;要切实保障和改善民生,把就业、教育、医疗、社保、住房等问题一个一个解决好、一件一件办好。广东人口数量多、发展不平衡,民生领域欠账较多。广东始终坚持以人民为中心的发展思想,坚守底线、突出重点、完善制度、引导预期,持续增强人民群众的获得感、幸福感、安全感。

一是用心用情用功办好民生实事,营造共建共治共享的社会治理格局。聚焦人民群众普遍关心的教育、医疗、就业、养老、住房、环保等热点问题,坚持每年完成十件民生实事,2017年全省财政民生支出占68.7%。将稳就业摆在突出位置,制定出台“促进就业九条”(《广东省进一步促进就业若干政策措施》),全省就业形势保持总体稳定,2017年城镇新增就业147.6万人。在全国率先推进企业职工基本养老保险省级统筹,有效解决11个市基金收支缺口问题。启动22家高水平医院建设,全面取消公立医院医用耗材加成,加快推进医联体建设、药品集团采购,基本实现省内和跨省异地就医直接结算。推进教育事业加快发展,新增学前教育在园学生数7.7万、义务教育在校学生数62.9万,农村山区及偏远地区乡村教师待遇持续提高。坚决落实中央关于打赢精准脱贫攻坚战的部署,确保省定相对贫困人口如期脱贫,全力落实好与桂川滇黔等地的东西部扶贫协作任务。今后广东将坚持每年办好十件民生实事,着力解决好教育、医疗、就业、社会治安等领域的突出问题,强化安全生产管理,有效防范和坚决遏制重特大事故发生,营造共建共治共享的社会治理格局。

二是大力推动区域城乡协调发展,加快促进基本公共服务均等化。这是广东省高质量发展的最大短板，也是保障和改善民生的着力点。在区域协调发展方面，广东省委提出以功能区为引领的广东区域发展新战略，形成由珠三角核心区、沿海经济带、北部生态发展区构成的“一核一带一区”区域发展新格局。通过差别化的财政、投资、产业等政策，引导各区优势互补、协调发展。重点在建设省实验室、高水平医院、本科院校等方面加大对粤东粤西粤北地区的倾斜支持。在城乡协调发展方面，省财政计划未来10年总投入1600亿元，大力实施乡村振兴战略，统筹推进“一村一品、一镇一业”“千村示范、万村整治”等工程，大力发展富民兴村产业，大力推进生态宜居美丽乡村建设，加快改变农村面貌，破解城乡二元结构。推动城乡基础设施互联互通、公共服务向农村延伸、社会事业向农村覆盖，促进城乡融合发展。

三是深入抓好生态文明建设，让良好生态成为最普惠的民生福祉。广东省财政新增统筹安排150亿元，三年将投入683亿元，支持打好污染防治攻坚战，推动碧水攻坚战、蓝天保卫战、净土防御战等标志性重大战役成效初显。2018年，全省243个黑臭水体完成阶段性整治185个，新增城镇污水管网7615公里、生活污水日处理能力159万吨，新增生活垃圾日处理能力2.7万吨、危险废物年处理能力28万吨。全省空气质量连续四年达到国家二级标准，达标天数比例达88.9%，全省PM2.5年均浓度下降到31微克/立方米，再创新低。广东突出抓好劣V类水体消除、城市黑臭水体治理等工作，继续打好生态文明持久战，不断满足人民日益增长的优美生态环境需要。

今天的广东已经处于全面建成小康社会的决胜阶段。广东建设高质量发展先行区和示范区，就必须始终牢记以人民为中心的发展思想，针对更好的教育、更稳定的工作、更满意的收入、更可靠的社会保障、更舒适的居住条件、更优美的生态环境、更安全放心的产品等一系列事关群众直接利益的问题，一件一件解决好。在全面建成小康社会的道路上，坚持一个都不能掉队、一个都不能少，针对刚刚脱贫或者正在脱贫的人群，要建立精准扶贫长效机制，确保全省贫困人口脱贫后不返贫。针对各种需要救助的社会群体，要尽快完善全社会保障机制，落实政府兜底保障责任。要充分意识到人民群众个性化、多样化、不断升级的消费需求，不断加强质量建设，建立高标准的质量管理体系，让人民买得放心、用得舒心，让广大广东人民群众安心享有高质量的生活。

新时代的广东，认真总结改革开放40多年的经验和启示，牢牢把握高质量发展根本要求，举全省之力推进粤港澳大湾区建设，深入实施创新驱动发展战略，大力发展实体经济，扎实推进生态文明建设，强力推动乡村振兴，加快构建“一核一带一区”区域发展新格局，加强精神文明建设和法治建设，切实保障和改善民生，着力解决发展的不平衡不充分问题，不断提高人民群众获得感、幸福感、安全感，以更高的境界、更宽的视野和更大的格局推动改革开放再出发，努力让广东率先实现质量变革、效率变革、动力变革，积极建设全国高质量发展先行区、示范区。

广东如何抓重点、补短板、强弱项

（一）深挖粤东西北潜力，推动形成广东区域协调发展大格局。第一，转变发展思路。积极推动粤东西北主动融入国家战略，在功能区域布局上，鼓励地方根据实际走出一条适合自身发展的新路。第二，积极争取将交通路网建设纳入全国交通主网规划，加快打造与地方营商环境相适应的交通基础设施网络。第三，优化营商环境。重点推动区政务服务中心、网上办事大厅建设，严格落实行政审批职能改革措施，实行投资项目全程跟踪指导服务。

（二）聚焦生产性服务业发展，助推实体经济更好更快实现高质量发展。第一，积极构建特色鲜明、相对集聚的战略性新兴服务业体系。聚焦粤港澳大湾区和重点行业，布局一批前瞻性的重点项目，着力在新兴金融、服务贸易、云计算、研发设计咨询等领域培育发展一批特色集聚区和产业集群。第二，大力促进工业与信息化融合，大力发展数字经济。第三，加大生产性服务业的政策支持力度，增强生产性服务业的投资动力，实现服务业与工业共同发展。第四，大力培育服务业龙头企业，提升品牌创建影响力。

（三）对标全球先进制造业，努力突破产业链短板。充分发挥珠三角在产业结构、科技创新、对外联系的优势，积极加强与港澳及泛珠三角省区市的合作，建立开放的经济合作载体，广泛开展产业发展、商贸物流、科技创新等方面的合作，充分发挥深圳、广州两市粤港澳大湾区核心增长极、国家科技产业创新中心、枢纽型网络城市、国际交往中心作用，把东莞、中山、佛山打造成为粤港澳大湾区先进制造业中心，走出一条“世界科技 + 广东智造 + 全球市场”的创新发展之路。

（四）大力发展知识产权事业，致力保护实体经济创新成果。第一，加强知识产权服务。加强区域性知识产权服务中心建设，构成科技成果转化交易全链条的知识产权服务体系，搭建评估审议、咨询服务、金融等综合服务平台。第二，健全知识产权教育保护预警防范等服务机制。第三，加强知识产权司法保护和行政执法衔接。积极引入侵权惩罚性赔偿制度，有效打击知识产权重复侵权、故意侵权等行为。

（五）进一步落实涉企税费政策，进一步降低企业经营成本。全面建立健全涉企收费目录清单制度，完善收费监管规则，推出一批制度性、管长远、见实效的清费举措。下力气降低中小微企业融资成本，加快建立政银保三方合作模式，建立完善的天使投资体系，发展以科技为支撑的普惠金融，探索发展知识产权质押融资模式，积极拓宽直接融资渠道。深入推进相关领域改革，建立起降低实体经济企业负担的长效机制。

（六）加大公共文化供给，完善吸引人才、留住人才的社会环境。设立高层次人才服务专区，建设网上“一站式”服务平台。加快推行“人才优粤卡”服务，为符合条件的人才提供子女入学、社会保险、医疗服务、工商登记等便捷服务。

（资料来源：《中国高质量发展指数报告》课题组，易昌良、郑彦哲；《南方》杂志，2018 年第 25 期，史成雷、万陆、潘丽珍）

第二节 新时代高质量发展的“上海答卷”

观察中国的经济发展程度和未来前景，经济中心城市上海是一扇很好的窗口。

建设全国首个自贸试验区，成功举办首届、第二届进口博览会，吸引全国首家外商独资新能源汽车项目，首家外商独资医院和金融类投资性公司落地，城市GDP总量率先突破3万亿元，以不到千分之一的土地面积贡献全国近1/10的财政总收入……

高质量开放，始终是上海高质量发展的重要路径。

“上海要以改革开放再出发的决心和意志，努力实现高质量发展、创造高品质生活，在新时代坐标中坚定追求卓越的发展取向，勇担新使命，实现新作为。全力抓好落实，以一系列高水平的改革开放措施、高标准的城市治理实践，探索高质量发展之路，创造高品质生活。”中共中央政治局委员、上海市委书记李强说，“上海要高质量发展，就要坚持面向全球、面向未来，提升城市能级和核心竞争力”。

之所以给出这样的答案，一方面是落实习近平总书记重要讲话精神。2018年4月10日，博鳌亚洲论坛2018年年会开幕式上，国家主席习近平做主旨演讲时就曾说过，“实践证明，过去40年中国经济发展是在开放条件下取得的，未来中国经济实现高质量发展也必须在更加开放条件下进行。”

另一方面，也是源于上海的发展实际。以上海市商务委的一组统计数据为例，上海现有外资企业5万多家，其中跨国公司总部677家、外资研发中心444

家，是我国内地外资总部型机构最多的城市。

“上海的定位是建设国际经济、金融、贸易、航运、科技创新中心和文化大都市，建设长三角世界级城市群的核心城市，加快建设具有世界影响力的社会主义现代化国际大都市。上海牢牢认清和把握城市核心功能，朝着这个目标迈进。”上海市市长应勇激情澎湃地说。

这“5个中心”，也可看成是“4+1”。上海原本一直瞄准的是4个中心建设：国际经济、国际金融、国际贸易、国际航运，新增科技创新，形成“5个中心”的核心功能。这一增项，从国务院批复“上海2035”城市总规开始。从此，上海打造“社会主义现代化国际大都市”目标明确。

“金融搞好了，一着棋活，全盘皆活”，上海洞悉其妙。浦东开发开放，用金融新政盘活土地要素，得到了“第一桶金”，现在更善于融通全球之“金”，互享天下之利。

数字背后，是上海高质量发展的优秀“答卷”

从高速增长转向高质量发展，是当下中国经济的基本特征。背靠长江水、面向太平洋，对标国际最高标准、最好水平，上海在探索高质量发展道路上从不松懈。从一数到十，是上海在高质量发展上的优秀“答卷”。

“1”大经济中心

GDP总量代表城市的综合经济实力。从1949年的36.7亿元，到2017年率先突破3万亿元，2018年达到3.27万亿元。

上海对于GDP的态度可以用三句话概括：不唯GDP，不是不要GDP，要的是更高质量的GDP。放眼世界，2018年纽约和东京的GDP均超过1万亿美元，巴黎约7000亿美元，上海约4900亿美元。保持必要合理的GDP增速，上海一刻也不会松懈。

国际零售商集聚度全球第二

助力高质量发展，上海近年来打造四大“金字招牌”：上海服务、上海制造、上海购物、上海文化，力求把上海的特色勾勒得更加清晰。在过去相当长的时间里，到上海购物是一种风尚。如今电商平台蓬勃发展，到上海购物如何继续保有吸引力？上海给出的答案是集聚新品牌、潮品牌首店。

2018年上海新集聚品牌首店835家，其中国际品牌首店300余家，国际零售商集聚度升至全球城市第二位。各种概念店、旗舰店、快闪店，给你不一样的购物体验。

新经济增加值占全市GDP比重超过31%

在新旧动能加快转换的当口，新经济能否顺利接棒，体量规模很关键。如今，包括新产业、新技术、新业态、新模式在内的新经济增加值，占上海全市GDP比重超过31%。以大家关注的“中国芯”为例，上海集聚了从芯片设计、制造到封装测试在内的集成电路完整产业链，2018年销售规模接近1500亿元。

研发经费支出占比达到生产总值的4%

建设全球科创中心，加快创新驱动发展，上海可是花了“真金白银”。2018年上海的研发经费支出相当于全市生产总值的比例达到4%，大飞机、量子卫星、深潜器、克隆猴、抗癌新药等一批创新成果从上海走出。最近公布的世界首张黑洞照片，上海天文台参与其中。

在全球金融中心指数中的排名上升至全球第5位

股票、期货、外汇、黄金的交易规模位居世界前列，2018年金融市场交易总额突破1600万亿元，“上海金”“上海油”等上海价格影响全球，上海已成为全球金融要素市场最完备的城市之一，在全球金融中心指数中的排名上升至全球第5位。

集聚跨国公司总部677家

向国际投资者开放金融市场，举办进口博览会，吸引特斯拉、迪士尼等重大外资项目落地，上海是名副其实的对外开放高地。上海现有外资企业5万多家，其中跨国公司总部677家、外资研发中心444家，是我国内地外资总部型机构最多的城市。

第三产业占上海经济的比重稳定在 70% 左右

观察经济发展除了总量还要看结构。目前上海初步形成以现代服务业为主体、战略性新兴产业为引领、先进制造业为支撑的现代产业体系，第三产业占上海 GDP 的比重稳定在 70% 左右。尤其是信息服务业、商务服务业、科研服务业、文化创意产业等保持快速发展，拼多多、饿了么和“B 站”就是其中的代表。

人均绿化面积达到 8.2 平方米

45 公里黄浦江岸线、街心小公园、郊野公园……良好的生态环境是最普惠的民生福祉，“花式”建公园，上海不手软。

统计显示，1949 年，上海人均绿化面积仅有 0.132 平方米，相当于每人只有“一双鞋”。到了 2018 年，上海已经实现了每人“一间房”——人均绿化面积达到了 8.2 平方米。

90% 的网上办事事项实现“只跑一次、一次办成”

上海在全国首创“一网通办”政务服务，努力让企业和市民到政府办事像“网购”一样方便。目前，上海的“一网通办”平台已接入 1339 项政务服务事项，90% 的网上办事事项实现了“只跑一次、一次办成”。

贡献全国近 1/10 的财政总收入

经济发展“含金量”高不高，财税是一个指标。2018 年上海市一般公共预算收入达到 1.76 万亿元，非税收入占比 11.6%，为全国 31 个省区市最低。上海以不到全国千分之一的土地面积，贡献了全国近 1/10 的财政总收入。

“闯”，重大改革试点为高质量发展“探新路”

上海西郊，形如“四叶草”的国家会展中心熠熠生辉。二层步廊提档升级、保税仓库崭露头角、100 座 5G 基站加紧建设……2019 年 11 月，第二届中国国际进口博览会成功举办。

进博会不仅要年年办下去，而且要“越办越好”。对内，持续完善硬件设施、提升配套服务，将企业商业展面积由 27 万平方米增加到 30 万平方米。对外，不断扩大“朋友圈”，路威酩轩（LVMH）、资生堂、庞巴迪等知名企业成为参展的“新面孔”。“通过落实常年保税展示交易、展品销售税收优惠等措施，进博会将帮助更多优质商品、服务和技术进入中国。”上海市商务委主任尚玉英说。

进博会是上海深化改革扩大开放，推动高质量发展的缩影。上海作为全国最大的经济中心城市，是吃改革饭、走开放路、打创新牌走到今天的。上海要按照党中央对上海发展的定位和要求，坚定不移推动改革开放再出发，积极为全国高质量发展闯出新路。

“闯”，首先体现在具有突破性的重大改革开放措施上。从 1990 年浦东开发开放，到 2005 年浦东综合配套改革试点，再到 2013 年自由贸易试验区建设，2014 年建设具有全球影响力的科创中心，2018 年举办首届中国国际进口博览会、领受设立科创板、2019 年举办第二届中国国际进口博览会等四项新的重大任务，都是国家打好“上海牌”的生动实践。

“闯”，体现在先行先试和全国首创上。香格里拉集团驻店经理乌尔里希在浦东的国际人才港拿到了外国人来华工作许可和居留许可，前后仅花了 5 天时间，而以前至少需要 22 个工作日。“这样的办事体验太棒了。”

乌尔里希体验的“飞速”办证，来自上海在全国首创的“一网通办”政务服务。“一网通办”通俗地说，就是面向企业和市民的所有政务服务都“进一网、能通办”。2018 年以来，上海通过建立大数据中心，推动公共数据的汇聚、互联和共享，努力让企业和市民到政府办事像“网购”一样方便。目前，上海的“一网通办”平台已接入 1339 项政务服务事项，90% 的网上办事事项实现了“只跑一次、一次办成”。

“闯”，还体现在城市能级和核心竞争力的提升上。上海是全国首个 GDP 突破 3 万亿元的城市，但 GDP 从来就不是衡量上海发展的唯一指标。在“两个面向”（面对全球、面向未来）、“两个最”（对照国际最高标准、最好水平）的理念指引下，近年来上海通过建设“五大中心”、打响“四大品牌”，不断提升城市的能级和核心竞争力。

金融服务功能，就是上海的核心竞争力之一。2018 年上海的金融市场交易总额突破 1600 万亿元，“上海金”“上海油”等上海价格影响全球，成为全球金融要素市场最完备的城市之一。

“进”，在经济密度、资源配置和创新策源上下功夫

春风和煦，水清岸绿。上海张江科学城的川杨河畔，一座充满未来感的“人工智能小岛”已崭露头角。小岛的“岛民”，既包括微软、IBM 等跨国巨头，又有云从科技、小蚁科技等“独角兽”企业。

智能垃圾桶、智能路灯各司其职，服务机器人与无人接驳车穿梭其间……在张江集团董事长袁涛的构想中，人工智能岛既是人工智能技术企业的聚集地，又是一个巨大的、真实的人工智能应用场景，成为张江建设世界一流科学城的鲜活注脚。

高质量发展起源于突破性的改革开放部署，落脚于实打实的行动。着眼于推动质量变革、效率变革、动力变革，实现稳中求进、进中提质，上海正在一系列难点问题上攻坚闯关。

——在提高城市经济密度、投入产出效率上下功夫。位于长江口的宝山，是上海传统的工业重镇。2019 年 4 月，日本机器人企业发那科宣布投资 15 亿元，在宝山建设新的“超级智能工厂”。在新一轮转型中，宝山盘活近 2000 亩低效工业用地，从白、红、黑、黄、灰各色废气“五龙飞舞”转向邮轮产业、机器人及智能装备、新材料、重大板块、生态环境“五龙腾飞”。

宝山转型，折射上海之变。上海市发改委主任马春雷认为，提升经济密度，就是要以有限的资源和更少的消耗创造更多的财富。“以亩产论英雄、效益论英雄、能耗论英雄、环境论英雄”，已成为上海产业发展的新“英雄观”。统计显示，上海单位 GDP 能耗从 2010 年的 0.72 吨标准煤 / 万元下降到 2018 年的 0.38 吨标准煤 / 万元，工业园区单位土地产值平均每五年提高 10 亿元 / 平方公里。

——在提升配置全球资源能力上下功夫。前不久，位于上海自贸试验区金桥片区的沃尔沃建筑设备中国总部完成了一笔特殊交易：由沃尔沃中国总部负责签订采购协议，韩国工厂负责生产挖掘机，并直接从韩国装运上船运往万里之遥的非洲。这种称之为“离岸贸易”的新模式，打通了跨境结算的瓶颈，使得企业总部在中国，生意覆盖全球。

“上海自贸试验区将努力推动离岸贸易、服务贸易的扩大开放，加快打造长三角一体化平台，增强服务‘一带一路’建设的能力。”浦东新区区长、上海自贸试验区管委会常务副主任杭迎伟说。

统计显示，上海现有外资企业5万多家，其中跨国公司总部677家、外资研发中心444家，是我国内地外资总部型机构最多的城市。2018年以来，上海通过实施“扩大开放100条”，吸引特斯拉、摩根大通证券等一批标杆性、首创型的外资项目落地。高水平的对外开放，让上海配置全球资源的能力不断提升。

——在增强创新策源能力上下功夫。2018年1月，我国科学家宣布了世界首例体细胞克隆猴“中中”“华华”的到来。一年后，还是在上海，“中中”“华华”的重要小伙伴，5只生物节律紊乱体细胞克隆猴诞生。

“这些脑疾病模型克隆猴，有助于解析脑重大疾病的致病机理，确立预警和早期诊断指标、进行干预和治疗，将成为中国脑计划的一大亮点。”中科院神经所所长蒲慕明表示。

像克隆猴一样，2019年以来上海的“硬核”科技成果不断涌现：首张黑洞照片公布，上海天文台参与其中；上海科学家全球首次证实单碱基编辑存在严重脱靶；全球首个行政区域5G网络在上海虹口建成并开始试用……

统计显示，2018年上海研发经费支出相当于全市生产总值的比例达到4%。“创新策源能力”“全球科技创新策源地”，成为上海科创中心建设的高频词。

“暖”，让城市的温度覆盖每个街角

高质量发展，最终是把发展的温暖传递到每个人的日常生活之中。上海在追求经济高质量发展的同时，也正在积极推动百姓高品质生活的实现。

在寸土寸金的上海，土地资源始终是最大的约束。2014年上海启动低效建设用地减量化，目前累计完成减量43.4平方公里。这些“省下来”的土地，很大一部分被用在了城市绿色发展上。

截至2018年，上海已经实现了人均绿化面积8.2平方米。“隔三岔五到江边走走，吹吹风、看看美景，感觉很适意。”年过六旬的上海市民曹老伯，退休前在上海杨浦的棉纺厂工作。如今，杨浦大桥以东2.7公里滨江岸线的跑步道、骑行道、漫步道已实现贯通。居民漫步黄浦江边，既可以在老厂房遗址前感受工业时代的变迁，又能近距离观赏岸边水生植物，与大自然亲密接触。

不仅硬件设施更完善，配套服务也更加温馨。运用大数据和智能化推荐等技术，今年5月上海将推出全新的“上海市养老服务平台”，涵盖新版养老地图、养老服务机构查询、养老政策智能搜索等主要功能。

“我有一个希望，就是未来广大市民寻找养老服务，能够像上大众点评找餐馆、淘宝购物一样方便。”上海市民政局局长朱勤皓说。

民生连着民心，民生凝聚人心。包括养老体系和养老服务、幼儿托育和青少年教育、旧区改造和历史风貌保护、乡村振兴在内，“老小旧远”问题成为今年上海民生工作的聚焦点，浓缩着上海在提升市民群众获得感和满意度方面的一贯追求。

“建筑是可阅读的，街区是适合漫步的，公园是最宜休憩的，市民是尊法诚信文明的，城市始终是有温度的。”上海2035规划中描绘了一座人文之城的美好愿景，“着力打造更富魅力、更有温度、更加美丽的宜居城市。”

答时代之问，启未来之程。在追求高质量发展的道路上，让城市发展的“大图景”与千家万户的“小目标”交相辉映，申城上下正在书写一份无愧于新时代的“上海答卷”。

（资料来源:《中国高质量发展指数报告》课题组，易昌良；新华社，2019年4月20日，季明、刘开雄、何欣荣）

第三节　努力打造高质量发展的北京样板

编者按：习近平总书记在党的十九大报告中明确提出，我国经济已由高速增长阶段转向高质量发展阶段，正处在转变发展方式、优化经济结构、转换增长动力的攻关期，建设现代化经济体系是跨越关口的迫切要求和我国发展的战略目标。

党的十八大以来，习近平总书记四次视察北京，五次对北京发表重要讲话，深刻阐述了“建设一个什么样的首都，怎样建设首都”这一重大时代课题，为做好新时代首都工作提供了根本遵循。近年来，北京市深入贯彻习近平新时代中国特色社会主义思想和对北京重要讲话精神，坚持稳中求进工作总基调，坚持新发展理念，北京市积极探索高质量发展之路，从聚集资源求增长到疏解功能谋发展的过程中，都与城、舍与得、增与减的关系日渐明朗，按照新版北京城市总体规划努力打造高质量发展的北京样板。

2018年，首都北京交出一张靓丽成绩单：人均GDP达2.13万美元，全员劳动生产率达24万元/人左右，创下两个“全国第一”。

一系列数据是北京近年来积极探索高质量发展的有效注脚。

“推动北京高质量发展，要抓住五个关键：立足首都城市战略定位，减量发展是特征，绿色发展是基础，创新发展是唯一出路，以人民为中心的发展是根本落脚点”。

正如北京市政府负责人提出的那样，面对“建设一个什么样的首都，怎样建设首都”这一重大课题，北京这座千年古城要坚定不移走减量发展、绿色发展、创新发展之路。

减量发展，全要素生产率不断提高

花红柳绿，春光明媚。

北京市西城区菜市口西北角，是面积达3万多平方米的广阳谷城市森林公园：2017年9月，这片“黄金宝地”在政府斥巨资拆违、腾退后没有变成写字楼，而是被建成了森林公园……

广阳谷，是过去几年北京腾退土地、留白增绿的一个缩影。

2014年习近平总书记考察北京，明确首都“四个中心”新的城市战略定位，确立了建设国际一流的和谐宜居之都的战略目标。

疏解，就是“北京版”的供给侧结构性改革。

——严把新增产业准入关。2014年，北京制定新增产业禁止和限制目录，并两次“从严从紧”修订。截至2018年年底，全市不予办理新设立或变更登记业务累计达2.1万件。

——盘活低效闲置资源。两年来，北京退出一般制造业企业1307家，疏解提升市场和物流中心500个，为引入高端要素腾出了宝贵空间。

2017年，党中央、国务院批复《北京城市总体规划（2016—2035年）》，明确提出“减量发展”概念，确定了人口总量上限、生态控制线、城市开发边界三条红线。

减重、减负、减量，北京产业结构发生深刻变革：和2013年比，2018年，符合首都城市战略定位的新设市场主体占比从25.1%上升到50.5%；新产业、新业态、新模式孕育成长，金融、科技、信息等对经济增长贡献率超过60%……

2018年，北京再次实现“三个减量”：人口减少16.5万，城乡建设用地减量约34平方公里，建设面积减少1200多万平方米。

建设用地少了，生态绿地多了，经济发展效益高了。

2018年，北京市GDP超过3万亿元，增长6.6%；新经济增加值突破1万亿元，服务业增加值占GDP比重达81%；全员劳动生产率达24万元/人左右，居全国第一。

在西城区，往昔的动物园批发市场转身为金融科技与专业服务创新示范区。转型前，这里约 40 万平方米的建筑容纳了 9 万多名从业人员，每年贡献税收仅 5000 万元左右；转型后，仅目前投入使用的 1 万平方米建筑贡献税收就已超过 5000 万元，从业人员仅 500 人左右。

“何谓高质量？在宏观层面，主要指国民经济整体质量和效率的提高，核心是具有较高的全要素生产率。”北京市委党校教授赵莉说，北京建设首善之区，在推动高质量发展上理应率先示范。

绿色发展，能源利用效率位居全国首位

户均种植板栗近 15 亩，特色旅游每年吸引 5 万余游客，为村里带来综合收入约 240 万元……

近年来，北京市怀柔区渤海镇北沟村从一个名不见经传的小山村变成“北京最美乡村”。“北沟村走上了富裕路，靠的就是绿色发展。”北沟村党支部书记王全深有感触地说。

2018 年 11 月，北京发布《关于推动生态涵养区生态保护和绿色发展的实施意见》。怀柔、门头沟、平谷、密云、延庆等占北京面积 68% 的区域，构建起北京市生态涵养区的“家底”。

5 个方面 16 项政策措施，为生态涵养区这一北京“后花园”描绘了美好蓝图——建成展现北京美丽自然山水和历史文化的典范区、生态文明建设的引领区、宜居宜业宜游的绿色发展示范区。

绿色发展，离不开优美的生态环境。

北京从 1998 年开始大规模治理大气，特别是通过实施 2013—2017 年清洁空气行动计划，5 年间年燃煤总量从 2270 万吨减至 600 万吨以内，淘汰老旧机动车 216.7 万辆，清理整治“散乱污”企业 1.1 万家，2018 年细颗粒物年均浓度下降到 51 微克 / 立方米。

近年来，北京全面推行河长制，开展“清河行动”和水源地环境保护专项行动，联合推进永定河综合治理与生态修复，污水处理率提高到93%。凉水河、萧太后河、北运河……一条条骨干河流告别黑臭，一座座滨河公园给人以便利和享受。

留白增绿，见缝插绿。2018年北京新增造林26.9万亩，全市森林覆盖率由2012年的38.6%提高到2018年的43.5%，城市生态空间大幅度增加。

从集聚资源求增长到疏解功能谋发展，再到大力推动绿色集约发展，北京发展效率进一步提高。数据显示，2018年，北京市万元地区生产总值能耗为0.254吨标准煤，同比下降3.8%；水耗为12.9立方米，同比下降7.1%；能源利用效率居全国首位。

"北京正通过把不符合首都定位的制造业就地淘汰，推动传统产业撤并转型升级，鼓励企业通过节能减排、清洁生产等方式，坚定不移地走绿色发展之路。"北京市社会科学院副院长赵弘说。

创新发展，驱动高质量发展的巨大动力

在北京市朝阳区的E9区创新工场，一个由360多个奶制品生产构件组成的"火车头"造型十分引人注目，寓意"创新发展驶向美好未来"。

E9区创新工场的前身是双桥乳品厂，2015年腾退改造后变身创意经济集聚区，聚焦人工智能和数字创意产业。

放眼整个北京，创新发展正成为驱动这座城市高质量发展的巨大动力。

北京中关村，人工智能企业旷视科技的产品展区，被赋予人脸识别等功能的手机、摄像头、机器人设备令人目不暇接。

"让'机器看懂世界'，我们的人脸识别技术、图像识别技术、智能视频云产品等已广泛应用于金融、手机、安防、物流、零售等领域。"旷视科技副总裁谢亿楠说。

地区生产总值6400多亿元，信息服务业、科研服务业占全区经济总量超过40%，国家级高新技术企业总数突破1万家……

创新能级更高，创新根基更稳，创新活力更强，作为中关村的发源地，北京市海淀区走出了一条以创新为引领、带动区域高质量发展的道路。

近年来，北京深入实施新一代信息技术等10个高精尖产业发展指导意见，制定5G、人工智能、医药健康等产业发展行动计划和方案，努力形成新一代信息技术与医药健康产业创新发展的双动能。

数据显示，2018年，北京十大高精尖产业实现营业收入32548亿元，新经济增加值占GDP比重达33.2%，规模以上高技术制造业增加值增长13.9%。

在将科技资源优势转化为创新产业优势的同时，近年来北京正努力建设以“三城一区”为主平台的全国科技创新中心，为实现高质量发展夯实基础。

——在中关村科学城，全球健康药物研发中心加快建设，碳基集成电路研究院、腾盛博药等重大项目落地持续推进；

——在怀柔科学城，综合性国家科学中心建设全面展开，综合极端条件实验装置、地球系统数值模拟装置建设顺利推进；

——在未来科学城，陈清泉院士科创中心、小米智慧产业基地等入驻，央企与高校院所组建5个协同创新平台；

——在北京经济技术开发区，一批技术创新服务平台在集成电路、生物医药等领域搭建，创新型产业集群增势良好……

高质量发展的前行道路上，北京还面临不少挑战。

“与发达国家和先进城市相比，北京依然存在不少差距。创新投入较高，但创新产出效率低，基础创新和原始创新差距大；全球城市生活质量排行榜，在450个城市中北京排在119位。”赵莉提醒。

减量发展、提质增效，永远在路上。

北京市委、市政府将出台推动高质量发展实施方案，推出含有6个方面35项具体指标的高质量发展指标体系。

经济发展高质量、城市治理高水平、生态治理高标准、百姓生活高品质……人们坚信，不久的将来，一个更加富有生机和活力的首都北京，必将呈现在世人面前。

（资料来源：《中国高质量发展指数报告》课题组，易昌良；新华社，2019年4月8日，李斌、孔祥鑫、王优玲、张超）

第四节　推动江苏高质量发展走在全国前列

编者按：江苏是我国最具发展潜力和活力的地区之一，位于我国的华东地区，东部沿海，常住人口达到8000多万，属于中国的人口大省。不管从地级市还是县级市来看，江苏在中国城市全面小康指数都是排在前列的。在江苏的三大产业中，工业占据了很大的比例。当然除了工业以外，江苏在科技这一领域也在持续发力，未来科技这一领域给经济也会带来很大的提升作用。党的十八大以来，江苏省委、省政府坚持以习近平新时代中国特色社会主义思想为指导，坚决贯彻党中央重大决策部署和习近平总书记对江苏工作的重要指示要求，紧紧围绕建设经济强、百姓富、环境美、社会文明程度高的新江苏的目标任务，推动各项事业取得新的成绩。2018年，江苏省的GDP达到9.2595万亿元，实际增速达到6.70%。按照江苏省的常住人口进行计算，2018年江苏省的人均GDP达到115322元。

建设"经济强、百姓富、环境美、社会文明程度高"的新江苏，是习近平总书记对江苏的殷切希望；走在高质量发展的前列，是党中央赋予江苏的历史使命。

一、江苏开启"高质量发展走在前列"新征程

党的十九大作出"我国经济已由高速增长阶段转向高质量发展阶段"的重大判断，深刻揭示了新时代中国经济发展的历史方位和基本特征，具有重大现实意义和深远历史意义。江苏认真学习贯彻党的十九大精神和中央部署要求，把高

质量发展作为江苏未来一个时期最鲜明的导向，力争在高质量发展上走在全国前列，努力为全国发展大局作出江苏贡献。

70 年前，江淮大地上淮海战役的胜利吹响了解放全中国的号角，新中国曙光已现；

70 年后，这片热土打响了事关高质量发展的关键战役，第一个百年目标近在咫尺。

2017 年年底，党的十九大闭幕一个多月后，习近平总书记首次到地方考察调研的第一站就是江苏徐州，强调要走一条由高速增长转向高质量发展的道路。

2018 年，江苏地区生产总值率先超 9 万亿元，以全国 1.1% 的国土、5.8% 的人口，生产了 10% 的经济总量。不仅如此，江苏高新技术产业和装备制造业增长明显快于整体工业，新旧动能加速转换，质量效益稳步提升，令人瞩目的“江苏奇迹”绽放出新的光彩。

江苏这片土地承载着党中央的殷切期望。江苏省委认为，从“两个率先”，到习近平总书记先后作出的一系列重要指示，都是党中央根据时代方位和发展阶段变化，对江苏发展赋予新的使命和内涵。特别是习近平总书记提出的“强富美高新江苏”“五个迈上新台阶”，实际上就是对江苏高质量发展的要求。

2017 年年底，江苏省委召开十三届三次全会，确定了“推动高质量发展走在前列”的目标定位和推动经济发展、改革开放、城乡建设、文化建设、生态环境、人民生活“六个高质量”的实践路径，以先行者的担当和奋斗者的自觉开启高质量发展新征程。

（一）推动高质量发展走在前列，是新时代江苏必须担负起的重大使命

高质量发展是一场涉及发展方式、经济结构、增长动力等诸多方面的系统性重大变革。从“高速度”转向“高质量”体现的是发展规律，为江苏经济标明了发展航向；从“有没有”转向“好不好”体现的是发展追求，为江苏发展明确了价值导向；从“中低端”转向“中高端”体现的是发展水平，为江苏转型升级提供了根本遵循。对江苏来说，不仅要努力实现高质量发展，更要在这场变革中走

在全国的前列。

高质量发展是习近平总书记对江苏发展的殷切期望。党的十九大之后、中央经济工作会议之前，习近平总书记亲临江苏视察工作，围绕高质量发展，强调了坚守实体经济、坚持创新发展、推动乡村振兴、修复生态环境等一系列重大问题。对江苏来说，这既是巨大鼓舞，更是关于高质量发展的极大鞭策。梳理十八大以来习近平总书记的“江苏足迹”和“江苏嘱托”，从 2013 年对江苏提出“三项重点任务”，到 2014 年提出“强富美高新江苏”“五个迈上新台阶”，也都是希望江苏实现更高质量的发展。习近平总书记还明确指出，为全国发展探路，是中央对江苏的一贯要求。新时代的“探路”就是要在高质量发展的道路上走在前列，展现江苏发展的探索性、创新性、引领性。江苏有责任向总书记交出一份满意的答卷。

高质量发展是江苏作为东部省份的应担之责。当前，在高质量发展这个时代主题下，全国各地百舸争流、各展所长。但是每个地方都有自己的发展特点和禀赋条件，在这场新的征程中也都承担着不同的责任和使命。江苏从发展乡镇企业到发展外向型经济，再到发展创新型经济，一直走在不断提升发展质量的道路上。党的十八大以来，江苏地区生产总值连跨三个万亿元级台阶，2018 年，江苏省的 GDP 达到 9.2595 万亿元，实际增速达到 6.70%。如果按照江苏省的常住人口进行计算的话，2018 年江苏省的人均 GDP 达到 115322 元。2018 年中央经济工作会议强调，支持东部地区率先推动高质量发展。从江苏发展的历史传统、基础条件和未来需求看，率先推动高质量发展，是江苏应该干、能够干，也必须干好的事情。

高质量发展是江苏放眼未来必须打好的战略主动仗。从经济社会发展的规律看，江苏已经到了向更高层次迈进的关键阶段。经济发展上，江苏的体量很大，但是产业结构仍然处于中低端，农业现代化还相对滞后，区域内部发展不平衡，特别是苏北仍处在工业化的加速阶段，对照建设现代化经济体系的要求，江苏已经处在一个必须突破的瓶颈期。社会发展上，江苏也到了一个矛盾问题集中出现的时期，特别是随着我国社会主要矛盾的变化，群众有着更高的发展预期、更多的生活需求，处理不好就会带来风险。生态环境上，江苏还没有迈过高污染、高风险的阶段，一些突出的环境问题还没有根本解决，经济发展与环境承载之间的矛盾仍然较大。因此，江苏加快转向高质量发展势在必行，这是时代的要求、发展的必然，更是江苏把握战略主动、着眼长远未来的战略抉择。

（二）坚持系统谋划、全面推进，创造更多高质量发展的实践成果

江苏追求的“走在前列”，不是简单的速度领先、指标超前，而是在新发展理念的指引下，围绕建设现代化经济体系，用改革的办法解决好实践探索中的问题，用创新的理念、思路、方法推动发展质量的全面突破，努力创造更多高质量发展成果，形成江苏新的特色和优势。在具体工作中，就是重点推进“六个高质量”。

经济发展高质量。建设现代化经济体系，是江苏在推进高质量发展中要浓墨重彩做好的一篇大文章。江苏将把实体经济作为现代化经济体系的根基，深化供给侧结构性改革，创造良好环境，弘扬工匠精神，加快推动产业转型升级，大力发展战略性新兴产业，加快发展现代服务业和现代农业，引导金融更好地服务实体经济，把实体经济做实做强做优，加快构建实体经济、科技创新、现代金融、人力资源协同发展的产业体系，推动产业迈向全球价值链的中高端，把江苏加快建成具有国际竞争力的先进制造业基地。其中，最根本的是推动信息化和工业化深度融合，抓住技术变革的机遇，大规模推动互联网、大数据、人工智能对传统产业的改造提升，不断催生新产业新业态新模式；最核心的是强化创新驱动，把创新的着力点转到更加注重基础研究、原始创新，更加注重应用研究、集成创新，争取形成一批具有前瞻性、原创性、标志性的科技创新成果。

改革开放高质量。江苏一直是改革的热土，新时代推动改革，江苏坚持在国家顶层设计的框架内，把处理好政府和市场关系作为核心，把激发江苏民间蕴藏的巨大潜力作为主要任务，以“不见面审批”为突破口，撬动重点领域和关键环节改革，尤其是向积存多年的沉疴痼疾开刀。江苏始终处在开放的前沿，新时代

推进对外开放，必须把视野放到“一带一路”建设这个国家最大的开放格局中去审视，按照习近平总书记对江苏提出的“一带一路”交汇点定位，抢抓机遇、拓展空间，全力做好扩大向东开放和引领向西开放的文章。

城乡建设高质量。江苏城乡发展已经进入全面转型的新阶段。城市建设方面，以苏南为主体的扬子江城市群融合度高、经济基础好、发展质态优，重点在宜居宜业上下功夫，保护和传承好历史文化，提升城市品质和生活品位；苏中苏北仍处在加快城镇化的阶段，要着力做大做强中心城市，推进大中小城市网络化建设，形成集聚辐射效应。乡村建设方面，深入实施乡村振兴战略，着力解决好部分乡村“空心化”的问题，积极推动农业农村现代化，推动各类要素向乡村流动，为乡村发展注入新动能，开创江苏的“新乡土时代”。

文化建设高质量。江苏有着深厚的人文积淀，不论是在过去还是当代，对中华文明都作出了重要贡献。面向未来，江苏扛好新时代文化江苏这面大旗，把文化强省建设推向新的高度。一是弘扬传统文化，让历史“活”起来，加强对丰厚历史文化资源的深入研究，用好用活、转化创新，推动优秀传统文化传承发展。二是繁荣文艺创作，让作品“精”起来，引导推动观念、内容、风格、流派方面的探索创新，鼓励创造更多弘扬时代精神、反映发展变化、鼓舞人民群众的文艺作品。三是丰富文化生活，让老百姓脑袋“富”起来，大力发展文化事业和文化产业，广泛开展群众性文化活动，更好地满足群众精神文化需求。

生态环境高质量。江苏自古以来就是令人向往的鱼米之乡、富庶之地，但是生态环境已经成为突出的发展短板。未来几年，江苏将以高度的共识、警醒和自觉打一场生态环境的保卫战。突出抓好治气，重点做好PM2.5和臭氧浓度“双减双控”，提升群众蓝天幸福感；系统推进治水，坚持水环境整治和连通水系一起抓，决不把劣V类水带入现代化进程；扎实推进治土，建立负面清单，有效保障农产品质量和人居环境安全。在解决好突出环境问题的同时，全方位开展生态系统的保护修复，确保在这场保卫战中迎来江苏生态环境总体性好转的拐点。

人民生活高质量。生活高质量，就是让老百姓的生活更宽裕、更便利、更舒适、更安心、更有尊严。江苏坚持“四个着力”：着力解决结构性的民生问题，从制度改革入手，破解就业、教育、医疗、养老、社会保障、城市管理、住房保障等方面的突出矛盾，让一个个民生“难点”成为撬动社会进步的“支点”；着力实施普惠性的民生工程，加快推进基本公共服务标准化，普遍增加群众的“隐性财富”；着力办好扶助性的民生实事，编实筑牢保障救助底线，以必胜信心打赢脱贫攻坚战；着力满足多样性的民生需求，发挥群众的主体作用，引导和带领群众在共同奋斗中增强获得感、幸福感、安全感。

（三）以“再出发”的状态展现江苏高质量发展的新气象新作为

改革开放40多年来，江苏这片土地上诞生了一个又一个发展奇迹。推动高质量发展走在前列，对今天的江苏而言是一次时代的“再出发”，需要我们去创造新的发展奇迹。江苏在全省牢固树立“四种导向”，努力开创江苏发展新境界。

勇于解放思想。最重要的是深入学习领会习近平新时代中国特色社会主义思想，围绕走在前列的定位，在世界和全国大格局中审视谋划江苏的发展。要克服江苏发展基础好、只要稍微努力就能走在前列的盲目乐观思想，克服江苏只要经济发达、就能一好百好的片面认识，克服传统观念、惯性思维的负面影响，始终保持锐意创新的勇气、敢为人先的锐气、蓬勃向上的朝气，在实干苦干中砥砺奋进，在不断解决问题中求突破、促发展。

激励担当作为。事业是干出来的，需要好的体制机制激发干劲。江苏健全鼓励激励、容错纠错、能上能下“三项机制”：鼓励激励，重点让能干事、会干事、干成事的人得褒奖、有实惠、受重用；容错纠错，树立为创新者、担当者、实干者负责的鲜明导向；能上能下，形成能者上、庸者下、劣者汰的有效机制。围绕“三项机制”，建立科学指标体系，健全科学考评体系，推动全省上下形成敢于担当、比学赶超、奋发作为的浓厚氛围。

注重系统思维。改革发展进行到今天，每前进一步都关系全局、牵动全身，必须运用系统化思维谋划推动，增强发展的整体性、协同性。“六个高质量”每个都是一个复杂的子系统，又共同构成了江苏高质量发展的系统工程。在谋划和推进过程中，江苏坚持以顶层设计为核心、以问题导向为基点、以综合平衡为灵魂，统筹局部与整体，兼顾当前与未来，注重速度和质量的统一，牢牢把握江苏发展的主动权。

坚持底线思维。高质量发展是“有守”和“有为”的辩证统一。江苏将坚守稳定底线，决不能发生严重危害社会稳定的问题；坚守安全底线，决不能以牺牲群众利益为代价推动发展；坚守廉政底线，决不能以工作为借口破坏廉洁纪律；坚守生态底线，决不能为了发展破坏生态环境。在守好“四条底线”的前提下，以舍我其谁、时不我待的进取精神，低调务实不张扬的工作作风，紧抓问题不放松的干事态度，功成不必在我的胸怀境界，奋发有为、久久为功，推动江苏发展不断取得新突破。

二、江苏如何抓重点、补短板、强弱项

一是着力构建现代化经济体系，牢牢把握坚守好实体经济，深化供给侧结构性改革，加快构建实体经济、科技创新、现代金融、人力资源、协同发展的产业体系。推动产业转型升级，迈向全球产业价值链的中高端。

二是着力培育壮大发展新动能，深入实施创新驱动战略，充分发挥科教产业的双重优势、叠加优势。江苏科教优势比较明显，有 167 所大学，在校大学生超过 190 万人，有 750 个独立的科研单位，专门从事科研的人员超过 80 万人。在江苏的两院院士也超过 100 人。另外，江苏产业基础非常好，实体经济一直是优势，规上的工业总产值超过 16 万亿元，其中制造业达到 15.6 万亿元，在全国都是遥遥领先的。把科技和产业优势两者结合起来，把科技转化好，这就是江苏下一步很大的发展潜力和动能。

大力发展新产业、新业态、新模式，加快推动经济发展质量变革、效率变革、动力变革。特别是以改革开放 40 周年为契机，推动改革开放再出发，不断增创新优势，增添新动能。

三是着力推动城乡区域一体化发展，大力实施乡村振兴战略，深入推进全省“1+3”重点功能区战略，着力构建现代化的综合交通运输体系，促进城乡区域差异发展、特色发展、协调发展。

四是着力打好防范化解重大风险、精准脱贫、污染防治三大攻坚战，既补好短板，又加固好底板。

五是着力增强人民群众的获得感、幸福感、安全感，继续推进基本公共服务标准化，切实解决好人民群众最关心、最直接、最现实的利益问题，不断满足人民日益增长的美好生活需要。

党的领导是做好一切工作的根本保证，也是推动高质量发展的政治前提。江苏把党的建设贯穿到江苏发展的全过程，树牢“四个意识”，坚定“四个自信”，深入落实好全面从严治党新要求。提高江苏发展的政治站位，按照中央作出的战略部署，加强对发展大局大势的把握，加强对发展重大问题的研究，确保高质量发展沿着正确的方向前进。坚持稳中求进工作总基调，从长期大势正确认识当前形势，保持定力、增强信心，既实事求是，又奋发有为，抓住“一带一路”建设、长江经济带发展和长三角区域一体化发展等战略叠加机遇，把科教、产业和人才优势结合得更加紧密，以不懈奋斗的精神推动高质量发展走在前列，一步一个脚印把“强富美高新江苏”宏伟蓝图变成美好现实。推动各级党组织和党员干部按照“五个过硬”的要求，加强学习和实践，不断提高适应新时代、实现新目标、落实新部署、开创新局面的能力，努力创造出无愧于时代、无愧于使命、无愧于人民的新业绩。

（资料来源：《中国高质量发展指数报告》课题组，易昌良；《求是》，2018年第7期，娄勤俭；《新华日报》，2019年1月15日，吴政隆）

第五节　雄安新区聚焦高质量发展调研报告

党的十九大对我国经济社会发展作出重大判断：经过改革开放40年，我国由高速增长阶段转向高质量发展阶段。一个时代必有一个时代的样板和标志，“深圳速度”曾经作为时代的标志，镌刻在改革开放的历史丰碑上。站在改革开放再出发的新“坐标”上，处在高质量发展的新时代中，更需要有一个贯彻高质量发展要求、推动高质量发展的全国样板和标志。习近平总书记在主持召开中央政治局常委会会议上听取河北雄安新区规划编制情况时指出：“要贯彻高质量发展要求，创造‘雄安质量’，在推动高质量发展方面成为全国的一个样板。”所以，“雄安质量”赋予了雄安新区规划发展高度凝练的历史定位，肩负着全面高质量实践习近平新时代中国特色社会主义思想的历史使命，承载着探索中国未来改革开放、高质量发展方向的历史重任。创造“雄安质量”，就是要坚持高标准规划建设，以疏解打基础，以创新赢未来，将质量贯穿于经济发展、社会进步、城乡协调、生态安全、文化建设、公共服务与管理及人民满意等各个方面，为全国高质量发展培树“标杆”。

河北雄安新区设立以来，新区党工委、管委会认真贯彻习近平新时代中国特色社会主义思想和指示批示精神，对标“成为高质量发展全国样板”的要求，聚焦规划编制、严格管控生态治理、产业升级、城市建设、体制机制创新、群众工作、社会稳定、党的建设等重点工作，在创造“雄安质量”方面取得了阶段性成果，作出了积极探索。

一、坚持站位世界前沿做好“百年规划”，努力绘制世界城市建设史上的典范之作

当今世界最亮丽城市中的现代化功能、空间布局和建筑风貌，基本上都是近一二百年逐步形成的，其间因战争和科学技术的进步，城市规划经历了多次变化改动，也走过不少弯路，人们总结出了许多宝贵的经验与教训。雄安新区要建设引领世界城市建设潮流的“未来之城”，必须首先在规划设计方面体现出超越当前国内外城市规划的高起点和高标准，体现出“未来城市”的创意思想和科技展望，还要汲取世界城市建设实践中的诸多经验和教训，规避现有城市规划的弊端。为此，雄安新区在规划体系的编制和城市规划设计方面切实遵循习近平总书记的指示，从一开始就充分体现高质量发展要求，力争“赢在起跑线上”。

（一）集思广益，汇聚国内外高端智慧

雄安新区规划体系的编制，始终以新发展理念为统领，坚持“世界眼光、国际标准、中国特色、高点定位”，围绕中央对新区“4+1”的功能定位，以创造历史、追求艺术的精神，高强度、高密度、高质量地加以推进。编制规划工作坚持多种形式汇聚国际国内高端智慧，充分借鉴国际经验，为高端规划的美好蓝图做实了创新的底子。通过组建规划工作营、创新设计大赛等方式，调动各方面资源，由中规院、中科院牵头，吴良镛、张锦秋等 60 多位院士和设计大师，以及 300 多名规划建设领域顶级专家参与规划编制和评审论证，把国内外的顶尖人才、一流团队、专业力量吸引汇聚到新区规划编制工作中来。例如，新区起步区城市设计采取国际咨询，从 279 个国际国内顶尖设计机构中优选确定 12 家参加城市设计，经评议推荐出 3 个设计方案，国际咨询成果被充分吸纳到相关规划中，目前正在就相关区域规划设计开展第 2 轮国际方案征集。

（二）加强科技支撑，充分运用多种科技手段

在片区开发和重要单体建筑中，规划编制工作借助先进科技手段的支撑，融入智能管理、数字城市、绿色低碳等先进理念，努力打造细致严谨的城市规划设计。在规划建设之初，就把信息化的逻辑根植在城市体内，积极运用贯穿项目级

（BIM）、城市级（CIM）等先进科技手段，提高设计科技含量，避免设计失误，减少了成本损失，实现了最优方案。例如，在市民服务中心规划建设中，新区建立了 BIM、CIM 的建设管理系统，确定了全生命周期的 BIM 辅助设计原则，基于“雄安云”的大数据引领，通过 SOP–BIM 运维管理平台的技术支撑，真正实现了从规划、设计、施工到运营管理及数据分析的全过程同周期智能模型，做到了“数字孪生”的建筑镜像，引领从 BIM 走向 CIM 的智慧城市规划管理取得重大突破。

（三）坚持“多规合一”，强化规划之间的对接和打磨，提升规划体系的科学性和可操作性

雄安新区的规划体系构成为“1+4+25”，即由 1 个规划纲要、4 个综合性规划和 25 个专项规划构成。新区在组织编制规划体系过程中，坚持“多规合一”，除了集中精力编制新区总体规划、起步区控制性规划、启动区控制性详细规划及白洋淀生态环境治理和保护规划 4 大规划以外，还组织相关专家学者开展了新区地震安全分析及抗震专项规划、新区创新专项规划、新区防洪专项规划、新区综合交通专项规划、新区综合能源专项规划、新区产业发展专项规划等 25 个专项规划的编制，并与 4 个综合性规划进行多次对接、反复打磨。与此同时，建立了中央专咨委和新区规划评议专家组、国家级咨询论证机构、省政府专题会议等多层次、多形式的规划评议论证机制，组织召开多次专家组评审会，认真研究吸收意见建议。历经 1 年多艰苦努力，目前已经初步形成了较为完善的规划成果，对规划体系的科学性及实施过程中的可操作性起到较强的促进作用。

二、坚持在改革创新中体现“雄安价值”，努力发挥体制机制创新对全国深化改革扩大开放的引领示范作用

雄安新区的价值不在于能创造多少 GDP，而在于它能否对新时代中国的改革创新、转型发展发挥当年深圳的作用，这才是它最大的意义所在。雄安新区设立初始，就牢记被赋予的历史使命，紧紧围绕自身功能定位，按照中央对新区的要求，对符合我国未来发展方向、对全国起重要示范带动作用、对雄安新区经济

社会发展有重要影响的体制机制改革创新开展了先行先试，力争率先在推动高质量发展的行政、财税、金融、土地、住房、科技创新、人才人口、对外开放等体制机制改革及其指标体系、政策体系、标准体系、统计体系、绩效评价和考核体系等方面取得新突破，形成一批具有“雄安价值”的可复制可推广的经验，为全国提供示范。目前，雄安新区在某些领域的体制机制和改革开放政策创新方面已经取得初步成果。

（一）搭建“大部制、扁平化”的高效行政管理架构，发挥关键性引领作用

从全国各类国家级新区的行政管理架构来看，以“大部制、扁平化”为目标推进的改革较为普遍，但最精干的管理架构中的内设机构设置也超过了20个。雄安新区率先从行政管理架构上实施大胆创新，设立了“1办1部5局”7个内设机构的全国最“精简、高效、统一”的新区党工委、管委会。配合内设机构成立的国有独资公司“中国雄安集团有限公司”，是定位雄安新区开发建设的新型城市综合运营服务商，采用“投资、融资、开发、建设、经营”的“五位一体”运行模式，布局金融与投资、城市发展与城市资源运营、生态建设、基础设施建设、政务与公共服务、数字城市6大业务板块。7个内设机构和1个国有投资建设运营公司组成的“7+1”架构，在高起点规划、高标准建设雄安新区过程中发挥了决定性先导作用和关键性引领作用。

（二）探索建立高效政策服务治理体制，切实提高审批效能

在创建全国最精简管理架构的同时，雄安新区积极研究并构建具有雄安特色的智慧型行政审批和政务服务新机制，在政务服务上创制了“只进一扇门、最多跑一次、一次就办成”的“雄安标准”：一是确立并强化了“一个部门管审批”的职责定位；二是建立了集“网上审批、数据融通、全程监管”为一体的智能政务系统；三是以流程再造为抓手，创建了“一次告知、一窗受理、一口出件、一人帮办、一包到底、一次办结”等“六个一”审批服务运行标准；四是按照“前台综合受理、后台分类审批、窗口统一出件”的模式开展政务服务，一般事项一次办结、复杂事项限时办结、重点项目全程办，实施证照共享，简化申请材料，

减少审批层级，缩短审批链条，提高审批效能。

（三）扎实推进体制机制、政策体系和发展模式改革创新

雄安新区是一张崭新的白纸，没有其他城市既有的体制政策包袱，是最好的改革创新“试验田”。因此，雄安新区主动探索符合新发展理念的政策体系和发展模式，努力蹚出一条新路。最近一个时期，雄安新区正加快研究和提出体现“雄安价值”的政策体系，已做出了不少有益的探索：一是积极配合国家发改委开展支持雄安新区“1+N”政策体系研究，在财税和投融资体制机制、土地住房和征迁安置政策、社会保障服务体系、城市建设管理运营模式、行政管理机制、人口管理、科技创新与人才政策、加大对内对外开放等方面不断开展探索创新，目前已取得了阶段性明显成效。比如，在研究土地住房管理体制及政策体系中，明确了“两不三变”的原则，即坚决不搞土地财政，不走房地产主导的城市发展老路，变土地平衡为城市平衡，变政府短期获利为市民长期获利，变土地使用权少数人所有为社会共有，探索制定共同获益的土地政策、租售并举的住房政策以及一次性补偿与持续性收入相结合的征迁安置政策，为全国土地住房与拆迁安置政策创新方面提供了全新方案。二是主动研究一系列深化改革和扩大开放问题，在立法权、新城发展模式、特色小镇建设、营商环境指标体系等方面取得了初步研究成果。三是研究构建“雄安质量”标准体系。依托雄安集团，在数字城市、海绵城市、智能交通、绿色建筑、综合管廊等领域，加紧研究制定一系列标准体系，明确技术指标，编制标准规范，出台实施办法，实现规范化、标准化管理，努力打造可推广可复制的“雄安质量”标准体系。

三、坚持传承文化基因与绿色智慧城市建设的融合创新

无文化传承，无雄安未来。作为“千年大计”的雄安新区，能够延续千年的绝不是现有的智能低碳技术和“高端、大气、上档次”的建筑，而是城市文化基因。“新的城市立得住，关键是文化的传承和积淀”，一个城市的建设和发展如果不能展现出令人向往的文化氛围和城市气质，就一定会被“淹没”在城市群体里，无法真正成为未来的“全球城市”，更不可能成为城市建设的“标

杆”。正因为如此，雄安新区从规划建设开始，就把文化传承工作和智慧低碳城市设计同步启动，力图在城市规划发展过程中将两者做到“深入骨髓”的融合创新。

（一）深入开展“记得住乡愁”专项行动，全面普查、留存乡愁文化信息

习近平总书记强调，“让居民望得见山、看得见水、记得住乡愁”，“坚持保护弘扬中华优秀传统文化，延续历史文脉”。雄安新区在规划建设中，高度重视优秀传统文化的传承，坚持“文化铸城市之魂”的城市建设理念，在全域组织开展“记得住乡愁”专项行动计划。一方面，开展乡愁普查。共登记不可移动遗存2446处，可移动遗存300多件套，包括老房子、老树、老井、坑塘沟渠、寺庙、老厂房等，时间跨度长、品类多、内涵丰富。这些遗存全部应用数字化技术实现了分类建档、分级管理，使承载雄安人民共同历史记忆的乡愁遗存得到充分挖掘和整理。另一方面，全面留存信息。与新华网、河北电视台密切合作，开展全方位、多角度信息采集工作，并取得初步成果。同时发动民间文化爱好者和民间文化组织，开展了多种多样的乡愁文化采集记录活动。

（二）把中华文化元素有机融入雄安新区规划建设

雄安新区有关部门与同济城市规划设计院通力合作，深入研讨和交流，初步确定了容东片区乡愁文化遗存在未来城市规划建设中的保护、利用和传承方案。针对不同类型的乡愁遗存，采取不同的设计手法和实现手段，设计活化人民共同记忆的场所。下一步还会将其他片区的传统文化元素在城市规划设计和建筑中予以体现。同时，建立长效机制。与北京建筑大学深入对接，委托该校组建专业团队，组织国内外知名专家参与，启动了新区“记得住乡愁”专项规划编制工作，定期发布白皮书，与各项规划有效衔接、有机结合，成果纳入专项规划体系，为建立长效机制提供科学规划保障。未来的雄安新区必然在延续地方历史文脉、传承乡土文明、体现古今交融的城市风貌、塑造城市特色等方面形成“雄安乡愁文化传承”新模式，打造出新城市建设“乡愁”文化的国家典范。

（三）集成“数字、低碳、智能”城市前沿创新技术，全场景应用到城乡规划建设中

高质量发展不是空洞的要求，除了必须有创新理念、创新机制、创新行动和创新能力外，还要把世界最前沿的先进技术集成应用到规划建设中来，才能推动城市建设的创新应用由量变到质变。国内现有的国家级新区和先进开发区的规划建设中，大规模应用数字低碳智能技术建造各类市政基础设施和区内建筑的并不少见，但像雄安新区这样，从一开始就同步规划“数字城市”“绿色低碳城市”和“智慧城市”，从规划设计工作开始，贯穿城市管理、市政设施建设、生态环保、植树造林、文化遗存保护、建筑建材、地下空间开发、综合管廊、人口社区、党群工作等城乡发展全场景应用数字化、低碳化、智能化先进技术的新区，确实是开创了国内先河。初步经验做法可以总结如下：一是着手谋划数据资源统一管理平台，率先推进新区数据获取、应用、管理等工作，启动建设雄安云计算中心，加快建设广域覆盖的物联网络，实现多场景物联网应用，为“数字雄安”奠定坚实基础。二是以数字化驱动规建管创新，打造集规划报批、项目报建、竣工验收、档案归集和不动产证发放等一体化、智能化的新区数字规划平台，实行不同阶段的 BIM 报件、报验和比对，统一数字化管理，支撑城市运营。三是积极推动日常生活智能化应用试点示范。加快推进智能家居、智能路灯、智能停车场、智能充电桩等基础设施建设与服务在雄安的试点示范，使群众日常生活充分享受到智能技术应用的便捷和高效。四是建设城市安全大数据信息化平台。利用大数据、云计算等新技术，在省安全生产综合信息平台基础上，建立完善新区基于城市安全的大数据信息化平台。五是大力推广绿色建筑，建设绿色低碳新区。在新区全域推行绿色标准，大力发展装配式建筑，把雄安新区打造成全国绿色建筑示范区。六是加强海绵城市的关键技术研究。完善提升技术措施，建设自然积存、自然渗透、自然净化的海绵城市。在雄安新区，集成多种技术应用到具体城乡建设中的案例实属不少。比如，在雄安市民服务中心建设中，就综合运用了海绵城市、被动式建筑、综合管廊、装配式建造方式、人工智能、无人驾驶汽车、

无人超市等30多项绿色和智能新技术，使之成为国内园区中应用前沿创新技术最多的未来城市“样板示范区”。再比如，“千年秀林”项目、“记得住乡愁”行动、政务服务云平台等，使数字智能技术与绿色低碳项目、文化建设、百姓生活相结合，包含每一栋楼、每一间房甚至每一棵树的信息。市政基础设施体系建设、交通物流公共服务、社区管理、安全监控甚至群众工作等都会通过集成应用数字智能综合技术来便利百姓生活、提升管理效率，从而大大推进了城市智能治理和公共资源智能化配置的实现。

四、坚持产业治理升级和生态治理建设同进互动共赢，为打造现代化经济体系新引擎提供“雄安经验”

高质量的产业体系是雄安新区发展之基、经济活力之源，高质量的生态环境是保障高质量产业体系形成的关键，也是雄安新区发展的生命线。优越的生态环境对招引培疗高端高新产业的促进作用不言而喻。然而，面对雄安新区三县原有的生态环境欠账和历史形成的传统产业基础，在治理生态环境的同时，解决群众就业、实现高端高新产业置换的任务非常艰巨。为此，雄安新区遵循产业治理与升级和生态治理与建设同步推进的思路，探索出了一条既在产业治理升级、生态治理建设过程中提供就业，又在生态环境做优过程中率先招引部分高端高新产业，从而带动配套服务业跟进先行，提供就业的路子。

（一）坚持传统产业治理与升级并行、高新产业对外招引与对京承接并行的思路，确保有序实现高端产业布局

雄安新区三县传统特色产业以纸塑包装袋、服装、制鞋、毛绒玩具加工、革塑制品、废旧金属资源再生加工、传统旅游为主，基本处于产业链中低端，规模小而分散，部分行业加工过程中有较严重的环境污染。然而这些传统产业提供了大量当地居民就业岗位。与此同时，雄安新区未来需要展现的产业愿景和产业责任是：大力发展体现“雄安质量”的高端高新产业领域，瞄准世界科技前沿和国家产业发展短板，面向国家重大战略需求谋篇布局，挑起京津冀三地错位发展、优势互补的担子，形成产业创新的源头，成为全国现代化经济体系的新引

擎。实现由“产业现状”向“产业愿景”的演进，考验着雄安新区推进产业发展的智慧、魄力和能力。经过周密研究分析，雄安新区确定了传统产业治理与升级并行、高新产业对外招引与对京承接并行的发展思路。一是对符合发展方向的传统产业实施现代化改造提升。治理传统产业并非“一刀切”和简单地“关、并、停”，而是要推进非污染型传统产业向数字化、网络化、智能化、高端化发展。例如，雄安新区与北京服装学院“校地合作”共建“北京服装学院容城时尚产业园”（中关村北服时尚产业创新园容城示范基地），依托北京服装学院的优质智力资源和行业影响力，通过设计服务、技术转化、展示销售、时尚推广、产业培训等方式，打造容城服装产业链时尚生态圈，引导容城传统服装产业创新升级。二是对存在污染的传统产业依法采取“铁腕治污”。大力开展“散乱污”企业整治等专项治理，大力解决周边采石问题，关停“散乱污”企业 10661 家。安新县有几十年历史的废旧金属回收冶炼行业得到彻底清除。三是提出管控期产业鼓励和负面清单。积极吸纳先进产业和优势企业入驻，推动新区无人驾驶、智慧物流、人工智能、金融科技、现代服务业、工业设计、智慧医疗及物联网相关产业协同发展。构建面向全球的科技创新合作体系，打造全球创新辐射引领高端平台。截至 2018 年 6 月底，新区管委会与阿里巴巴、腾讯、百度、360、科大讯飞、深圳光启、华讯方舟、金山云、索为、滴滴出行等 10 家高新企业签订战略合作协议，已核准超过百家高端高新企业和驻京大型央企在雄安新区开展工商注册登记，在互联网、大数据、人工智能、云计算、区块链等前沿技术和应用领域迈出了坚实的步伐。

（二）加大就业创业培训力度，全力保障新区群众稳定就业

在铁腕治理“散乱污”企业，加快产业升级的同时，雄安新区坚持把关停取缔不合规企业与帮助职工分流就业结合起来，统筹解决好群众生产生活上的突出问题。截至目前，雄安新区有针对性地开展各类培训 200 余期，培训 2.9 万人，培训后实现就业数量 1.04 万人。同时，围绕未来高端产业及其配套服务业的需求，加强技能培训与就业市场衔接，通过重点项目劳务对接、配套生活服务业企

业招聘、专项技能培训对接就业等方式，着力在公共服务、建筑业、家庭手工业、文化旅游、电子商务、自主创业等方面做好高端高新产业及其生产、生活配套行业的精准就业扶持，实现劳动力和岗位的精准对接。比如，市民中心建设工程、截洪渠工程、“千年秀林”工程和河北雄安市民服务中心有限公司等就提供了大量就业岗位，实现了当地2202名技术工人劳务对接就业。

（三）坚持环境治理与生态建设同步推进，保障高端产业布局和人民享受洁净生活

生态建设是一个城市科学发展、可持续发展的基础和标志，是高质量发展的必然要求。习近平总书记明确指出，“一定要把白洋淀修复好、保护好，绝不能因城废淀”。雄安新区设立之初就高度重视环境治理和生态建设，并将两者统筹规划，同步推进，取得了显著成效。具体做法如下：一是组织开展“十个专项治理”和散煤替代工程，对“散乱污”企业、纳污坑塘、农村垃圾等顽疾进行了重点治理，取得了显著成效。禁煤区电代煤、气代煤、地热代煤改造工程和非禁煤区洁净煤置换工作如期完成，新区全域实现散煤“清零”，取得了“蓝天保卫战”阶段性胜利。二是重点在生态环保长效机制上下功夫，建立起一套突出重点、多点联动、协调有力、系统高效的工作推进机制。比如，建立了对企业的环保考核评价制度，政府不把环卫任务向企业一包了之、撒手不管，而是制定细则、加强考核、落实奖惩，不能干好干坏一个样。三是加强日常监督，建立执法人员日常监管、广大群众民主监督、各类媒体舆论监督3支队伍，将监督反馈情况纳入考核，引导全社会广泛参与，做到全民共治。四是加快构建森林、湿地、流域、农田、城市五大生态系统。打造覆盖全区的“绿道”“绿网”“绿心”。按照新区规划纲要的要求，规划建设“一淀、三带、九片、多廊”，形成林城相融、林水相依的生态城市，全面提升城市环境自净能力、碳汇能力和生态承载能力。例如，雄安新区在大规模城市建设前，选择符合规划方向且规划用途相对稳定的地块，先行启动“千年秀林”项目，建设保障、涵养未来之城的“绿楔”，打好生态本底。五是把“先种树、后盖楼，先

涵养生态、后聚集人口”的理念传播开、贯彻好，建立并利用大数据管理平台，发动引导广大群众参与到造林护林、生态建设工作中来，并取得公益性就业岗位，举全民之力提高新区的环境质量和宜居水平。六是突出抓好白洋淀综合治理和生态建设。白洋淀综合治理是一项系统工程，不能头痛医头、脚痛医脚，必须全流域、全方位治理。雄安新区按照“控源—截污—治河”系统治理思路，关停取缔1万余家“散乱污”企业，控制农业面源污染，治理了存有40万方污水的唐河污水库，整治河道垃圾、清理河道两岸垃圾和河内沉淀垃圾等86万立方米。治理淀区污染，淀区内48个美丽乡村生活垃圾实现统一收集转运，修建152个小型污水站，实现生活污水集中处理，完善补水机制，初步完成生态补水2800万立方米，白洋淀生态环境稳步改善。

五、坚持以人民为中心的发展思想，创新基层党建和群众工作，开创“以党建聚民心促发展”的新路径

雄安新区设立以来，围绕“管得好、稳得住、不出事”目标，坚决执行中央和省委关于管控工作的各项决策部署，实施严格的全面管控，在“五项冻结”的基础上全面展开“七个严控”，同时，在重大时间节点协调各类媒体精心开展宣传报道，着力稳预期、稳思想、稳人心，在国内外树立了良好形象。截至目前，雄安新区已经经历了炒房、炒地、炒落户、炒车牌和炒房租等多重考验，新区人口没有增加，大宗协议土地全部收回，所有建设工程及房地产项目全部停工，“未添一砖一瓦、未增一草一木”，为新区规划建设成功“留白”。与此同时，却没有出现群众“怨气十足、频繁上访闹事”的现象，刑事案件比以往下降了一半。目前，管控已经成为区、县、乡、村依据法律和规划管理的常态行为和社会的自觉行动。可以说，雄安新区是迄今为止我国较大行政区域在较长时间内实行最严厉管控政策目标效果最好的一个。原因在于雄安新区确立了以群众工作开路先行、推动落实并检验成效的工作思路，在党建和群众工作领域，适应高质量发展要求开创了具有“雄安特色”的“三三三”（三项行动、三项工程、三项机制）新模式。

（一）以部署开展“三项行动”为抓手巩固基层基础，收获了党风的好转和民心的凝聚

基层组织是雄安新区各项工作的动力之源和根本保障。作为高质量发展全国样板的雄安新区，在推进各项工作中都必须充分发挥基层党组织战斗堡垒作用和党员先锋模范作用，团结带领全区广大群众撸起袖子加油干，聚各方之力建“千秋之城”，凝各方之智办国家大事。雄安新区党工委深刻认识到基层党建工作对新区规划建设全局的极端重要性，立足新区设立之初存在的“基层党组织软弱涣散、群众合理诉求长期不解决、村制度不落实、村务管理混乱、‘微腐败’问题突出、村霸及恶势力猖獗”等实际问题，创造性地部署开展了“三项行动”，即利用3个月时间集中开展全面加强基层组织建设、整顿软弱涣散基层组织、化解“清零”历史遗留问题行动。具体经验做法为：一是全覆盖派出“驻村工作队”。新区响亮地提出“县委在乡镇、政府在农村”，对557个村全部成立由县、乡（科）领导带队分包，2300多名县乡干部为成员的驻村工作队，进村入户深入开展“走访服务、交友连心”活动，赢得了广大群众真心拥护和点赞。二是抓好“拉网式”集中摸底排查。真正把村“两委”班子现状、问题及形成原因摸透找准，分类排队。三是以化解“清零”历史遗留问题行动为切入点，全面整治提升软弱涣散基层组织。对领导干部中存在的“掩、混、拖”现象零容忍，对420人给予党政纪处分，其中村干部241人。建立起问题清单、任务清单、措施清单、责任清单“四个清单”，坚持一村一策，做到“三不拆迁”，即基层班子问题解决不到位不拆迁、历史遗留问题不清零不拆迁、群众工作做不到位不拆迁。四是强力整治干扰村党务政务恶势力和“微腐败”。坚决打击农村黑恶痞霸的“保护伞”，打掉黑恶团伙34个，给好干部撑腰，为群众做主，守护“蓝天净土”。“三项行动”的开展以铁的决心、铁的措施、铁的纪律，持续用力抓紧抓实抓好基层党建工作，提升转化软弱涣散基层组织125个，排查化解历史遗留问题和矛盾纠纷2990件，使新区基层组织建设的形势迅速好转，群众历史遗留问题基本清零，让新区建设甩开包袱、轻装前进。

（二）以开展“三项工程”为抓手，着力改进干部队伍作风，提升群众获得感和满意度

习近平总书记强调：“衡量一个地方的基层基础工作怎么样，主要不是看开了多少会议、发了多少文件，而是要看基层组织是不是实现了功能、发挥了作用，看基层干部是不是提高了素质、改进了作风，看党的路线方针政策和中央决策部署是不是落实到位、执行中有没有走样，看基层的矛盾是不是得到及时有效化解，看经济社会是不是持续健康发展、人民群众是不是得到更多实惠。”雄安新区高质量发展已经拉开，只有把干部队伍作风抓实抓好，才能为各项工作顺利开展凝聚人心、汇聚合力。在“三项行动”取得明显成效后，雄安新区“乘胜追击”，为全面巩固和拓展“三项行动”成果，营造正气充盈、昂扬向上的优良作风，着手解决党政干部作风方面存在的责任意识不强、创新能力不足、担当精神不够、工作效率不高、廉洁自律标准偏低等方面的突出问题。为此，雄安新区以深化密切联系群众为着力点，推动重心下移，部署开展了“全面从严治党、切实转变作风、密切联系群众”3项工程。尽管推进过程中重点任务繁多，但其中部分经验和创新做法可以总结如下：一是树立抓“大基层”的鲜明导向，完善“管住人”的制度体系。以改革创新精神，统筹推进农村、社区、机关、学校、“两新”组织等领域基层党建工作，从严选好用好管好干部，建立起“两个责任”清单制度、监督审查集成机制、防止利益冲突机制、“保廉激励”机制和监督执纪常态机制5项制度，创建“无红包示范区”。二是建立完善促进工作创新的激励机制。把创新成果的推出和创新工作的效果，作为评选先进、评价干部和年度目标考核的一项重要内容，充分激发广大党员干部的工作热情，营造创新工作的深厚氛围。三是广泛开展“行政提速、服务提速”活动。认真落实首问负责制、政务公开制、限时办结制、过错追究制等机关部优质服务承诺制度，对来访群众和工作人员坚持“五个一”服务承诺制度。四是始终坚持“四下基层”（信访接待下基层、现场办公下基层、调查研究下基层、宣传党的方针政策下基层）、“四必到”（群众有不满情绪必到、有突出事件必到、有矛盾纠纷必到、有安全隐患必

到）和“三必访”（村里困难家庭必访、拆迁企业必访、信访户必访）。健全联系服务群众常态化机制，全力解决群众合理诉求。“三项工程”的高效实施，促进了新区政治生态的不断优化，干部作风的持续改进，服务群众水平明显提升，优质高效、解决实际问题服务能力进一步提高。

（三）以构建实行“三项机制”为抓手，更加精准地加强基层群众工作，让群众更加信赖和拥护

全面加强基层基础，要有弯道取直的魄力和勇气，要有后发先至的智慧和能力。雄安新区在强化基层工作中紧贴形势任务、基层实际和群众期盼，瞄向重点难点问题精准发力，创新基层群众工作的方式方法，系统推行了“群众工作责任制”“村级治理新机制”“网格化管理、组团式服务工作机制”3项机制，推进基层治理制度化和规范化，赢得了广大群众的信赖和支持。具体经验做法总结如下：一是建立和落实群众工作责任制。雄安新区各级党组织都纳入群众工作责任制中来，主要负责人是第一责任人，定期听取群众工作汇报，研究解决重大问题。各级人大、政府、政协及其工作部门、群团组织也都立足职责明确了任务，主动参与到群众工作中来，努力推进群众工作制度化、常态化、具体化。建立了驻村工作组直接联系群众的工作机制。完善了群众工作考核评价机制，把群众工作纳入各级领导班子和领导干部年度考核的重要内容，把群众工作能力和业绩作为干部选拔任用的重要依据。二是构建了新型村级治理机制。建立健全了村党组织、村委会、村代会、村监会、村经济合作组织等“五位一体”村级治理架构，普遍建立了村级事务“小微权力清单”，在村级重大事务决策、招投标事项管理、集体资产资源处理等方面明确权力边界，规范运行流程，实施“阳光村务”。健全了民调组织、维稳组织、红白理事会等配套组织，形成了以村党组织为核心，高效运转的村级组织体系。三是建立了“网格化管理、组团式服务”工作机制。运用数字化、智能化、信息化等手段，实施网格化管理新模式，建立起新区、县（功能区）、乡镇（街道）、村（社区）四级网格，结合三县现有网格化管理，科学划分网格单元，实现多格合一，推进常态化、精细化、制度化管理，及时发现

和快速处置违法违规问题。同时，建立了与网格相对应的管理服务团队，在解决群众生产、生活突出问题方面提供了高效的管理和服务。例如，在去年冬季供暖工作中，就组织管理服务团队对禁煤区8.8万户和非禁煤区17.8万户供暖家庭，逐家逐户走访，积极落实煤源，明确配送程序，确保群众温暖过冬。“三项机制”的实施，逐步形成了“党政主导、公众参与、社会协同、上下联动”的基层工作新格局，创新了基层工作方式。

六、坚持锻造和弘扬新时代“雄安作风”，筑牢高质量发展的政治生态和实践保障

中国共产党在领导人民革命斗争和经济建设过程中，在不同历史时期、在特定的地点都留下了宝贵的精神财富，从革命斗争时期的“井冈山精神”“延安精神”“西柏坡精神”到改革开放后的“深圳精神”“浦东精神”和“浙江精神”等，塑造了中国共产党人特有的性格、精神、思想、形象及内在的气质，展现了对中华民族传统文化的示范价值和转化价值，开拓了具有东方文化特质的发展道路，成为中华民族实现伟大复兴的“精神源泉”。雄安新区肩负着“成为新时代推动高质量发展的全国样板，培育现代化经济体系新引擎，建设高水平社会主义现代化城市”的历史重任，也必将锻造出属于新时代、引领新时代的“地域精神”。通过这一时期的深入调研，可以感受到雄安新区创业者们的雄心抱负和创业时期的精神财富。雄安新区“举手投足”之间已经展现出来的干事创业的风气、城市建设者的精神面貌、群众素质和行为规范等铸就了良好政治生态和推进建设的实践基础，我们暂且将其称为“雄安作风”加以总结。

（一）“坚韧有为、勇挑重担、踏实精细、拼搏奉献”的品格铸就了“擅打硬仗”的“铁军”

雄安新区处于创业初期，时间紧、任务重，较长一段时期内都会处在人少、事多、面广、量大的状态。从调研中发现，在推进雄安新区规划建设过程中，各级党政干部政治意识、大局意识、责任意识非常强，始终保持强烈的使命意识和担当精神，力戒心浮气躁、片面追求速度、忽视质量细节，倡导实干、立说立行、低调务实，夯实工作责任，完善责任链条，以“钉钉子”的精神抓好工作落实。他们积极克服工作、生活、家庭等各种困难，主动牺牲节假日和休息时间，超负荷运作，“白加黑”“5 加 2”是工作常态，激情战斗、忘我工作，不讲条件、甘于奉献，密切协作、合力攻坚，以“啃硬骨头”的精神和锲而不舍的作风，科学推进规划编制和体制机制创新，强力推动生态治理和污染企业淘汰出局，有效整顿了一批软弱涣散基层班子，扎实做好了各项群众工作，解决了一批久拖不决的“钉子案”“骨头案”。这其中涌现出了爱民为民的“草帽哥”、以身殉职的好公仆梁栋军等一批先进典型，树立了新区党政干部干事创业的“铁军”形象。“千年大计只争朝夕，国家大事必做于细”这句随处可见的标语，恰到好处地反映出雄安人干事创业的态度和作风。

（二）“敢闯敢试、融汇创新、质量为本、和谐共享”的作风翻开了新区规划建设生机勃勃的历史画卷

在平地上规划建设一座经得起历史检验的城市，雄安的事业可谓前无古人，没有先例可循也没有模式可依，需要从零起步，先行探索。无论是规划编制、体制机制改革、传承文化基因、建设低碳智慧城市，还是建设市民服务中心、培植“千年秀林”、白洋淀生态治理、“记得住乡愁”行动；无论是“系好第一颗扣子”，还是“三项行动”“三项工程”等，雄安新区在规划建设中始终坚持在尊重城市建设规律、合理把握开发节奏的基础上不断探索创新；始终坚持“敢”字当头，树立开拓创新思维，打破常规，敢为人先；始终坚持开放包容、融汇天下的思维模式，以战略眼光、全局视野集全球智慧；始终坚持以创造“雄安质量”为目标，为新一轮改革开放探索新路子、积累新经验、开启新模式；始终坚持以人民为中心的发展理念，追求人民群众的获得感和幸福感。雄安新区必将通过锻造和弘扬新时代宝贵的精神财富，不断激发高质量发展的精神动力，“精心推进、不留历史遗憾”，一茬接着一茬干，努力建设一座高水平的社会主义现代化城市，给子孙后代留下一笔经得起检验的历史遗产。

“80 年代看深圳，90 年代看浦东，21 世纪看雄安。”未来的雄安，最先进

的城市理念扎根发芽，最创新的改革模式作出示范，最前沿的创新发展见证新时代。

未来的雄安，将是一座“聪明城市”，拥有时时处处能够感知、万物互联、信息相通的智能城市体系，基础设施智慧化水平超过90%，一根钢梁都能在虚拟雄安中找到映照，一个控制阀门都可以被赋予一个IP地址，建筑、交通、道路、桥梁、停车场、信号灯乃至灯杆、井盖、垃圾桶都是智能的，无人化物流配送将走进人们的生活。高速宽带标准千兆入户、万兆入企。

未来的雄安，在数字化基础设施支撑下，公共服务将朝着均等化、普惠化、便捷化的方向发展。步行5分钟送孩子到幼儿园、10分钟送到小学、15分钟到中学，日常生活基本需求在15分钟步行范围内都能解决；以人为本、全时空服务的智能社区将引领潮流，所有政务服务将实现足不出户网上办理，医疗、教育、文化、旅游等服务主动推送、便捷获取；每个在雄安居住或工作的人都拥有一个高度安全、强隐私保护、不可篡改的数据账户，实现记录一生、管理一生、服务一生。古树、古牌坊有机嵌入公园、绿地，文物古迹、历史古城、传统村镇等构成了富有雄安特色的城市印记，这里能留住文化的根和魂。

未来的雄安，将镶嵌在蓝绿交织的生态空间之中，蓝绿空间占比稳定在70%，森林覆盖率将由现在的11%提高到40%，3公里进森林，1公里进林带，300米进公园，街道100%林荫化的立体生态格局将变为现实；被动式超低能耗绿色建筑覆盖全区，节能建筑要占比75%以上；站城一体、窄路密网，“公交+自行车+步行”将是城内主流出行模式；“一方城、两轴线、五组团、十景苑、百花田、千年林、万顷波”将形成中华风范、淀泊风光、创新风尚的城市风貌。

未来的雄安，将积极吸纳和集聚创新要素资源，走在科技最前沿，敢于冒险、敢于试错，它是全世界科学家和创新人才施展才能的乐土，将建设世界顶尖的大学和研究中心。国际一流的科技创新平台、国际一流的科技教育基础设施、国际一流的创新服务体系遍地开花，全球创新高地将在这崛起，一大批国际高端服务业及高新技术产业方面的优势企业将入驻布局，70%—80%的贡献都会来自高端高新产业，建成实体经济、科技创新、现代金融、人力资源协同发展的现代产业体系。

40 多年改革开放，从深圳特区到浦东新区，再到今天的雄安新区，我们对改革发展规律的认识不断深化，对社会主义建设规律的认识不断深化。雄安新区一定会按照习近平总书记的指示，激发“功成不必在我”的精神境界，严格落实党中央部署和规划方案，走出一条不同以往的道路，通过实现“不同凡响”，不负“千年大计、国家大事”重托，在神州大地绘就更加壮美的中国画卷。

（资料来源：中共河北省委宣传部、中共河北雄安新区工委）

第六节　高质量发展的“湖南实践”

高质量发展正成为三湘大地的主旋律。转型升级步伐加快，新动能势头正劲，新产业、新业态风生水起。

湖南是中部地区重要省份，在推动中部崛起中实现高质量发展有基础、有优势、有条件。近年来，湖南牢记习近平总书记殷殷嘱托，围绕“一带一部”定位，紧紧抓住中部崛起战略机遇，着力推动高质量发展，正在加快形成结构合理、方式优化、区域协调、城乡一体的发展格局。三大攻坚战，湖南战战不轻松，但战战有战果，政府债务总体平稳可控，脱贫攻坚取得决定性进展，污染防治成效明显。着力推进供给侧结构性改革，坚决落实“三去一降一补”，以壮士断腕的决心推进关停并转，倒逼了新旧动能转换。坚持创新引领开放崛起，全面落实“三个着力”，大力发展以精细农业为特色的现代农业，加快建设制造强省，20 条新兴优势产业链加速成长，岳麓山大学科技城、马栏山视频文创园、湘江新区、长株潭自主创新示范区、湘南湘西承接产业转移示范区和港口综合保税区等带动效应明显。2018 年全省经济总量达 3.64 万亿元，居全国第 8 位，中部第 3 位。在推动中部崛起、实现高质量发展的时代大势下，湖南已站到了新的起点上。

中共湖南省委书记杜家亳、湖南省人民政府省长许达哲介绍中部崛起的湖南新实践，畅谈未来推进高质量发展的新举措。

加快制造业高质量发展

“中部地区崛起，湖南有基础、有优势、有底蕴，未来大有可为。经过多年奋斗积累，全省GDP由1952年的27.81亿元跃升到2018年的3.64万亿元。”杜家毫书记开门见山，亮出湖南的“成绩单”。

从农业大省向工业强省的“华丽转身”，让湖南形成了3个万亿级产业、11个千亿级产业、20条工业新兴优势产业链，培育了工程机械、轨道交通、航空航天等一大批制造品牌。

仅工程机械领域，2019年上半年，三一重工和中联重科销售收入、效益增长都接近100%。如此高的增长，除了国内国际市场需求回暖影响，与企业信息化、智能化发展有着密切关系。

“下一步，我们将一手‘优存量’，对传统产业进行信息化、数字化、智能化升级改造，实现技术提升、产品提质、企业提效；另一手‘拓增量’，扶持壮大电子信息、高端装备、新材料等新兴产业，把湖南打造成中部地区制造业高地。”杜家毫书记说。

着力深化供给侧结构性改革

改革，是70年来湖南发展进程中的一大关键词。坚持探索和完善经济体制，湖南实现了从计划经济向市场经济的大变革。

迈进新时代，站在新的历史方位，用新理念引领高质量发展，在更高层次深入贯彻习近平总书记对湖南工作重要要求，奋力谱写新时代湖南高质量发展新篇章，是新时代摆在三湘儿女面前的一份新考题。

杜家毫书记指出，近几年，湖南以壮士断腕的决心推进供给侧结构性改革，关闭退出小煤矿462处，关停退出散乱企业3734家，整改退出烟花爆竹企业1180家，株洲清水塘老工业区261家企业全部关闭，有力促进了新旧动能转换。湖南不断深化“放管服”改革，在全国率先启动注册资本登记制度，全面推行“先照后证”“证照分离”“多证合一”改革，提出“一件事一次办结”，着力提高办事效率、创造更优营商环境。下一步将按照“巩固、增强、提升、畅通”八字方针，进一步深化供给侧结构性改革，给新动能培育腾出更多空间。

坚持不懈加快创新开放

70 年来，湖南从计划经济到市场经济，从“关起门来搞建设”到高水平“引进来”“走出去”，创新开放不断迈向新台阶。

许达哲省长指出，湖南拥有超级计算机、超级杂交稻、超高速列车等世界先进科技成果；2018 年国家科技奖励大会上，湖南获 27 项大奖，占全国的十分之一。

“惟楚有才，于斯为盛。”下一步，湖南将充分发挥雄厚的科技人才和教育资源优势，努力打造中部地区人才高地，突破更多“卡脖子”技术。

开放是湖南发展的短板，也是湖南发展的潜力。近年来湖南对外贸易额快速增长，2018 年同比增长 30% 以上，2019 年上半年增长超过 40%。目前全省有 1500 家企业在“一带一路”沿线国家投资设厂，是对外投资规模最高的中部省份。

杜家毫书记指出，湖南离广东、粤港澳大湾区非常近，开放发展潜力巨大。湖南将积极承接沿海新兴产业布局和转移，不断提升湖南对外开放水平。

持续补短板推进全面小康

增进民生福祉是发展的根本目的。

70 年来，三湘大地百姓生活翻天覆地。居民收入大幅提高，城乡融合加快推进，高速公路覆盖全省 98% 的人口，高铁通车里程位居全国前列，城镇化率由 1949 年的 7.9% 提高到 2018 年的 56%。

由此带来湖南人均预期寿命由 1949 年的 35 岁提高到 2018 年的 74.7 岁，农村贫困人口从 1978 年的 4458 万减少到 2018 年的 83 万。特别是 2012 年到 2018 年累计减少贫困人口 684 万，比丹麦一个国家的人口还要多。现在湖南还有 83 万贫困人口，20 个贫困县没有摘帽。2019 年将再脱贫 60 万，到 2020 年实现全部脱贫。

许达哲省长认为，湖南打赢脱贫攻坚战的同时，还要打好防范化解重大风险、污染防治攻坚战，扎实做好就业、教育、医疗、饮用水安全等重点领域民生工作，让群众有更多获得感、幸福感、安全感。

创建完善高质量发展环境

许达哲省长强调，高质量发展是一场关系发展全局的系统性变革。推动经济高质量发展，需要营造有利于高质量发展的良好环境，打破制约发展的体制机制障碍，加快创建完善高质量发展的指标体系、政策体系、标准体系、绩效评价体系。积极开展营商环境升级行动，构建“亲”“清”新型政商关系，真心实意服务企业，营造安商亲商富商的发展环境。猛药去疴，狠抓作风建设，聚焦“怕、慢、假、庸、散”等突出问题，坚决整治干部队伍中的作风顽疾，不断深化风清气正的政治生态建设，为高质量发展保驾护航。

新时代属于奋斗者。在波澜壮阔的转型升级征程上，只要湖南始终以奋进者的姿态，迎难攻坚，披荆斩棘，就一定能迈出高质量发展的新步伐，谱写无愧于时代的湖南高质量发展新篇章！

（资料来源：《中国高质量发展指数报告》课题组，易昌良、匡涛涛；新华网，2019 年 7 月 25 日）

第七节　江西大力推进幸福产业高质量发展

编者按：党的十八大以来，各地各部门深入贯彻习近平新时代中国特色社会主义思想，坚持人人尽责、人人享有，坚守底线、突出重点、完善制度、引导预期，在政府切实履行基本公共服务职责的基础上，注重激发社会领域投资活力，更好满足人民群众日益增长的美好生活需要。江西省出台《推进幸福产业高质量跨越式发展意见》，推动全省幸福产业体系更加健全、规模持续壮大、质量不断提升，形成了值得推广的经验做法。

为深入贯彻习近平新时代中国特色社会主义思想，进一步激发社会领域投资活力，促进形成强大国内市场，更好满足人民群众美好生活需要，江西省出台了《推进幸福产业高质量跨越式发展意见》，推动全省幸福产业体系更加健全、规模持续壮大、质量不断提升。

一、以人民为中心，全方位设计幸福产业新内容

江西坚持以人的多元幸福诉求和全生命周期需要为导向，主动适应居民消费升级新变化，将旅游、文化、健身休闲、健康服务、养老服务、教育培训、家政服务等与人民群众美好生活需要密切相关的产业打包设计为“幸福产业”，并积极推动幸福产业与新型城镇化建设、乡村振兴战略、社区生产生活等深度融合，培育并打造产业发展新业态、新模式，加快推进产城融合发展。例如，省级层面重点协调推进在南昌市周边地区建设幸福产业集聚区，支持各设区市制订品牌创建 3 年行动计划，培育发展 1 至 2 家幸福产业龙头企业，推动落实 1 至 2 个幸福产业示范项目。实施城企联动普惠养老行动计划，构建了“1+N”普惠型养老模式，将分布城乡的社区养老、居家养老整体“打包”委托给养老机构连锁运营、集团化管理，形成覆盖“全域”的普惠型养老服务网络。

二、以生态为支撑，下大力拓展幸福产业新链条

江西是生态大省，森林覆盖率63.1%，良好的生态资源，为发展旅游、健康养老、健身休闲等产业提供了得天独厚的资源禀赋，为促进生态保护与产业发展互促共进，江西在产业发展中特别注重保护生态、修复生态、再造生态。

（一）拓展幸福产业链条，引导同链条产业集聚发展，节约集约循环利用资源，着力打造“未来生活体验区”“幸福街区”“幸福小镇”等产业聚集的综合平台。

（二）以业态创新、技术创新、金融创新促进幸福产业发展，推动行业龙头企业和学科优势学校建设幸福产业产教融合联盟。

（三）以对内对外双向开放聚集产业发展资源，逐年发布幸福产业招商推介目录，支持境内外知名医院、学校来江西办医办学，鼓励省内医疗、教育资源与省外机构开展强强合作，引导旅游、健康、养老等产业融合发展。2019年，已发布幸福产业招商推介目录373个。

三、以机制为保障，高质量推动幸福产业新提升

江西坚持把创新举措健全机制作为提升幸福产业质量和水平的根本保证，全面放开幸福产业市场，全力消除阻碍幸福产业发展的政策障碍，着力打好促进高质量发展的政策“组合拳”。

（一）推进“一次不跑、只跑一次”改革，大力简化审批流程，为企业办理手续提供“保姆式”服务。

（二）破除体制内外有别的障碍，在准入、执业、评优、科研等方面一视同仁，大力支持外资依法依规参与幸福产业发展。

（三）推进发展混合所有制，撬动社会资本与政府合作提供多样化服务，允许政府举办的医疗、养老、教育、文化、体育等社会公益性事业机构依法以土地、设施设备等作价与社会资本、员工持股采取混合所有制等形式发展幸福产业。

（四）推动建立健全产业发展协调推进机制、定期调度机制、招商目录发布机制及形势分析制度等各项制度机制，为幸福产业发展提供有力的制度保障。

（资料来源：国家发展和改革委员会社会发展司、江西省发展和改革委员会）

第八节　深圳着力打造中国高质量发展先行示范区

百尺竿头，更进一步，成为高质量发展先行示范区，为全国各地高质量发展提供鲜活经验，是各方对深圳的共同期待。

2018 年 12 月 26 日，习近平总书记对深圳工作作出重要批示，明确要求深圳“践行高质量发展要求”。经济发展屡创佳绩的深圳，推动高质量发展有什么举措和成效，全国人民都在关注。

1978 年改革开放以来，深圳一直是我国改革的“试验田”、开放的“窗口”，承担为改革开放先行探索的重要使命。如今，深圳又被赋予了新“身份”——中共中央、国务院支持深圳建设中国特色社会主义先行示范区。作为一个新名词，“中国特色社会主义先行示范区”颇为引人关注。

2019 年 8 月 18 日，《中共中央、国务院关于支持深圳建设中国特色社会主义先行示范区的意见》确定深圳战略定位为：高质量发展高地、法治城市示范、城市文明典范、民生幸福标杆、可持续发展先锋。

经济发展之路上，深圳曾经创造一骑绝尘的“深圳速度”，继而创造了具有高产出、低消耗、低污染等主要特征的“深圳效益”，转而追求具有结构优化、创新驱动、绿色低碳等主要特征的“深圳质量”。在国内城市中，深圳创造的单位面积产出 GDP 连续多年居于首位，而其万元 GDP 水耗、能耗和碳排放强度却是最低。在全国特大城市中，深圳空气质量常年排在第一。迈向高质量发展，深圳有良好的基础条件。

其实，在深圳发展过程中，遇到过多次质疑以及能否持续繁荣的担忧，但它一次次突破瓶颈，经济持续增长，质量和结构不断改善，城市综合影响力上升，这背后到底隐藏着什么秘密？毋庸讳言，深圳早期发展是建立在政策优势和区位优势之上的，但政策优势消失之后，高度市场化的体制优势和多元自由平等的文化优势，是推动深圳经济竞争力不断增强的关键因素。体制优势体现在多个方面：一是民营经济为主体，创新性十足；二是高度的开放性，深度融入国际和国内市场；三是政府与企业关系处理得当，企业是经济活动的主角，政府甘当配角，政府不是热衷于干预和指挥，而是乐于在旁边提供服务。当然，这三者之间又是相互影响相互促进的，民营企业以利润为导向，自己为自己负责，自然希望政府提供服务而不是指挥和干预；民营企业主导也使政府干预和指挥的空间有限；在高度开放的环境下，企业除了以市场为导向，以创新为命脉，别无其他选择。

高度市场化环境的长期熏陶，加上移民城市的特点，使深圳逐渐形成了务实、诚信、敢为人先的城市文化。城市文化对一个地方的经济社会发展就像空气一样，虽不被觉察却又极端重要，当有些人仍然狭隘地把历史悠久作为衡量文化的唯一标准时，多元、自由、平等、法治这些现代市民社会价值观不知不觉中成了深圳社会的主流价值观，它是深圳经济体制不退化甚至继续进化的重要保证。在探究深圳成功的秘密时，体制与文化之间相互影响、相互促进的关系不应被忽视。

推动高质量发展，深圳不断发力。2019 年 1 月，深圳市规划国土委发布《深圳市扶持实体经济发展促进产业用地节约集约利用的管理规定》（征求意见稿），就充分满足不同产业、不同主体、不同用地差别化的建设需求吸纳各方智慧；2019 年 6 月，深圳市政府正式发布了这一重磅文件，由此推出了深圳产业空间再造、产能再扩大、实体经济再发展的重大举措。税收方面，深圳大力扶持实体经济发展，于 2018 年 5 月 1 日第一时间将减税降费的红利政策精准落地，为深圳纳税人减轻负担，让企业轻装上阵，为高质量发展注入源头活水。优化营商环境方面，深圳近年来率先推出 40 余项“秒批”、300 项“不见面审批”，实施建设投资项目审批“深圳90”、商事登记“三十证合一”，对照世界银行指标评价体系出台“营商环境改革20条”，推出支持民营经济发展“四个千亿”计划等；在营造更加开放的贸易投资环境、综合成本适宜的产业发展环境、更具吸引力的人才发展环境、更加高效透明的政务环境、更美丽更宜居的绿色发展环境等方面，提出了一系列政策点并大力落实，进一步激发市场主体活力，助推高质量发展。

深圳前海蛇口自贸片区、深圳百行征信公司、深圳市行政服务大厅，处处闪耀着高质量发展的魅力，连缀成深圳奋力推动高质量发展的精彩缩影。同时也应看到，推动高质量发展的环境仍需完善，比如，“最多跑一次”改革仍需深化，“容缺审批”需要探索建立，原始创新能力需要进一步提升，等等。检视城市营商环境、科技创新等方面不足，全力补齐补强，才能为高质量发展营造最优环境。

你看着我，我看着远方。在朝着建设中国特色社会主义先行示范区的方向前行、努力创建社会主义现代化强国的城市范例征程中，行稳致远、建成高质量发展先行示范区，深圳责无旁贷！

（资料来源：《中国高质量发展指数报告》课题组，易昌良、郑彦哲；《深圳特区报》，2019年7月15日）

第九节　践行新发展理念
谱写新时代海口高质量发展新篇章

海口俗称椰城，因地处海南岛“母亲河”南渡江的入海口而得名，是古代海上丝绸之路重要驿站、中国最早的十大对外通商口岸之一，也是全国最年轻的省会城市。

新中国成立70年来，在党中央、国务院和海南省委、省政府的领导支持下，海口与祖国同行，与时代同步，既见证了中国改革开放的人间奇迹，也书写了琼州大地上的沧桑巨变。

70年的砥砺前行，海口发生历史性的跨越与变迁，已经由新中国成立初期的渔港小镇变身现代都市。

作为全国最年轻的省会城市，海口先后摘得全国文明城市、国家卫生城市、国家园林城市、国家历史文化名城、中国优秀旅游城市、中国人居环境奖和国际湿地城市、世界健康城市等诸多桂冠。骑楼历史文化街区、府城七井八巷十三街、海瑞墓等古迹修复重焕光彩，观澜湖旅游综合度假区生机勃发，江东新区盛装启航蓄势待发。

市区楼厦成群，流光溢彩；高速路横空飞架，贯通八方；西海岸浪花奔腾，椰树成林。这就是海口，一个生机勃勃、充满现代化气息的城市。

时间是常量，也是奋进者的变量。土地面积从246平方公里到2284.49平方公里、城市框架不断向东西两翼拓展、基础设施建设加快推进、城市品质不断提升……70年，在悠悠历史长河中虽是沧海一粟，但对海口和海口人民而言，却是从边陲小城到美丽滨海城市的伟大飞跃历程。

“海口要在推动高质量发展上继续发挥好省会中心城市的带头、引领、示范作用。”海南省委书记刘赐贵对海口的发展寄予厚望。

新时代让海口站在新起点上，坚持以习近平新时代中国特色社会主义思想为指引，深入贯彻落实习近平总书记“4·13”重要讲话和中央12号文件精神，用新发展理念统领发展全局，全面深化改革开放，朝着建设国际化滨江滨海花园城市的目标迈进，扛起海南自由贸易试验区、中国特色自由贸易港建设的省会担当，海口再出发的步伐更加坚定！

海口责任重大，海口大有可为。

发展理念，生态宜居之城正崛起

没有产能过剩的沉重包袱，没有环境治理的历史欠账，拥有38%的森林覆盖率和全国一流的大气、水体质量——这是海口在全国省会城市的独特优势。70年来，海口守住了这个优势，也发挥好了这个优势。

获评“国际湿地城市”“国家环境保护模范城市”“中国优秀旅游城市”“国家园林城市”，空气质量连续7年在全国74个重点城市中排名第一……这一系列荣誉的背后，除了先天的生态优势，更有海口人的积极争取。

坚持生态立市，坚定不移地走科学发展、绿色崛起之路，悉心呵护优良的生态环境——这是海口市委副书记、市长丁晖划定的科学发展路径。

尽管海口湿地类型丰富，但经济社会发展和城镇化进程对全市湿地造成了一定破坏。“要还景于民、还水于民、还绿于民，造福子孙后代。”

于是，海口时不我待地开始了32个水体治理和湿地城市建设。以美舍河为首的水体治理，立足于生态文明理念修复生态，水岸同治。海口尝试建立与生态系统完整性相适应的生态环境保护管理体制，四套班子领导都当上了“河长”；又打破区域、流域和陆海界限，创新推出“湾长制”，以加强陆海统筹和区域联动。

制定规划、分类保护、全民参与……从2016年年底开始，一场湿地“保卫战”在海口打响。每块湿地都有不同的规划和修复方案，分不同类型依次推进，成效显著。在《国际湿地公约》第13届缔约方大会上，海口与世界其他17座城市被宣布为全球第一批“国际湿地城市”。

湿地保护专家、国家林业局湿地保护管理中心主任马广仁评价说，海口是一个观念更新的城市，得风气之先，看准了世界发展的大方向，率先在全国树立湿地保护的理念，不遗余力推动湿地建设，成为首批“国际湿地城市”，是一个发展潜力无限的城市。

站在美舍河凤翔湿地公园，远眺公园内的湖心岛，碧水潺潺、绿树绕岸，众多鹭鸟前来觅食和栖息。2018年1月1日，《海口市美舍河保护管理规定》正式开始实施。这是海口首次对河流保护管理进行专项立法，创新性引入生态修复理念，对治水开出控源截污“药方”，对破坏生态、污染河流行为进行严管重罚，具有可操作性和前瞻性。“立法让我们更有底气！”海口市湿地保护管理中心主任陈松说。

在生态建设上的大手笔和不惜力气，是因为海口深深明白生态环境就是生产力，就是发展后劲。在海口，乡村湿地生态旅游市场兴起，东寨港红树林、火山口等生态旅游景区渐成热点，并吸引了各种文体项目纷纷落户，为海口输送了源源不断的游客，也极大增加了城市发展的潜力。

在新的征程中，海口再一次为建设生态宜居城市作出了理性规划。

随着《海口江东新区总体规划》的发布，这座未来之城的神秘面纱也正在被慢慢揭开。从设立之初，江东新区就确定了以生态为根本，建设绿色生态宜居新城区的建设理念，确保新区蓝绿空间占比稳定在70%以上。一个倚江望海、水脉濯然、创新驱动、宜居宜业的现代化城市，从蓝图中依稀可见。

发展动力，打造经济区域增长极

2019年7月1日上午，新开通的S8020次海口市郊列车从城西站出发，一路向海口站驶去。

过去50分钟的拥堵之路，浓缩成10多分钟的飞驰电掣之旅。在优化城市公交体系的同时，市郊列车的开通实现了航空和铁路两种运输方式的无缝衔接，更架起了“海澄文”（海口—澄迈—文昌）同城化发展的桥梁。

确定了发展理念，还要寻找发展动力。“‘海澄文’区域要立足于全省‘一盘棋’推进工作，海口要立足于‘海澄文’一体化推进工作，更好地发挥省会中心城市作用。”刘赐贵书记为海口的高质量发展指明了方向。

一子落而满盘活。为了在全省经济发展中更好地发挥“稳定器”“压舱石”作用，海口坚持稳增长、调结构，省会经济首位度进一步提升。面对全球性经济低迷，海口经济依然保持了较快增长，实现了“千百万”的跨越。

攥指成拳聚力，共赢必须联合。海口加快“海澄文”一体化进程，优先推动基础设施一体化，谋划轨道交通、城际铁路等项目规划建设；同时，坚持产业发展差异化和生态环境协同化。

三次产业结构尚需优化、产业科技含量不高、创新驱动力不强，这些问题一直是海口经济发展的短板。海口按照高质量发展要求，以供给侧结构性改革为主线，紧紧瞄准旅游业、现代服务业、高新技术产业等三大产业，大力发展实体经济——先后出台互联网、金融、影视等产业引导政策；旅游和文化、体育、影视等产业加速融合；“互联网 +”产值占到全省的三分之二，金融业全省占比过半；连续 5 年获“中国会展名城”称号；超百亿元医药产业集群产值占全省的 97%……

营商环境是经济发展赋能增效的利器。海口持续深化“放管服”改革，推广“极简审批”模式。网上办事大厅加快建设，在 12345 开通“营商服务”专线，国际贸易“单一窗口”上线运行，整体通关时间压缩近半，设立市级中小企业发展专项资金，成立服务民营经济工作专班……

园区经济是城市经济发展的重要增长极。现在，海口的临空产业正在加快推进，顺丰、菜鸟、圆通等快递巨头纷纷进驻，航空维修、航食加工等项目率先落地。美安科技新城与上海临港开展全方位合作，一批高新技术产业项目加快建设。西海岸南片区完成控规修编，复兴城互联网总部基地启动……

科学规划、靶向发力。站在新起点上，海口以“大发展、大合作、大开放、大生态”为指导理念，把能量辐射到周边市县乃至省外，将更多“海口元素”传播出去，打造新的区域经济增长极。

发展目标，提升市民幸福感获得感

老百姓有任何困难，一拨 12345 热线电话，都能感受到身边以人民为中心全心全意服务的政府。如今 12345 热线“指挥棒”“绣花针”“连心桥”的定位，成为海口社会治理改革创新典型。

海口“量身定制”城市更新计划，围绕建设“国际化滨江滨海花园城市”总体目标，以民生指向和战略导向为行动纲领，对生态、交通、空间、设施、文化、社会 6 大系统进行专项布局。

面朝蔚蓝大海，背倚繁华城区，海口湾畅通工程正在全力推进建设中。将建设滨海滨江漫步道、跑步道、骑行道三线全线贯通工程，提升景观环境，增设服务设施，全面提升滨水城市品质，以实现还海还岸还景于民。

经济发展既要有数量，也要有质量。质量表现在可持续发展上，也表现在财政收入上，表现在民生上，表现在市民收入上，这也是对共享发展理念的具体落实。

获得感是一种受益感。海口的“民生礼包”让人充满期待：年内实现存量贫困人口 345 户 849 人全部脱贫；全面完成基层医疗卫生机构标准化建设，在全省率先构建“15 分钟城市健康服务圈”“30 分钟乡村健康服务圈”；着力把菜价稳定作为今年提高群众满意度的重要民生工作来抓，多措并举保供稳价；落实就业优先政策，促进高校毕业生、农民工等群体就业创业，全年城镇新增就业 3.3 万人以上。

获得感是一种呼应感。海口的“民生账本”写满惠民情怀：坚持每年将 70% 以上的新增财力投向民生领域；确保 2021 年城乡居民社会养老保险参保率达 95% 以上；创建一批省一级示范学校，力争到 2021 年新增中小学学位 3.5 万个；完善城乡医疗卫生服务体系；加快城市公共交通体系建设。

科学的发展理念、强劲的发展动力、明确的发展目标——在海南建设自由贸易试验区、加快探索建设自由贸易港进程的关键时刻，海口又迎来了新的历史发展机遇。

海口市委副书记、市长丁晖强调指出，中流击水，奋楫者先。站在2000多平方公里的美丽沃土上，秉持敢为人先的实干精神，拥有230万人凝聚的磅礴之力，海口人踏上了书写城市新传奇的征程。海口未来将继续搭建对外开放新平台，开创招商引才新境界，谋求营商环境新突破，培育产业发展新动能，厚植城市生态新颜值，持续提升民生新温度，在习近平新时代中国特色社会主义思想的指引下，在海南省委、省政府坚强领导下，守初心、担使命，找差距、抓落实，按照新发展理念和高质量发展要求，努力在海南自贸区（港）建设中打造标杆，在践行“三区一中心”定位中勇当先锋，做好表率，奋力答好自贸区（港）建设新征程中的“时代考题”，谱写新时代海口高质量发展新篇章。

（资料来源:《中国高质量发展指数报告》课题组，2019年10月9日，易昌良；人民网，2019年9月29日，王硕；新华网，2019年7月27日，计思佳）

第十节　高质量发展的徐州答卷

徐州地处苏鲁豫皖四省接壤地区，人口超千万，是国务院确定的淮海经济区中心城市。近年来，作为重工业和资源枯竭城市，徐州以淮海经济区中心城市为主抓手，大力推动产业、城市、生态“三大转型”，全面提升产业支撑力、城市承载力、发展竞争力和辐射带动力，走出了一条生产发展、生活富裕、生态良好的文明发展道路。

2017 年 6 月，国务院批复徐州城市总体规划，正式明确徐州为国家历史文化名城、全国重要综合交通枢纽和淮海经济区中心城市。同年 7 月，江苏把徐州作为全省“1+3”功能区战略的独立板块，出台专门政策意见支持徐州建设淮海经济区中心城市。国务院批复同意淮河生态经济带发展规划，规划明确提出“一带、三区、四轴、多点”的空间布局，将淮海经济区纳入其中；“三区”中的“北部淮海经济区”，包括徐州等十市。

徐州，已经站到了发展新的风口。

2017 年 12 月 12 日、13 日，习近平总书记亲临徐州进行党的十九大后首次地方视察调研，紧扣推动高质量发展作出了一系列重要指示。

习近平总书记的殷切嘱托，成为徐州今后发展的指引。一张高质量发展“答卷”也摆在了徐州的面前。

以推动高质量发展为主旋律，徐州的决心已然可见。

新使命，做好高质量发展“答卷”

党的十九大作出“我国经济已由高速增长转向高质量发展阶段”的重大

判断。

站在新的起点，徐州踏上了新的征程。习近平总书记紧扣推动高质量发展作出的一系列重要指示，激励着古老的徐州，在新时代奋勇前行。

江苏省委认真落实习近平总书记指示，提炼形成经济发展、改革开放、城乡建设、文化建设、生态环境、人民生活“六个高质量”，作为指引江苏未来一个时期发展的最鲜明导向。

徐州作为江苏“1+3”重点功能区战略的重要板块，肩负着新的使命。高质量发展的号角，在彭城大地吹响。

2018 年以来，徐州市坚持以贯彻落实习近平总书记视察徐州重要指示精神为主线，以高质量发展为主旋律，以建设淮海经济区中心城市为主抓手，抢抓机遇、加快发展，全面提升产业支撑力、城市承载力、发展竞争力和辐射带动力，奋力开创高质量发展新局面。

这是徐州 2018 年交出的高质量发展成绩单：全市经济社会发展稳中有进、稳中向好，全市实现地区生产总值 7000 亿元，10 多项主要经济指标增速继续高于全省。产业结构调整明显加快，经济发展质效明显提升、后劲明显增强，产业项目实现量质双升，污染防治取得显著成效，为下一步发展打下了坚实基础。徐州荣膺联合国人居奖，成功举办“世界城市日”中国主场活动，成为国务院表彰的老工业基地调整改造真抓实干成效明显城市，获国家节能减排示范市考核优秀等次。徐州资源枯竭城市转型发展经验在全国推广，跻身国家创新型城市、国家知识产权示范市，通过全国文明城市和国家森林城市复检完成地区生产总值 3318 亿元，列全国地级以上城市第 28 位；一般公共预算收入 266.6 亿元，增长 10%；12 项主要经济指标增速继续高于全省。

高质量发展的背后是徐州干部解放思想、开拓进取的结果，是徐州 1039 万人民不懈努力、奋力拼搏的结果。

2018 年以来，徐州主动“走出去”，从郑州、成都到深圳、东莞，对标国内一流城市的产业、功能，提升城市定位，以思想的“破冰”带动行动的“突围”。

经济开发区、高新区、物流园为主体的产业平台，综保区、保税物流园、开放口岸等开放平台，淮海科技城、徐州科技创新谷、潘安湖科教创新区等科技创新平台，宽带网、大数据、云计算中心、国际互联网专用通道等信息平台，金融集聚区、多层次资本市场等金融服务平台……全市各类平台载体建设不断加快，发展要素特别是高端要素加快集聚。

对标国际标准，打造全国一流营商环境。2018 年以来，徐州市把营商环境建设作为推动徐州高质量发展的战略性举措，以系统思维全面优化政务服务、投资开放、要素供给、创新创业、诚信法治、人文生态六大环境，组织开展“八大专项行动”，着力打造“审批事项最少、办事效率最高、运行成本最低、政府服务最优、创新创业活力最强”的全国一流营商环境。

打造全国一流的营商环境最大的感受者是企业。2016 年，中信重工开诚智能装备有限公司落地徐州，从洽谈到投产仅仅两个半月的时间。特种机器人作为国家重点布局的新兴产业，吸引了许多省会城市的关注。但是项目最终选择了徐州，落在了泉山。公司董事长许开成深有感触地说，徐州作为老工业基地正在加快转型发展步伐，特别是徐州市致力打造装备与智能制造产业的决心，高效的政务服务，让项目在徐州的发展迅速走上快车道。截至目前，企业已经实现纳税 3000 多万元，未来三年将实现 20 亿元的产值。

“速度”转“质量”，构建徐州现代产业体系新格局

习近平总书记在徐州考察时，作出了一系列重要指示，并在考察徐工集团时强调，必须始终高度重视发展壮大实体经济。一年多来，徐州围绕贯彻落实总书记重要指示，在支持实体经济发展、提升产业发展竞争力方面亮点闪耀。

徐州市委书记周铁根指出，贯彻落实习近平总书记视察徐州重要指示，核心是推动高质量发展，自觉增强推动高质量发展的重大责任和行动自觉，创造更多高质量发展的徐州经验、徐州典型。

推动高质量发展的重要内容和关键支撑在于发展壮大实体经济。对徐州而言，一是以强烈的责任意识和忧患意识把发展实体经济作为经济工作的重中之重，始终摆在突出的战略位置，聚焦聚力推动实体经济发展壮大，确保习近平总书记指示要求在徐州落地生根、开花结果。二是推动徐州产业发展迈向中高端。进入高质量发展阶段，必须着力解决实体经济结构失衡、质量不高的突出矛盾，深入推进新型工业化、信息化融合发展，改造提升传统产业，积极培育高新技术产业和战略性新兴产业，推动全市产业发展总量规模和质量效益全面提升。三是采取保持经济健康运行、防范重大风险隐患的有力举措。加大政策支持引导力度，优化实体经济发展环境，倡导企业家精神，推动优质要素资源向实体经济聚集，在做强实体经济中稳住经济健康发展的根基。

徐州始终坚持“工业立市、产业强市”不动摇，把发展经济的着力点放在实体经济上，优化产业结构、提升质量效益、厚植竞争优势，努力构建具有国际竞争力、全国影响力和区域带动力的现代产业体系，增强经济综合实力和核心竞争力。为此，一是大力建设先进制造业强市。深入实施增强制造业核心竞争力三年行动，优化完善“6+6”先进制造业体系，全力推动高新技术产业、战略性新兴产业和“四新经济”蓬勃发展，争创“中国制造2025”国家级示范区、国家老工业城市和资源型城市产业转型升级示范区。加快新一代信息技术与制造业深度融合，实现“徐州制造”向“徐州智造”转变。着力推进装备与智能制造、新能源、集成电路与ICT、生物医药大健康产业发展实施方案，培育四大千亿级新兴主导产业集群，重点打造世界级装备制造产业中心和以晶硅材料为支柱的世界级新能源新材料基地。实施传统产业技术升级、设备更新和绿色低碳改造，以传统产业改造提升催生发展新动能。二是加快构筑现代服务业新高地。把现代服务业作为产业升级的重要发力点，积极培育生活性服务业新增长点，着力打造一批现代服务业集聚区，建设高质量的“333”现代服务业体系。大力发展现代物流产业，构建供应链制造业、商贸、农产品“三大物流产业体系”，建设国家级物流枢纽。促进服务外包产业高质量发展，争创中国服务外包示范城市。加快发展总部经济，致力引进地区总部以及国内外大企业集团决策中心、利润中心、研发中心，打造淮海经济区总部基地。积极构建多元化现代金融体系，抓好徐州金融集聚区、开发区基金小镇建设，全力引进外资银行、VC、PE、天使投资、产业基金、融资租赁等新型金融组织和业态，推动金融中心建设取得突破性进展。三是积极培育领军型、龙头型企业。用好200亿元产业引导基金，吸引各类资本参与扶持重点产业发展，支持推动徐工、协鑫、徐矿、恩华、万邦、必康、正威等行业龙头企业做大做强做优。加快引进培育雏鹰企业、瞪羚企业、准独角兽企业等“三类企业”，鼓励有一定规模和实力的企业积极向外扩张，打造一批“顶天立地”的龙头企业。重视高成长型企业梯队建设，推动“小升规、规转股、股上市”，扎实做好规模以上工业企业培育工作，努力形成一批行业“隐形冠军”和标杆企业。

在产业转型上，徐州把高新技术产业、战略性新兴产业作为新一轮产业发展的主攻方向，着力打造区域性产业科技创新中心、先进制造业强市和现代服务业新高地。装备与智能制造、新能源、集成电路与ICT、生物医药与大健康四大新兴产业迅速崛起。高新技术产业和战略性新兴产业占规上工业比重分别达到36.5%和33.5%。徐工集团抱定“核心技术不能受制于人”的理念，每年拿出主营收入的4%—5%用于研发，研发出高端液压阀等多项世界先进核心技术，促进产业不断提档升级。老工业基地在“调轻调优”中实现转型。

新成果，产业发展集聚新动能

2018年，徐州全市产业项目建设扎实推进。徐州制定“六项制度”和“765”计划，每两个月召开一次观摩点评会，在全市形成了抓招商、上项目的浓厚氛围。新签约注册项目720个，总投资3520亿元；开工、投产项目分别完成620个和460个，项目数量、质量、规模明显提升。固定资产投资完成3380亿元，投资结构进一步优化。经济运行质效稳步提升。工业开票销售完成4369.5亿元，增长6%；服务业应税销售完成7169亿元，增长26%。新增“四上”企业897家，其中规模以上工业企业276家。实现一般公共预算收入526.2亿元，增长4.9%；税占比79.2%，同比提高6.4个百分点。金融机构存贷款余额分别增长11.1%和17.7%，增速均居全省前列。

产业是高质量发展的重要支撑。2018年以来，徐州市坚持“工业立市、产业强市”不动摇，把高新技术产业、战略性新兴产业和“四新经济”作为新的主攻方向，推动全市产业层次和经济实力明显提升。以建设淮海经济区中心城市为主抓手，充分发挥中心城市优势，加快建设区域经济、商贸物流、金融服务、科教文化“四个中心”，大力提升城市功能、品质和能级，更好引领带动周边发展。

2018年9月12日，江苏省徐州市在京招商成功，斩获千亿大单。同日，2018年度联合国人居奖也荣归徐州。在习近平总书记十九大后首次考察徐州临近一年之际，徐州取得的经济和生态双丰收，是贯彻落实习总书记“既要绿水青山，也要金山银山”“高质量发展”要求的精彩答卷。

从北京招商引资会上签约的项目分布来看，装备与智能制造、新能源、集成电路与ICT、医药医疗及大健康四大主导新兴产业项目20个，总投资567亿元；商贸物流、金融服务、科教文化等“四大中心”项目20个，总投资555亿元；新材料、节能环保等战略性新兴产业项目8个，总投资223.3亿元。投资规模方面，100亿元以上项目3个，包括徐州铜山中铁磁浮制造基地、经开区开沃新能源汽车、沛县富丽达天丝，50亿—100亿元项目6个，50亿元以下项目39个。

北京招商引资恳谈会上，徐州市政府分别与中国国新、中国建材集团、中国节能环保集团、中国交通建设集团、中国广核集团、中国建筑集团、腾讯集团、华强方特、京东集团等签署战略合作协议，将在新兴产业、文化旅游、基础设施等领域开展深入合作。随着未来合作层次的逐渐拓展、合作潜力逐渐释放，双方合作的空间将更加广阔，必将为徐州加快建设现代产业体系、推动经济高质量发展积蓄新的强劲动能。

创新促创业，增强中心城市发展新动能

经济进入高质量发展阶段，必须进一步匡正发展理念，坚定不移把发展基点放在创新上，强化发展思路创新、路径创新，全面推动技术创新、管理创新、商业模式创新，加快实现发展动力从主要依靠投资拉动向创新驱动转变，真正以创新引领转型、构筑优势。徐州全面优化创新生态，创建国家创新型城市和知识产权示范市，深化科技体制改革，加大科技创新投入，大力发展科技金融，以政策引导、市场运作最大限度集聚各类创新要素资源。要着力提升创新效能，加快推进“一城一谷一区一院”创新核心区建设，建立健全技术创新市场导向机制，建设一流科技服务平台，深化“政产学研用金介”融合发展，鼓励支持企业、高校、院所建立创新联合体，加速创新成果向现实生产力转化。推动规上企业普遍建立“一站两院三中心”，创建以徐工集团为代表的国家级制造业创新中心，力争三年内全市高新技术企业数量突破 600 家，大中型工业企业和规上高新技术企业研发机构建设率稳定在 90% 以上。

创新驱动实质上是人才驱动。徐州是科教大市、人口大市，挖掘人才资源这座“富矿”具有巨大潜力。首先，要树立强烈的人才意识。新一轮经济发展过程中，经济转方式、调结构，关键要靠人才支撑。其次，要搭建广纳人才的优质平台。聚焦四大战略性新兴产业和“四新经济”发展，瞄准“高精尖缺”主攻方向，深入实施“彭城英才计划”等重大人才工程，放眼全球招引各路英才为我所用。最后，要持续优化服务人才的政策措施。进一步加大对科研院所、高层次人才和大学生在落户、支持创新创业等方面政策的落实力度，健全完善人才服务机制，构建一站式服务体系，精准帮助解决好住房、医疗、子女教育等后顾之忧，打造全国一流的营商环境和人才生态，让徐州成为各类优秀人才的创业之城、圆梦之城。

坚定不移走生产发展、生活富裕、生态良好的文明发展道路

近年来，徐州全面加快转型发展步伐，大力推动产业、城市、生态“三大转型”，特别是牢固树立绿水青山就是金山银山的理念，坚持走生态优先、绿色发展路子，生态转型取得的成效得到了习近平总书记充分肯定。徐州的城市面貌脱胎换骨，实现了江南城市般的“一城青山半城湖”的华丽转身，先后获评国家生态园林城市、国家卫生城市、国家环保模范城市、国家森林城市、全国人居环境奖，最近又获得联合国人居环境奖。

徐州深入学习贯彻习近平生态文明思想，坚决不要带污染的“GDP”，持之以恒抓好生态环境保护，坚定不移走生产发展、生活富裕、生态良好的文明发展道路。

一是强化环境综合治理。认真抓好中央和省环保督察反馈问题的整改落实，大力实施“263”专项行动，开展治气、治水、治土三大攻坚战，去年累计关闭化工企业 143 家，治理挥发性有机物重点企业 275 家，39 条黑臭河道完成整治，III 类以上水体占比达到 79.2%，去年徐州在省内首个、全国率先通过国家水生态文明建设试点验收。特别是今年 4 月以来，成立了由党政主要领导任总指挥的攻坚行动指挥部，分类设立 17 个专项工作组，制定实施工作推进方案，取得了“蓝天保卫战”的阶段性成果。截至目前，市区 PM2.5 浓度下降至 59.4 微克 / 立方米，二级以上优良天数占比达 55.9%。二是完善生态建设规划，优化生态空间布局，组织实施一批生态建设和修复重大工程，加快筑牢全域生态安全屏障。因地制宜治理采煤塌陷地、工矿废弃地和采石宕口，持之以恒开展植树造林、荒山绿化和园林建设，先后对 19.72 万亩采煤塌陷地实施生态修复，全市的林木覆盖率达 30.1%。三是推动绿色低碳循环发展。把形成绿色发展方式作为治本之策，重点抓好钢铁、焦化、水泥、热电“四大行业”布局优化和转型升级，着力解决产业结构偏重、能源结构偏煤、产业布局偏散问题。提高招商项目环境准入门槛，严格禁止高污染高耗能企业落地，推动园区、企业实施绿色化、循环化改造。大力实施“煤改气”“煤改电”，推广利用清洁能源，煤炭消费总量持续减少。

徐州实行最严格的环境保护制度，加强环境执法监管，成功办理全国首例环境公益诉讼案件，“河长制”管理模式得以在全国推广，出台的《徐州市生态环境保护工作责任规定（试行）》促使各级各部门守土有责、守土尽责，对各类环境违法行为保持“零容忍”。以铁腕重拳持续打好“蓝天保卫战”，深入推进“六个专项治理”、四大行业布局调整和转型升级，让老百姓能够呼吸到更好的空气、享受到更多的蓝天，真正过上幸福美好的生活。

（资料来源：《中国高质量发展指数报告》课题组，易昌良；《人民日报》，

2018 年 12 月 28 日，姚雪青、尹晓宇、陆金玉；《中国城市报》，2018 年 10 月 17 日，叶中华）

第十一节　泰州科学打造江苏高质量发展中部支点城市

“打造江苏高质量发展中部支点城市，是江苏省委、省政府赋予泰州的新定位、新使命，是江苏省委、省政府从全省发展大局出发，谋划苏中板块动能再造的整体考量，更是着眼于长三角区域一体化发展、提升扬子江城市群整体竞争力的战略之举。全市上下要坚定扛起江苏省委、省政府赋予的重大职责使命，必须充分发挥制造业的脊梁作用、筑牢制造业这个‘硬核支撑’，续写泰州制造新的辉煌，真正把发展‘定位’干成发展‘地位’。”泰州市委书记史立军强调指出。

2018 年，泰州高质量发展捧出一份喜人的成绩单：全市地区生产总值突破 5000 亿元，预计实现 5100 亿元；一般公共预算收入 366.6 亿元，增长 6.6%；固定资产投资增长 9% 以上。五大主导产业产值增长 10%，亿元以上项目新开工 518 个、新竣工 407 个。国家金融改革创新试验区工作取得突破，获批全国取消企业银行账户开户许可证核发试点，在全国率先试行人民币跨境结算便利化“绿色通道”。泰州港吞吐量增幅为全省第一，成为江苏第五个 2 亿吨大港。

“支点，就是支撑点、着力点、撬动点。”围绕江苏高质量发展中部支点城市的战略定位，泰州首先要解决突围中游的问题。长期来看，泰州要成为促进苏中崛起的枢纽节点和重要增长极，在区域发展中走在前列。到 2020 年，实现高水平全面小康，同时构建起特色鲜明的“1+5+1”现代产业体系，成为长江经济带大健康产业集聚发展示范区、生态文明建设示范区、跨江融合发展示范区。到 2025 年，初步建成辐射带动力强的区域性中心城市，力争成为全省特色发展、改革创新排头兵，成为长三角先进制造业基地和全国“健康名城”。

2019 年 3 月 21 日，靖江市 20 个重大产业项目集中开工，项目总投资超过 80 亿元。2019 年 3 月 19 日，泰兴市 28 个产业项目集中开工，计划总投资 63.4 亿元；3 月 12 日，姜堰区 20 个产业项目集中开工，项目总投资 106.9 亿元……

提升产业链，打造优势特色产业集群

2019 年 2 月 20 日，长城汽车整车项目签约落户泰州高港区，在高港建设汽车整车、内外饰及底盘制造项目，先期投资 80 亿元，以整车制造为核心，构建完整的汽车产业链体系，打造华东地区汽车科技产业园。

史立军书记指出，工业立市、工业强市，是历届泰州市委、市政府一以贯之的发展战略。建市 20 多年来，泰州培育了生物医药、高技术船舶、绿色食品等一批优势特色产业和企业，有力支撑了全市经济社会持续快速发展。为推动制造业高质量发展，泰州市 2018 年以来提出构建“1+5+1”现代产业体系，即以大健康产业为标志，以生物医药及高性能医疗器械、高端装备制造及高技术船舶、节能与新能源、新一代信息技术、化工及新材料五大产业为主导，以现代服务业为支撑，构建特色鲜明、自主可控的产业体系，加快建设长三角现代产业名城。其中，大健康产业是泰州重点培育的地标产业。按照《泰州市大健康产业集聚发展规划》，泰州着力打通药、医、养、食、游五个关键环节，以制药为基础，突破医养融合，带动健康食品、健康旅游发展，力争到 2020 年产业规模突破 4000 亿元，成为全国领先，长江经济带和扬子江城市群中最具特色、最具影响力和竞争力的地标性产业。

五大主导产业放大特色优势，加速向高端化、高附加值迈进，突出产业集群的带动力和产业链条的整合力。2018 年全市五大主导产业完成现价产值 3979 亿元，同比增长 11.6%。泰州重点强化产业链研究，优化布局，培育一批具有产业链掌控力的龙头企业、一批在细分领域具备国际竞争力的“隐形小巨人”。全市现有上规模的产业集群 18 个，其中百亿级重点集群 10 个，生物医药、船舶制造已纳入全省重点推进的 13 个特色产业集群。

突破创新链，增强制造业核心竞争力

2019 年 3 月 5 日，中国科学院大学泰州大健康产业研究院及复旦大学泰州健康科学研究院项目论证会在医药高新区举行，中科院院士赵国屏、顾东风等 20 多名专家齐聚泰州，分别对两家研究院的建设方案可行性进行论证，就研究院的建设定位、合作模式、研发方向、成果转化、利益分配机制等方面提出意见建议。

2019 年 2 月 19 日，中国科学院自动化研究所泰州智能制造研究院产业基地在泰州港核心港区揭牌。中科院自动化研究所研究员、泰州智能制造研究院院长易建强表示，将充分利用自动化所的智力优势，开发引进一批相关高科技技术、项目和专利，培养集聚一流人才团队，为构建智能制造创新链提供智力支撑。

“步入新时代，我们泰州市要坚定不移地走产业链与创新链融合之路。”史立军书记说，实现制造业高质量发展，提升创新能级是绕不过去的坎，要深入实施好“新时代科技新长征”活动，不断提升制造业自主可控力，进一步凸显泰州制造业高质量发展的核心竞争力。今后三年，泰州要围绕推进产业转型升级、提升企业自主创新能力、集聚一批创新创业人才这三个任务，实现“三个目标”：建设 100 个以上研发机构、落实 1000 项以上科技合作项目、引进 6000 名以上高层次“双创”人才。

科技创新的核心要素是人。泰州深入实施“大院大所及人才集聚”工程，努力打造“一产业一高端研发平台”。全市已有 13 家重大创新载体投入运营或在建。在大健康产业，中国农业大学（兴化）健康食品产业研究院投入使用；在生物医药产业，中科院大连化物所——中国医药城生物医药创新研究院正式运营；在高端装备制造及高技术船舶产业，吉林大学泰州汽车动力传动研究院、哈工大机器人泰州智能制造研究院已为产业发展提供创新服务。

史立军书记指出，泰州今后重点在四个方面锲而不舍、久久为功。一是坚定不移咬合长三角一体化进程，让空间环境持续出新。依托加密过江通道，加快跨江融合，融入锡常“一体化”，唱好宁沪“双城记”。要跳出“城河思维”，跨越

"长江天堑"，激活"大海基因"，加快实现从"高速时代"向"高铁时代"，从"城河时代"向"大江时代"，从"双水绕城"向"三水绕城"，从"大泰州"向"强泰州"的大踏步跨越。二是坚定不移推进转型升级，让产业环境持续出彩。心无旁骛地加快构建以制造业高质量发展为导向的"1+5+1"产业体系，形成实力强劲的国家级产业集群。三是坚定不移聚焦绿色发展，让生态环境持续出优。坚决打好蓝天、碧水、净土三大保卫战，打造绿满滨江的大江风光带，建设集都市农业、生态休闲为一体的生态经济带，保护里下河地区原生态、原村落、原风貌，展现"水韵江苏"诗画美景。四是坚定不移全面提速增效，让营商环境持续出众。对标国际一流标准和省内最好水平，不断提升制度环境软实力。更大力度推进政府职能转变和"放管服"改革，着力增强市场主体的感受度，着力形成优质服务的加速度，努力建设贸易投资最便利、行政效率最高、服务管理最规范、法治体系最完善的城市。

2019 年是新中国成立 70 周年，也是泰州全力打造江苏高质量发展中部支点城市的起始之年。在提高中心城市能级上，泰州市进一步明晰市区功能板块的发展方向，打造"一主一新"，形成"双核一特"。一要做精做优主城区，擦亮城市"金名片"，打造泰州政治文化中心，建设品质生活展示区、现代服务业主阵地、汉唐古郡传承地、都市经济新高地，集中展示泰州古今交融、精致和谐的城市底蕴。二要做大做强新城区，构筑城市"动力核"，推动高铁枢纽片区、医药高新区、高港区融合发展，打造泰州城市新中心，建设"健康名城"示范区、高端要素集聚地、创业创新策源地、枢纽经济新高地，集中展示泰州承南启北、产城融合的崭新气象。三要做特做美姜堰区，建设城市"大花园"，打造泰州城市拓展区、生态文明先导区、绿色经济示范区、城乡融合样板区，集中展示泰州水韵田园、鱼米之乡的美丽风貌。

追梦路上，泰州这么走

围绕江苏高质量发展中部支点城市的战略定位，到 2020 年，泰州市将实现高水平全面小康，同时构建起特色鲜明的"1+5+1"现代产业体系，成为长江经济带大健康产业集聚发展示范区、生态文明建设示范区、跨江融合发展示范区，形成特色发展、绿色发展、联动发展的强力支撑。到2025年，初步建成辐射带动力强的区域性中心城市，力争成为全省特色发展的排头兵、改革创新的排头兵，成为长三角先进制造业基地和全国具有重大影响力竞争力的“健康名城”。

泰州市2019年的主要预期目标是：地区生产总值增长7%左右，一般公共预算收入增长6%，全社会研发投入占比提高到2.6%，居民消费价格涨幅控制在3%左右，城镇登记失业率控制在3%以内，城乡居民收入增长与经济增长同步。

坚持以“进”促“稳”，落实“六个稳”工作要求。即稳就业、稳金融、稳外贸、稳外资、稳投资、稳预期。深化供给侧结构性改革，提升制造业质量水平。

坚持项目为王，优化沿江临港产业、中心城区都市产业板块、里下河特色经济板块等产业布局。

（一）着眼功能优化，提高中心城市能级

做精做优主城区，擦亮城市“金名片”；做大做强新城区，构筑城市“动力核”；做特做美姜堰区，建设城市“大花园”。

（二）强化环保倒逼，持续改善生态环境

把修复长江生态环境摆在压倒性位置，坚持整治“一盘棋”、管控“一张图”，坚决将生产性岸线利用压缩到50%以下。

（三）全力攻坚克难，推动交通建设实现历史性突破

着眼外联内畅、高效便捷，打通对外通道，做优内部循环，加快建设贯通南北、连接东西、通江达海的综合交通枢纽。

（四）建设“健康名城”，放大地标产业显示度

加快推进长江经济带大健康产业集聚发展试点，促进“药医养食游”融合发展，打造全国大健康产业高地。

（五）聚焦重点突破，更大力度深化改革扩大开放

凡是市场能自主调节的就由市场来调节，凡是企业能干的就让企业干，确保

营商环境稳居全省第一方阵。

（六）突出强农惠农，深入实施乡村振兴战略

力争国家农业可持续发展试验示范区建设跻身全国前列，打造一批在省内外有影响的“泰”字号绿色农产品、养生农产品。

（七）注重传承创新，彰显城市文化魅力

逐步实现全域进入全国文明城市行列。着力打造梅兰芳、泰州学派、里下河文学流派等文化品牌，形成具有泰州识别度的城市文化标识。

（八）保障改善民生，建设更有温度和质感的幸福家园

口袋充实更富泰、百姓生活更康泰、社会治理更祥泰，努力满足最终消费需求，让老百姓吃得放心、穿得称心、用得舒心。

泰州市委常委、常务副市长杨杰指出，海军诞生地、渡江英雄城，海军精神是泰州红色文化当中的强大基因，彰显了泰州顽强不屈、奋斗不息的城市精神。打好新时代“渡江战役”，必须大力传承弘扬光荣革命传统，敢闯敢干，敢啃“硬骨头”，奋力推动改革创新各项工作走在前列。今天，泰州扬帆启航、再起宏图。无论未来形势如何复杂多变，泰州要始终保持“进”的信心、增强“稳”的定力、实现“新”的作为，好字当先、快字当头，加快发展、跨越发展，担当起“支点”的重任。泰州继续高举习近平新时代中国特色社会主义思想伟大旗帜，认真贯彻落实江苏省委、省政府要求，大力弘扬“第一帆”精神，以一往无前的勇气、一以当十的锐气、一力担当的士气，乘风破浪、不畏艰险、勇往直前，全力打造江苏高质量发展中部支点城市，为全省高质量发展走在前列、高水平全面小康更有成色贡献昂扬奋进的泰州力量。

（资料来源：《中国高质量发展指数报告》课题组，2019 年 10 月 29 日，易昌良、刘赟平；《新华日报》，2019 年 4 月 8 日，顾介铸、赵晓勇、刘宏奇）

第十二节　奋力谱写新时代湖州高质量发展新篇章

湖州地处浙江省北部、长三角中心腹地，因濒临太湖而得名。下辖吴兴、南浔两区和德清、长兴、安吉三县。全市总面积 5820 平方公里，常住人口 299.5 万。湖州是习近平总书记“绿水青山就是金山银山”理念的诞生地。多年来，在“两山”理念指引下，湖州坚持生态立市不动摇，一张蓝图绘到底，一任接着一任干，探索走出了一条经济与环境协调发展、人与自然和谐共生的新路子，形成了以“护美绿水青山、做大金山银山、厚植生态文化、创新生态制度”为主要内容和标志的“两山”理念湖州实践模式，谱写绿色高质量发展的精彩篇章。

近年来，湖州高举习近平新时代中国特色社会主义思想伟大旗帜，以“八八战略”再深化、改革开放再出发为主题，以模范践行“两山”理念为引领，全面落实“巩固、增强、提升、畅通”八字方针，深入实施“一四六十”工作体系，不断谱写绿色高质量赶超发展新篇章，努力为浙江“两个高水平”建设作出湖州应有的贡献。

建设大花园

湖州市委书记马晓晖指出，作为习近平总书记“两山”理念诞生地，湖州坚决扛起浙江省委赋予的当好践行“两山”理念样板地、模范生的重大使命，在更高起点上推进“两山”转化，着力打造生态样板城市。坚决打好中央统一部署的七大标志性战役，深入推进蓝天、碧水、净土、清废四大行动，以铁的手腕深化环境治理攻坚，加快新建湖州固废处置中心，持续优化山清水秀的自然生态，力争 2019 年市区 PM2.5 平均浓度比去年下降 2 微克 / 立方米，国家“水十条”断面水质100%稳定达标。深入推进企业优胜劣汰，加快处置“僵尸企业”，大幅降低资源消耗和污染排放，力争2019年完成“低散乱”企业整治1000家，单位GDP能耗下降4.63%。出台美丽乡村建设管理、生态河道管理等地方性法规，在生态文明体制机制上继续领跑全国。

提升大平台

高起点规划建设湖州南太湖新区，重点发展大智造、大旅游、大科创、大金融、大健康五大产业，加强118平方公里核心区块基础配套，加快把新区打造成为核心增长极、开放创业谷、美丽风情湾、幸福休闲城，成为全国“两山”转化实践示范区。扎实推进11个万亩千亿大平台建设，统筹抓好产业集聚区和开发区、乡镇工业园建设，不断提升项目承载力和产业集聚度，计划新拓展提升平台1.2万亩以上。紧盯上海、杭州、苏州、北京、深圳等重点城市，深入实施市区县长项目工程，力争今年招引项目数量及总投资同比提高10%，新引进超5亿元“大好高”项目200个以上。

培育大产业

通过重大项目引进和建设，加快培育未来产业，着力在新能源汽车及关键零部件、高端装备、生物医药等领域取得新突破。以建设现代智慧城市为抓手，发挥地信大会的综合效应，深入实施数字经济五年倍增计划，力争全年数字经济核心产业增加值增长12%。围绕提升产业链，扎实推进新一轮技术改造，持续抓好传统优势产业改造升级。高度重视稳企业工作，深化“问难帮困稳增长”专项行动，全面落实中央和省、市降本减负政策，运作好政府性产业引导基金和涉企专项资金。2019年，力争为企业减负90亿元以上。深入实施“金象金牛”大企业、“双高”企业培育和小微企业成长计划，深化企业上市和并购重组“五年倍增计划”，增强微观主体活力，力争“金象金牛”大企业达到20家，新增上市企业3家。

深化大改革

持续深化“最多跑一次”改革，加快政府数字化转型，实施“审批服务事项限时清单制”，在更宽领域推进事项办理“零跑”，着力打造“无证明城市”。2019 年，确保实现政务服务事项 100% 开通网上办理、80% 以上证明事项清理取消，70% 以上民生事项“一证通办”。持续深化“标准地”改革和“五未”土地处置，确保省级以上园区新增工业用地 100% 按“标准地”供地，规上工业亩均税收同比提高 15%。持续深化国资国企、农业农村、商事登记等改革。

加快大开放

深度融入“一带一路”建设，长三角一体化以及上海“1+10”同城化都市圈、“1+7”大都市圈和杭州都市区建设，做好接轨沪杭、联通苏皖的文章。围绕打造高质量外资集聚先行区，深化跨境电商综合试验区和各类国际产业合作园建设，高水平建设湖州保税物流中心（B 型）。发挥龙头企业和行业协会作用，支持开拓多元化市场，加快培育以技术、标准、品牌、质量、服务为核心的外贸竞争新优势，提高外贸出口份额。

推进大创新

深入实施创新驱动发展战略，以创建国家创新型城市为抓手，加快建设莫干山高新区、湖州科技城等重大创新平台，深度融入 G60 科创走廊，持续深化政产学研合作，不断提高大众创业、万众创新水平。2019 年，力争新增国家高新技术企业 120 家，新增科技型中小企业 500 家、众创空间 60 家。深入实施“南太湖精英计划”和“南太湖特支计划”工程，加大靶向引才力度。力争遴选资助领军型创新创业团队和人才项目 200 个以上，引进大学生及各类人才 6 万名以上。

推动大振兴

按照“产业兴旺、生态宜居、乡风文明、治理有效、生活富裕”的总要求，继续深化“六大行动”，加快打造实施乡村振兴战略示范区。持续深化农业供给侧结构性改革，高水平建设国家现代农业产业园、国家农村产业融合发展示范园、特色农产品优势区和田园综合体。深入实施新一轮“三年强村计划”，不断发展壮大村级集体经济，确保全年消除集体经济年经营性收入 30 万元以下的欠发达村123个。深入实施新一轮“百村示范、千村整治”工程，推动美丽乡村提档升级，新建省级“最美田园”10个以上，市级美丽乡村达到96%以上。

保障大民生

将自觉践行以人民为中心的发展思想，坚持尽力而为、量力而行，扎实办好民生实事。持续优化医疗、教育等资源配置，重点解决好高校毕业生、农民工、退役军人等群体就业。坚持“房子是用来住的、不是用来炒的”定位，持续完善住房保障体系。因地制宜发展民宿、电商等富民经济，促进城乡居民特别是低收入农户持续普遍增收。深入推进扶贫协作、对口支援和山海协作，做好安吉黄杜村捐赠扶贫茶苗后续工作。围绕打造全省建设平安中国示范区的先行区，深入开展扫黑除恶专项斗争，主动防范化解金融风险、政府债务风险、房地产市场风险，确保实现平安湖州“十二连冠夺金鼎”，并向“十三连冠”发起冲刺。

党的领导是做好一切工作的根本保证，也是推动高质量发展的政治前提。湖州将坚持以党的政治建设为统领，全面加强党的各项建设，强化党对经济工作的领导，充分发挥把方向、管大局、保落实的作用，进一步激励干部担当作为，激励企业家创业创新，激励群众为美好生活而奋斗，推动党员干部群众实干大比拼、担当争一流，切实以高质量的党建保障高质量赶超发展。

（资料来源：《中国高质量发展指数报告》课题组，易昌良、李晓峰；《今日浙江》杂志，2019年第1期，马晓晖）

第十三节　绿色高质量发展的巴彦淖尔生动实践

巴彦淖尔，蒙古语意为“富饶的湖泊”，位于内蒙古西部、黄河“几”字湾顶端，与蒙古国有 369 公里的边境线。巴彦淖尔市总面积 6.5 万平方公里，总人口 170 万，辖 7 个旗县区和 1 个国家级经济技术开发区。地域辽阔、地形地貌多样，可以概括为“一山两原、东林西沙、一河多湖”。“一山”就是中部横贯东西的阴山山脉，面积 1.1 万平方公里，发现各类矿产资源 69 种，其中 9 种储量居内蒙古首位。“两原”，一是阴山以北 3.8 万平方公里的乌拉特草原，二狼山白山羊绒曾连续三年获意大利柴格那国际金奖，戈壁红驼享誉全国。二是阴山南麓 1.6 万平方公里的河套平原，有耕地 1100 万亩，是亚洲最大的一首制自流引水灌区，是全国三大灌区之一，素有“塞上江南”的美誉。“东林”是东部 139.6 万亩的乌拉山国家森林公园，是内蒙古中西部地区最大的国家级森林公园。“西沙”是西部 506 万亩的乌兰布和沙区。“一河多湖”就是黄河流经市域 345 公里，年引水近 50 亿立方米，形成大小湖泊 300 多个（水域面积 300 亩以上的湖泊有 100 多个）。

巴彦淖尔有平原、草原、河流、湖泊、山脉、森林、沙漠，生态要素齐全，是一个完整的生命共同体，是祖国北疆万里绿色长城的重要组成部分，生态地位极其重要。西部是乌兰布和沙漠，南部是库布齐沙漠，北部是荒漠化草原和蒙古戈壁，处于我国“北方防沙带”的重要关口和贺兰山、阴山之间的西北季风通道，是西北干旱地区的重要绿色生态屏障。巴彦淖尔农牧业资源得天独厚，地处北纬 40 度农作物种植黄金带上，四季分明，光照时间长，昼夜温差大，水土光热组合条件好，是国家重要的优质农产品生产基地，是全国最大的肉羊、有机原奶、葵花籽、脱水菜生产基地和全国第二大番茄种植加工基地，特色农畜产品远销五大洲 93 个国家和地区，出口额连续 10 年居内蒙古首位。

巴彦淖尔，勇敢站到了高质量发展新的风口。

党的十八大以来，习近平总书记多次到内蒙古考察调研，多次就做好内蒙古工作作出重要讲话、重要指示批示，要求内蒙古保持加强生态文明建设的战略定力，探索以生态优先、绿色发展为导向的高质量发展新路子，努力把祖国北部边疆这道风景线打造得更加亮丽。习近平总书记十分关注内蒙古巴彦淖尔乌梁素海综合治理，先后五次作出重要指示和批示。2019 年 7 月，习近平总书记考察内蒙古时强调指出，“乌梁素海治理坚持山水林田湖草系统治理，实施控肥、控药、控水、控膜行动，既减少了农业面源污染，改善了入湖水质，又促进了农产品品质提升，一举多得”，这充分体现了习近平总书记对生态文明建设的高度重视，对巴彦淖尔统筹推进生态环境保护，坚定不移走绿色高质量发展路子的充分肯定。

近年来，巴彦淖尔市认真践行习近平总书记“绿水青山就是金山银山”的理念，坚持生态立市不动摇，把握时代脉搏，顺应发展大势，探索走出了一条符合地区特色，以生态优先、绿色发展为导向的高质量发展路子。形成了以“护美绿水青山、做大金山银山、厚植生态文化、创新生态制度”为主要内容和标志的“绿色高质量发展”巴彦淖尔实践模式，谱写绿色高质量发展的精彩篇章。

认真研究总结巴彦淖尔绿色高质量发展实践模式，是贯彻习近平总书记对内蒙古重要讲话、重要指示批示精神的生动实践，是推动巴彦淖尔市成为绿色高质量发展样板区、先行区、示范区的重要举措；是形成完整系统的可复制、可推广经验，扎实推进实施乡村振兴战略、实现农业高质量发展的客观要求；也为深入研究贯彻习近平生态文明思想提供了实践支撑。

新起点新使命，做好高质量发展“答卷”

党的十九大作出“我国经济已由高速增长转向高质量发展阶段”的重大

判断。

站在新的起点，巴彦淖尔踏上了新的征程。习近平总书记紧扣推动高质量发展作出的一系列重要指示，激励着勤劳智慧的170万巴彦淖尔人民在新时代奋勇前行。

2018年3月5日，习近平总书记在参加十三届全国人大一次会议内蒙古代表团审议时强调，推动经济高质量发展，要把重点放在推动产业结构转型升级上，把实体经济做实做强做优。要立足优势、挖掘潜力、扬长补短，努力改变传统产业多新兴产业少、低端产业多高端产业少、资源型产业多高附加值产业少、劳动密集型产业多资本科技密集型产业少的状况，构建多元发展、多极支撑的现代产业新体系，形成优势突出、结构合理、创新驱动、区域协调、城乡一体的发展新格局。

深切嘱托，就是出征的号角！一年多来，内蒙古贯彻落实新发展理念，狠抓供给侧结构性改革，冲破惯性阻力，转思路，调结构，促改革，着力培育新产业、新动能、新增长极，积极探索做好现代能源经济文章，努力探索出一条以生态优先、绿色发展为导向的高质量发展新路子，作为指引内蒙古未来一个时期发展的最鲜明导向。

习近平总书记关于内蒙古的重要讲话精神思想深刻、内涵丰富，为巴彦淖尔加强生态文明建设指明了方向、提供了遵循。作为内蒙古重点功能区战略的重要板块，内蒙古自治区党委对巴彦淖尔市提出生态环保、绿色发展、脱贫攻坚要走在全区前列、为内蒙古多做贡献的要求，更加坚定了巴彦淖尔统筹推进山水林田湖草沙系统治理、推动绿色高质量发展的信心和决心。

巴彦淖尔肩负着这一新的使命。高质量发展的号角，在“塞上江南”大地吹响。

近年来，巴彦淖尔市牢牢把握习近平总书记对内蒙古的殷切嘱托，自觉践行“绿水青山就是金山银山”理念，坚持生态产业化、产业生态化，统筹高质量发展和生态环境保护，确立了建设绿色产业集聚区、生态文明示范区、乡村振兴样板区、对蒙开放先行区、美好生活共享区，建成现代化生态田园城市，实现“塞上”江南、绿色崛起的奋斗目标和发展思路。

黄河奔腾，润泽千年河套；塞上江南，涌动发展新潮。从打响“天赋河套”公用品牌，将绿色发展理念融入生产生活全过程，到树立亩均效益论英雄理念，建设河套全域绿色有机高端农畜产品生产加工输出基地，再到实施乌梁素海流域综合治理工程，打造山水林田湖草“生命共同体”……生态文明思想已在巴彦淖尔大地落地生根开花结果。青山绿水、平畴沃野间处处张扬着生态美、生产美、生活美“三美合一”的灵动与诗意。“绿色是巴彦淖尔的底色和价值，必须坚持生态优先、绿色发展，正确处理经济发展和生态保护的关系，决不走以牺牲环境为代价换取一时经济增长的路子，努力实现更高质量、更有效率、更加公平、更可持续的发展。”巴彦淖尔市委书记常志刚语出铿锵。“思想再解放、笃行新发展理念，推动高质量发展大学习大讨论”活动激活一池春水。巴彦淖尔市广大干部深学潜悟理思路，凝聚共识再出发，将思想再解放的成果转化成推动高质量发展的新举措新实践。举旗心有方向，落棋胸有成竹。

一是坚持顶层设计、科学谋划。在全国地级市中首家创新设立绿色产业发展统筹办公室，引进中科院傅伯杰等30位国内顶级院士和专家，组建生态治理与绿色发展院士专家工作站，聘请国内顶级专家团队参与，以国际视野科学编制绿色高质量发展、乌梁素海流域综合治理、现代农牧业发展等规划，运作实施乌梁素海流域生态修复绿色产业开发基金、国家农高区、国家清洁能源示范基地等一批事关地区长远发展的大项目、好项目，为地区可持续发展提供了遵循、奠定了基础。

二是统筹推进山水林田湖草沙综合治理。以乌梁素海为重点，坚持系统思维、综合施策，统筹山水林田湖草沙全要素治理。在上游实施乌兰布和沙漠综合治理，阻挡泥沙流入黄河、侵蚀河套平原；在河套平原建设全域绿色有机高端农畜产品生产加工输出基地，推行绿色生产，减少对乌梁素海的面源污染；实施城镇、工业污水“零入海”工程，消除点源污染；实施乌拉特草原、乌拉山受损山体治理修复工程，提高植被覆盖率，涵养水源，提高乌梁素海自然补水能力。

实施乌梁素海流域山水林田湖草生态保护修复国家试点项目，充分发挥项目资金的撬动作用，通过市场化运作，吸引社会资本投资合作，按照工程质量好、工程进度好、资金配套好、财务审计好、廉政建设好、产业发展好的目标要求，高标准实施、高效率推进、全过程监管。经过一年多的艰苦努力，总投资56.78亿元的乌梁素海流域山水林田湖草保护修复国家试点项目在20个省区市竞争性评审中，以第一名的成绩获得国家支持，现已全面开工建设。将建成全区乃至全国的山水林田湖草生态保护修复样板和示范。积极争取恢复黄河故道引水功能、实施河湖水系连通工程，进一步改善乌梁素海流域生态环境。

三是加快建设河套全域绿色有机高端农畜产品生产加工输出基地。把建设河套全域绿色有机高端农畜产品生产加工输出基地作为第一战略，全面打响“天赋河套”农产品区域公用品牌，面世仅半年就荣登2018中国区域农业品牌影响力排行榜第二位，授权使用品牌的11家企业49款产品供不应求，溢价达30%以上，带动全市优质农畜产品整体溢价10%以上，极大地激发了全市农牧民和各类经营主体紧跟品牌战略、生产高品质农产品的积极性。

“‘天赋河套’区域公用品牌是搭载巴彦淖尔优质农畜产品走向全国、走向世界、走进高端市场的‘航空母舰’，也是推动农业供给侧结构性改革、引领绿色转型、实现农牧业产业发展、企业增效、农牧民增收的重要引擎。”常志刚说。大自然赐予了巴彦淖尔优越的自然条件，也让“天赋河套”名副其实，“我们一定要珍惜这份天赋。”

实际上，为了能让巴彦淖尔绿色优质的高端农产品“走出去”，巴彦淖尔市委、市政府数次走向全国多地甚至国外进行招商宣传和展销推广。身为市委书记的常志刚曾数次率队带着“天赋河套”的农产品，前往过北京、中国香港、以色列等多地，亲自为巴彦淖尔代言推销。

2019年全国两会召开期间，全国人大代表、内蒙古巴彦淖尔市委副书记、市长张晓兵也接受CCTV-7两会节目《乡村振兴看这里》专访，为巴彦淖尔

“天赋河套”区域公用品牌代言。

在“天赋河套”品牌引领下，全市坚定不移走质量兴农、绿色兴农的路子，大力实施质量强市、品牌强市战略，全力建设河套全域绿色有机高端农畜产品生产加工输出基地，全市农牧业产业化驶入快车道，带动现代农牧业跑出“加速度”。

目前，巴彦淖尔市已形成粮油、炒货、果蔬等六大优势产业，是国家重要的粮油生产基地、全国最大的有机原奶、葵花籽、脱水菜生产基地。农畜产品出口额连续10年居内蒙古首位，远销五大洲93个国家和地区。

四是大力实施乡村振兴战略。以“天赋河套”品牌建设为引领，加快推进农业农村现代化，大力实施乡村振兴战略，狠抓农村牧区人居环境综合整治，推进厕所革命，全市统筹、总体规划，引进专业化有实力的大企业集中处理芦苇、农作物秸秆、畜禽粪污、垃圾污水，生产有机肥、沼气，搞生物质发电，综合利用，变废为宝，为农牧民提供良好的生产生活环境。

五是积极推动产业转型升级。坚决摒弃“先污染、后治理”的陈旧观念，着力优化产业布局，在河套平原重点发展农畜产品精深加工、电商物流、高新技术产业，绝不引进有污染的企业。大力推广绿色清洁、集约高效的生产方式，建设绿色循环工业园区，推动农畜产品加工、矿山、冶金、化工等传统产业转型升级、延长链条。大力培育石墨烯、大数据、文化旅游、康养休闲等新兴产业项目，积极构建绿色产业体系。加快发展现代服务业，推动新业态、新产业、新模式在巴彦淖尔落地生根、发展壮大，正成为巴彦淖尔进军新兴产业的重大方略。

六是构建全方位开发开放新格局。主动参与“一带一路”建设和中蒙俄经济走廊建设，深化对蒙合作，加快推进国家级重点开发开放试验区、中蒙国际矿能合作试验区建设，对接跟进神华、黑猫煤化工等重点项目，不断提高进口煤铜资源就地精深加工率，努力把甘其毛都建成集进出口贸易、仓储物流、跨境旅游、文化交流于一体的综合性口岸特色城镇。2018年甘其毛都口岸过货量1908万吨，贸易额245亿元，海关税收35亿元，再创历史新高，成为全国对蒙最大的公路口岸，口岸开发开放经验做法受到国务院通报表扬。

绿色为底的巴彦淖尔，正在持续厚植生态优势，积蓄绿色动能，让绿色GDP更快更好地生长，向着建设现代化生态田园城市的“高颜值”目标阔步前行。

高质量发展路径怎么走？重点朝着十个方面去突破

（一）坚持系统谋划，综合施策，切实把山水林田湖草综合治理统筹起来。对巴彦淖尔而言，抓好生态环保既是必须迈过的坎，又是实现绿色崛起的梯，没有良好的生态环境作支撑，实现高质量发展就是一句空话。巴彦淖尔山水林田湖草沙生态要素齐全，是一个完整的生命共同体，在西北地区具有重要的生态地位，做好生态治理和保护至关重要。

乌梁素海流域山水林田湖草综合治理试点工程是一项庞大复杂的系统工程，必须统筹规划、合力攻坚、系统治理，精心实施好这一事关巴彦淖尔长远发展的项目。要进一步明确项目实施的时间表、路线图，挂图作战、倒排工期，高标准实施、高效率推进，力争打造看得见、摸得着、可复制的山水林田湖草生态系统保护修复样板。要发挥项目资金的撬动作用，通过市场化运作，吸引社会资本投资，引进有实力、有技术的企业参与建设。乌梁素海水生态治理方面，加快补齐城镇污水收集和处理设施短板，做到城市建成区和工业园区污水管网全覆盖、全收集、全处理，年内实现点源污水“零入海”。大力开展农业控肥、控药、控水、控膜“四大行动”，用好1亿元奖励资金，推广使用有机肥、无毒农药和可回收地膜，逐步减少农业面源污染。实施入海前湿地净化、网格水道、底泥疏浚等内源治理项目，加大生态补水力度，改善湖区水质。在乌兰布和沙漠综合治理方面，抓住巴彦淖尔成为全国防沙治沙综合示范区的机遇，加快推动综合治理规划审批，创新投资模式，吸引社会资本投入，把沙漠治理与乡村振兴、精准脱贫、旅游开发、高科技现代立体农业、清洁能源、特色小镇等结合起来，一体化推进，力争做成全国乃至世界荒漠化治理示范。在乌拉山修复治理方面，要总结前一阶段的工作经验，进一步完善措施，继续加大修复治理和监管力度，巩固和提高治理成效，尽快达到绿色矿山标准。在乌拉特草原生态恢复方面，要严格执行基本草原保护、草畜平衡和禁牧休牧轮牧制度，落实好国家、自治区草原生态保护奖补政策，加快植被恢复。科学布局国土空间，落实生态功能区规划，严格执行生态红线，解决好耕地、林地、草地叠加的问题。

（二）坚持底线思维，加快风险防范化解大突破，坚决打好防范化解重大风险攻坚战。进一步增强忧患意识，聚焦金融风险、财政风险、社会风险，坚决守住不发生系统性风险的底线。要用好处置资产、压缩支出、争取资金等办法，探索市场化、现代金融等新形式，打好做大税源、优化支出、资产重组、资源盘活、债权置换组合拳，确保完成年度化债任务。要严控隐性债务增量，规范政府投融资行为，严堵违法违规举债融资“后门”。要依法走好规范举债融资“前门”，积极争取国家地方政府专项债券资金，创新融资模式，更多地运用市场化手段吸引社会投资，抓好直接带动经济发展和改善民生的项目。严厉打击违法违规金融活动，健全金融风险防控和监管体系，进一步加大银行不良资产处置力度，确保不发生区域性金融风险。推进安全生产领域改革发展，有效防范和坚决遏制重特大安全事故发生，着力打造全国安全发展示范城市。

（三）坚持项目第一，加快重大项目落地大突破。紧紧围绕市委的发展思路定位，深入研究新一轮科技革命和产业变革的大趋势，把对新产业、新技术、新业态、新模式的谋划招引作为招商引资的重点，加快引进一批产业关联度高、品牌知名度高、科技含量高、带动能力强的大企业大项目。套区绝不允许引进化工、冶金、发酵类生物制药等高污染、高排放企业，一定要把河套平原这块净土保护好。每个县（旗、区）每年都力争引进和主体工程开工 1 个 10 亿元以上的中高端制造业项目。大力实施县（区、旗）书记、县（区、旗）长项目工程，以“见工地、见设备、见产品”为标准，狠抓项目的竣工投产达效。深化招商引资和项目工作体制机制改革，形成“一个口子牵头、多头跟进服务”的项目引进推进新格局。

（四）坚持实体为本，打破产业界限，促进产业深度融合，加快构建多元发展、多极支撑的现代绿色产业体系。促进农畜产品加工、矿山、冶金、化工等传统产业转型升级，大力发展石墨烯、大数据、清洁能源等新兴产业，构建以绿色产业为基础、新兴产业为引领的现代产业体系。加大科技创新和管理创新，提高产业层次和附加值。全力建设河套全域绿色有机高端农畜产品生产加工输出基地，促进农村牧区一二三产业融合发展。更加突出首位产业培育，做大做强优势特色产业。打破行政区域，因地制宜、科学规划，重点培育发展粮油、肉乳绒、果蔬、蒙中药材、饲草、生物质能等产业，通过规模化、基地化、品牌化建设，打造现代农牧业优势产业带。积极探索全产业链模式，每一个优势特色产业都要引进大型龙头企业，扶优扶强本土企业，把生产资料供应、金融服务和农产品生产、加工、仓储、物流、销售等环节联结起来，带动每个特色产业做大做强做精。大力培育工业设计、现代物流、绿色金融、现代会展等生产性服务业，促进产业融合。

（五）坚持精准发力，加快企业主体培育大突破。围绕支柱型企业，通过企业上市、并购重组等措施，深化大企业培育。围绕成长型企业，加快培育“高技术高成长”企业和独角兽企业，新培育“双高”企业100家以上，独角兽企业数量明显增加。围绕创新型企业，加快培育科技型、创业型中小微企业，力争培育省级科技型中小企业500家左右。围绕夯实主体基础，重点在绿色企业、智能工厂、数字化车间创建上求突破。

（六）坚持能级提档，加快平台集聚提升大突破。按照高质量要求，大力建设现代农牧业发展平台。大力实施种子工程，推广应用新技术新模式，发挥美国金伯利农场示范带动效应，加快国家级农高区、田园综合体等各类示范园区建设。积极发展农畜产品精深加工、乡村旅游、农村电商，拓展农牧业多种功能，努力成为全国农牧业创新驱动发展和农牧业供给侧结构性改革的示范区。分类打造践行绿色发展理念的城市经济发展主平台。系统推进万亩百亿大平台、各类专业园区、特色小镇和小微企业园建设，切实提高平台集聚集约发展水平。

（七）全力提升“天赋河套”农产品区域公用品牌价值。“天赋河套”品牌是推动农业供给侧结构性改革、倒逼农牧业“四控”、减少面源污染、引领绿色转型、带动农畜产品进入高端市场、实现农牧业产业发展、企业增效、农牧民增收的重要引擎，是有效吸引投资、带动一二三产业融合发展、促进乡村振兴、提升巴彦淖尔形象的重要抓手。要全力把“天赋河套”打造成全国高端农畜产品的代表性品牌，持续加大宣传推广力度，利用国内外主流媒体和高层次博览会、展销会，全方位宣传推介，提高品牌的影响力和知名度。品质是品牌的生命，要健全质量标准和可追溯体系，引导、扶持和帮助更多的企业、合作社和农牧民按照标准生产加工，完善优质产品品牌授权和不达标产品退出机制，加强品牌保护，严厉打击假冒伪劣，真正把生产高品质农畜产品和品牌化的理念融入巴彦淖尔人的骨子里。要充分发挥巴彦绿业公司在推动“天赋河套”品牌战略中的平台作用，构建线上线下一体化销售网络，助推“天赋河套”授权产品进军国内国际高端市场。

（八）加快发展战略性新兴产业，大力培育新动能。坚持保护与开发并重，加快资源整合，高质量编制石墨产业发展规划，谋划建设高科技石墨特色小镇，进行高科技研发和生产，形成集环保采选、精深加工、尾矿综合利用为一体的完整产业链条，力争成为全国领先的石墨高新技术产业集聚区。要发展壮大现代能源经济，加快推进国家清洁能源基地建设，积极申报光伏“领跑者”基地、第二批光热示范项目，启动上海庙至山东特高压160万千瓦风电项目。要积极发展数字经济，加快信息基础设施建设，整合电子商务、电子政务、智慧城市等各类信息资源，互通共享，避免重复建设，推动云计算、大数据、“互联网+”等创新模式在各行业广泛应用，促进数字经济同实体经济融合发展。推动文化旅游深度融合，形成经济发展新的增长极。大力发展全域旅游、四季旅游，充分挖掘地区文化内涵，走文化旅游深度融合的路子，用文化丰富旅游，用旅游宣传文化，将人文资源、生态环境、区位优势真正转化为文旅产业。要精心策划旅游线路，把市内的旅游景点合理有效串起来，与周边地区的旅游线路连起来，扩大高质量、个性化旅游精品供给，培育新的消费热点。要集中力量把国道242打造成为集黄河风情、湖泊湿地、田园风光、阴山探秘、草原观光、戈壁荒漠、口岸异国风情为一体的综合性特色旅游线路。

（九）坚持颠覆常规，加快重大改革试点大突破。拿出“颠覆性、开创性”的改革创新举措，持续推进“最多跑一次”改革，加快建成智慧之城、数字之城、移动之城。聚焦“一带一路”建设统领，在内蒙古率先建设高质量外资集聚先行区，构建全面开放新格局。经济是肌体、金融是血脉。近年来，巴彦淖尔制定了系列扶持举措，着力解决企业生产经营中的困难和问题，巴彦淖尔绿色可持续发展模式入选深圳 2019 可持续金融国际会议示范案例。巴彦淖尔将不断完善政府协调引导金融机构主动服务、企业诚信发展的联动机制，构建现代金融体系，积极发展供应链金融服务，加快推进企业上市实现资本招商，加强金融专家智库和人才队伍建设，着力引入产业基金、国际贷款、绿色债券，推动巴彦淖尔生态治理、绿色产业项目稳步实施。深入推进国家绿色金融改革创新试验区建设。坚持上不封顶，加快创新创业能级大突破。高度重视人才在创新中的示范带头作用，围绕巴彦淖尔经济社会发展需求导向，重点引进培育一批高水平的科学家、科技领军人才、能够突破关键技术的项目负责人和创业团队来巴彦淖尔创新创业，严格落实对科技和人才投入资金上不封顶的重大原则，深入实施“1+N”人才强市新政，打造人才生态强市。推进科技创新必须服务经济社会发展主战场，加快科技成果转化和产业化，促进创新链、产业链、市场需求有效衔接。加快打通覆盖全市的“众创空间—孵化器—加速器—高新园区”的产业化链条。大力推进工业互联网、产业创新服务综合体等公共服务设施建设，引导企业进一步加大研发投入力度。

（十）坚持惠民富民，加快协调共享发展大突破。以治水、治气、治土、治矿、治废为重点，全面打好污染防治攻坚战。要按照内蒙古自治区的部署要求，实施好大气、水、土壤污染防治行动计划，紧盯生态环境保护重点领域、关键问题、薄弱环节，坚决查处偷挖盗采、偷排偷放、超标排放等行为，解决好群众反映强烈的环境问题。要严格落实“1 个意见”和“13 个配套办法”，扎实抓好中央环保督察“回头看”反馈问题整改，举一反三，放大整改效应。要健全完善抓源头、治根本、管长远的制度体系，加强生态环境保护地方立法，推动生态环境治理法治化、常态化。要统筹兼顾，增强服务意识，帮助企业制定环境治理解决方案，避免处置措施简单粗暴。要严格落实河（湖）长制，将七级灌排渠系的管理延伸到每一个区域、每一个村庄、每一个角落。教育引导全民参与生态环境保护，在全社会形成人人参与、人人监督的氛围，让所有人爱护自己的家园、建设自己的家园。教育、医疗、养老等各类保障水平和文化、体育等服务水平更加适应人民群众美好生活需要，人民群众的安全感、获得感、幸福感显著提升。

（资料来源：《中国高质量发展指数报告》课题组，易昌良、鞠文燕、张显龙；内蒙古新闻网，2019 年 3 月 27 日，韩继旺）

第十四节 农业农村高质量发展的“潍坊模式”

习近平总书记在参加十三届全国人大一次会议山东代表团审议时指出，改革开放以来，山东创造了不少农村改革发展的经验，贸工农一体化、农业产业化经营就出自诸城、潍坊，形成了“诸城模式”“潍坊模式”“寿光模式”；习近平总书记在山东考察时指出，农业大省的责任首先是维护国家粮食安全，要把粮食生产抓紧抓好，把农业结构调活调优，把农民增收夯实夯牢，把脱贫攻坚战打好打赢，扎实实施乡村振兴战略，打造乡村振兴的“齐鲁样板”，并再次明确提出“潍坊模式”“寿光模式”“诸城模式”。这充分体现了习近平总书记对“三农”工作的高度重视，更是对山东的关心关怀，特别是对潍坊农业农村工作的充分肯定、高度信任和殷切期望。

认真研究总结包含“寿光模式”“诸城模式”在内的农业农村高质量发展的“潍坊模式”，是落实习近平总书记重要指示的实际行动，是对改革开放四十多年来发展历程进行全面回顾总结的重要组成；是推动潍坊成为打造乡村振兴的“齐鲁样板”先行区、示范区的重要举措；是形成完整系统的可复制、可推广经验，扎实推进实施乡村振兴战略、实现农业高质量发展的客观要求；也是为构建习近平总书记要求的中国特色社会主义政治经济学理论体系提供实践支撑。

“潍坊模式”形成发展的历史过程

“潍坊模式”发端于农业产业化经营创新实践，丰富于党的十八大以来的总结提升，完善于实施乡村振兴战略之后的全面突破。

第一阶段是潍坊创造性地提出农业产业化并不断在实践中体系化、制度化的过程。20 世纪 90 年代以来，一方面，农民在实现温饱之后，增加货币收入的愿望强烈，落后的农业产业结构和较低的劳动生产率水平对这一愿望的实现构成严重制约；另一方面，农民单家独户分散经营与大市场之间的矛盾越来越突出，周期性出现“菜贱伤农”“粮贱伤农”现象，市场化对农业持续发展、农民持续增收形成巨大压力。党的十四大明确提出建立社会主义市场经济体制后，山东省委要求潍坊市在总结提升诸城市商品经济大合唱、贸工农一体化做法基础上，按照建立社会主义市场经济体制的要求，率先探索更高层次的农业发展机制。潍坊市在系统梳理诸城市贸工农一体化，寿光市靠市场带动农村经济，寒亭一村一品、一乡一业，安丘实施名牌战略，高密实施区域化种养等经验做法基础上，学习借鉴日本、法国、美国等国家农业发展先进理念，提出了“农业产业化”概念和政策思路。具体表述为“确立主导产业，实行区域布局，依靠龙头带动，发展规模经营”，并在工作中进一步深化为：以市场为导向、以效益为中心、以科技为支撑，围绕主导产业，优化组合各种生产要素，对农业和农村经济实行区域化布局、专业化生产、一体化经营、社会化服务、企业化管理，形成市场带龙头、龙头带基地、基地连农户，集种养加、产供销、内外贸、农科教于一体的农业经济管理体制的运行机制。1993 年 5 月，印发《中共潍坊市委、潍坊市人民政府关于按照农业产业化要求进一步加强农村社会主义市场经济领导的意见》，这是历史上第一个以党委、政府名义出台的关于发展农业产业化的地方性文件；1994 年年初，山东省委印发 1 号文件在全省推广潍坊农业产业化经验；1995 年年底，《人民日报》发表社论《论农业产业化》并配发三篇述评，充分肯定了农业产业化思路和做法；2001 年 10 月，全国农业产业化现场经验交流会在潍坊召开，标志着农业产业化开始在全国推行实施。

农业产业化不但是一种新的农业经营组织方式，同时也是新的农村发展和运行机制。农业产业化形成的理论成果和制度成果成为指导我国农业和农村经济发展的重要依据，经过多年的实践、探索、提升，农业产业化已经成为中国特色农业现代化道路的重要内容。

第二阶段是党的十八大以后，潍坊市干部群众在以习近平同志为核心的党中央坚强领导下，总结完善农业产业化经验，不断充实丰富“潍坊模式”的过程。潍坊人民立足国情省情市情，激发农村内生活力，形成以农业产业化为基础、一二三产融合发展为手段、整县推进为平台、推动城乡融合为目标，致力于农业全面升级、农村全面进步、农民全面发展的农业农村现代化道路和模式。“潍坊模式”开始超越农业产业化经营的实践范围和政策框架，成为新的历史时期继续引领全国农业农村发展的经验典范。

潍坊市发挥“潍坊模式”的优势，用全国1.7‰的土地、1‰的淡水，产出了全国7.2‰的粮食、15.7‰的蔬菜、12.7‰的花生、6‰的水果、19‰的农产品出口额；有500多种农副产品及加工产品出口120多个国家和地区，其中蔬菜和畜牧产业出口创汇分别占全国的1/18、1/8，东亚畜牧交易所、中美农业创新中心等重大开放创新平台建成运营。全市13家进入全国农业龙头企业500强的企业，产业融合比例达75%以上；2017年乡村旅游实现综合收入150亿元、农村电商交易额达170亿元。2017年全市土地流转面积占比达41.8%、土地经营规模化率达到60%以上，国家级现代农业规模化园区达到23个，农业龙头企业发展到3100家，数量居山东省之首。围绕解决农业经营的社会化服务难题，按照主体多元化、服务专业化、运行市场化的思路，扶持发展各类新型农业社会化服务组织500多个，建成110处为农服务中心。全国首家省级农村产权交易平台——齐鲁农村产权交易中心建成运行，在全国率先完成农村信用社股份制银行化改革，创新农村产权抵押融资模式，累计支持农户超过23万户，发放贷款300多亿元。围绕为农业持续健康发展提供坚实人力基础和保障，全面强化职业农业教育，构建职业农民队伍，成立潍坊职业农民学院，有省级新型职业农民实训基地35家，列山东省第1位。全市从事种子研发企业达到19家，占全省60%，国产蔬菜品种市场占有率达80%，育苗企业达到260多家，培育新品种188个，育苗能力达17亿株以上。2017年，潍坊市良种贡献效益480亿元，良种贡献率达到47%。北京大学现代农业研究院已正式落户，有国家级农业科技园区2家，省级以上农业工程技术研究中心18家，与全国100多家农业科研院所建立了稳定的科技协作关系。

第三阶段是党的十九大提出实施乡村振兴战略以来，潍坊市全面落实习近平总书记提出的“六个推动”要求，立足于将潍坊建设成为乡村振兴“齐鲁样板”的先行区和示范区，做好乡村振兴战略这篇大文章，全力加快五大融合、推动五大转变，构建完善新时代“潍坊模式”的过程。着眼解决农业质效低、产业链条不完整的问题，加快农村三次产业融合，以农业供给侧结构性改革为主线，推动农业由增产导向向提质导向转变；着眼从根本上破解城乡二元结构矛盾，加快城乡融合，以健全城乡融合发展体制机制为动力，推动城乡由不均衡发展向融合一体发展转变；着眼解决农村生态环境建设滞后的问题，加快推动农村生产生活生态融合，以美丽乡村建设和农村人居环境整治行动为抓手，推动由单纯注重抓农业生产向更加注重促进农业强、农民富和农村美相协调转变；着眼解决农业国际竞争力不强的问题，加快国内国外要素融合，以创建潍坊国家农业开放发展综合试验区为引领，推动由“高端进口、低端出口”向更高水平“引进来”、更大力度“走出去”转变；着眼破解抓“三农”工作体制机制与“三农”工作重中之重地位不相称的矛盾，加快各种力量与服务资源融合，以深化机构改革为契机，推动由单一系统抓“三农”向全党全社会抓“三农”转变。深刻体现乡村振兴战略内涵，全面符合乡村振兴战略要求，着眼于实现乡村全面振兴的“潍坊模式”整体成型。

“潍坊模式”的主要特点

“潍坊模式”是在农业产业化经营的制度成果和实践成果基础上建立起来的，其出发点在于解决农业生产经营中的具体问题。经过20多年的发展完善，特别是在党的十八大以后，按照中央总体战略布局，针对农业农村发展新形势、新任务，其内涵特点和任务定位已经远远超过2000年左右对农业产业化经营的经验总结。在实施乡村振兴战略的时代背景下，呈现出更具总体性和整体性的鲜明特点。

一是实现内生性发展。与以“苏南模式”为代表的长三角地区和以“珠江模式”为代表的珠三角地区比较，一方面，长三角地区的现代化过程强烈依赖于上海在产业升级过程中的“产业外溢”，早在20世纪80年代就有“星期日工程师”现象，国营企业的技术人员和销售人员利用业余时间为乡镇企业和私营企业服务，国营企业长期积累的技术、工艺、材料、设备以及销售渠道网络的转移为这一经济区域的发展提供了巨大动力；珠三角地区的发展初始阶段依赖于“三来一补”产业形式，依托与香港结成的“前店后厂”模式，在较短时间内解决了农村剩余劳动力问题，积累了资金、技术、管理经验，掌握了国际市场网络，为此后的发展提供了非常好的基础。而潍坊是在没有独特资源禀赋、特殊区位优势、特殊政策支持，也缺乏上海、香港这样的首位城市拉动的情况下，依靠自身力量，依靠改革精神，依靠群众首创，依靠内生发展，不断实现产业的迭代进化，成功探索了一条独特的农业农村现代化发展道路。另一方面，无论“苏南模式”还是“珠江模式”，都是通过工业化实现了现代化的起飞，而潍坊基本上是依靠农业（如寿光的种植业、诸城的养殖业）完成了现代化的起飞阶段。内生性发展的鲜明特点，是潍坊有能力成为乡村振兴齐鲁样板先行区和示范区的重要精神基础。

二是实现小农户和现代农业发展有机衔接。这是习近平总书记在党的十九大报告中提出的明确要求。西方经济学理论历来认为小农户无法实现与大市场和现代农业体系的对接，因此“消灭”小农以实现规模化是唯一出路，也因此推导出必须全面改变作为基本生产资料的农村土地制度的一系列意见，从产权理论入手提出土地私有化的理论导向，动摇农村基本经营制度。而“潍坊模式”则无论从实践中还是理论上都很好地证明，典型的小农户，如寿光的蔬菜种植户完全可以实现与现代农业发展的有机衔接。“家家包地，户户务农”的小农户经营方式，通过地方政府的积极作为，以发达健全的农业社会化服务体系为中介和平台，可以与广阔的国内国际农产品市场，与农资供应体系、农业科技体系、农业信息体系很好对接，寿光正是在小农户经营方式的基础上成为全国蔬菜产品集散中心、蔬菜信息交流中心和蔬菜价格形成中心。在很好地坚持农村基本经营制度的前提下，破除对西方经济学理论的迷信，同时有效克服了习近平总书记所批评的“平均数掩盖了大多数”的现象，实现农民的共同富裕。在实践中取得巨大成功，在理论上具有重大意义，也是潍坊有能力成为乡村振兴“齐鲁样板”先行区和示范区的重要组织基础。

三是充分实现一二三产业融合发展。在恩格尔系数的不断下降和第一产业在区域生产总值中的比重不断下降的条件下，实现农民收入持续增长，必须不断降低农民在总人口中的比重，以提高农业生产者在社会财富分配中的人均份额。但是这样就必然要求农村人口大量流出，在导致农村衰败的同时，给城市发展和就业带来巨大压力，在我国人口和土地等基本国情条件约束下，这一过程不可持续。这也是习近平总书记提出“城镇化与逆城镇化要相得益彰”重要指示的现实基础。“潍坊模式”的重要特点在于依托发达的第一产业，在达成第一产业内部较高劳动生产率的基础上，大力推进农业、农产品加工业、涉农生产性服务业实现三次产业融合，推进产业链相加、价值链相乘、供应链相通。除了寿光的蔬菜种植业、诸城的养殖业之外，如青州的花卉产业，全市花卉种植面积13.1万亩，年产值85亿元，花卉生产专业村136个，从业人员12万人，年花卉交易额110亿元，全市多肉植物生产面积突破60万平方米，占全国市场60%以上，成为山东省花卉交易会永久会址，是中国花木之乡；昌邑的苗木产业，全市苗木面积达到12万亩，600多个品种，各类园林绿化苗木存圃量达到了2亿株，年产值达15.76亿元，成为国家绿委办命名的“中国北方绿化苗木基地”“中国北方绿化苗木基地”“国家级苗木交易市场”。通过产业链条整合吸纳大量分散农业生产经营者，提供充足就业机会，在社会总财富水平增加的同时，使农民可以分享整个涉农产业链条的利润，实现农民收入持续增长；在保证合理城镇化水平的前提下，农村没有出现衰败；三次产业形成完整闭环，保证了经济的持续稳定增长。这是潍坊有能力成为乡村振兴“齐鲁样板”先行区和示范区的重要产业基础。

四是建成各具特色的发达县域经济。依托一二三产业融合发展，潍坊各县市均形成各具特色的发达县域经济。形成巨大产能，基本解决就业问题，形成连绵不断的城镇群，是潍坊有能力成为乡村振兴“齐鲁样板”先行区和示范区的重要物质基础。

五是实现农村经济发展和社会治理同步推进。依托于发达县域经济，截至2018年年初，潍坊市农村劳动力转移就业总量162万人，其中在镇外县内95万人，占58.7%；在县外市内37万人，占22.7%，超过80%的农村转移劳动力实现在本市内就业。一方面，大部分农村转移劳动力在县内、市内实现就业，加之目前相当完备的农村交通通信条件，习近平总书记所关注的农村“留守现象”在潍坊不严重，保障了农民家庭的稳定和谐，保障了农民的获得感和幸福感；另一方面，意味着农民即便离开村庄，也始终生活在原有亲属圈、文化圈当中，原有乡土文化、舆论氛围、伦理结构、社会结构都没有解体，总书记所强调的“乡土文化的根”没有断，传统社会治理资源仍然发挥着很强的社会教化和控制功能，也使得在保持社会合理流动性的前提下，社会治理成本很低，社会稳定有了可靠保障，党的十九大提出的“自治法治德治相结合的农村社会治理体系”基本成型。这是潍坊有能力成为乡村振兴“齐鲁样板”先行区和示范区的重要社会基础。

“潍坊模式”的经验启示

一是正确处理市场与政府的关系。纵观“潍坊模式”的发展完善过程，在各个时期都同时比较好地发挥了政府和市场“两只手”的引导调控作用和资源配置作用。潍坊农业产业化的发展，始终是与基层党委政府的积极作为紧密联系的。政府既没有进入微观农业经营领域，以政府的积极性替代农民积极性，以政府决策替代农民选择；也没有简单地扮演所谓“守夜人”的角色，在产业发展方面无所作为。科学制定并积极推进地方性产业政策，切实发挥产业政策在农业结构调整、产业布局等方面的巨大作用；发挥财政资金的“种子”和杠杆功能，在产业培育、方向引导方面起到巨大作用；花大力气进行基础设施投入，搭建产业发展平台，如寿光“菜博会”、青州“花博会”、昌邑“绿博会”的举办以及随之进行的大量基础设施配套投入，都对这些产业的发展发挥了至关重要的作用；充足的公共产品提供，地方政府在农业科技、市场环境、产业规范等方面充分作为，如

2010 年左右，由于日本提高了蔬菜进口标准，主要出口日本的安丘蔬菜遇到了重大危机，安丘市政府迅速建立起严格的质量监控追溯体系，引导农户按照统一标准种植蔬菜，在短时间内使日本重新认可安丘出口的蔬菜，并使安丘蔬菜的品质和利润都上了一个新的台阶，出口规模不断扩大；如创建全国唯一的潍坊国家农业开放发展综合试验区，创建东亚畜牧交易所，成为中国面向东亚地区乃至全球唯一的畜牧产品交易平台。政府力量的深度介入和积极参与，将政府信誉注入潍坊农业产业化过程当中，成为潍坊农产品强劲市场竞争力的重要组成部分。既发挥市场在资源配置中的决定性作用，依靠市场实现发展，又很好发挥政府功能，体现产业政策作用，有效克服了在很多地方农业发展中出现的政府失灵、市场失灵问题。

二是始终坚持整县推进。潍坊市深刻认识到，一二三产业融合发展，事关产业布局、链条延伸和产业规模，关键在县；城乡融合，事关基础设施投入、公共产品统筹和多规合一，关键在县；新农村建设不是新村庄建设，乡村振兴，虽然具体工作要从村庄抓起，但是不能简化理解成为村庄振兴，真正实现农业农村现代化，关键也在县，必须以县为基本发展平台和推进单元，实施整县推进。潍坊市在财力分配和管理体制、土地指标等发展的关键环节和领域上，都没有向中心城区过度平调，而是着力向县域倾斜，保障县一级的发展权，给县一级提供充足的发展空间，这是“潍坊模式”的重要启示。

三是正确处理城乡关系，形成良性城乡关系结构。国内大多数地方，城市规模扩张必然带来农村缩小甚至衰败，工业发达地区，农业的重要性和地位必然下降。而潍坊农业增加值在区域生产总值中的占比不高，但是加上农产品加工业和为农生产性服务业增加值，在区域生产总值中的占比就达到相当高的比重；第一产业就业人口在总人口中的比重不高，但是加上在农产品加工业和为农生产性服务业的就业人口，在总人口中的比重也达到相当高的水平。这样，潍坊实现了大城市、大农村并存，大工业、大农业并存，因此也就具备了城镇化、逆城镇化并举的现实条件，可以在此基础上率先实现实质意义的城乡融合。

四是“潍坊模式”是中国经验、中国道路的有机组成。“潍坊模式”的提出，体现了习近平总书记对我国国情农情和农业农村现代化建设规律的深刻把握。“潍坊模式”是中国特色农业农村现代化道路的鲜明体现，是“中国道路”的组成部分，也是增强“四个自信”的重要来源。“潍坊模式”形成发展完善的过程，是一个地方依靠党的领导和地方政府的积极作为、强力推动，主要发挥内生性力量，通过体制机制创新，迅速成为较发达经济体的过程，是一个由落后经济体向较发达经济体转化的典型发展经济学过程，具有重要的发展经济学意义，也是构建中国特色社会主义政治经济学理论体系的重要实践依据和灵感来源。这不但可以为国内后发展地区提供可复制、可推广的实践经验和理论支撑，还可以为后发展国家提供经验借鉴，作为中国道路的有机组成，具有显著的国际意义。

新时代新征程呼唤新担当新作为。潍坊市坚定扛起创新发展“三个模式”的使命担当，大胆探索，勇于实践，努力让“三个模式”在新时代焕发出更强的生命力。潍坊市结合当地实际，坚持农业现代化和农村现代化一体设计、一并推进，着力在科技创新、绿色发展、农业开放、融合发展、补齐农村短板、深化农村改革等方面探索实践，不断赋予“三个模式”新内涵，努力创造可复制、可推广的新鲜经验，为打造乡村振兴齐鲁样板、推动农业高质量发展作出潍坊贡献。

（资料来源：《农业农村现代化的潍坊模式》课题组，2019 年 2 月 25 日，王立胜、刘岳）

第十五节　创新动能引领三一集团实现高质量发展

在行业热度不减的大背景下，“三一”人一边忙“保供”，一边以诚挚的匠心，把控每一个环节，提升效率，将实现高质量发展作为当前最重要的事情。而一组组数据也显示，公司的净利润实现翻倍增长，经营质量持续改善，“三一”再次以超出市场预期的优秀业绩进入了更加健康的增长轨道。

2018年6月12日，李克强总理视察了三一集团。他对“三一”在智能制造、工业互联网、双创平台等方面所取得的成就给予了高度肯定，鼓励“三一”早日迈向世界高端制造前列。

稳健经营，“三一”强势回归

在“2018中国民营企业500强”榜单中，三一集团以626.8825亿元的营业额再次入围榜单。而在最新发布的业绩预增公告中显示，三一重工2019年上半年将实现的净利润为32.48亿元到35.96亿元，同比增加180%到210%。公司经营质量与经营效率持续大幅提升，产能利用率及产品总体盈利水平继续提高，期间费用总体费率持续下降，盈利水平同比大幅提升，产品供不应求。

“三一”每一个向上的姿态都被世界看在眼里，有人惊呼“‘三一’回来了”，有人感叹“强者恒强”。更重要的是，经过不断调整的三一重工，诠释了一家大体量传统制造业民营企业，如何笃定地在新旧动能转换中，实现模式再造、生态的高质量发展之路。

高质量发展，往往需要“刀刃向内”的勇气和决心。

在三一集团内部会议中，十三届全国人大代表、全国工商联副主席、三一集团有限公司董事长、三一重工股份有限公司董事长梁稳根多次提到要“存贷为正”。他甚至在第十三届全国人大会议的讨论现场，说出了自己为2018年定下的小目标，“口袋里的存款比贷款多”。

当市场高歌猛进之时，过去的“三一”选择了扩张，而如今战火重燃，经历过熔炉般五年调整的“三一”，选择的是稳健。当其他公司想方设法去银行拿贷款时，“三一”却选择去还贷。

“我们讲高质量发展，就是规模、效益和品牌的关系。公司章程明确规定，规模服从效益、效益服从品牌，这个是我们经营者必须遵循的。”梁稳根表示，如果盲目贪大的话，就会有风险。因为公司盈利能力没有过去强了，如果不还钱，财务负担会更重，“必须做好过苦日子的打算”。

业绩飙涨助推“三一”市值上升

数据显示，2019年1月1日开盘时至3月15日收盘时，三一重工股价从8.31元上涨至12.38元，累计涨幅48.44%，跑赢行业平均涨幅及三大指数上涨幅度。3月15日盘中，三一重工股价曾触及12.55元，总市值突破1000亿元，总市值在A股工程机械行业中排名第一，成为工程机械领域唯一一家总市值过千亿的上市公司。三一重工曾在2010年10月份至2012年7月份、2013年2月份、2015年5月份等时间段内突破总市值千亿元关口，成为市场瞩目的明星企业。

强劲增长的业绩是推动三一重工总市值迅速上升的主要原因。2019年1月26日，三一重工公告称，预计2018年度实现归属于上市公司股东的净利润在59亿元至63.2亿元之间，与上年同期相比将增加38.08亿元到42.28亿元，同比增加182%到202%。三一重工预计2018年度归属于上市公司股东扣除非经常性损益后的净利为58.6亿元到62.2亿元，与上年同期相比将增加约40.7亿元到44.3亿元，同比增加228%到248%。

中国工程机械行业协会数据显示，2018年国内整机厂销售挖机销量共计20.34万台，同比增长45%，创销售数量新纪录。其中三一重工销售近4.7万台，刷新单年度挖掘机销量纪录，市场占有率提升至23.1%，销量连续第8年稳坐行业“头把交椅”。

在2018年全年飘红的基础上，2019年又迎来了开门红。2019年1月份至2月份，三一重工挖掘机累计市场占有率近28%，1月份至2月份累计实现销量同比增速为83%。与此相比，在同一时间段内，美国巨头卡特彼勒累计销售同比增速为15%，日本小松仅实现9%的增速。

根据2019年2月份数据，三一重工旗下挖机在国内市场占有率为26.9%，同比提升5.95%，而外资品牌卡特彼勒、小松的挖机市占率分别是13.16%和4.19%。国内专家乐观表示：“工程机械的国产化率正在进一步提高，国内公司占据一半以上市场份额。这个成绩来之不易，是国有品牌后发赶超的经典案例。”

全力保供，一切为了客户需求

行走在“三一”厂房内，感受一片繁忙。各条生产线都在24小时运转。这样的状态已经持续一年多了。而且，还有越来越忙碌的迹象。

在泵车装备班，与去年最忙的10月份相比，今年3月份工作量足足翻了三番，最多的时候一天可以下线9台泵车。仅3月份，泵车就实现下线近250台，较去年同期上升约140%。

但是，这远远还无法满足市场的需求。“工人打大班”“客户车间蹲守催货”，这些以往被当作行业复苏标志性的迹象都不再是新闻。

缺货，成了“甜蜜的烦恼”。

“一切为了满足客户需求!”面对越来越汹涌的销售高潮，三一重工董事长梁稳根在会议上下达了这个简短的命令。于是，在巨大的产能压力下，整个“三一”更加高速运转，最大程度地挖掘生产潜能。

追求高速，向追求“高质量”转变

突破千亿市值得益于三一重工业绩稳健增长，而在经营业绩呈现高质量增长的背后，是二一重工孜孜不倦夯实以创新为主题的内在动能。在2019年全国两会上，三一重工董事长梁稳根分享了他对创新动能引领高质量增长的独到见解：“今年的《政府工作报告》当中把高质量发展放在重要位置，创新为高质量发展赋予了快速前进的动能。2018 年是三一重工发展史上最好的一年，企业发展质量最高。”

梁稳根介绍：“三一重工现在有 2 个国家级技术创新中心，3 个博士后工作站，1.1 万个创新专利，并且获得了 5 个国家级科技进步奖。正是因为这些投入不断夯实了创新驱动的基础动能，推动三一重工朝向高质量发展。”

在大量科研投入的同时，三一重工的科技成果转化效率也十分惊人。仅 2018 年内，三一重工采取“智能 +”方式，以智能制造助推产业升级，在营业额、现金流、人均产值等指标上都创出了历史新高。与此同时，通过开放式创新，重卡、树根互联、消防、“双创”等新业务加速崛起，共建共荣的产业生态圈正在形成。

梁稳根强调指出：“习近平总书记提出，创新是第一动力，人才是第一资源。三一重工要提高核心技术创新能力，最重要的是有效发挥人才的积极性和创造性。在第四次工业革命大背景下，特别是消费互联网转向工业互联网的过程中，对于人才也提出了更高的要求。要抓住第四次工业革命机遇，就要加强人才的激励和培养。”

经过六年的低潮期，无论是宏观环境，还是制造企业与客户都已经有了改变，虽然工程机械持续热销，整个行业都在互相提醒不要重蹈覆辙，时刻保持理性。市场要求企业由“高速”向“高质量”转变，理性的客户也要求体验更好、附加值更高的产品。经过这一轮调整，如今“三一”不仅能提供更加优质的产品与服务，发展理念也更具前瞻性。

对此，三一重机代理商、武汉九州龙营销负责人张格感触颇深。她表示，三一挖掘机在湖北从零起步，做到当地第一品牌，得益于优质产品与服务的“厚积薄发”。即使是在效益不好的时候，“三一”的服务也没有打折。“十年前最早卖出的产品，如今很多还在参与施工，得到老客户一致认可。”

三一山东路机代理商总经理夏哲奇则表示，以 C8 系列全液压单驱单钢轮压路机为例，“三一”坚持高品质开发，以极低的维护使用成本、优越的性价比得到了挑剔用户的认可。今年前4个月，山东区域销售额近8000万元，同比增长56%。

贴在“三一”身上的一个典型的标签就是“智能化、数字化”。最为人所熟知的就是“三一”的“智能制造车间”和“挖掘机指数”，这也是李克强总理最关心的内容。

“三一”的智能制造实现了柔性化生产，即使是在生产最繁忙的时期，面对外部订单的变化，“三一”也可随时调整生产。更加可控的生产过程也意味着更高的产品品质。

不仅如此，公司还通过数字化转型，改善和提升内部管理。“企业所有问题归结为两个：客户体验和运营效率。而流程再造、数字化转型能够从根本上提升客户体验和运营效率。”这些年，“三一”都在扎实推进流程信息化，一方面通过核心业务流程的信息化，实现客户、代理商、供应商和员工高度智慧互联。另一方面，通过闭环管理，进一步提升成本费用管控及风险管控能力。在一次集团会议中，梁稳根将企业的数字化转型称为“做好了就翻身，做不好就翻船”的事。

“三一”的“挖掘机指数”则是指借助大数据和物联网技术，将一台台设备通过“黑匣子”与一个庞大的网络连接，记录其每挥动一铲、行动一步的数据痕迹。庞大的数据资源不仅可以反映市场行情，还通过对大量工况数量分析挖掘，从研发、服务等产品生命周期的各环节为客户创造更大价值。

未来，“三一”将以“智能化、数字化”发展为抓手，始终瞄准高质量发展目标，为早日迈向世界高端制造前列而不懈奋斗。

（资料来源：《中国高质量发展指数报告》课题组，2019年8月15日，易昌良、苏金成、路志青；《证券日报》，2019年3月18日）

参考文献

[1] 赵银平 . 习近平强力部署建设现代化经济体系，新华网，2018 年 2 月 6 日 .

[2] 郑自立 . 文化科技融合助推文化产业高质量发展的机理与策略 [J/OL]. 当代经济管理：1-8[2018-07-31].http://kns.cnki.net/kcms/detail/13.1356.F.20180730.0919.006.html.

[3] 郭先登 . 新时代大国区域经济发展空间新格局下多维度配置生产力研究 [J]. 山东财经大学学报，2018(04):5-15.

[4] 鲁继通 . 我国高质量发展指标体系初探 [J/OL]. 中国经贸导刊（理论版），2018(20):4-7[2018-07-31].http://kns.cnki.net/kcms/detail/11.3876.f.20180719.0833.002.html.

[5] 王灏晨 . 全球移动经济新时代下的中国机遇 [J/OL]. 中国经贸导刊（理论版），2018(20):23-24[2018-07-31].http://kns.cnki.net/kcms/detail/11.3876.f.20180719.0833.016.html.

[6] 赖海燕 . 习近平新时代文化命题的逻辑构建 [J]. 安阳工学院学报，2018，17(04):1-4.

[7] 冯刚 . 习近平新时代中国特色社会主义思想的三个维度 [J]. 继续教育研究，2018(07):5-8.

[8] 胡志坚，苏楠，陈志，王宏广 . 数字驱动下制造业价值链三大变革与我国应对策略 [J]. 科技中国，2018(07):1-2.

[9] 隆国强 . 高质量发展存在五大机遇 [J]. 中国纤检，2018(07):18.

[10] 习近平 . 提高关键核心技术创新能力，为我国发展提供有力科技保障 [J]. 中国科技产业，2018(07):8.

[11] 马少宾，于国伟 . 奋进新时代 担当新使命 谱写经济高质量发展新篇章——乌鲁木齐高新区（新市区）做大做强实体经济 争当新疆经济高质量发展领跑者 [J]. 中国科技产业，2018(07):34-39.

[12] 蔡之兵 . 如何实现高质量区域协调发展新格局 [J]. 经济杂志，2018-04-18.

[13] 李月清 . 科技创新点燃高质量发展引擎 [J]. 中国石油企业，2018(07):49-51.

[14] 周宏春 . 实体经济要在高质量发展上唱主角 [J]. 中国商界，2018(07):40-41.

[15] 崔根良 . 落实“三个转变”，促进企业高质量发展 [J]. 企业管理，2018(07):17.

[16] 许科敏 . 高质量发展离不开优秀企业家精神 [J]. 企业管理，2018(07):12-13.

[17] 王忠禹 . 弘扬新时代企业家精神、推动企业高质量发展 [J]. 企业管理，2018(07):6-10.

[18] 张全胜 . 人民美好生活：五大发展理念的价值追求 [J/OL]. 内蒙古社会科学（汉文版），2018(04)[2018-07-31].https://doi.org/10.14137/j.cnki.issn1003-5281.2018.04.003.

[19] 刘晋 . 对“五大发展理念”的理论内涵的探究 [J]. 农家参谋，2018(13): 298.

[20] 熊桂玉 . 习近平对马克思主义政治经济学的丰富和发展 [J]. 产业与科技论坛，2018(13):5–6.

[21] 王雪建，刘敏敏 . 以五大发展理念推动农业供给侧结构性改革 [J/OL]. 中国战略新兴产业: 1–5[2018–07–31].https://doi.org/10.19474/j.cnki.10–1156/f.005457.

[22] 殷志 . 以五大发展理念引领少数民族文化建设的几大关系 [J/OL]. 现代交际，[2018–07–31].http://kns.cnki.net/kcms/detail/22.1010.C.20180614. 1916.002.html.

[23] 安徽省妇联 . 注重实践，养成培育时代新人 [J]. 中国妇运，2018(06):49.

[24] 刘成军，王宇飞 . 全面建成小康社会与“五大发展理念”的耦合性探析 [J]. 大连理工大学学报（社会科学版），2018，39(05):1–7.

[25] 王超 . 紧扣五大发展理念 提升党建工作 助推医改大局能力 [J]. 世界最新医学信息文摘，2018，18(46):198.

[26] 彭正德，江桑榆 . 习近平新发展理念下提高党领导发展能力的理论分析 [J]. 湖南师范大学社会科学学报，2018，47(03):20–27.

[27] 焦蕴平 . 加快把交通运输高质量发展指标体系建起来 [J]. 中国水运，2018(07):1.

[28] 商务部网站 . 中国对外贸易形势报告（2018 年春季）[J]. 设备监理，2018(04):30–31.

[29] 权衡 . 习近平经济思想的政治经济学理论品质及其原创性贡献分析 [J]. 社会科学，2018(07):3-10.

[30] 多点发力推动高质量发展 砥砺奋进打造大美鄂前旗——鄂托克前旗改革开放 40 周年发展成果展示 [J]. 实践（思想理论版），2018(07):58-63.

[31] 李锦 . 深化国企供给侧改革，推动经济高质量发展 [J]. 紫光阁，2018(07):40-41.

[32] 马先明 . 以抓落实的实效推动高质量发展 [J]. 前进，2018(07):47-48.

[33] 何立峰 . 大力推动高质量发展，积极建设现代化经济体系 [J]. 宏观经济管理，2018(07):4-6.

[34] 本刊评论员 . "全创改"：新引擎助力高质量发展 [J]. 宏观经济管理，2018(07):1.

[35] 蒋同明，白素霞 . 新时代下我国无人经济的发展研究 [J]. 宏观经济管理，2018(07):10-15.

[36] 孙长学 . 推动长江经济带成为高质量发展的生动样本 [J]. 中国党政干部论坛，2018(07):58-61.

[37] 时绍祥 . 深入学习贯彻习近平新时代中国特色社会主义思想 加快打造"北国江南、京畿重镇、人文宝地"——访中共天津市宝坻区委书记殷向杰 [J]. 求知，2018(07).

[38] 马建堂 . 以高质量发展理念统领经济工作 [J]. 新经济导刊，2018(07): 10-12.

[39] 李小鹏 . 以习近平新时代中国特色社会主义经济思想，为指导推动交通运输实现高质量发展 [J]. 交通财会，2018(07).

[40] 张军扩 . 推动高质量发展要弘扬企业家精神 [J]. 新经济导刊，2018(07): 14–16.

[41] 孔祥利，赵娜 . 习近平新时代中国特色社会主义经济思想的实践基础与理论框架 [J]. 吉林大学社会科学学报，2018，58(04).

[42] 刘长庚，张磊 . 习近平新时代中国特色社会主义经济思想的理论贡献和实践价值 [J]. 经济学家，2018(07):5–10.

[43] 卢志华 . 习近平新时代中国特色社会主义思想解读——以唯物辩证法的视角 [J]. 中共南昌市委党校学报，2018，16(03):9–12.

[44] 高体健 . 用习近平新时代中国特色社会主义思想武装参政党 [J]. 中国政协，2018(12):42–43.

[45] 张堧 . 新时代中国特色社会主义的国际意蕴与世界意义 [J]. 改革与开放，2018(12):5–6.

[46] 朱珍 . 习近平新时代中国特色社会主义经济思想与现代财政制度的构建 [J]. 河北经贸大学学报（综合版），2018，18(02):13–20.

[47] 丁寰翔 . 国家现代治理应对动力变革的思考 [J]. 大庆社会科学，2018(03): 97–101.

[48]《中国纪检监察报》评论员 . 实现高质量发展离不开党的高水平领导 [J]. 冶金企业文化，2018(03):30.

[49] 齐跃章 . 深入学习贯彻习近平新时代中国特色社会主义思想，在推进企业高质量发展中担当新使命、展现新作为 [J]. 冶金企业文化，2018(03):11–14.

[50]《冶金企业文化》评论员 . 用新思想统领企业高质量发展 [J]. 冶金企业文化，2018(03):1.

[51]《农业发展与金融》评论员 . 深入学习贯彻党的十九大精神、努力推进农发行高质量发展 [J]. 农业发展与金融，2018(06):2–3.

[52] 郭敬生 . 习近平全面开放观及其实践价值 [J]. 学习与实践，2018(06):5–11.

[53] 李克强 . 最大限度减少政府对市场活动的直接干预 [J]. 中国注册会计师，2018(06):7.

[54] 王雄飞，李香菊 . 高质量发展动力变革与财税体制改革的深化 [J]. 改革，2018(06):80–88.

[55] 李干杰 . 以习近平生态文明思想为指导，坚决打好打胜污染防治攻坚战 [J].《行政管理改革》，2018(11).

[56] 邸乘光 . 论习近平新时代中国特色社会主义经济思想 [J/OL]. 新疆师范大学学报（哲学社会科学版），2019(01):1–19[2018–07–31].https://doi.org/10.14100/j.cnki.65–1039/g4.20180615.001.

[57] 习近平 . 生态文明思想引领“美丽中国”建设 [J]. 理论与当代，2018(06):51–52.

[58] 杨静，陆树程 . 习近平共同富裕思想及其重大价值 [J]. 唯实（现代管理），2018(06):4–9.

[59] 朱松琳 . 用习近平生态文明思想指引美丽中国建设 [J]. 决策探索（上），2018(06):14–17.

[60] 江炎骏 . 习近平社会主义生态文明观的内涵、逻辑与意义 [J]. 特区实践与理论，2018(03):9–14.

[61] 吴晓华 . 深入学习领会习近平总书记战略思想，以长江经济带发展推动经济高质量发展 [J]. 宏观经济管理，2018(06):8–11.

[62] 胡祖才 . 深入贯彻习近平新时代中国特色社会主义思想，推动新型城镇化高质量发展 [J]. 宏观经济管理，2018(06):4–7.

[63] 滕雯 . 聚力书写文化建设高质量的新答卷 [J]. 群众，2018(11):17–18.

[64] 段炼，王迪 . 习近平的经济平衡充分发展思想 [J]. 学理论，2018(06):7–9.

[65] 群仲平 . 在习近平新时代中国特色社会主义思想指引下谱写江苏发展新篇章 [J]. 群众，2018(11):1.

[66] 何爱平，李雪娇，邓金钱 . 习近平新时代绿色发展的理论创新研究 [J]. 经济学家，2018(06):5–12.

[67] 吴金明 . “二维五元”价值分析模型——关于支撑我国高质量发展的基本理论研究 [J]. 湖南社会科学，2018(03):113–129.

[68] 曹立生 . 以习近平新时代中国特色社会主义思想为指导，推动我国生活服务业更高质量发展 [J]. 全国流通经济，2018(15):3–5.

[69] 陈进行 . 破解电力发展主要矛盾，深入推进行业三大变革 [J]. 电力设备管理，2018(05):38–40.

[70] 周莲英 . 习近平新时代中国特色社会主义思想的发展观研究 [J]. 新西部，2018(14):13–14.

[71] 杨英杰 . 习近平新时代中国特色社会主义经济思想的科学内涵和历史贡献 [J]. 行政与法，2018(05).

[72] 王一丹 . 习近平扶贫思想探析 [J]. 哈尔滨学院学报，2018，39(05):1–9.

[73] 茹少峰，魏博阳，刘家旗 . 以效率变革为核心的我国经济高质量发展的实现路径 [J]. 陕西师范大学学报（哲学社会科学版），2018，47(03):114–125.

[74] 李克强 . 更大释放科技人员创新创造活力 [J]. 中国科技产业，2018(05):9.

[75] 李克强 . 人民政府工作的出发点落脚点就是保障和改善民生 [J]. 劳动保障世界，2018(13):4–5.

[76] 李克强 . 今年经济社会发展总体要求 [J]. 冶金企业文化，2018(02):9.

[77] 迟福林 . 动力变革 [J]. 领导决策信息，2018(14):14.

[78] 郭春丽，王蕴，易信，张铭慎 . 正确认识和有效推动高质量发展 [J]. 宏观经济管理，2018(04):18–25.

[79]《财经监督》编辑部 . 新时代：向高质量发展迈进——聚焦 2018 年全国两会财经热点 [J]. 财政监督，2018(07):5–10.

[80] 张杰 . 三大变革给汽车后市场带来的变化 [J]. 汽车维修与保养，2018(04):94–96.

[81] 常红 . 中国经济增长指向高质量发展，改革将深刻影响世界——外媒热议 2018 年《政府工作报告》[J]. 理论导报，2018(03):52–53.

[82] 沪质量 . 两会共谋高质量发展 [J]. 上海质量，2018(03):4–6.

[83] 游明伦 . 新时代高职产教融合人才培养模式的变革与创新 [J]. 铜仁学院学报，2018，20(02):57–67.

[84] 李克强 . 提升创新创业水平和质量，推动建设制造强国 [J]. 先锋队，2018(08):4.

[85] 牛禄青 . 中国制造业未来三大变革 [J]. 新经济导刊，2018(03):22–26.

[86] 李月清 . 三大变革 [J]. 中国石油企业，2018(Z1):69–70.

[87] 安宁 . 推动经济高质量发展需要一个更强大的资本市场 [J]. 中国金融家，2018(02):141.

[88] 刘世锦 . 推动三大变革提高全要素生产率 [J]. 现代国企研究，2018(Z1):52–54.

[89] 臧梦璐 . 弘扬企业家精神，担当企业社会责任 [J]. 光彩，2018(02):42–44.

[90] 陈可，崔涛 . 对推动“三个变革”，建设现代化煤炭经济的探讨 [J]. 煤炭经济研究，2017，37(12):68–71.

[91] 钟质 . 推动高质量发展扎实做好工作，中央经济工作会议在京举行 [J]. 中国质量技术监督，2018(01):6–7.

[92] 岳振 . 推动“三大变革”实现高质量发展 [J]. 当代贵州，2018(03):1.

[93] 新华社 . 中央经济工作会议举行，习近平李克强作重要讲话 [J]. 中国产经，2018 (01):6–9.

[94] 盛朝迅 . 如何推动质量变革、效率变革和动力变革 [J]. 经济研究参考，2017(63):24–25.

[95] 刘世锦 . 推动经济发展质量变革、效率变革、动力变革 [J]. 中国发展观察，2017(21).

[96] 朱敏慧 . 影响产业变革的三大因素、七大趋势 [J]. 汽车与配件，2017 (29):4.

[97] 武志军 . 质造中国 [J]. 中国品牌，2017(10):24–26.

[98] 游明伦，李德建 . 高职教育质量变革的时代特征与策略思考 [J]. 职教论坛，2017(28):5–11.

[99] 吕本富 . 网络空间变革带来三大变局 [J]. 汕头大学学报（人文社会科学版），2017，33(03).

[100] 李克强 . 以提升消费品质量标准倒逼“中国制造”全产业链升级 [J]. 中国应急管理，2016(08):9-10.

[101] 石明 . 上下合力，促职业教育良性循环——学习李克强总理工匠精神批示体会 [J]. 职业，2016(13):14.

[102] 王福红，郭进利 . 闭环供应链环境下质量管理实践变革的十大方向——以电子制造型企业为例 [J]. 物流科技，2015，38(05).

[103] 太原铁路局党委学习中心组 . 改革的新动力发展的新要求 [J]. 理论学习与探索，2014(05):36-37.

[104] 徐建华 . 质量：时代的强音 [J]. 中国品牌，2014(10):18-21.

后记

“我国经济已由高速增长阶段转向高质量发展阶段，正处在转变发展方式、优化经济结构、转换增长动力的攻关期。”这是党的十九大报告作出的重大判断。

高质量发展就是能够更好地满足人民日益增长的美好生活需要的发展，是体现新发展理念的发展，是创新成为第一动力、协调成为内生特点、绿色成为普遍形态、开放成为必由之路、共享成为根本目的的发展。

推动高质量发展是保持经济持续健康发展的必然要求，是适应我国社会主要矛盾变化和全面建成小康社会、全面建设社会主义现代化国家的必然要求，是遵循经济规律发展的必然要求。推动高质量发展是当前和今后一个时期确定发展思路、制定经济政策、实施宏观调控的根本要求，必须加快形成推动高质量发展的指标体系、政策体系、标准体系、统计体系、绩效评价、政绩考核六个体系，创建和完善制度环境，推动我国经济在实现高质量发展上不断取得新进展。

在高质量发展的六个体系中，指标体系是基础，指标体系全部或部分地构成了其他五个体系的输入。

在“推动高质量发展是当前和今后一个时期确定发展思路、制定经济政策、实施宏观调控的根本要求”的重大背景下，开展中国高质量发展指标体系的研究，具有重大而迫切的现实意义。

基于此，从2018年5月开始，国是智库研究院联合北京师范大学政府管理研究院、北京市博士爱心基金会、南粤基金集团有限公司、大同市锐龙房地产开发有限公司、永达理保险经纪有限公司、紫藤花开集团有限公司、北京普祺医药科技有限公司、国湘控股有限公司等单位，组织国内著名学者、优秀博士团队，围绕高质量发展战略的时代背景与内涵特征、推动高质量发展的战略路径、推动高质量发展的“三大变革”、打造高质量的现代化产业体系、增强高质量的现代金融经济体系、中国高质量发展指标体系、中国高质量发展典型案例等，成立了《中国高质量发展指数报告》课题组（以下简称“课题组”）。

课题组围绕中国高质量发展怎么看、怎么办、怎么干，深入挖掘高质量发展的时代特征，以其核心理念及其内在逻辑为遵循，以中国发展现实为基础，对中国31个省（自治区、直辖市）的创新发展驱动、结构优化、绿色发展、开放经济、民生保障等方面进行了全面的指数推算和比较分析，做深、做细内涵界定、指标设定、权重赋值、体系构建、测算方法、比较分析、评价检验等方面功夫，相关数据形成了近100个图表，为中国各地区高质量发展绘制了一幅全景画卷，客观构建了中国高质量发展指标体系，力求以科学的评价体系来描述中国高质量发展状况，监测中国高质量发展进程，引导国内外经济社会发展，为国家制定经济政策、实施宏观调控提供决策参考。

能够通过中国高质量发展指数对国家、省际和城市层面的测度与比较，深层次衡量中国高质量发展水平，是历史赋予《中国高质量发展指数报告》课题组的历史机遇。

课题组从多种数据处理方法中找出最适合本指数报告的算法，对海量的数据进行收集、筛选、分析，根据国家、省际和城市三大维度制作生成相应系列表格。为了确保该指数报告观点的客观性与科学性，课题组成员对结论进行了艰苦卓绝的反复论证，所耗费的时间和心血远远超过预想。本课题参考了卷帙浩繁的古今中外研究成果，历经18个多月艰辛付出而玉汝于成。为了按时且高质量地完成本项研究任务，课题组对本指数报告中所使用的数据、所形成的结论与判断以及国际上有关专家学者们的观点，进行了多次焚膏继晷式的深入研讨。本着对读者负责，课题组成员和有关专家对每一个数据的选取、每一个表述的确定，都付出了超乎想象的努力。其实我们深深懂得，学术研究是扎实、专业和严谨的，充满了艰辛、磨砺和坚持。

做学术研究要耐得住寂寞，坐得住“冷板凳”，任何一个课题都需要熬很长时间，很费心、很费力。在此，我们对课题组成员和顾问、专家，一并表示最衷心的敬意和谢忱。

《中国高质量发展指数报告》历经13次修改，现在终于要正式出版了！这是集体智慧的沉淀，也是长时间努力的结晶，希望能够经得住历史考验，能够对我国的高质量发展有所裨益，能够为广大发展中国家甚至整个世界发展有所示范。

非常感谢中国财政科学研究院刘尚希院长亲自为本报告作序。

衷心感谢第十二届全国人大常委会副委员长陈昌智，中共湖南省委原书记王茂林，联合国原副秘书长沙祖康，中国国际传播中心执行主席、党组书记龙宇翔等领导，中科院院士、南京大学原校长陈骏，中国工程院院士、四川大学原校长谢和平，兰州大学党委书记袁占亭，北京大学党委常务副书记、马克思主义学院院长、习近平新时代中国特色社会主义研究院院长于鸿君，欧美同学会党组书记、秘书长王丕君，外交学院党委书记、常务副院长袁南生，国家发改委宏观经济研究院副院长毕吉耀，深圳市人民政府发展研究中心党组书记、主任吴思康，国务院参事、欧美同学会副会长、全球化智库主任王辉耀，清华大学李十中教授，北京师范大学政府管理研究院院长唐任伍，南京大学商学院院长、教育部长江学者特聘教授沈坤荣，中国地质大学（北京）经济管理学院刘海燕教授，中国人民大学企业管理系主任刘刚，北京大学经济学院苏剑教授，北京师范大学林卫斌教授等领导和专家，对本报告的撰写提出了极有价值的建议，南粤基金集团有限公司董事长林涛、大同市锐龙房地产开发有限公司董事长康怀东、永达理保险经纪有限公司董事长吴永先、紫藤花开集团有限公司董事长王亮、北京普祺医药科技有限公司董事长李雨亮、北京大学马克思主义学院外联部主任张进财等为本报告出版给予了大力支持，在此一并表示感谢。

本报告在创作过程中，得到了国家发展改革委、中国科学院、中国社科院、北京大学、清华大学、南京大学、中国人民大学、北京师范大学、中国国际经济交流中心、重庆大学、中国财政科学研究院、中国地质大学（北京）、外交学院、浙江财经大学、武汉理工大学、延安大学、中国大数据研究院等单位领导、专家的大力支持，他们的支持使得本书更具权威性。

非常感谢本报告合作研究单位北京师范大学政府管理研究院、北京市博士爱心基金会、国是智库研究院、中国大数据研究院、南粤基金集团有限公司、大同市锐龙房地产开发有限公司、永达理保险经纪有限公司、紫藤花开集团有限公司、北京普祺医药科技有限公司、国湘控股有限公司等单位领导和专家的支持。

学习、思考、实践、感悟是一个学而思、思而践、践而悟螺旋式上升的过程，只有不断学习、勤于思考，理论联系实践，最终才会有所领悟，有所提升。这种提升是课题组团队成员政治品格、意志能力、工作成绩的提升，交出的是一份出彩的研究答卷，而当无数拼搏人生的出彩答卷汇集在一起，展现的将是一幅盛世中国的图景，答出的是国家富强、人民幸福的华美篇章！

面对新时代的客观要求，高质量发展研究群体作为有担当、有社会责任感的中国知识分子和研究者，志在把握“天下家国”情怀具体化的时代定位，为习近平总书记提出的“高质量发展是做好经济工作的根本要求”而贡献力量。

课题组所有成员积极参与《中国高质量发展指数报告》的创作，受篇幅限制，只能选录部分研究成果正式出版。本报告由主编易昌良和林涛负责总体框架设计。易昌良撰写了前言和后记，景峰、高子华参与编写了指标体系，王彤、吴永先、陈辉参与编写了测算结果，严兵、刘赟平、陈立雄、宋丽参与编写了综合排名及案例分析。易昌良负责最后审定。

本报告的相关数据来自官方数据库和出版物，部分内容来自媒体的公开报道，已在参考文献中一一列举。在此，谨向所有原作者、编辑者、出版者表示感谢，如有不妥，敬请原谅。

需要特别强调的是，由于篇幅所限，尚有1300多页、180多万字的数据、文字未能列在本报告内，确实遗憾。

衣带渐宽终不悔，为伊消得人憔悴。一年半的付出与坚守，是课题组全体人员对高质量发展研究的执着和热爱。我们希望这份付出和坚守，能够为推动中国高质量发展研究作出积极的贡献。

伟大的新时代需要大智慧，大变革急需大思路，在中国经济攻坚克难、转型升级的重要历史节点，我们将一如既往地秉承“学术至上、创新为魂”的理念，通过体制机制创新，整合社会资源，集决策咨询、调查研究、规划论证于一体，聚焦现代经济主题，高举高质量发展、创新发展大旗，着力打造现代经济理论创新阵地、高质量发展实践推进阵地，努力成为服务我国现代化经济体系建设的“智囊”，更好地为国家宏观经济管理决策和国家发展改革委中心工作提供智力支撑，更好地为地方各级党委政府和社会提供咨询服务。

作为一项开创性的工作，由于学术水平有限，加之时间紧迫、经验不足，虽然经过了多次校正，但仍难免有不尽如人意之处。欢迎各位专家学者提出宝贵意见。

易昌良

2020年5月8日夜于玉渊潭